國家社科基金重大委托項目“《子海》整理與研究”成果
山東省社科規劃重大委托項目成果

子海精華編

主編　王承略　聶濟冬

讀書叢録

［清］洪頤煊　撰　張海峰　點校

宋景文公筆記

［宋］宋祁　撰　張海峰　點校

山東人民出版社·濟南
國家一級出版社　全國百佳圖書出版單位

圖書在版編目（CIP）數據

讀書叢録/（清）洪頤煊撰；張海峰點校．宋景文公筆記/（宋）宋祁撰；張海峰點校．--濟南：山東人民出版社，2019.10
（子海精華編/王承略，聶濟冬主編）
ISBN 978-7-209-12292-4

Ⅰ.①讀… ②宋… Ⅱ.①洪… ②宋… ③張… Ⅲ.①筆記—中國—清代—選集 ②筆記—中國—宋代—選集 Ⅳ.①Z429.49 ②Z429.44

中國版本圖書館CIP數據核字（2019）第203171號

責任編輯：李 濤
封面設計：武 斌

讀書叢録 DUSHU CONGLU
［清］洪頤煊 撰 張海峰 點校
宋景文公筆記 SONGJINGWENGONG BIJI
［宋］宋祁 撰 張海峰 點校

主管單位 山東出版傳媒股份有限公司
出版發行 山東人民出版社
出 版 人 胡長青
社 址 濟南市英雄山路165號
郵 編 250002
電 話 總編室（0531）82098914
市場部（0531）82098027
網 址 http://www.sd-book.com.cn
印 裝 山東新華印務有限公司
經 銷 新華書店

規 格 32開（148mm×210mm）
印 張 20.5
字 數 340千字
版 次 2019年10月第1版
印 次 2019年10月第1次
ISBN 978-7-209-12292-4
定 價 106.00圓

國家社科基金重大委托項目“《子海》整理與研究”成果之一

《子海精華編》

審稿專家：周立昇　鄭慶篤　王洲明　吴慶峰　林開甲　張崇琛
徐有富　鄭傑文　唐子恒　晁岳佩　耿天勤

執行主編：王承略　聶濟冬

執行編纂（按姓氏筆畫排列）：
王　娜　王志遠　曲娟娟　肖鴻哉　宋恩來　尚　穎
柏　雲　柳春艷　徐旖旎　徐慧月　歐建文　蘇運蕾

編　　務：張　櫻　劉　端　孫紅苑　沈　虎

本書審稿專家：耿天勤　徐有富

《子海精華編》出版説明

“子海”，即“子書淵海”的簡稱。“《子海》整理與研究”課題係國家社科基金重大委托項目、山東省社科規劃重大委托項目。該課題分《珍本編》《精華編》《研究編》《翻譯編》四個板塊，力圖把子部珍稀文獻、精華文獻進行深層次的整理、研究和譯介，挖掘子部文獻的價值，促進子學研究的發展。

山東大學向來以文史見長。古籍整理與子學研究，是其中的傳統研究方嚮。“《子海》整理與研究”，是在山東大學前輩學者高亨先生積三十年之力陸續做成的《先秦諸子研究文獻目録》的基礎上，由已故著名古籍整理與研究專家董治安先生參與策劃、設計的大型綜合研究課題。課題立項後，得到了中宣部、教育部、財政部、山東省政府和山東大學的大力支持，學界同仁踴躍參與。《精華編》的整理研究團隊近兩百人，來自海内外四十八所高校和研究機構。在組織管理上，《精華編》努力探索傳統文化研究協同創新的新體制、新機制，現已呈現出活力和實效。

華夏文明是由多元文化構築而成的。中國古代子部典籍，以歷代士人個性化作品的形式,系統性地展示了華夏民族的世界觀和方法論,立體性地反映了中華民族對世界文明發展的貢獻。其中,無論是宏篇大論,還是叢殘小語,都激蕩着歷史的聲音,閃爍着智慧的光芒,構成中國古代思想、藝術、科技和生活方式的主體内容。《精華編》通過對子部最優秀的典籍的整理,一方面擷英取粹,爲華夏文明的傳播提供可靠的資源和文本;另一方面以古鑒今,爲當下社會的發展提供智力支持和精神支撑。并希望進而梳理中華傳統文化的多元結構,繼承中華優秀傳統文化的一貫文脈。

根據漢代以後子學發展和子部典籍的實際情况,參照官私目録的分類與著録,《精華編》選取先秦諸子、儒學、兵家、法家、農家、醫家、曆算、術數、藝術、雜家、小説家、譜録、釋道、類書等十四個類目的要籍幾百種,編爲目録,作爲整理的依據,而在成果展現上則不出現具體的類目。爲統一體例,便於工作,《精華編》編有詳細的《整理細則》,并有簡明的《整理要則》,供整理者遵循使用。

《精華編》整理原則是,對每種子書的整理,突出學術性、資料性和創新性,力求吸納已有的整理成果,推出更具參考價值、更方便閲讀的整理文本。所采用的整理方式,大體有三種:一、部頭較大且前人未曾整理者,采用標點、校勘的方式整理;二、前人曾經標點、校勘者,或采用抽换更好或别具學術特色底本的方式整理,或采用集校、集注的方式整理,或采用校箋、疏證的方式整理,或綜合使用以上方式;三、前人已有較好的注本者,則采用集注、彙評、補正等方式整理。

《精華編》采用五次校審、遞進推動的管理程式,即:一、初校全稿。子海編纂中心組織碩、博研究生,修改文稿錯别字,規範異體字,調整格式,發現并標明校點中的不妥之處。二、初審文稿。子海編纂中心的編纂人員根據情況,解决初校時發現的問題,并判斷書稿的整體質量。三、匿名評審。聘請資深教授通審全稿,全面進行學術把關,消滅硬傷,寫出審稿意見。四、修改文稿。子海編纂中心及時把專家審稿意見反饋給整理者。整理者根據審稿意見修改,做出新文稿。五、終審文稿。待新文稿返回子海編纂中心後,總編纂做最後的學術質量把關。五步程序完成後,將文稿交付出版社。

五次校審的目的是爲了保證學術質量,提高整理水平,減少錯訛硬傷。但校書如掃塵埃落葉,隨掃隨有,《精華編》雖經多道程序嚴加把關,仍難免有錯,懇請方家不吝指教。子海編纂中心將及時總結經驗,吸取教訓,把工作做得更好,以實現課題設計的初衷。

目録

讀書叢録

宋景文公筆記

讀書叢録

整理説明

洪頤煊（1765—1837），字旌賢，浙江臨海人。少苦志力學，“與兄坤煊、弟震煊讀書僧寮，夜就佛鐙講誦不輟”。嘉慶二年，阮元視學台州，頤煊、震煊二人以經學受知，檄調杭州，就讀敷文書院，與修《經籍籑詁》。嘉慶六年拔貢，八年，始授經藁城。十年，館孫星衍山東督糧道署，助其校勘書籍。洪頤煊雖精研經訓，貫串子史，但久困場屋，嘉慶十六年，入貲爲直隸州州判，二十年，分發廣東候補，歷任羅定州州判、代署新興縣事等職。嘉慶二十二年，阮元調任兩廣總督，知洪頤煊短於吏才，因延至幕府，相與咨諏經史。道光八年，辭官歸里，築小停雲山館，藏書三萬餘册。《清史列傳・儒林傳》《清史稿・文苑傳》《清儒學案・儀徵學案》、光緒《台州府志・儒林傳》均有傳，陳鴻森撰有《洪頤煊年譜》。

洪頤煊著述宏富，見存刊行者有《禮經宮室答問》二卷、《孔子三廟記注》七卷目録一卷、《管子義證》八卷、《讀書叢録》二十四卷、《平津讀碑記》八卷補記一卷再續一卷三續二卷、《筠軒文鈔》八卷、《筠軒詩鈔》四卷、《國朝名人詞翰》二卷、《台州札記》十二卷（以上收入《傳經堂叢書》)、《校正穆天子傳》六卷附録一卷、《校正竹書紀年》二卷（以上二書收入《平津館叢書》)、《經典集林》三十二卷、《漢志水道疏證》五卷（以上二書收入《問經堂叢書》)、《孝經鄭注補證》一卷（收入《知不足齋叢書》)、《諸史考異》十八卷（收入《廣雅叢書》)、《倦舫法帖》拓本等書，另有數種未見刊行，或存稿本，或僅存目。陳鴻森《洪頤煊年譜》、胡正武《洪頤煊著述存佚考》都對洪頤煊的著作進行過考證。據胡正武統計，洪頤煊著作總計二十三種，存世者十七種，亡佚者六種。我們還發現浙江省圖書館藏有稿本《平津筆記》八卷，可以補充陳、胡二人的統計。洪頤煊《漢志水道疏證》《校正穆天子傳》《校正竹書紀年》《平津讀碑記》《管子義證》《讀書叢録》《台州札記》皆見於張之洞《書目答問》。

《讀書叢録》二十四卷，共一千六百餘條，卷一至卷二十三考證五十二種古籍，大致按照經、子、史的順序排列，其分類順序與四部分類法略有區別，例如將史部之《逸周書》排列至《尚書》之後、《毛詩》之前，當是因爲洪頤煊認爲《逸周書》所載之内容與《尚書·周書》緊密相關；將史部之《國語》列於《左氏春秋傳》之後、《公羊傳》《穀梁傳》之前，是因爲洪頤煊認爲“《國語》稱《春秋外傳》”。

卷二十四“宋元刊本”專門考述洪頤煊所見之宋元舊槧，其條目大多見於孫星衍《平津館鑒藏記書籍》。洪頤煊考訂圖籍範圍很廣，遍及經史子集，《讀書叢録》在洪頤煊考訂舊籍的學術生涯中居於承上啓下的地位。在該書刊刻之前，有《孔子三朝記注》《校正穆天子傳》《校正竹書紀年》《管子義證》《經典集林》（輯佚董仲舒《春秋決獄》等三十種書）等書的刊行，因此《讀書叢録》不再收録以上諸書。《諸史考異》考訂《三國志》至《南史》《北史》十二史，則是上承《讀書叢録》卷十七至卷二十三考訂《史記》《漢書》《後漢書》而作。

周中孚《鄭堂讀書記》稱是書：“皆於原書中摘句爲解，繁簡適均，考據精確，絶無嚮壁虚造剿襲陳言之病，而於辨證輿地尤簡而明。”《續修四庫全書總目提要》（稿本）評價：“每書均鈎稽玄要，詳爲研析。或但就本書抽繹條理，發其覆而正其疑。或旁引載籍，考訂精微，抉其隱而探其本，均能以聲音文字通其原，以轉寫訛舛窮其變。不事嚮壁虚造，不事剿習陳言，而要以證其異同，辨其得失爲歸。其例嚴而其義慎，其考詳而其訂約。方之錢氏竹汀、王氏石臞，殆亦無多讓焉。”是書體例仿錢大昕《十駕齋養新録》、王引之《經義述聞》，與王念孫《讀書雜志》幾乎同時而作，而成書早於《讀書雜志》，某些考訂有不謀而合之處，例如《晏子春秋·内篇諫上第五》“懷寶鄉有數十”，洪頤煊認爲，此與下句“飢氓里有數家”對言，“懷寶”當是“壞室”之訛。王念孫《讀書雜志》同此説。《讀書叢録》考訂成果多被後人引用，例如劉文淇《春秋左氏傳舊注疏證》、王樹枏《孔氏大戴禮記補注校正》、孫詒讓《墨子間詁》、郝懿行《荀子補注》、楊樹達《列子集釋》、馬其昶《莊子故》、王利器《鹽鐵論校注》《吕氏春秋注疏》、王先謙《漢書補注》《後漢書集解》等皆有徵引。但是由於該書是摘句式，考訂書多而條目少，不如王念孫《讀書雜志》少而精，在訓詁條例的總結上也不如王念孫系統，因而不如王念孫《讀書雜志》受人重視。

《讀書叢録》經、子二類書的主要考訂内容有二：一是校勘，二是訓釋字詞。校勘多用理校，目的也是爲了訓釋字詞。史書的考訂則偏重於史事和地理的考訂。洪頤煊熟稔於文字音韵之學，綜合利用多種訓詁方法重新考訂古代典籍，糾正了文字流傳的訛誤和舊注的偏頗之處，是清代考據學的代表性著作，其常用的訓詁方法可以歸納爲以下四點：

一、博引群書尋求訓詁證據。利用各種工具書來解詞釋義，僅從本書來看，經過洪頤煊考訂的字書、雅書等工具書就有《爾雅》《方言》《説文解字》《小爾雅》《釋名》《廣雅》《字林》《玉篇》《一切經音義》《廣韻》等。後人對這些工具書的考證，如段玉裁《説文解字注》、王念孫《廣雅疏證》、戴震《方言疏證》等書也是洪頤煊經常利用的。利用本書、他書以及古人注釋遵循共時性的原則，舊籍基本都限制在先秦兩漢，注釋限制在唐以前，儘量采用漢人注釋。利用異文校勘，以求正確訓釋舊典，洪頤煊常常通過搜集舊注舊疏或者唐宋類書引文中的異字來進行校勘和訓釋，例如《易·屯》六三“即鹿无虞”，《經典釋文》：“王肅作‘麓’，云:山足。”洪頤煊案，《風俗通·山澤》篇：“麓，山足也。《詩》云‘瞻彼旱麓’，《易》稱‘即麓无虞’。”虞翻曰：“艮爲山，山足稱麓。”本皆作“麓”。洪頤煊還通過分析古人的注釋來確定正文，例如《易·大有》九四“匪其彭”，《經典釋文》：“子夏作‘旁’。”頤煊案，王弼注：“旁，謂三也。”王弼本亦作“旁”。洪頤煊通過王弼注釋“旁，謂三也”，認爲王弼注本原作“匪其旁”，進一步印證了《經典釋文》記載的異文。

二、辨析字形尋找本字。洪頤煊熟稔文字之學，早年間有《平津讀碑記》，又對《説文解字》《汗簡》《歷代鐘鼎彝器款識法帖》《積古齋鐘鼎款識》做過考訂，又有《倦舫法帖》之積纍，對金文、篆書、隸書、草書皆做過比較深入的研究，因此通過辨析字形，對典籍的校勘與訓釋取得了不俗的成績。例如，《公羊·文十一年傳》“楚子伐圈”，《經典釋文》：“二《傳》作麇。”洪頤煊案，《説文》：“麇，從鹿，囷省聲，籀文不省，作麕。”傳寫者省鹿作“囷”，通作

“圈”。《昭元年》“楚子卷卒”，《釋文》：“《左氏》作麇。”“卷”又“圈”字之省。又如，《周禮·太宰之職》“以九職任萬民。八曰臣妾，聚斂疏材”，鄭玄注：“臣妾，男女貧賤之稱。晋惠公卜懷公之生，曰：‘將生一男一女。男爲人臣，女爲人妾。’”洪頤煊案，《説文》：“僕，給事者，古文作䑑。”“臣”即“䑑”字之省。《尚書·費誓》“臣妾逋逃”，《孝經》“不敢失於臣妾”，《漢書·刑法志》“隸臣妾一歲免爲庶人”，凡“臣、妾”對言者，古皆通作“僕”字。洪頤煊通過辨析字形得出新解，亦可備爲一説。

三、利用音韵破通假求本字。宋翔鳳爲是書作序，特别指出：“今觀君爲讀書之法，悉究諧聲之本，深明假借之用，紛綸斷闕，旁推交通，千古絶續，語於一堂。”例如，《尚書·吕刑》“鰥寡無蓋”，孔安國《傳》：“鰥寡得所，無有掩蓋。”洪頤煊案，“無蓋”，猶言“無害”也。《爾雅·釋言》：“蓋，裂也。”《經典釋文》：“舍人本作‘害’。”蓋、害，古同聲通用字。又如，《逸周書·王會解》“墠上張赤帟陰羽”，孔晁注：“陰，鶴也，以羽飾帳也。”洪頤煊案，“陰”讀爲“翳”，《山海經·海外西經》夏后啓“左手操翳”，郭璞注：“翳，羽葆幢也。”《爾雅·釋言》：“纛，翳也。”翳羽，謂以羽爲竿首，如羽葆幢之屬。陰、翳，聲義皆相近。

四、利用歸納排比法求其同。例如，《老子》：“修之於國，其德乃豐。”洪頤煊案，“國”當作“邦”。上下文“身”“真”“家”“餘”“鄉”“長”“下”“普”皆爲韵，此以“邦”“豐”爲韵。《韓非子·解老》篇“修之邦其德乃豐”，又云“以邦觀邦”，字尚未改。又如《漢書·平帝紀》“元始元年，詔吏在位二百石以上，一切滿秩如真”，如淳曰：“諸官吏初除，皆試守一歲乃爲真，食全奉。平帝即位，故賜真。”顔師古曰：“此説非也。時諸官有試守者，特加非常之恩，令如真耳，非凡除吏皆當試守也。”洪頤煊案，《趙廣漢傳》“守京兆尹，滿歲爲真”，《韓延壽傳》“入守左馮翊，滿歲稱職爲真”，《朱博傳》“以高第入守左馮翊，滿歲爲真”，《薛宣傳》“入守左馮翊，滿歲稱職爲真”，《張敞傳》“京兆典京師，長安中浩穰，於三輔尤爲劇。郡國二千石以高第入守，及爲真，久者不過二三年，近者數月一歲，輒毁傷失名，以罪過罷”，唯三輔必先試守滿歲，然後爲真。《敞傳》又云“守太原，太守滿歲爲真”，太原邊郡亦試守如三輔，其餘郡不聞試守。《蕭望之傳》：“中二千石試事歲滿，以狀聞。”此云一切滿秩如真，當是元、成以後所改制也。洪頤煊通過歸納《漢書》史事，探究西漢官制。利用電子數據庫來審視洪頤煊的歸納成績，我們發現洪頤煊對於一書中某些字詞或者事件的歸納，幾無遺漏，可見洪頤煊考訂用力之深。

洪頤煊《讀書叢録》的考訂也存在一些不足之處，存在盲從工具書、隨意换字、濫用通假等現象。盲從工具書，例如《鶡冠子·天則》篇："若礱磨不用，賜物雖詘，有不效者矣。"洪頤煊案，《方言》"賜，盡也"，言若礱磨不盡，則物有不效者矣，陸注以賜爲賞賜之賜，非是。洪頤煊此解顯然不如陸佃。隨意换字，如《老子》"治大國若烹小鮮"，洪頤煊依據《韓非子·解老》篇"事大衆而數摇之則少成功，藏大器而數徙之則多敗傷，烹小鮮而數撓之則賊其澤，治大國而數變法則民苦之，是以有道之君貴静不重變法，故曰治大國者苦烹小鮮"，認爲"若"是"苦"字之訛。其説亦欠考量。濫用通假，例如《淮南子·氾論訓》"古者人醇工龐，商樸女重"，高注："女重，貞正無邪也。"洪頤煊案，《大戴禮·王言》篇："民敦工璞，商慤女憧。""重"即"童"字，童、憧古通用，謂憧愿無知之貌。洪氏此説亦不如高誘注。由上述例子可以看出，洪頤煊考訂差强之處，多是伴隨着孤證出現的。

《讀書叢録》最早的版本是道光二年廣州富文齋刻本，卷前有道光元年洪頤煊序，"道光二年正月初吉廣東省城西湖街富文齋刊行"牌記。該版再印時，增補了道光四年宋翔鳳序（見美國國會圖書館藏本）。洪頤煊匯刻《傳經堂叢書》，收録該書，與單行本爲同版，但無宋翔鳳序（見中國科學院圖書館藏《傳經堂叢書》）。富文齋刻本又有重刻本，該版有多個印本，并且陸續做了修訂和補刻工作，目前尚不能考察其具体的重刻年代。我們見到的重刻本有天津圖書館藏“道光元年本”、“國學數典”論壇《傳經堂叢書》本（圖像抹去了藏書機構的印章）、光緒十三年吴氏醉六堂本、山東大學圖書館藏“道光元年本”四个印本。從這四個印本考察刷印的前後順序，天津圖書館藏“道光元年本”印刷時間最早，卷前有道光元年洪頤煊序，因此被誤作“道光元年本”；“國學數典”《傳經堂叢書》本次之，并且做了少量校改工作；吴氏醉六堂本在“國學數典”《傳經堂叢書》本的基礎上，在卷前增加了“光緒丁亥夏六月吴氏醉六堂重刊”牌記；山東大學圖館藏“道光元年本”最晚，卷二第十五頁至卷八第六頁係補版，同樣因爲卷前有道光元年洪頤煊序，被誤作“道光元年本”。此外，《晋石廠叢書》《廣雅叢書》《皇清經解續編》《叢書集成初編》等多個叢書有《讀書叢録》節選、節抄本[①]，上海圖書館藏胡樸安摘録《讀書叢抄摘抄》稿本、湖南省社科院藏焦廷琥摘抄《洪氏讀書叢録》二卷稿本，均非足本，此次整理不予采用。

由上可知，《讀書叢録》共有兩個完整版本：一個是道光本，一個是重刻本。兩個版本的版式完全相同，每個版本都有多個印本。對校兩個版本，我們發現，重刻本改正了道

① 詳見賈慧如《洪頤煊〈讀書叢録〉版本考述》,《圖書館學刊》2009 年第 9 期。

光本的個别訛誤，同時又産生了更多新的訛誤。因此，我們采用《續修四庫全書》影印國家圖書館藏道光二年富文齋刻本爲底本，以光緒十三年吴氏醉六堂本（簡稱“光緒本”）爲校本，進行點校整理。道光本重印時所增加的宋翔鳳序，我們將它作爲附録放在文末。

由於没有進行充分的調查，在2018年5月將標點整理的稿本提交給《子海》編輯部進行審稿後，發現上海古籍出版社於當年4月份出版了《洪頤煊集》，其中有徐三見先生點校整理的《讀書叢録》（以下簡稱“徐本”）。筆者又利用徐本進行了完善，改正了稿本的一些錯誤之處，借此機會，向徐三見先生表示感謝。同時，也發現了徐本在整理和排版時出現的一些小的瑕疵。一、没有使用重刻本進行版本對校，例如第1774頁“或説即《左氏》聊人紇事，是孔子之父”，按，“聊”是“郰”字之訛，郰是孔子父親的治邑，光緒本改正爲“郰”，徐本仍然保留道光本的訛誤。二、存在脱文、訛字現象，例如第1572頁“《周禮・稍人》鄭注”後脱“甸讀與維禹敶之之敶同今詩作維禹甸之甸祝鄭注”21字；第1603頁“無止眹謂之瞽”，“止”是“目”字之訛。三、誤斷引文。例如第1689頁《詩》“君子偕老，鬒髮如雲”，當作“《詩・君子偕老》‘鬒髮如雲’”。近些年來，古籍數字化建設愈趨完善，文獻的檢索變得更加便捷，這是徐三見先生點校時所不具備的條件。本次點校對於洪頤煊的引文都儘量予以核查，力求給讀者一個相對準確的整理本。字詞考證是《讀書叢録》的主要内容，因其數量太多，爲免煩瑣，筆者在標點時酌情減少了對引號的使用，特此説明。由於學力不足，難免有誤，懇請讀者指正。

序

余受性椎魯，寡所嗜慕。少年讀書，里中藏書之家，借覽無虚日。及壯，遨游吴越，來往燕齊，躡通德之門，窺禮堂之奥，左右采獲，漸成撰述。五十以後，始抵粤東，一官匏繫，非吾所好，趨走之暇，閉門却掃。於是重取經史百家，朝研夕稽，證其異同，辨其得失，以聲音文字通其原，以轉寫訛舛窮其變。勿敢嚮壁虚造，勿敢剿襲陳言。淺見眇聞，聊以自適，後之覽者，其或諒斯。道光元年十二月廿一日，臨海洪頤煊識。

卷　一

臨海洪頤煊

王弼易注

《隋書·經籍志》："《周易》十卷，魏尚書郎王弼注六十四卦六卷，韓康伯注《繫辭》以下三卷，王弼又撰《易略例》一卷。"《釋文·序録》亦云："王輔嗣止注大經，講者相承，用韓注以下續之。"頤煊案，《南齊書·陸澄傳》："時國學置鄭、王《易》，澄謂尚書令王儉曰：'弼於注經中已舉《繫辭》，故不復别注，今若專取弼《易》，則《繫》説無注。'"是其時尚未以韓注續也。

經分上下篇

《易緯·乾鑿度》："陽道純而奇，故上篇三十，所以象陽。陰道不純而偶，故下篇三十四，所以法陰。"頤煊案，陽象天道，故以《乾》《坤》天地爲始，以《坎》《離》日月爲用。陰法人事，故以《咸》《恒》男女爲始，以《既》《未濟》水火爲用。天道有屯亨，故以《泰》《否》居中。人事有得失，故以《損》《益》居中。

文王作爻辭

《釋文·序録》：“宓犧氏始畫八卦，因而重之，爲六十四。文王拘於羑里，作卦辭。周公作爻辭。”頤煊案，《三國志·管輅傳》：“上追文王六爻之旨，下思尼父《彖》《象》之義。”此以爻辭亦文王作。

即　鹿

《屯》六三“即鹿无虞”，《釋文》：“王肅作麓，云：山足。”頤煊案，《風俗通·山澤》篇：“麓，山足也。《詩》云‘瞻彼旱麓’，《易》稱‘即麓无虞’。”虞翻曰：“艮爲山，山足稱麓。”本皆作“麓”。

童蒙來求我

《蒙》彖“匪我求童蒙，童蒙求我”，《釋文》：“一本作‘來求我’。”惠氏棟《周易古義》引《吕氏春秋·勸學》篇高誘注“《易》曰：匪我求童蒙，童蒙來求我”，以證經文本有“來”字。王氏引之《經義述聞》又據王弼注蔡邕《處士圈叔則碑》，謂“漢魏時經文皆有‘來’字”。頤煊案，《華嚴經音義》：《易》稱《蒙》卦者，謂“童蒙來求我，非我求童蒙”。“求”上亦當有“來”字。

貞丈人

《師》“貞丈人吉”，《釋文》：“貞丈人，絶句。”頤煊案，《説文》：“貞，卜問也。”《周禮・天府》鄭注：“鄭司農云‘貞，問也’。《易》曰‘《師》，貞丈人，吉’，問于丈人。”《大卜》鄭注：“貞之爲問，問於正者，必先正之，乃後問焉，《易》曰‘《師》，貞丈人，吉’。”“貞”又通作“偵”，《禮記・緇衣》：“《易》曰：恒其德偵。”鄭注：“偵，問也。”

輿　尸

六三“師或輿尸”，王注：“以陰處陽，以柔乘剛，進則无應，退无所守，以此用師，宜獲輿尸之凶。”頤煊案，《周禮・夏官・輿司馬》鄭注：“輿，衆也。”《左氏・成二年傳》“無令輿師淹於君地”，杜預注：“輿，衆也。”《爾雅・釋詁》：“尸，主也。”謂或以衆人主師則无功，故凶。

尚德載

《小畜》上九“尚德載”，阮尚書《校勘記》：“古本‘載’上有‘積’字。”頤煊案，王注：“體巽處上，剛不敢犯，尚德者也。爲陰之長，能畜剛健，德積載者也。”注本有

“積”字。虞翻曰：“坎雲復天，坎爲車，積載在坎上，故上得積載。”亦當有“積”字。

匪其彭

《大有》九四“匪其彭”，《釋文》：“子夏作‘旁’。”頤煊案，王注：“旁，謂三也。”王弼本亦作“旁”。《釋名·釋兵》篇：“彭排，彭旁也，在旁排敵攻禦也。”邢昺《爾雅疏》：“今謂之旁牌。”《墨子·備城門》篇：“若彭有水濁非常者，必穴土也。”“彭”即“旁”字。

朋盍簪

《豫》九四“朋盍簪”，《釋文》：“徐：側林反。子夏《傳》同。疾也。鄭云：速也。”惠氏《周易古義》：“子夏、鄭玄、張揖、王弼皆訓‘簪’爲‘疾’，或云‘速’，明非‘簪’字。”頤煊案，《釋名·釋首飾》篇：“簪，兟也，以兟連冠於髮也。”《説文》“簪”作“兂”，“兟，朁朁，鋭意也”。皆與疾、速義相近。

貫　魚

《剥》六五“貫魚以宫人寵”，王注：“貫魚，謂此衆陰也。駢頭相次，似衆陰也。”頤煊案，《考工記·梓人》鄭注“連行魚屬”，賈疏：“魚唯唯行相隨，故謂之連。”即此

“貫”字之義。

口實

《頤》“自求口實”，山井鼎《周易考文》作“自求口食”。頤煊案，鄭注：“坤載養物，而人所食之物存焉，觀其求可食之物，則貪廉之情可别也。”鄭本作“食”。

朶頤

初九“觀我朶頤”，王注：“朶頤者，嚼也。”《正義》：“朶是動義，如手之捉物，謂之朶也。”頤煊案，朶頤，即染頤。《説文》：“染，從水，杂聲。”徐鍇曰：“《説文》無‘杂’字。”“杂”爲“朵”字之訛，“朵”即“染”字之省。《釋文》：“朶，京作揣。”“揣”當是“擩”字之訛。《儀禮·公食大夫禮》“以辯擩於醢”，鄭注：“擩，猶染也。”即其證。

士夫

《大過》九五：“老婦得其士夫。”頤煊案，《荀子·非相》篇：“婦人莫不願得以爲夫，處女莫不願得以爲士。”楊倞注：“士者，未取妻之稱。《易》曰‘老婦得其士夫’。”

麗乎土

《離》象“百穀草木麗乎土”，《釋文》：“王肅本作‘地’。”頤煊案，《初學記》卷二、《一切經音義》卷六引《易》皆作“麗於地”。《説文》“蘼”字注引《易》曰“百穀草木蘼於土”，宋本《説文》作“蘼於地”。皆同王肅本。

咸其輔頰舌

《咸》上六“咸其輔頰舌”，《釋文》：“孟作‘俠’。”頤煊案，《説文》：“酺，頰也。”《廣雅》：“輔謂之頰。”輔、頰同物，不應連名，當從孟喜，作“俠”。《淮南·説山訓》高誘注：“俠，輕也。”俠舌，謂輕言，與下“滕口説”義正相應。

肥　遯

《遯》上九：“肥遯无不利。”頤煊案，《後漢書·張衡傳》：“利飛遁以保名。”李賢注：“《淮南·九師道訓》曰：‘遁而能飛，吉孰大焉?’”王注：“憂患不能累，矰繳不能及，是以肥遯无不利。”字亦當作“飛”。

不詳也

《大壯》上六《象》“不能退，不能遂，不詳也”，《釋文》:“詳，審也。鄭、王肅作‘祥，善也’。”頤煊案，《正義》:“祥者，善也。進退不定非爲善也，故云不祥也。”《正義》本作“祥”。虞翻曰:“乾善爲祥，不得三應，故不祥也。”本亦作“祥”。

箕子之明夷

《明夷》六五“箕子之明夷”,《釋文》:“蜀才‘箕’作‘其’。”頤煊案，王注:“最近於晦，與難爲比，險莫如兹。而在斯中，猶闇不能没，明不可息。”注亦以“箕”爲“其”，讀“子”爲“兹”。《正義》“箕子之明夷者，六五最比闇君，似箕子之近殷紂”，非注義。

若濡有愠

《夬》九三“獨行遇雨若濡，有愠，无咎”，王注:“若不與衆陽爲群，而獨行殊志，應於小人，則受其困焉。遇雨若濡，有恨而無所咎也。”頤煊案，“愠”當作“緼”。《禮記·玉藻》“緼爲袍”，鄭注:“緼謂今纊及舊絮也。”言遇雨若濡，有緼絮可以禦濕，故无咎。《既濟》“繻有衣袽”，王注:“‘繻’宜曰‘濡’，衣袽，所以塞舟漏也。”袽以塞舟漏，緼以禦雨，其義同也。

金　柅

《姤》初六“繫于金柅”，《釋文》：“《説文》作‘檷’，云絡絲趺也，讀若昵。王肅作‘抳’，從手。”頤煊案，《説文》“尿，籆柄也”，重文作“柅”。《方言》“籆，榬也”，郭璞注：“所以絡絲。”檷、柅本一物。《正義》云“王肅之徒皆爲織績之器，婦人所用”，字亦當作“柅”。《釋文》云從手作“抳”者，訛也，《太平御覽》卷八百二十五引《易》作“抳”，即陸德明所見王肅本。

以杞包瓜

九五“以杞包瓜”，《正義》：“子夏《傳》作‘杞匏瓜’。薛虞《記》云：杞性柔刃，宜屈橈，似匏瓜。”頤煊案，王注“包瓜爲物，繫而不食者也”，《正義》“匏瓜爲物，繫而不食”，則注、疏本皆作“以杞匏瓜”。

其形渥

《鼎》九四：“其形渥。”頤煊案，《周禮·司烜氏》鄭注：“屋讀如其刑剭之剭。”《漢書·叙傳》“底剭鼎臣”，服虔曰：“《周禮》有屋誅，誅大臣於屋下，不露也。《易》曰‘鼎折足，其形渥，凶’。”字當從鄭本作“其刑剭”。虞翻曰：“渥，大形也。”亦當與服、鄭本同。

女歸吉也

《漸》彖“女歸吉也”，《釋文》：“王肅本作‘女歸吉，利貞’。”頤煊案，下文“進得位，往有功也”是釋“利”字，“進以正，可以正邦也”是釋“貞”字，“其位剛得中也，止而巽，動不窮也”是申釋“進得位”二句之義。據文義，當有“利貞”二字。

自藏也

《豐》上六《象》“自藏也”，《釋文》：“衆家作‘戕’。馬、王肅云：殘也。”頤煊案，《淮南·説林訓》“高鳥盡而良弓藏”，高誘注：“藏，猶殘也。”

用拯馬壯吉

《涣》初六“用拯馬壯，吉”，山井鼎《考文》：“古本‘吉’下有‘悔亡’二字。”頤煊案，虞翻曰：“坎爲馬，初失位正，動體大壯，得位，故拯馬壯，吉，悔亡之矣。”虞本“吉”下有“悔亡”二字。

鬼方

《既濟》九三“高宗伐鬼方”，惠氏《周易古義》：“商時鬼方，周時荆楚之地。”引《汲郡古文》“武丁三十二年伐鬼方，次于荆。三十四年王師克鬼方，氐羌來賓”爲證。頤煊案，鬼方不止荆楚之地，當連西戎言之。《後漢書·章帝紀》“克伐鬼方，開通西域”，《西羌傳》“武丁征西戎鬼方，三年乃克，故其《詩》曰‘自彼氐羌，莫敢不來王’”，《文選·趙充國頌》李善注：“鬼方於漢則先零戎也。”

幽　明

《繫辭上》“是故知幽明之故，原始反終，故知死生之説”，韓注：“幽明者，有形无形之象。”頤煊案，《淮南·原道訓》：“幽兮冥兮，應無形兮。”《漢書·楚元王傳》“則幽冥而莫知其原”，師古曰：“幽冥，猶暗昧也。”“幽明”即“幽冥”，本亦作“窈冥”。《老子·道經》：“窈兮冥兮，其中有精。”《莊子·在宥》篇：“至道之精，窈窈冥冥。”《素問·從容論》：“吾問子窈冥。”王砅注：“窈冥，謂不可見者。”“窈”，本又作“杳”，皆同聲通用字。

旁行而不流

“旁行而不流。”頤煊案,此五字當在“與天地相似”句下。“與天地相似，旁行而不流，故不違”“知周乎萬物而道濟天下，故不過”“樂天知命，故不憂”“安土敦乎仁，故能愛”，文義皆相對。“旁”，并也。《史記》“旁河”“旁海”，字皆作“并”。“旁行而不流”，《禮記·中庸》所謂“道并行而不相悖”也。

故君子之道鮮矣

“故君子之道鮮矣”，《釋文》：“鮮，師説云：盡也。”頤煊案，《詩·瓠葉》“有兔斯首”，鄭《箋》：“斯，白也。今俗語斯白之字作鮮，齊魯之間聲近斯。”《爾雅·釋詁》“鮮，善也”，《釋文》：“本或作尠，沈云：古斯字。”《詩·皇矣》“王赫斯怒”，鄭《箋》：“斯，盡也。”故師説從之。

莫大乎蓍龜

“莫大乎蓍龜”，《釋文》：“莫善，本亦作‘莫大’。”盧氏文弨《疏證》：“《漢書·藝文志》、《白虎通·蓍龜》篇、何休《公羊注》、賈氏《儀禮疏》皆作‘莫善’。”頤煊案，虞翻曰：“離爲龜，乾爲蓍，月生震初，故成天下之亹亹者，莫善蓍龜也。”本亦作“善”。

何以守位曰仁

《繫辭下》“何以守位曰仁”，《釋文》曰：“人，王肅、卞伯玉、桓玄、明僧紹作‘仁’。”頤煊案，《漢書·食貨志》《後漢書·蔡邕傳》引皆作“仁”；《文選·張平子東京賦》“守位以仁”，薛綜作“人”。《禮記·禮運》鄭注“何以守位曰仁”，《釋文》：“本亦作‘人’。”

蒼筤

《説卦》“震爲蒼筤竹”，《釋文》：“筤或作琅，通。”頤煊案，《藝文類聚》卷八十九、《初學記》卷十引《易》曰“震爲蒼琅竹”。蒼琅，言其竹色之青似琅玕。《漢書·五行志》“木門倉琅根”，師古曰：“銅色青，故曰倉琅。”《説文》無“筤”字。

爲白

“巽爲白”，《正義》：“爲白，取其風吹去塵，故絜白也。”頤煊案，“白”即“帛”字，《賁》六五“束帛戔戔”，虞翻曰：“巽爲帛，爲繩。”是虞氏《易》作“爲帛”也。《詩·六月》“白旆央央”，孫炎《爾雅注》作“帛旆央央”。《禮記·玉藻》“大帛不緌”，鄭注：“帛當爲白，聲之誤也。”白、帛，古字通用。

百兩篇《尚書》

《漢書·儒林傳》：“世所傳百兩篇者，出東萊張霸，分析合二十九篇，以爲數十。又采《左氏傳》《書序》爲作首尾，凡百二篇。篇或數簡，文意淺陋。”頤煊案，《論衡·感類》篇：“伊尹死時，天何以不爲雷雨？應曰：以《百兩篇》曰‘伊尹死，大霧三日’。”《正義》引《尚書緯》：“孔子求書得黄帝玄孫帝魁之書，定可爲世法者百二十篇，以百二篇爲《尚書》，十八篇爲《中候》。”其説皆本於張霸。

古文官書

《隋書·經籍志》：“《古文官書》一卷，後漢衛敬仲撰。”《史記·儒林列傳》正義、《漢書·儒林傳》師古注俱引作“衛宏詔定《古文尚書》”。頤煊案，衛宏從杜林學，林前於西州得漆書《古文尚書》一卷。韓愈《科斗書後》云“李服之者，陽冰子，授予以其家科斗書《孝經》、衛宏《官書》兩部，合一卷”。《官書》即漆書，以其詔定，故亦稱《官書》。《新唐書·藝文志》作“衛宏古文字書”者，誤也。《説文》“𪏭”字注引衛宏説、《史記·五帝本紀》集解引衛宏云“摯立九年，而唐侯德盛，因禪位焉”，皆《古文尚書》説。

尚書逸篇

《禮記·坊記》正義：“鄭不見《古文尚書》，漢時别有《尚書逸篇》‘四月太子發上祭于畢’以下三篇之事。”頤煊案，此今文《泰誓》之辭，《泰誓》後得，故《正義》以爲逸篇。《隋書·經籍志》有《尚書逸篇》二卷，《太平御覽》卷七十引《尚書逸篇》“堯子丹朱不肖，舜使居丹淵，故曰丹朱”，卷五百三十一引《尚書逸篇》“嗚呼七世之廟，可以觀德”，卷五百三十二引《尚書逸篇》“太社唯松，東社唯柏，南社唯梓，西社唯栗，北社唯槐，天子社廣五丈，諸侯半之”，皆是。

曰若稽古

《堯典》“曰若稽古帝堯”，惠氏棟《尚書古義》：“鄭康成曰：‘稽，同。古，天也。言能順天而行，與之同功。’孔安國曰‘若，順。稽，考也。能順考古道而行之者，帝堯’，此説本賈侍中。”引高貴鄉公幸太學，命講《尚書》鄭玄、王肅二義。頤煊案，《史記·三王世家》“朕承祖考，維稽古”，褚先生解曰：“維者，度也，念也。稽者，當也。當順古之道也。”此即賈、馬及王肅所本。《周書·周祝解》“天爲古”，虞氏《易》“天爲古”，《詩·玄鳥》“古帝命武湯”，鄭《箋》“古帝，天也”，《後漢書·李固傳》“臣聞君不稽古，無以承天”，皆同鄭説。

放勛欽明

“曰放勛欽明文思安安”，《傳》：“言堯放上世之功化，而以敬、明、文、思之四德，安天下之當安者。”頤煊案，《傳》以“欽明文思”爲四德，本於馬融注，見《釋文》。《後漢書·馮衍傳》李賢注“《尚書考靈燿》曰‘放勛欽明，文思晏晏’”，《文選·魯靈光殿賦》張載注“《尚書》曰

‘放勛欽明’”，四字皆作一句讀。

嵎　夷

“宅嵎夷”，《釋文》：“馬云：嵎，海隅也。夷，萊夷也。”頤煊案，《説文·土部》：“堣夷在冀州陽谷，立春日日值之而出。《尚書》曰‘宅堣夷’。”此古文説也。《山部》：“嵎山在遼西，一曰嵎鐵，嵎谷也。”此今文説也。《史記·夏本紀》索隱：“今文《尚書》及《帝命驗》并作‘禺銕’。‘銕’，古‘鐵’字。遼西地。”①《禹貢》時屬冀州，《周禮·職方》屬幽州，馬融注以青州嵎夷當之，非是。

南　交

“宅南交”，《傳》：“南交，言夏與春交，舉一隅以見之。”《正義》：“經冬言‘幽都’，夏當云‘明都’。鄭云：夏不言‘曰明都’，三字摩滅也。”頤煊案，“宅嵎夷曰暘谷”，是一地二名。“宅西”“宅朔方”，統言之，必實舉其地所在，“曰昧谷”“曰幽都”。“宅南交”，謂居南方交阯之地，文義已著，不必有“曰明都”三字。

---

① 《史記索隱》作：“今文《尚書》及《帝命驗》并作‘禺鐵’，在遼西。‘鐵’，古‘夷’字也。”洪頤煊引用有誤。

舜　典

《舜典》，王氏鳴盛《尚書後案》：“孔壁所得古文本有此篇，後其篇亡佚，撰僞古文者因割《堯典》‘慎徽’以下爲《舜典》。當時馬、鄭傳《古文尚書》，二典皆合爲一篇，名《堯典》，不名《舜典》，歷引群書以證之。”頤煊案，《周禮·春官》序官注：“鄭司農云《堯典》曰：‘帝曰：咨，四岳，有能典朕三禮？僉曰：伯夷。’”《詩·時邁》鄭箋：“《書》曰：‘歲二月，東巡守至於岱宗，柴。望秩於山川，遍於群神。’”《正義》：“《書》曰以下《堯典》文。”《公羊十四年》疏引《堯典》曰：“在璿璣玉衡。”《太平御覽》卷八百四引此句亦作《堯典》。亦皆馬、鄭、王本二典合爲一篇之證。

金作贖刑

“金作贖刑”，《正義》：“古贖罪皆用銅，漢始改用黄金，少其斤兩，令與銅相敵，故鄭玄《駁異義》言贖死罪千鍰，鍰六兩大半兩，爲四百一十六斤十兩大半兩銅，與今贖死罪金三斤爲價相依附。”頤煊案，《漢書·律曆志》：“二十四銖爲兩，十六兩爲斤。”千鍰通分之，爲六千六百六十六兩大半兩，再分之爲十六萬銖，以漢錢法五銖除之，爲錢三萬二千。漢黄金一斤直錢萬，三斤直錢三萬，以二千爲工耗，故云千鍰爲銅四百一十六斤十兩大半兩，與金三斤價相敵。

食哉惟時

“咨，十有二牧，曰：食哉！惟時柔遠能邇，惇德允元，而難任人，蠻夷率服”，《史記·五帝本紀》作“命十二牧論帝德，行厚德，遠佞人，則蠻夷率服”。頤煊案，《爾雅·釋詁》：“食，僞也。”僞，古通作爲字。爲哉，猶言勉哉。時，是也。惟是柔遠能邇，是論帝德行；惇德允元，而難任人，是厚德遠佞人，與太史公所采古文合。

朕　虞

“汝作朕虞”，《正義》：“鄭玄云‘言朕虞，重鳥獸草木’，《漢書》王莽自稱爲予，立予虞之官，則莽謂此官名爲朕虞。”頤煊案，《史記·五帝本紀》“於是以益爲朕虞”，是以“朕虞”爲官名。《後漢書·明帝紀》永平三年“秋八月戊辰，改大樂爲大予樂”，亦同此義。

鮮　食

《益稷》“暨益奏庶鮮食”，又云“暨稷播，奏庶艱食鮮食”。頤煊案，《史記·夏本紀》一云“令益予衆庶稻，可種卑濕。命后稷予衆庶難得之食，食少，調有餘以均諸侯”。一云“與益予衆庶稻鮮食。與稷予衆庶難得之食，食少，調有餘補不足，徙居”。太史公以“艱食”爲“稻食”，故兩引皆出“稻”字。上文既言“稻食”，下文不必重言，故以“鮮食”爲“食少”，屬下句讀，皆古文《尚書》說。

赤埴墳

《禹貢》“厥土赤埴墳”，《釋文》：“埴，甫力反，鄭作‘戠’，徐、鄭、王皆讀曰熾。”頤煊案，《太平御覽》卷三十七引《尚書》曰“徐州土戠墳”，謝沈注：“戠音志。”謝所注即鄭本。“戠”當與“膱”字通用，《儀禮·鄉射禮》鄭注：“古文膱爲葴，今文或作植。”《説文》：“埴，黏土也。”義亦與“膱”相近。

江沱潛漢

“浮於江、沱、潛、漢”，《釋文》：“江、沱、潛、漢，四水名。本或作‘潛於漢’，非。”《正義》：“浮此四水，乃得至洛。本或‘潛’下有‘于’，誤耳。”頤煊案，《史記·夏本紀》作“浮於江沱，涔於漢”，《爾雅·釋水》“漢爲潛”，亦當有“于”字。

二百里蔡

“二百里蔡”，《傳》：“蔡，法也。”《正義》：“蔡之爲法，無正訓也。”頤煊案，此與下文“二百里流”對言之，皆謂流放之地。《左氏·昭元年傳》“周公殺管叔，而蔡蔡叔”，杜預注：“蔡，放也。”《説文》作𣊟，注：“𥻦𣊟，散之也。”“散”亦是放義。鄭注“蔡之言殺”，“殺”即“𣊟”字。

輔予一人

《湯誓》“爾尚輔予一人”，《史記·殷本紀》作“爾尚及予一人”。頤煊案，《爾雅·釋詁》：“及，與也。”《公羊·隱元年傳》：“及者何？與也。”《左氏·宣七年傳》：“凡師出與謀曰及。”皆與“輔”義相近。

其如台

《盤庚上》“卜稽曰其如台”，《傳》：“則當卜稽於龜以徙，曰：其如我所行。”頤煊案，此“台”字不訓爲“我”，其如台者，猶言其奈何也。《湯誓》“今汝其曰夏罪其如台”，《史記·殷本紀》作“女其曰有罪其奈何”；《高宗彤日》“乃曰其如台”，《殷本紀》作“乃曰其奈何”；《西伯戡黎》“今王其如台”，《殷本紀》作“今王其奈何”，皆其證。

罔有逸言

“罔有逸言，民用丕變”，《傳》：“無有逸豫之言，民用大變從化。”頤煊案，“罔有逸言”，謂無有失言。《説文》：

“逸，失也。”《廣雅·釋詁》：“逸，失也。”“逸”通作“佚”，下文“惟予一人有佚罰”，《傳》：“佚，失也。”

不　浮

《盤庚中》“鮮以不浮於天時”，《傳》：“浮，行也，少以不行於天時者，言皆行天時。”頤煊案，《禮記·聘義》“孚尹旁達”，鄭注：“孚讀爲浮。”此“浮”當讀爲孚，孚，信也，言君無不承安民而恤之，民亦安君之政相與憂，少以不信於天時，故無凶災。

泰誓三篇

《泰誓》，頤煊案，今文《泰誓》三篇，太史公采以入《史記》。《周本紀》“九年武王上祭于畢”至“乃還師歸”是上篇之辭。“居二年，聞紂昏亂”至“孳孳無怠”是中篇之辭。“武王乃作《太誓》，告於衆庶”至“不可再，不可三”是下篇之辭。然則《泰誓》上篇爲觀兵時事，中篇爲伐紂以告諸侯，下篇以告衆庶。《齊太公世家》“師尚父左杖黄鉞”至“與太公作《太誓》”，亦上篇文也。《左氏·襄三十一年傳》杜預注：“今《尚書·大誓》亦無此文。”《正義》：“今《尚書·大誓》，謂漢魏諸儒馬融、鄭玄、王肅等所注者也。”是馬、鄭、王所注古文《尚書》本有《泰誓》三篇，其書至唐猶存，故《泰誓》正義云“上篇觀兵時事，中、下二篇亦伐紂時事”。《藝文類聚》卷十六引《泰誓》作“《尚書》曰”，即是馬、鄭、王本。至宋以後，馬、鄭、王《尚書注》亡，此《泰誓》三篇亦從而亡矣。

陰騭

《洪範》“惟天陰騭下民”，《傳》：“騭，定也，天不言而默定下民。”頤煊案，《吕氏春秋·君守》篇“《鴻範》曰‘惟天陰騭下民’，陰之者，所以發之也”，高誘注：“陰陽升陟也，言天覆生下民，助天舉發，明之以仁義也。”《爾雅·釋詁》：“騭，陞也。”此正高注所本。“陰隲”又通作“陰德”，《史記·田完世家》“行陰德於民”，《淮南·人間訓》“夫有陰德者，必有陽報”，《新序·雜事》篇“吾聞有陰德者，天報以福”。《説文》：“德，升也。”其音義并同。

一五行

“一，五行”，蔡邕《石經》“五行”上無“一”“二”次第等字。頤煊案，《史記·宋微子世家》引亦無之。《周禮·大宰》鄭注引“五福，一曰壽”，無“九”字。《漢書·食貨志》引“八政，一曰食”，無“三”字。《谷永傳》引“皇極，皇建其有極”，無“五”字。《説文·卜部》引“卟疑”，無“七”字。《後漢書》李賢注、《文選》李善注、

《初學記》《藝文類聚》《太平御覽》引,① 皆無“一”“二”次第等字。

戚我先王

《金縢》“未可以戚我先王”,《傳》:“戚,近也。周公言未可以死近我先王。相順之辭。”《正義》:“死則神與先王相近,故言近先王。”頤煊案,此説非也。周公嫌穆卜禮略,故云未可以近我先王。因“爲三壇同墠,乃告大王、王季、文王”,是慎重其禮也。

自以爲功

“公乃自以爲功。”頤煊案,“功”通作“攻”字。《周禮·大祝》“掌六祈以同鬼神示,五曰攻,六曰説”,鄭注:“攻、説,則以辭責之。”“攻”即下文册祝之辭,下“乃得周公所自以爲功,代武王之説”,即得此册祝之辭。《史記·魯周公世家》作“乃自以爲質”,“質”亦“辭”也。

大誥訛字

《大誥》:“予不敢閉于天降威,用寧王,遺我大寶龜。”頤煊案,《漢書·翟義傳》作“予豈敢自比於前人乎?天降

① “藝文類聚”,原誤作“藝文類類”,據光緒本及文義改。

威明，用寧帝室，遺我居攝寶龜”。“閉”當作“毖”，“于”當作“乎”，“寧王”上屬“用”字讀。又云“曰：予復！反鄙我周邦”，《傳》作“是天反復右我漢國也”，“鄙”古通作“否”字，“否”“右”字形相近，東晋本改作“鄙”。

歷　人

《梓材》“肆往奸宄、殺人、歷人，宥”，《傳》：“又當詳察奸宄之人及殺人賊、所過歷之人，有所寬宥。”頤煊案，《爾雅・釋言》：“辟，歷也。”《大戴禮・子張問入官》篇：“歷者，獄之所由生也。”歷人，亦謂犯法之人。

讎　民

《召誥》“予小臣敢以王之讎民、百君子”，《傳》：“敢以王之匹民、百君子治民者，非一人。言民在下，自上匹之。”頤煊案，《釋文》：“讎，字或作酬。”古通作“疇”字，疇民謂同等之民，即所謂齊民。

旁作穆穆

《洛誥》“旁作穆穆迓衡”，《傳》：“四方旁來爲敬敬之道，以迎太平之政。”頤煊案，“旁”當作“方”，《儀禮・士喪禮》“牢中旁寸”，鄭注：“今文‘旁’爲‘方’。”《堯典》“方鳩僝工”，《説文》引作“旁逑”。古字“旁”“方”通用。“方作穆穆迓衡”，言公方爲穆穆之敬以迎太平，與益稷“方施象刑惟明”文義相類。《新序·節士》篇引作“旁施象刑維明”。《傳》皆訓爲四方，非是。

卑　服

《無逸》“文王卑服，即康功田功”，《傳》：“文王節儉，卑其衣服，以就其安人之功，以就田功。”頤煊案，“卑服”，謂文王卑處西土，在藩服之時。

訓　德

《立政》“謀面用丕訓德”，《傳》：“謀所面見之事無疑，則能用大順德。”頤煊案，訓德，即俊德。《堯典》“克明俊德”，《史記·五帝本紀》作“能明馴德”，《集解》徐廣曰：“馴，古訓字。”《索隱》：“《史記》‘馴’字，徐廣皆讀曰訓。訓，順也。”

鄭不見周官篇

《周官》，頤煊案，鄭注古文《尚書》無此篇。《周禮·小宰》鄭注：“前此者成王作《周官》，其志有述天授位之義，故周公設官分職以法之。”《掌次》鄭注：“王之孤三人，副三公論道者。”《鄭志》“趙商問成王，《周官》‘立太師、太傅、太保，兹惟三公’”，是《周官》散文之見於他書者，非此篇文。

率循大卞

《顧命》“率循大卞”，《傳》：“率群臣循大法。”《正義》：“卞之爲法，無正訓。”頤煊案，山井鼎《考文》作“帥修大辨”，“帥”，古“率”字。“修”“循”，字相似。《説文》：“釆，辨别也。讀若辨。”又云：“釆，古文辨。”“辨”有“法”義，是東晋本作“率循大釆”，《正義》本譌作“卞”。

無　蓋

《吕刑》“鰥寡無蓋”，《傳》：“鰥寡得所，無有掩蓋。”頤煊案，“無蓋”，猶言無害也。《爾雅·釋言》：“蓋，裂也。”《釋文》：“舍人本作‘害’。”蓋、害，古同聲通用字。

商　賚

《費誓》“我商賚爾”，《傳》：“我則商度汝功，賜與汝。”頤煊案，“商”當是“賞”字之譌，《甘誓》“用命賞于祖”。商，《説文》作𧶜，與“賞”字形相近，東晋本改作“商”。

卷　二

臨海洪頤煊

力　政

《周書·度訓解》："力争則力政，力政則無讓。"頤煊案，政讀爲征，《周禮·均人》"掌均地政"，鄭注："政讀爲征。"《閭胥》"凡春秋祭祀、役政、喪紀之數"，鄭注："杜子春讀政爲征。"《史記·天官書》"天子微，諸侯力政"，《集解》徐廣曰："一作征。"

衆非和不衆

"衆非和不衆"，孔晁注："和之以懷衆。"頤煊案，"不衆"二字文義不相承，以上下文例之，"衆"當作"聚"，言衆非和則不能聚也，因字形相近而訛，依注義，亦當作"聚"字。

終之以古

《常訓解》"始之以古，終之以古"，孔注："言政必敬始慎終。"頤煊案，當作"始之以古，終之以今"，故下文云"行古志今，政之至也，政維今，法維古"，皆"今""古"對言之。

樹惠不癈

《文酌解》"樹惠不癈"，孔注："癈，巔也，以爲已巔也。"頤煊案，癈當是瘞字之訛。《方言》："瘞，審也。"郭璞注："瘞，埋，又翳。"《左氏・僖二年傳》"入自顛軨"，《水經・河水注》引作"巔軨"，《穆天子傳》郭璞注引作"寘軨"。《説文》："寘，塞也。"樹惠不瘞，謂無所翳塞。

旁隧外權

《大明武解》："旁隧外權。"頤煊案，隧，即攻城穴土之法。權，謂烽火，《史記・封禪書》"通權火"，《集解》張晏曰："權火，烽火也，狀如井挈皋也，其法類稱，故謂之權。"

宗　讒

《程典解》"商王用宗讒，震怒無疆"，孔注："宗，衆。疆，境也。"頤煊案，"宗"是"崇"字之訛。《史記・殷本紀》："九侯女不憙淫，紂怒，殺之，而醢九侯。鄂侯争之彊，并脯鄂侯。西伯昌聞之，竊嘆。崇侯虎知之，以告紂，紂囚西伯羑里。"此即指其事，所謂震怒無彊也，孔注誤。

枳

《小開解》："德枳維大人，大人枳維公，公枳維卿，卿枳維大夫，大夫枳維士。"頤煊案，"枳"即"枝"字。《爾雅·釋地》"中有枳首蛇焉"，《釋文》引孫炎云："蛇有枝首。"枳、枝古字通用。"德枳維大人，大人枳維公"，言大人爲德之枝，公爲大人之枝。《詩·文王》"本枝百世"，① 《蕩》"枝葉未有害，本實先撥"，正是此義。《後漢書·馮衍傳》李賢注引此數句，云"言上下相維，遞爲藩蔽也"，義亦作"枝"。

移潔干清

《寶典解》"移潔干清"，孔注："實少而名多曰移也。"頤煊案，"移"即"侈"字。《考工記·梟氏》"侈弇之所由興"，鄭注："故書'侈'作'移'。"《儀禮·少牢饋食禮》主婦"侈袂"，《周禮·追師》鄭注引作"移袂"。移、侈古字通用。

---

① "本枝百世"，《毛詩》作"本支百世"。

三　巫

《克殷解》“乃命南宫百達、史佚遷九鼎三巫”，孔注：“三巫，地名。”頤煊案，“三巫”若是地名，“九鼎”下當有“于”字。《史記·周本紀》作“命南宫括、史佚展九鼎保玉”，“保”通作“寶”，“巫”與“玉”字形相近，“三巫”疑即“寶玉”之訛。

合　詳

《文政解》“合詳毁成”，孔注：“合詳，無德而信也。”頤煊案，詳，審也，事審則當斷之於心，合衆審以爲審，則反致疑以敗成，即《詩》所謂“如彼築室于道謀，是用不潰于成”，孔注非。

赤宜未定

《度邑解》“四方赤宜未定我于西土”，《史記·周本紀》作“日夜勞來我西土”，《集解》徐廣曰：“一云肎來。”頤煊案，“日夜”“四方”字形相近，“赤”是“亦”字之訛，“勞來”當依《集解》作“肎來”，“宜未”即“肎來”之訛。

居陽無固

“自洛汭延于伊汭，居陽無固”，《史記·周本紀》作“居易無固”。頤煊案，《集解》徐廣曰：“夏居河南，初居陽城，後居陽翟。”字本作“陽”。《索隱》“言自洛汭及伊汭，其地平易無險固”，字訛作“易”。《尚書·禹貢》“涇屬渭汭”，《傳》：“水北曰汭。”《穀梁·僖二十八年傳》：“水北爲陽。”“居陽”即指二汭而言，“陽”，古文作“昜”，與“易”相近因訛。

驕用逐禽

《皇門解》“譬若畋犬驕用逐禽，其猶不克有獲”，孔注：“驕，謂不習也。言是人之無得，猶驕犬逐禽不能獲。”頤煊案，“驕”是畋犬之名，《詩·駟鐵》“載獫歇驕”，毛《傳》：“獫、歇驕，田犬也，長喙曰獫，短喙曰歇驕。”言用驕犬以逐禽，其尚不能有獲，喻用賢臣尚不能利於家國，况是讒賊媢嫉之人。

陰　羽

《王會解》“墠上張赤帟陰羽”，孔注：“陰，鶴也，以羽飾帳也。”頤煊案，“陰”讀爲“翳”，《山海經·海外西經》夏后啓“左手操翳”，郭璞注：“翳，羽葆幢也。”《爾雅·釋言》“纛，翳也”。翳羽，謂以羽爲竿首，如羽葆幢之屬。陰、翳，聲義皆相近。

納

“於越納。”頤煊案,《説文》:“鱗，魚，似鼈無甲，有尾無足，口在腹下，從魚，納聲。”

蜀人以文翰

“蜀人以文翰，文翰者，若臯雞。”頤煊案，《説文》引《逸周書》作“文翰若翬雉”。《爾雅·釋鳥》雉類“伊洛而南，素質，五彩皆備，成章曰翬”，翬雉與文翰義合。郭璞《爾雅注》引《逸周書》作“文翰若彩雞”，其本已失，今又作“臯雞”。孔注“臯雞，似梟，冀州謂之澤特”，孔本似作“澤雉”，後訛作“臯雞”。臯、澤古字通用，見《左傳釋文》。

質　沙

《史記解》:“昔者質沙三卿，朝而無禮，君怒而久拘之，譁而弗加。諸卿謀變，質沙以亡。”頤煊案，“質沙”即“夙沙”，“夙”，説文作“殂”，《穆天子傳》“玲瓚”，郭璞注:“音鈴瓚。”“質”，古文作“䞘”，與“夙”古文“殂”字形相近。

反而復之

《太子晋解》“若能幪予，反而復之”，孔注：“幪，覆也。度謀還與否也。”頤煊案，依注義，“反”當是“度”字之訛。上文言“請歸聲就，復與田”，故云“謀還與否也”。“度謀”，《爾雅・釋詁》文。

毛　詩

《毛詩正義》：“‘毛’字，漢世加之。《六藝論》云：河間獻王好學,其博士毛公善説《詩》，獻王號之曰‘毛詩’，是獻王始加‘毛’也。”頤煊案,《史記》《漢書》引《詩》皆稱“詩曰”，不稱“毛詩”,《説文・自序》“其偁‘詩毛氏’”，注中引《詩》亦皆稱“詩曰”，無“毛”字。唯《漢書・藝文志》“《毛詩》二十九卷,《毛詩故訓傳》三十卷”，此即河間獻王所加之本。

我姑酌彼金罍

《卷耳》“我姑酌彼金罍”，毛《傳》：“姑，且也。”《釋文》：“姑，如字。《説文》作及，音同，云秦以市買多得爲及。”頤煊案，依《説文》，“姑”當作“沽”，與《論語・鄉黨》“沽酒”同義。《史記・律書》“姑洗”,《左氏・定四年傳》《史記正義》引《白虎通》皆作“沽洗”，沽、姑，古字通用。

維鳩方之

《鵲巢》“維鳩方之”，毛《傳》：“方，有之也。”頤煊案，方，並也。《荀子·致士》篇“莫不明通方起”，楊倞注：“方起，並起。”《淮南·氾論訓》“乃爲窬木方版”，高誘注：“方，並也。”《爾雅·釋水》“大夫方舟”，李巡曰：“併兩船曰方舟。”併亦並也。

蔽　芾

《甘棠》“蔽芾甘棠”，毛《傳》：“蔽芾，小貌。”頤煊案，《爾雅·釋言》：“芾，小也。”《傳》以蔽芾爲小貌，雖本於《爾雅》，但與《詩》義不合。《詩》以芾釋蔽，言其樹蔭之大，故可以止於其下以聽訟。《張遷碑》“蔽沛棠樹”，沛，大也。《韓詩》作“蔽茀甘棠”，《生民》“茀厥豐草”，“茀”亦是大義。《小雅》“蔽芾其樗”，樗，大木也。鄭《箋》：“樗之蔽芾始生。”殆亦狃於雅訓而失之。

裯

《小星》“抱衾與裯”，毛《傳》：“裯，禪被也。”鄭《箋》：“裯，牀帳也。”《正義》：“鄭既以衾爲被，不宜復云禪被也。漢世名帳爲裯，蓋因於古，故以爲牀帳。”頤煊案，《爾雅·釋訓》“幬，謂之帳”，郭璞注：“今江東亦謂帳爲幬。”裯、幬同聲字，故鄭據以易《傳》。邢昺《爾雅疏》引鄭《箋》云“幬，牀帳也”，《文選·神女賦》李善注引《毛詩箋》曰“幬，牀帳也”，後人據《箋》以改字，如此類甚多。

願言則嚏

《終風》“願言則嚏”，毛《傳》：“嚏，跲也。”鄭《箋》：“嚏讀當爲不敢嚏咳之嚏。”頤煊案，經文本作“疐”，故毛訓爲“跲”，鄭作“嚏”者，改其義未改其字，《釋文》“疌，本又作疐”可證也。今本作“嚏”，是後人據鄭《箋》改之。《釋文》：“劫也，本又作跲。崔云：毛訓疌爲故，今俗人云欠欠故故是也，不作劫字。”《正義》：“王肅云：願以母道往加之，則嚏劫不能行。跲與劫音義同。”則作“劫”者，王肅本也。崔靈恩集注本作“疌，故也”，《釋文》本從之。疐、疌，劫、故，皆因字形相近而譌。

契　闊

《擊鼓》“死生契闊，與子成説”，毛《傳》：“契闊，勤苦也。”頤煊案，契，刻也，讀如契臂爲盟之契。闊，遠也。言以死生相約，爲久遠之辭。《釋文》“《韓詩》云約束也”，亦是此義。

北　門

《北門》“出自北門”，毛《傳》：“北門背明鄉陰。”鄭《箋》：“云喻已仕於闇君，猶行而出北門。”頤煊案，北門，紂城北門，《詩譜》“自紂城而北謂之邶”，邶在紂城以北，故仕邶者必出自北門。

中　冓

《牆有茨》“中冓之言”，毛《傳》：“中冓，内冓也。”頤煊案，《韓非子·内儲説》：“燕人李季好遠出，其妻私有通於士。季突至，士在内中。”《漢書·淮南王傳》：“王陽怒太子，閉使與妃同内，終不近妃。”《霍光傳》：“皆拜卧内。”即卧室也。《易·繫辭》“男女構精”，《正義》：“構，合也，言男女陰陽相感，任其自然，得一之性，故合其精，則萬物化生也。”《草蟲》“亦既覯止”，鄭《箋》“既覯，謂已昏也”，引《易》曰“男女覯精”爲證。并字異而義同。

不屑髢也

《君子偕老》“不屑髢也”，毛《傳》：“屑，絜也。”頤煊案，《周禮》“挈壺氏”，鄭注：“挈讀如絜髮之絜。”絜與結同義，鄭《箋》“不絜者，不用髲爲善”，言婦人髮美，不用結他髮以爲髻。《一切經音義》卷十三引《字林》"髻，絜髮也"，鄭《箋》"善"當即"髻"字之訛。《正義》言"其髮美長，不用髲，而自絜美也"，失之。

泮坡也

《氓》"隰則有泮"，毛《傳》："泮，坡也。"《釋文》："坡，本或作'陂'。澤陂，《詩傳》云障也。本或作'破'，字未詳，觀王述意似作'破'。"頤煊案，當作"泮，破也"。《匏有苦葉》"迨冰未泮"，毛《傳》："泮，散也。"破、散，義相近。"淇則有岸"，以爲之防；隰則有破散之時，言變易無常。若是"坡"字，與厓岸同義，《箋》不必云"泮讀爲畔"矣。

大叔于田

"大叔于田"，《釋文》："叔于田，本或作'大叔于田'者，誤。"頤煊案，此詩三章，凡十言"叔"，不應此一句獨言"大叔"。毛《傳》"叔之從公田也"，足證毛本無"大"字，《序》欲以别於上篇，故加"大"字，後人據《序》以增經，非也。

抑

"抑磬控忌，抑縱送忌"，《正義》："抑者，此叔能磬騁馬矣，又能控止馬矣。抑者，此叔能縱矢以射禽矣，又能縱送以逐禽矣。”頤煊案，抑者，美也。《猗嗟》“抑若揚兮”，毛《傳》：“抑，美色。”《國語·楚語》“於是乎作懿戒”，韋昭注：“懿讀曰抑。”《爾雅·釋詁》：“懿，美也。”下章“抑釋掤忌，抑鬯弓忌”義同。

零露漙兮

《野有蔓草》“零露漙兮”，① 《釋文》：“漙，本亦作團。”頤煊案，《匡謬正俗》：“《詩》古本有水旁作專者，亦有單作專者，後人輒改之爲團字，讀爲團圓之團。”山井鼎《考文》本、《藝文類聚》卷八十一、《文選·江淹雜體詩》李善注，引《詩》皆作團。

維莠驕驕

《甫田》“維莠驕驕”，頤煊案，下章“維莠桀桀”，毛《傳》：“桀桀，猶驕驕也。”《傳》《箋》俱不釋“驕驕”之義。《揚子法言·修身》篇“田甫田者莠喬喬”，《爾雅·釋詁》：“喬，高也。”《文選·射雉賦》“何調翰之喬桀”，義即本此。

---

① “漙”，原作“溥”，據《毛詩》及上下文義改作“漙”。下“漙”字，亦原誤作“溥”，同改。

舞則選兮

《猗嗟》“舞則選兮”，毛《傳》：“選，齊。”鄭《箋》：“選者，謂於倫等最上。”頤煊案，“選”讀如選懦之選，謂柔弱也，舞取柔弱。《爾雅·釋訓》“婆娑，舞也”，郭璞注：“舞者之容。”《賓之初筵》“屢舞僊僊，屢舞僛僛，屢舞傞傞”，皆取柔弱爲容。

弗曳弗婁

《山有樞》“子有衣裳，弗曳弗婁”，毛《傳》：“婁，亦曳也。”《正義》：“曳者，衣裳在身，行必曳之。婁與曳連，則同爲一事。”頤煊案，《公羊·昭二十五年傳》“牛馬維婁”，何休注：“繫馬曰維，繫牛曰婁。”則婁者繫也。《釋文》：“婁馬，云牽也。”《玉篇·手部》引《詩》作“弗曳弗摟”，《孟子·告子下》“逾東家墻而摟其處子”，趙歧注：“摟，牽也。”

奉時辰牡

《駟驖》“奉時辰牡”，毛《傳》：“時是辰時也。冬獻狼，夏獻麋，春秋獻鹿豕群獸。”頤煊案，“辰”當是“麎”字之省。《吉日》“其祁孔有”，鄭《箋》：“祁當作麎。麎，牝麋也，中原之野甚有之。”《爾雅·釋獸》：“麋，牡麔，牝麎。”

此不言牝，而言牡者，是通言其類也。《吉日》毛傳："祁，大也。"與此下文"辰牡孔碩"義正相合。

夏屋渠渠

《權輿》"於我乎夏屋渠渠"，鄭《箋》："渠渠，猶勤勤也。"頤煊案，《正義》："崔駰《七依》説宫室之美，云：夏屋渠渠。"《荀子·修身》篇"有法而無志，其義則渠渠然"，楊倞注："渠讀爲遽。"《文選·魯靈光殿賦》"揭蘧蘧而騰凑"，李善注："蘧蘧，高也。"蘧蘧即渠渠也。

可以樂飢

《衡門》"泌之洋洋，可以樂飢"，《釋文》："樂，本又作'療'，沈云舊本皆作'樂'字，逸詩本有作疒下樂。"① 臧氏鏞堂曰："鄭作療飢，不云樂，當爲療，是經本作療也。《正義》引王肅、孫毓皆云'可以樂道忘飢'，是《傳》中'樂道忘飢'之言非毛氏本文，乃肅所私撰。"頤煊案，經本作"樂"。逸詩本作"療"，是後人據鄭《箋》改也。《隸釋·繁陽令楊君碑》"徲伲樂志"，蔡邕《焦君贊》"衡門之下，栖遲偃息，泌之洋洋，樂以忘食"，義皆本於此詩，臧説非是。

---

① "逸詩"，原誤作"晚詩"，據《經典釋文》改。下"逸詩"，亦原誤作"晚詩"，同改。

歌以訊之

《墓門》“歌以訊之”，《釋文》：“訊，又作誶。”頤煊案，《説文》：“訊，問也，從卂，言聲。誶，讓也，從言，卒聲。”音義本別。今經典常相亂者，《淳化帖》東晋康帝書《陸女郎》“問訊”，草書作“𧩙”，與“誶”字形相似，因譌。

于　貉

《七月》“一之日于貉，取彼狐狸，爲公子裘”，毛《傳》：“于貉，謂取狐狸皮也。”鄭《箋》：“于貉，往搏貉以自爲裘也。狐狸以共尊者。”頤煊案：《傳》意不以于貉爲狐貉之貉，與《箋》異義。《皇矣》“貉其德音”，《釋文》：“貉，本又作貊。”“貊”古通作“陌”字，言往陌取彼狐狸皮，以爲公子裘也。

予手拮据

《鴟鴞》“予手拮据”，毛《傳》：“拮据，撠挶也。”《正義》：“《説文》云‘撠，持撠。挶，謂以手爪挶持草’。”頤煊案，今本《説文》無“撠”字，“挶”字注“戟持也”，“据”字注“戟挶也”。戟聲近拮，挶聲近据，通之則可單言“戟”，《左氏·哀二十五年傳》“褚師出，公戟其手”，杜預

注："抵徙手屈肘如戟形。"《斯干》"如矢斯棘"，鄭《箋》："棘，戟也，如人挾弓矢戟其肘。"是也。亦可單言"据"，《史記·吕后本紀》"見物如蒼犬據高后掖"，"據"即"据"也，《漢書·五行志》"據"作"撠"，師古曰"撠謂揭持之"，其義同也。

駪駪征夫

《皇皇者華》"駪駪征夫"，毛《傳》："駪駪，衆多之貌。"頤煊案，《楚辭·招魂》"往來侁侁"，王逸注："侁侁，行聲也。《詩》云'侁侁征夫'。"《廣韻》九"臻"注引《詩》亦作"侁侁"。《説文》："侁，行貌。"

常棣栘

《常棣》"常棣之華"，毛《傳》："常棣，棣也。"《釋文》云："本或作'常棣，栘'。"頤煊案，王應麟《詩考》引《韓詩序》"夫栘燕兄弟，閔管蔡之失道"，《藝文類聚》卷八十三引《詩》云"夫栘之華，萼不煒煒"，則作"常棣，栘"是。

鄂　不

"鄂不韡韡"，毛《傳》："鄂，猶鄂鄂然，言外發也。韡韡，光明也。"鄭《箋》："不當作柎。柎，鄂足也。"《正義》:“王述之曰: 不韡韡, 言韡韡也。”頤煊案,《説文》“芣, 華盛, 從艸, 不聲”, 即此“不”字。

烝也無戎

“烝也無戎”, 毛《傳》:“烝, 填也。”《釋文》:“烝, 之承反。填, 依字音田, 與實同。又依古聲音塵, 塵, 久也。故《箋》申之云‘古聲填、塵同’。”頤煊案,《爾雅·釋詁》:“烝, 衆也。”言良朋雖衆, 無相助已者。

坎　坎

《伐木》“坎坎鼓我”, 鄭《箋》:“爲我擊鼓坎坎然。”頤煊案,《説文》引《詩》作“竷竷鼓我”, 段氏玉裁:“《説文》本竷, 從夊從章, 夅聲。孫愐: 夅,下江切。”《靈臺》“鼉鼓逢逢”,《吕氏春秋·季夏紀》高誘注、《一切經音義》卷六引《詩》皆作“鼉鼓韸韸”, 韸即竷字之省。《邶風》“擊鼓其鏜”, 毛《傳》:“鏜然, 擊鼓聲也。”《正義》:“司馬法曰: 擊鼓不過閶。”鏜、閶皆與夅聲相近。

樂　只

《南山有臺》“樂只君子”, 鄭《箋》:“只之言是也。”頤煊案,《左氏·襄十一年傳》引《詩》曰“樂旨君子, 殿天子之邦”, 杜預注:“謂諸侯有樂美之德。”《二十四年傳》

引《詩》云“樂旨君子，邦家之基”，杜注：“言君子樂美其道。”《説文》：“旨，美也。”

遐　不

“遐不眉壽”，鄭《箋》：“遐，遠也。遠不眉壽者，言其近眉壽也。”頤煊案，《棫樸》“遐不作人”，毛《傳》：“遐，遠也。遠不作人也。”遐不，猶言不遐，《下武》“不遐有佐”，《思齊》“烈假不遐”。遐又通作瑕，《泉水》“不瑕有害”，《狼跋》“德音不瑕”，其音義并同。

助我舉柴

《車攻》“助我舉柴”，毛《傳》：“柴，積也。”鄭《箋》：“舉積禽也。”頤煊案，《説文》云：“㧘，積也，從手，此聲。《詩》曰‘助我舉㧘’。”《文選·西京賦》“收禽舉胔”，薛綜注：“胔，死禽獸將腐之名也。”李善注：“胔，聚肉名，不論腐敗也。”聚肉即積也，《漢書·婁敬傳》師古曰：“胔讀曰瘠。”《易·説卦》“乾爲瘠馬”，《釋文》：“京、荀作柴。”柴、胔字義通也。

夜未艾

《庭燎》“夜未艾”，毛《傳》：“艾，久也。”鄭《箋》：“芟末曰艾，以言夜先雞鳴時。”頤煊案，《左氏·昭元年傳》

“國未艾也”，杜預注：“艾，絶也。”絶亦盡也，夜未艾，謂夜漏未盡時。

維周之氐

《節南山》“維周之氐”，鄭《箋》：“氐當作桎鎋之桎。”《釋文》：“桎，之實反，又丁履反，礙也。本有作手旁至者，誤也。”阮尚書《校勘記》：“段玉裁云，當是‘抵’字誤‘挃’是也，别體字‘抵’作‘抧’，與‘桎’字形近。”頤煊案，桎當是庢字之訛，《説文》“庢，礙止也，從广，至聲”。庢、底字形相近，與《釋文》義合，即今俗窒礙字。

填　寡

《小宛》“哀我填寡”，毛《傳》：“填，盡。”《釋文》：“《韓詩》作疹。”頤煊案，填是瘨之借字，《雲漢》“胡寧瘨我以旱”，鄭《箋》：“瘨，病也。”《釋文》：“《韓詩》作疹。”疹通作殄，《周禮·稻人》“夏以水殄草”，鄭注：“殄，病也。”

蛇蛇碩言

《巧言》“蛇蛇碩言，出自口矣”，毛《傳》：“蛇蛇，淺意也。”《正義》：“蛇蛇然，淺意之大言。”頤煊案，蛇蛇，美也。《爾雅·釋訓》“委委佗佗，美也”，《太平御覽》卷六百九十引《詩》作“委委蛇蛇”，古字通用。蛇蛇大言，猶《莊子·齊物論》“大言炎炎”，簡文注：“炎炎，美盛貌。”蓋反譏之之辭。

既往既來

《大東》“既往既來，使我心疚”，鄭《箋》：“言譚人自虚竭餫送而往，周人則空盡受之，曾無反幣復禮之惠，是使我心傷病也。”頤煊案，“既來”當作“既求”，謂我以禮往求糴於彼，而彼不我恤，是使我心疚也。求、疚韻合，來、求字形相近。

廢大也

《四月》“廢爲殘賊”，毛《傳》：“廢，忕也。”《釋文》：“又一本作‘廢，大也’。此是王肅義。”《正義》：“定本‘廢’訓爲‘大’。”頤煊案，當從定本，作“廢，大也”。毛《傳》本於《爾雅》，《爾雅·釋詁》：“廢，大也。”《列子·楊朱》篇“廢虐之主”，張湛注：“廢，大也。”《列女傳》引《詩》“廢爲殘賊，言忕於惡”是三家詩義。鄭《箋》“言大於惡”，宋本可證，俗本改作“忕於惡”，非是。

伊寡婦之利

《大田》“伊寡婦之利”，鄭《箋》：“聽矜寡取之以爲利。”頤煊案，寡婦猶言小民，兄曰寡兄，妻曰寡妻，國君曰寡人，皆寡小之辭，不言民言婦者，承上文“以其婦子，饁彼南畝”而言，言婦而子在其中。

室人入又

《賓之初筵》“室人入又”，鄭《箋》：“又，復也。賓手挹酒，室人復酌爲加爵。”頤煊案，此與下文“矧敢多又”，又即侑字，勸也。《儀禮·有司徹》“乃議侑於賓”，鄭注：“古文侑皆作宥。”《禮記·王制》“王三又”，鄭注：“又當作宥。”又、侑、宥，古字通用。

維師尚父

《大明》“維師尚父”，毛《傳》：“師，大師也。尚父，可尚可父。”《史記·齊太公世家》集解：“駰案：劉向《别録》曰師之、尚之、父之，故曰‘師尚父’，父亦男子之美號也。”頤煊案，《齊世家》“太公望吕尚”，譙周曰：“姓姜名牙。”尚當是太公之字。《宣和博古圖·周淮父卣銘》“穆從師淮父”又云“對揚師淮父休”，“淮”亦是字。

迺宣迺畝

《綿》“迺宣迺畝”，鄭《箋》：“時耕曰宣。”頤煊案，此節是初定其疆界，尚未及耕。宣，謂宣通其溝防，重水利也。畞，謂定其一夫受田之制。

不長夏以革

《皇矣》“不長夏以革”，毛《傳》：“革，更也，不以長大有所更。”鄭《箋》：“夏，諸夏也。不長諸夏以變更王法。”頤煊案，《禮記·鄉飲酒義》“夏之言假也”，《釋名·釋天》篇“夏，假也。寬假萬物，使生長也”，《尚書大傳》“夏者，假也”。革，亟也。不長夏以革，謂非明德之君，不長假以天命而亟更之。

徒歌曰咢

《行葦》“或歌或咢”，《釋文》：“毛云：徒歌曰咢。《爾雅》云：徒擊鼓謂之咢，徒歌謂之謡。”頤煊案，毛公釋《詩》亦不盡依《爾雅》，“徒歌曰咢”，毛或別有所受，今本傳作“徒擊鼓曰咢”，是《正義》從王肅本改。

何以舟之

《公劉》“何以舟之，維玉及瑶，鞞琫容刀”，毛《傳》：“舟，帶也。”鄭《箋》：“民亦愛公劉之如是，故進玉瑶容刀之佩。”頤煊案，《周禮·司尊彝》“皆有舟”，鄭注：“鄭司農云：舟尊下臺，若今時承槃。”“何以舟之”，謂何以奉槃進之，故鄭《箋》即訓“舟”爲“進”也。

炰　烋

《蕩》“女炰烋于中國”，毛《傳》：“炰烋，猶彭亨也。”鄭《箋》：“炰烋，自矜氣健之貌。”頤煊案，《易·大有》釋文引干注“彭亨，驕滿貌”。《文選·魏都賦》“咆烋雲撤”，劉淵林注：“咆烋，猶咆哮也，自矜健之貌。《詩》云‘咆烋於中國’。”炰作咆，與《毛詩》異。

倉兄填兮

《桑柔》“倉兄填兮”，毛《傳》：“倉，喪也。兄，滋也。填，久也。”鄭《箋》：“喪亡之道滋久長。”《正義》：“倉之爲喪，其義未聞。”頤煊案，《釋文》：“兄，本亦作況。”倉兄，猶言倉皇也。《尚書·無逸》“則皇自敬德”，《正義》：“王肅本‘皇’作‘況’。”“無皇曰”，《漢石經》“皇”作“兄”。古字本通用。填當作瘨，病也，言匆遽而至於病，所以不絶心憂也。

來　旬

《江漢》“來旬來宣”，鄭《箋》：“旬當作營。”《正義》：“旬之與營字相類。”頤煊案，《正月》“憂心惸惸”，《釋文》：“惸，本又作煢。”《周禮》“均人”，鄭注：“旬讀如畇畇原隰之‘畇’。”是皆其字相類之證。

彼徂矣

《天作》“彼徂矣，岐有夷之行”，《後漢書·西南夷傳》引《韓詩》作“彼徂者，岐有夷之行”。頤煊案，鄭《箋》：“後之往者，又以岐邦之君有佼易之道。”《正義》：“徂謂新往者。”《正義》釋“彼作矣”爲“作矣”，“彼徂矣”爲“往者”。《箋》《疏》本皆當作“者”字。

不吴

《絲衣》“不吴不敖”，《釋文》：“吴，舊如字。《説文》作‘吴’，吴，大言也。何承天云：吴字誤，當作吳，從口下大，故魚之大口者名吳，胡化反。”頤煊案，《史記·封禪書》引此詩作“吴”，《孝武本紀》引此詩作“虞”，虞、吴，古字通用。《説文》“吴，一曰大言也，從矢口”，在矢部，大部無吳字。《一切經音義》卷十一“誤，此《古文奇字》鏵”。[①]“吴”字不必作“吳”，而有“華”音，故毛《傳》即以“譁”訓之。

龍和也

《酌》“我龍受之”，毛《傳》：“龍，和也。”鄭《箋》：

① “《一切經音義》卷十一”，本書卷二十三“斧”條亦引“誤，此《古文奇字》鏵”，作“《一切經音義》卷十六”，查《一切經音義》，爲“卷十六”，此“十一”當改作“十六”。

“龍，寵也。”《正義》：“龍之爲和，其訓未聞。寵字以龍爲聲，故龍爲寵也。”頤煊案，《説文》：“龔，從共，龍聲。”“龔”古通作“恭”字，“恭”有“和”義，故毛《傳》以“龍”爲“和”也。

駉駉牡馬

“駉駉牡馬”,①《釋文》：“牡，本或作牧。”頤煊案，《正義》本作“牧馬”。《顔氏家訓·書證》篇：“《詩》云‘駉駉牡馬’，江南書皆作牝牡之‘牡’，河北本悉爲放牧之‘牧’。”《藝文類聚》卷九十三、《太平御覽》卷九百五十八、《文選·李陵答蘇武書》李善注引作“牧”，皆河北本。

白馬黑鬣曰駱

“有驒有駱”，毛《傳》：“白馬黑鬣曰駱。”《釋文》：“《韓詩》及《字林》云白馬黑髦也。”《正義》：“《定本》《集注》‘髦’字皆作‘鬣’。”頤煊案，《淮南·時則訓》“乘白駱”，高誘注：“白馬黑毛曰駱。”毛即髦字。《釋文》引樊、孫《爾雅》并作“白馬黑髦，鬣，尾也”，亦當作“髦”字。

① 據體例，此處缺篇名“駉”，當作“《駉》：駉駉牡馬”。

歲其有

《有駜》“自今以始，歲其有。君子有穀，詒孫子”，《釋文》：“歲其有，本或作‘歲其有矣’，又作‘歲其有年者矣’，皆衍字也。”阮尚書《校勘記》：“《正義》本未有明文。”頤煊案，毛《傳》“歲其有豐年也”，此以“豐年”釋“年”字。《正義》：“《春秋》書‘有年’者，謂五穀大熟，豐有之年。故知其‘有年’謂從今以去當有豐年也。《定本》《集注》皆云‘歲其有年’。”《正義》本有“年”字。

居常與許

《閟宫》“居常與許”，毛《傳》：“常、許，魯南鄙、西鄙。”頤煊案，《管子・小匡》篇“桓公曰：吾欲南伐,何主?管子對曰：以魯爲主,反其侵地常、潛”，《國語・魯語》作“棠、潛”。《左氏・隱五年》“公觀魚於棠”，“棠”即“常”也，“常”在魯南，故毛《傳》訓爲“南鄙”。

景員維河

《玄鳥》“景員維河”，鄭《箋》：“河之言何也。”頤煊案，《隸釋・逢盛碑》“無可奈河”、《吴仲山碑》“嗮乔㦈痛奈河”，隋《龍藏寺碑》以“何人”爲“河人”。河、何，古字本通用。

卷 三

臨海洪頤煊

説文引周禮

《説文》禘字注："《周禮》曰五歲一禘。"祫字注："《周禮》曰三歲一祫。"頤煊案，今《周禮》無此文。《後漢書·張純傳》引《禮》"三年一祫，五年一禘"，無"周"字。

腊 人

《天官·序官》"腊人"，鄭注："腊之言夕也。"《疏》："乾曰腊，朝曝，於夕乃乾，故云'腊之言夕'。或作'久'字，久乃乾成，義亦通也。"頤煊案，"夕"當作"久"。《説文》："昔，乾肉也，從殘肉，日以晞之，與俎同意。籀文作腊。"《詩·墓門》"誰昔然矣"，毛《傳》："昔，久也。"《禮記·郊特牲》鄭注："爲其味厚腊毒也。"《釋文》："《隱義》云：腊，久也。"

禮賓

《大宰之職》“以八統詔王馭萬民，八曰：禮賓”，鄭注：“禮賓，賓客諸侯，所以示民親仁善鄰。”頤煊案，賓客諸侯非所以馭萬民。鄉大夫之職“三年則大比，考其德行道藝，而興賢者、能者，鄉老及鄉大夫帥其吏與其衆寡，以禮禮賓之”，即此所謂“禮賓”也。

臣妾

“以九職任萬民。八曰臣妾，聚斂疏材”，鄭注：“臣妾，男女貧賤之稱。晋惠公卜懷公之生，曰：‘將生一男一女。男爲人臣，女爲人妾。’”頤煊案，《説文》：“僕，給事者，古文作蹼。”“臣”即“蹼”字之省。《尚書・費誓》“臣妾逋逃”，《孝經》“不敢失於臣妾”，《漢書・刑法志》“隸臣妾一歲免爲庶人”，凡“臣、妾”對言者，古皆通作“僕”字。

羊泠毛而毳

《内饔》“羊泠毛而毳，羶”，鄭注：“泠毛，毛長總結也。”《疏》：“泠毛，謂毛長也。而毳，謂毛别聚結者。”頤煊案，泠與零同，泠毛謂毛零落而又毳結。《禮記・内則》正義“泠謂毛本稀泠，毳謂毛頭毳結”，斯得之矣。

膴胖之事

《腊人》“掌乾肉，凡田獸之脯、腊、膴、胖之事”，阮尚書《校勘記》：“‘膴胖之事’四字疑衍文。下經‘薦脯膴胖’，膴字、胖字始有注。若於此先言膴胖，二鄭、杜氏、康成當於此下注矣。”頤煊案，“凡田獸之脯腊膴胖之事”十字當作一句讀，下乃言其用。“膴胖”，《内饔》已注，此復重言，亦不能以先後定之。《疏》標起止“腊人”至“之事”，又引趙商問於此節之末，賈《疏》本當有此四字。

箈　菹

《醢人》“箈菹雁醢”，鄭注：“鄭司農云：箈，水中魚衣。玄謂：箈，箭萌。”頤煊案，《詩・采菽》正義引此作“菭菹”。《説文》“菭，水衣，從艸治聲”“篙，竹萌也，從竹怠聲”，二字不同。《爾雅・釋艸》“篙，箭萌”，郭璞注：“《周禮》曰‘篙菹雁醢’。”是司農本作“菭”，鄭本作“篙”，今并訛作“箈”字，不可通矣。

苦　鹽

《鹽人》“祭祀共其苦鹽”，鄭注：“杜子春讀苦爲盬，謂出鹽直用，不湅治。”《疏》：“苦當爲盬，盬謂出於鹽池，今之顆鹽是也。”頤煊案,《爾雅·釋言》:“滷,苦也。”《淮南·墜形訓》:“鍊,苦生醎。”則杜説是。

羽　物

《司裘》“王乃行羽物”,鄭注:“鄭司農云:行羽物,以羽物飛鳥賜群吏。玄謂:此羽物,小鳥鶉雀之屬,鷹所擊者,中秋鳩化爲鷹,中春鷹化爲鳩,順其始殺與其將止,而大班羽物。”頤煊案,如注所言,非司裘所掌,“羽人掌以時徵羽翮之政於山澤之農,以當邦賦之政令”,此羽物亦言王后車飾及旌旗之屬,與射侯爲一例,皆司裘掌之,與羅氏“行羽物”别。

廞　裘

“大喪,廞裘”,鄭注:“故書‘廞’爲‘淫’,鄭司農云:淫裘,陳裘也。玄謂:廞,興也。”《疏》:“此《周禮》一部之内稱‘廞’者衆多,故書皆爲‘淫’,先鄭皆爲‘陳’,後鄭皆破從‘興’。”頤煊案,《説文》:“廞,陳輿服於庭也。”與先鄭同。

潛　服

《閽人》“潛服、賊器不入宫”,鄭注:“潛服若衷甲者。”頤煊案,潛服,深衣之屬。《禮記·玉藻》“非列采不入公門，振絺綌不入公門，表裘不入公門，襲裘不入公門”，即其禁。

貔　貗

《地官·大司徒之職》“其動物宜羸物”，鄭注：“羸物，虎豹貔貗之屬。”《疏》：“《爾雅》及諸經不見有貗，《曲禮》云‘載貔貅’，此鄭云貔貗，貗即貅也。”頤煊案，《史記·周本紀》“如豺如離”，《集解》徐廣曰：“此訓與螭同。”《説文》作离，注云：“歐陽喬説：离，猛獸也。”《文選·西都賦》李善注引歐陽《尚書説》“螭，猛獸也”，即貗字，《疏》以“貅”當之，非是。

步　廣

《保氏》“六曰九數”，鄭注：“鄭司農云：九數，方田、粟米、差分、少廣、商功、均輸、方程、贏不足、旁要。”頤煊案，“少廣”當作“步廣”。《史記·衛青列傳》“後子夫男步廣”，《集解》徐廣曰：“步，一作少。”《後漢書·鄭玄傳》李賢注引《九章算術》作“步廣”，字尚不誤。

奔者不禁

《媒氏》“中春之月，令會男女。於是時也，奔者不禁”，鄭注：“重天時，權許之也。”《疏》：“此月既是娶女之月，若有父母不娶不嫁之者，自相奔就，亦不禁之”。頤煊案，《禮記·内則》“聘則爲妻，奔則爲妾”，鄭注：“奔或爲衒。”《説文》：“衙，行且賣也。重文作衒。”奔者不禁，亦謂賣者不禁，《疏》義失之。

儥

《司市》“以量度成賈而徵儥”，鄭注：“儥，買也。”《疏》：“此字所訓不定，案下文所云貴儥者，鄭注貴賣之。”頤煊案，《説文》“賣，衙也”，即此儥字。《玉篇》“賣，或作粥”，《禮記·曲禮》“不粥祭器”，鄭注：“粥，賣也。”《淮南·説山訓》“郢人有粥其母”，高誘注：“粥，買也。”皆兼二字訓之。

辟　布

“凡萬民之期於市者，辟布者、量度者、刑戮者，各於其地之叙”，鄭注：“故書‘辟’爲‘辭’。鄭司農云：辭布，辭訟泉物者也。玄謂：辟布，市之群吏考實諸泉入及有遺忘。”頤煊案，辟布，謂司空所頒市物之法度。鄉師之職“既役，則受州里之要，以考司空之辟”，鄭注：“辟，功作章程是也。”宰夫之職“凡失財用物辟名者，以官刑詔冢宰而誅之”，鄭注：“辟名，詐爲書以空作見，文書與實不相應也。”

皆與此辟布同義。

膳　府

《廛人》"凡珍異之有滯者，斂而入於膳府"，鄭注："爲買之入膳夫之府，所以紓民事，而官不失實。"頤煊案，"膳夫"不得稱"膳府"，"膳府"當是"泉府"之訛。泉府"掌以市之征布，斂市之不售、貨之滯於民用者，以其賈買之，物楬而書之，以待不時而買者。買者各從其抵，都鄙從其主，國人、郊人從其有司，然後予之"，司市"以泉府同貨而斂賒"，即其職也。

飾　行

《胥師》"察其詐僞、飾行、儥慝者而誅罰之"，鄭注："鄭司農云：儥，賣也；慝，惡也，謂行且賣奸僞惡物者。玄謂：飾行儥慝，謂使人行賣惡物於市，巧飾之，令欺誑買者。"頤煊案，經文"行"當是"衒"字之訛。先鄭以衒爲"行且賣"，與《説文》義同。後鄭以衒爲"炫耀"，故云"巧飾之，令欺誑買者"。《疏》謂先鄭"行"爲行步之行，不爲行濫之行，故後鄭不從，非是。

屬　游

《司虣》"以屬游飲食於市者"，鄭注："鄭司農云：以屬游飲食,群飲食者。”頤煊案,《管子·立政》篇“圈屬群徒不順於常者,閭有司見之,復無時”,“屬游”與“圈屬”義同。

十摶爲縳

《羽人》“凡受羽,十羽爲審,百羽爲摶,十摶爲縳”,鄭注:“《爾雅》曰:一羽謂之箴,十羽謂之縳,百羽謂之縃。其名音相近。”頤煊案,《穆天子傳》郭璞注:“十羽爲箴,百羽爲縳,十縳爲縃,見《周官》。”《廣韻》注引《周禮》“百羽爲摶,十摶爲縃”。是箴、審同聲字,摶當作縳,縳當作縃。《釋文》“縳,劉音古本反”,劉昌宗本字作“縃”。

文昌司命

《春官·大宗伯之職》“以槱燎祀司中、司命”,鄭注:“鄭司農云:司中,三台三階也;司命,文昌宫星。玄謂:司中、司命,文昌第五、第四星。”頤煊案,《禮記·祭法》“王爲群姓立七祀”,一曰“司命”,鄭注:“此非大神所祈報大事者也,小神居人之間,司察小過,作譴告者爾。司命主督察三命,今時民家或春秋祠司命。”《風俗通·祀典》篇:“司命,文昌也。今民間祀司命,刻木長尺二寸爲人像。皆祠以腊,率以春秋之月。”此即今世所祀文昌像。文昌,星名,後刻木祀之,本在七祀之列,故祀典至今不廢。

圍敗

“以禬禮哀圍敗”，鄭注：“同盟者合會財貨，以更其所喪。《春秋》‘襄三十年冬，會於澶淵，宋灾故’是其類。”《疏》：“此經本不定，若馬融以爲‘國敗’，正本多作‘圍敗’。”頤煊案，小行人“若國師役，則令槁禬之”，字當作“國敗”。鄭注不釋“圍”字，亦當作“國敗”。

貞

《天府》“季冬，陳玉以貞來歲之媺惡”，鄭注：“問事之正曰貞。”頤煊案，大卜“凡國大貞”，鄭注：“貞之爲問，問於正者，必先正之，乃從問焉。”《説文》：“貞，卜問也。”《左氏・哀十七年傳》“衞侯貞卜”，謂問於卜，貞即是問，故鄭司農注皆云“貞，問也”，不訓爲“正”，鄭注失之。

先王之葬居中

《冢人》“先王之葬居中，以昭穆爲左右”，鄭注：“先王，造塋者。”《疏》：“云先王造塋者，但王者之都有遷徙之法，若文王居豐，武王居鎬，平王居於洛邑，所都而葬即是造塋者也。”頤煊案，“先”當是“凡”字之訛，與下文“凡諸侯”對言之。

順豐年

《大祝》“掌六祝之辭，一曰順祝”，鄭注：“順祝，順豐年也。”頤煊案，蔡邕《獨斷》“大祝掌六祝之辭，順祝願豐年也”。小祝“順豐年”，鄭注“順豐年，而順爲之祝辭”當作“願豐年，而順爲之祝辭”。經、注三“願”字皆作“順”，涉經文“順祝”而譌。

一曰祠

“作六辭，以通上下、親疏、遠近，一曰祠”，鄭注：“鄭司農云：祠當爲辭，謂辭令也。”頤煊案，既云作六辭，則六者皆是辭，不必復言辭令。大宗伯“以祠春享先王”，《爾雅·釋天》“春祭曰祠”，《公羊·莊八年》“甲午祠兵”，《五經異義》“《公羊》説，祠者，祠五兵：矛、戟、劍、楯、弓、鼓及祠蚩尤之造兵者”。祠是祭祀之名。

凡數從政者

《御史》“凡數從政者”，鄭注：“自公卿以下至胥徒，凡數及其見在空缺者。鄭司農讀言‘掌贊書數’，書數者，經禮三百，曲禮三千，法度皆在。玄以爲不辭，故改之。”《釋文》“凡數”作“數凡”。頤煊案，司農“數”字屬上句，讀作“掌贊書數”，“凡”字不得在“數”上，鄭改其讀，未改其字。“數凡”謂計其總從政者，若作“凡數”，則義不可通矣，今本由後人誤乙。

環　人

《夏官·環人》“掌致師”，鄭注：“致師者，致其必戰之志。”頤煊案，《序官》鄭注：“環，猶却也，以勇力却敵。”“環”通作“擐”。《左氏·成二年傳》“擐甲執兵”，杜注：“擐，貫也。”下文“環四方之故”，亦謂其威武禦敵，與《秋官》“環人”義别。

聚　櫜

《挈壺氏》“凡軍事縣壺以序聚櫜”，鄭注：“鄭司農云：以序聚櫜,以次更聚擊櫜，備守也。”頤煊案，《説文》：“掫，夜戒守有所擊，從手，取聲。《春秋傳》曰‘賓將掫’。”“鎛師”“掌固”，杜子春注皆作“賓將趨”。《左氏·襄二十五年傳》“陪臣干掫”，《釋文》：“服本作諏。”《史記·齊太公世家》作“陪臣争趣”。聚、諏、趣、趨，皆即“掫”之假借字。

薄借綦

《弁師》“玉璂”，鄭注：“璂讀如薄借綦之綦。”《疏》：“薄借之語未聞。”頤煊案，《禮記·内則》鄭注“綦，屨繫也”，《説文》“綦，重文綥，一曰不借綥”，《釋名·釋衣服》“齊人謂草屨曰屝，或曰不借”，不借即薄借也。

授旅賁殳

《司戈盾》“祭祀，授旅賁殳，故士戈盾”，鄭注：“殳如杖，長尋有四尺。”頤煊案，旅賁氏“掌執戈盾，夾王車而趨。凡祭祀、會同、賓客，則服而趨”，并未言“殳”。下文“軍旅、會同，授旅賁及虎士戈盾”，此“殳”當是“及”字之訛。

官　中

《秋官·士師之職》“掌官中之政令”，鄭注：“大司寇之官府中也。”王氏引之《經義述聞》：“遍考五官，無謂官府爲官中者。‘官’當爲‘宫’字之訛也。”頤煊案，“官中”即下文所謂獄訟之辭。小司寇“以三刺斷庶民獄訟之中”，鄭注：“中謂罪正所定。”鄉士、遂士、縣士、方士，皆云“獄訟成士師受中”，鄭注：“受中，謂受獄訟之成也。”即此所謂“官中”也。小司寇“歲終，則令群士計獄弊訟，以登中於天府”，天府“凡官府鄉州及都鄙之治中，受而藏之，以詔王察群吏之治”，皆是。

槍雷椎椁

《職金》“凡國有大故而用金石，則掌其令”，鄭注：“用金石者，作槍雷椎椁之屬。”頤煊案，雷作礌，椎作磓，槍作鎗，椁作錞，皆金石所用。《禮記·曲禮》“進戈矛者前其鐓”，《釋文》：“本又作錞。”《説文》：“鐓，矛戟柲下銅鐏也。”段氏玉裁《漢讀考》“椁”作“捊”，云：“《説文》作朾，橦也，從木丁聲，《通俗文》撞出曰朾。”非金石所施。

以攻説禬之

《庶氏》“掌除毒蠱，以攻説禬之”，鄭注：“攻説，祈名，祈其神，求去之也。鄭司農云：禬，除也。玄謂：此‘禬’讀如潰癰之‘潰’。”頤煊案，以攻説禬之，猶言或攻之，或説之，或禬之，三者皆祈名。大祝“掌六祈以同鬼神示，三曰禬，五曰攻，六曰説”，詛祝“掌盟、詛、類、造、攻、説、禬、禜之祝號”，鄭謂此與以“禬禮哀圍敗”禬字義别，故云此“禬”讀如潰癰之“潰”。

使則介之

《行夫》“居於其國，則掌行人之勞辱事焉，使則介之”，鄭注：“使，謂大、小行人也。故書曰夷使。鄭司農云：夷使，使於四夷，則行夫主爲之介。玄謂：夷，發聲。”頤煊案，今本“使”上脱“夷”字。“故書曰夷使”五字，是後人增加，非鄭注本文。《釋文》“焉，劉音夷”，劉昌宗本已脱“夷”字，因以“焉”當“夷”，非是。見王氏《經義述聞》。

妢胡之笴

《考工記》“妢胡之笴”，鄭注：“妢胡，胡子之國，在楚旁。杜子春云：妢讀爲‘焚咸丘’之焚，書或爲邠。”頤煊案，籥章“掌土鼓豳籥”，鄭注：“鄭司農云：豳籥，豳國之地竹。”豳通作邠，邠地産竹，可以爲籥，亦可以爲笴，義亦得通。

不蔽

《輪人》“則轂雖敝不蔽”，鄭注：“鄭司農云：蔽當作秏。玄謂：蔽，蔽暴，陰柔後必橈減，幬革暴起。”頤煊案，先鄭謂“蔽當作秏”，《爾雅·釋詁》“毗劉暴樂也”，《詩·桑柔》“捋采其劉”，毛《傳》：“劉，爆爍而希也。”此即秏字之義。後鄭謂蔽爲“蔽暴”者，“蔽暴”當作“槁暴”，《晏子春秋·雜上》篇“今夫車輪，山之直木也，良匠揉之，其圓中規，雖有槁暴，不復嬴矣”，《荀子·勸學》篇“雖有槁暴，不復挺者，輮使之然也”，即其義矣。

萬之以眂其匡也

“是故規之以眂其圜也，萬之以眂其匡也”，鄭注：“等爲萬蔞，以運輪上。輪中萬蔞，則不匡剌也。故書‘萬’作‘禹’。鄭司農云：讀爲萬,書或作‘矩’。”頤煊案，此篇終統論輪制，萬與規對，萬即矩字。匡與圜對，匡讀爲方。輿人“圜者中規，方者中矩”，亦同此義。

利　準

《輈人》“輈注則利準，利準則久，和則安”，鄭注：“故書‘準’作‘水’。鄭司農云：注則利水,謂輈脊雨注，令水去利也。玄謂：‘利水’重讀，似非也。注則利，謂輈之柔者，形如注星則利也。準則久，謂輈之在輿下者，平如準則能久也。”惠氏士奇云：“依注，‘利準’二字衍。按，注云‘利水重讀，似非也’，則司農於經文兩遍讀之耳，必不增經，可知注中鄭司農云下當有‘利水重讀’四字，故後鄭辨之云‘利水重讀似非’。”頤煊案，鄭注“玄謂利水重讀，似非也”，經文明重“利準”二字，“利水重讀”四字是釋經文，非駁司農注，惠氏説誤。

杼　首

《玉人之事》“大圭長三尺，杼上終葵首”，鄭注：“終葵，椎也，爲椎於其杼上，明無所屈也。杼，䋍也。”頤煊案，《文選·魏都賦》“巷無杼首”，劉淵林注：“《方言》：‘《燕記》曰：豐人杼首。’杼首，長首也。”

疢疾險中

《弓人》“疢疾險中”，鄭注：“牛有久病則角裏傷。”《疏》：“險，傷也。”頤煊案，“險”當作“儉”，古字通用，儉謂瘦省也。

淹中禮古經

《漢書·藝文志》：“《禮古經》五十六卷。《禮古經》者，出於魯淹中及孔氏學。”頤煊案，蘇林曰：“淹中，里名。”《皇覽》曰：“奄里伯公冢，在魯城内祥舍中。”孔氏學者，孔子壁中書也。淹中所得《禮古經》，不與孔壁同時，故《志》分別言之。《後漢書·儒林傳》“孔安國所獻《禮古經》五十六篇”，鄭君《六藝論》“後得孔子壁中河間獻王《古文禮》五十六篇，《記》百三十一篇”，皆不言淹中所得。或曰，河間獻王《古文禮》即淹中本。

禮經十七篇

《藝文志》：“《禮古經》五十六卷，《經》七十篇。”又云：“七十篇文相似，多三十九篇。”頤煊案，稱《古經》

者，淹中及孔壁所得。其稱《經》者，即高堂生所傳《士禮》十七篇。《古經》十七篇與高堂生《禮》同，益以所多三十九篇，爲五十六篇。《六藝論》本於《藝文志》，亦云其十七篇與高堂生同，而字多異。今本《漢書》作“七十篇”，是傳寫者誤乙。

質　明

《士冠禮》“宰告曰：質明行事”，鄭注：“質，正也。宰告曰：旦日正明行冠事。”頤煊案，《士昏禮》“質明，贊見婦於舅姑”，鄭注：“質，平也。”《史記·曆書》“雞三號卒明”，《集解》徐廣曰：“卒，一作平。”《正義》：“自平明寅至雞鳴丑，凡十二辰。”平明即平旦也。

袗　玄

“兄弟畢袗玄”，鄭注：“袗，同也。古文‘袗’爲‘均’。”頤煊案，《説文》：“袗，玄服，從衣，㐱聲。”此即今文義也。鄭注“袗，同也”，字雖從今文作“袗”，注仍依古文“均”字訓之，後人不知“均”“袗”爲同聲假借字。别作“袀”字，《淮南·齊俗訓》“尸祝袀袨”，“袀袨”即“袗玄”二字之俗，《説文》皆不載。

攝　酒

“再醮攝酒，其他皆如初”，鄭注：“攝猶整也。整酒，謂撓之。”《疏》：“案《有司徹》云‘司宫攝酒’，注云‘更洗益整頓之’，不可云洗，亦當爲撓，謂更撓攪添益整頓示新也。”頤煊案，撓當作洗。再醮如初儀，始醮云“卒洗升酌”，再醮酒因於前，其亦當洗酌以示敬，故鄭云“整酒，謂洗之”。《有司徹》亦唯徹室中之饋，因前正祭之酒，故鄭注“更洗益整頓之”，其義正同。

緇　袘

《士昏禮》“主人爵弁，纁裳緇袘”，鄭注：“袘謂緣，袘之言施，以緇緣裳，象陽氣下施。”頤煊案，《廣雅·釋器》：“袘，袖也。”《史記·司馬相如列傳》“揚袘卹削”，《集解》徐廣曰：“袘，衣袖也。”袘通作袉，《説文》：“袉，裾也。”《淮南·齊俗訓》“裾衣博帶”，高誘注：“裾，袖也。”

纁　袡

“女次，純衣纁袡”，鄭注：“袡，亦緣也，袡之言任也，以纁緣其衣，象陰氣上任也。凡婦人不常施袡之衣，盛昏禮，爲此服。《喪大記》曰‘復衣不以袡’，明非常。”頤煊案，《方言》：“蔽厀，齊魯之郊謂之袡。”《禮記·雜記上》“纁袡”，《釋文》：“王肅云：婦人蔽膝也。”《周禮·内司服》：“王后褘衣。”《説文》：“褘，蔽厀也。”故“袡”亦爲婦人之上服。

走　見

《士相見禮》“請吾子之就家也，某將走見”，鄭注：“走，猶往也。”又“某也固辭，不得命，將走見”，鄭注：“走，猶出也。”《疏》：“‘走，猶出也’者，亦猶上之‘走往’。彼據向賓家，故走爲往。此據出門，故云走出也。”頤煊案，“走見”，文同，不應其注互異。趨、走同義，《説文》：“走，趨也。”走見，猶趨見也。

下

“始見於君，執摯至下，容彌蹙”，鄭注：“下，謂君所也。”《疏》：“不言所，而言下者，凡臣視袷已下，故不言所，言下也。”頤煊案，下，謂堂下。《禮記·禮運》“澄酒在下”，《禮器》“樂交應乎下”，《論語》“子罕拜下”，凡言下者，皆謂堂下。

衆皆若是

“凡與大人言，始視面，中視抱，卒視面，毋改，衆皆若是”，鄭注：“衆謂諸卿大夫同在此者。皆若是，其視之儀無異也。今文‘衆’爲‘終’。”頤煊案，衆、終古字通用，此義當從今文作“終”，始視、中視、卒視，是舉其言之一節，終則舉其燕見始末而言。

疑　立

《鄉飲酒禮》“賓西階上疑立”，鄭注：“疑讀爲‘疑然從於趙盾’之疑，疑，正立自定之貌。”頤煊案，疑讀爲擬，謂其面度向主人也。《士相見禮》“凡燕見於君，必辯君之南面。若不得，則正方不疑君”，不疑君，謂不向君也。

盥　洗

“執觶興，盥洗，北面”，鄭注：“洗觶奠之，示絜敬。”《疏》：“‘執觶興，洗，北面’者，案《鄉射》《大射禮》皆直云‘取觶洗，南面反奠於其所’，不云‘盥’，此俗本有‘盥’者，誤。”頤煊案，《禮記·鄉飲酒義》“盥洗揚觶，所以致絜也”，孔《疏》：“盥洗揚觶者，謂主人將獻賓，以水盥手而洗爵。揚觶謂既獻之，後舉觶酬賓之時，亦盥洗也。”孔氏本有“盥”字。

遵　者

“遵者降席，席東南面”，鄭注：“遵者，謂此鄉之人仕至大夫者也。今來助主人樂賓，主人所榮而遵法者也，因以爲名。”頤煊案，遵者即尊者。《穀梁·成五年傳》“伯尊由忠問焉”，《太平御覽》卷六百四十九引作“伯遵”。《後漢書·光武帝紀》“擊更始郾王尹遵”，李賢注：“遵或作尊。”古字通用。

二指之間

《鄉射禮》“凡挾矢於二指之間横之”，鄭注：“二指謂左右手之第二指，此以食指、將指挾之。”《疏》：“以左擘指拓弓，右擘指鉤弦，故知挾矢以第二第三指間。第二指爲食指。《左傳》云‘子公之食指動’是也。第三指爲將指，《左傳》云‘吴王闔閭傷於將指’是也。”頤煊案，《特牲饋食禮》“挂於季指”，鄭注：“季，小也。”《孟子·告子上》“今有無名之指”，趙岐注：“無名之指，手之第四指也。”凡手第一指曰擘指，第二指曰食指，第三指曰將指，第四指曰無名指，第五指曰季指也。

苟　敬

《燕禮·記》“賓爲苟敬”，鄭注：“苟，且也，假也。”《聘禮·記》“燕則上介爲賓，賓爲苟敬”，鄭注：“苟敬者，主人所以小敬也。”頤煊案，且敬、小敬，皆不足以言禮。《説文》：“苟，自急敕也。”孫愐音力已切，此經兩“苟”字讀當如之。自急敕以爲敬，殺其禮，非殺其敬也。

豐　字

《大射儀》“膳尊兩甒在南，有豐”，鄭注：“豐以承尊也，説者以爲若井鹿盧，其爲字從豆幽聲。”《疏》：“‘其爲字從豆幽聲’者，此謂上聲下形之字。年和，穀、豆多有，故從豆爲形也。豐者，承尊之器，象形也。是以豐年之字，‘幽’下著‘豆’。今諸經皆以承尊爵之‘豐’，不用本字之‘幽’，而用豐年之‘豐’，故鄭還依‘豐’字解之。”頤煊案，《説文》“豊，行禮之器也，從豆，象形，讀與‘禮’同”“豐，豆之豐滿者也，從豆，象形。一曰鄉飲酒有豐侯者”。賈《疏》正據《説文》爲義，當云“豐者，承尊之器，象形也。是以豐年之字，‘豐’下著‘豆’。今諸經皆以承尊爵之‘豊’，不用本字之‘幽’，而用豐年之‘豐’”。今《疏》中“豊”字皆作“豐”者，傳寫訛也。《説文》無幽字。豐，從豆象形，不從幽得聲，與鄭異義。

竹簋方

《聘禮》“勞以二竹簋方”，鄭注：“竹簋方者，器名也，以竹爲之，狀如簋而方，如今寒具筥，筥者圜，此方耳。”《釋文》作“簠”，云：“本或作簋。外圓内方曰簠，内圓外方曰簋。”頤煊案，《説文》：“簋，黍稷方器也。簠，黍稷圜器也。”注云“狀如篚而方”，經當作“篚”字。《詩·伐木》“陳饋八簋”，毛《傳》：“圓曰簋。”《周禮·舍人》“凡祭祀共簠簋”，鄭注：“方曰簠，圓曰簋。”故此《疏》云：“凡簋皆用木而圓，此則用竹而方，故曰如簋而方。”《考工記·玉人》疏：“簋法圓。”今此“竹簋方”爲之者，此或棗栗，與黍稷異也，明經文作“簋”字。

飧　餁

“宰夫朝服設飧餁一牢。”頤煊案，《公羊·成二年傳》何休注引《聘禮》作“宰夫朝服致飧腍”。《聘禮·記》“唯羹餁”，鄭注：“古文餁作腍。”此引作“致飧腍”者，亦古文，注不言者，略也。

匹馬卓上

《覲禮》“匹馬卓上，九馬隨之”，鄭注：“卓讀如‘卓王孫’之卓。卓，猶的也，以素的一馬以爲上，書其國名，後當識其何産也。”頤煊案，《釋名·釋首飾》“以丹注面曰的，的，灼也。此本天子諸侯群妾當以次進御，其有月事者止而不御，重以口説，故注此丹於面，灼然爲識。”書馬之法亦猶是也，故鄭《注》訓“卓”爲“的”。

竹箁蓋

《既夕》“燕器：杖、笠、翣”，鄭注：“笠，竹箁蓋也。”《疏》：“箁，竹之青皮。”王氏引之《經義述聞》：“《説文》《玉篇》《廣韻》俱無箁字。箁，蓋‘荂’字之訛。郭璞《爾雅注》‘荂音敷，荂之言皮膚也’，故賈《疏》以爲竹青皮。錢氏曉徵《答問》謂‘箁當作筠’。案，筠與箁，字不相似，若本是筠字，無緣誤爲箁也。”頤煊案，《爾雅·釋草》：“華，荂也。荂，榮也。”《説文》以“荂”爲“華”字或體，不可謂竹青皮。《説文》：“箖，析竹筤也。筤，竹膚也。”《爾雅》“蒤，委葉”，《釋文》本作“荼”。此箖字或作篨，因訛而爲箁，其形聲皆相近。

見

“藏器於旁加見”，鄭注：“見，棺飾也，更謂之見者，加此則棺柩不復見矣。”《疏》：“‘見，棺飾也’者，飾則帷荒，以其與棺爲飾，是以《喪大記》云‘飾棺，君龍帷黼荒，大夫畫荒，士布帷布荒’，注云‘飾棺者，以華道路及壙中，不欲衆惡其心也’。此柩入壙，還以帷荒加於柩，故鄭注云及壙中也。”頤煊案，“見”當即“荒”字之訛，字形相近。

長　占

《特牲饋食禮》“筮者還東面，長占”，鄭注：“長占，以其屬之長幼旅占之。”頤煊案，《士冠禮》“筮人還東面，旅占”，《士喪禮》“命筮者受視，反之東面，旅占”，經無言“長占”者。旅，古文作𣄽。長，古文作尢。字形相近，“長占”即“旅占”之訛。

餈有以也

“祝曰餈有以也”，鄭注：“以，謂如‘何其久也，必有以也’之‘以’。”《釋文》：“以，依注音似，或如字。”頤煊案，《疏》：“已上皆爲‘以’，爲‘似’者誤也。”《疏》意“以”讀爲“似”，改其音未改其字。“已上皆爲以”謂注中自此已上，凡五“以”字，皆當爲“以”，或改作“似”字者，誤也。

被錫衣

《少牢饋食禮》“主婦被錫，衣移袂”，鄭注：“被錫，讀爲髲鬄，古者或剔賤者刑者之髮，以被婦人之紒爲飾，因名髲鬄焉。此《周禮》所謂次也。”頤煊案，《詩·采蘩》“被之僮僮、被之祁祁”，毛《傳》：“被，首飾也。”皆單言之。髲鬄即被。《大射儀》“冪用錫”，鄭注：“錫，布也。”《周禮·司服》“王爲三公六卿錫衰”，鄭司農云：“錫，麻之滑易者。”《列子·周穆王》篇“衣阿錫”，《史記·司馬相如列傳》“被阿錫”。錫衣，衣之細滑者，即是不專麻布。與《特牲饋食》“主婦纚笄宵衣”爲一例。鄭注以髲釋被，以鬄釋錫，謂“大夫妻尊，亦衣綃衣而侈其袂者”，失之。

卷　四

臨海洪頤煊

禮　記

《漢書・河間獻王傳》："所得《周官》《尚書》《禮》《禮記》。"其稱"禮"，即《禮經》，今之《儀禮》是也。《禮記》即大、小《戴記》。《梅福傳》"《禮記》：'孔子曰：丘,殷人也'"，《小戴記》之文。《後漢書・桓郁傳》"《禮記》曰：'天下之命懸於天子，天子之善成乎？所習'"云云，《大戴記》之文。

負劍辟咡

《曲禮上》"負劍辟咡詔之"，鄭注："負謂置之於背，劍謂挾之於旁，辟咡詔之謂傾頭與語。"頤煊案，傾頭與語，劍礙於旁，故必負劍，然後與語。《史記・刺客列傳》"'王負劍'，負劍，遂拔"，明無事不負劍也。《正義》"負謂致兒背上，劍謂挾於脇下如帶劍也"，非是。

毋踖席

“毋踖席”，《正義》：“踖，猶躐也。席既地鋪，當有上下，將就坐，當從下而升，當已位上。不發初從上，從上爲躐席也。《玉藻》云‘升席，升席不由前爲躐席也’。”頤煊案，今《玉藻》作“登席不由前爲躐席”。古巤、葛同聲，故從巤之字多從葛。躐或作蹋，亦古今字。《説文》：“踖，一曰䠞。”踖非躐義，踖疑即蹋字之譌。

授坐不立

“授立不跪，授坐不立”，《釋文》：“授坐，本又作俛仰。”頤煊案，鄭注：“爲煩尊者俯仰受之。”《正義》：“俯俛，若尊者形短，雖卑者得跪以授之，故《少儀》云‘受立授立不坐，性之直者則有之也’，注云‘尊者短則跪，不敢以長臨之’是也。”《注》《疏》并不釋“授坐”二字之義，當從《釋文》本作“授立不跪，俛仰不立”爲是。《少儀》“性之直者”當作“生之直者”，古字性、生通用。

汙　手

“共飯不澤手”，鄭注：“爲汙手不絜也。”《釋文》：“汙，下半反，本或作‘汙’。”頤煊案，《正義》：“絜，净也。若澤手，手必汗生，則不絜浄。一本‘汙生不圭’，圭，絜也，言手澤汙飯也。”《正義》所見兩本與《釋文》同。鄭注：“澤謂挼莎也。”《詩·葛覃》“薄汙我私”，毛《傳》：“汙，煩也。”鄭《箋》：“煩，煩撋之。”《釋文》：“阮孝緒《字略》云：煩撋,猶挼莎也。”鄭注當作“汙”字。

玄武四象

“行前朱鳥而後玄武，左青龍而右白虎。”頤煊案，《考工記》“輈人，龍旗九斿以象大火，鳥旗七斿以象鶉火，熊旗六斿以象伐，龜蛇四斿以象營室”，龍即青龍，鳥即朱鳥，熊虎爲旗，故西方亦作白虎。漢碑畫玄武皆作龜蛇象，其命名之義不可曉。《正義》“玄武，龜也。龜有甲，能禦侮用也”，而不及蛇。《後漢書·馮衍傳》李賢注：“位在北方，故曰玄，身有鱗甲，故曰武。”皆臆説。

卹　勿

“國中以策彗卹勿”，鄭注：“卹勿，搔摩也。”頤煊案，卹勿即密勿。《漢書·劉向傳》“密勿從事”，《詩·十月之交》作“黽勉從事”，《爾雅·釋詁》“蠠没，勉也”，皆同聲通用字，此與下“驅塵不出軌”對言之，言國中但以策彗微勉，不令塵揚。《正義》：“卹勿者，以策微近馬體，不令欲疾也。”得其義矣。

男女相答拜也

《曲禮下》“男女相答拜也”，《釋文》：“相答拜，一本作不相答拜。皇云：後人加‘不’字耳。”《正義》：“俗本云：男女不相答拜。禮，男女拜悉相答拜，則有‘不’字爲非。”頤煊案，“禮，男女拜悉相答拜”者，是言其親，此泛言男女，當是其疏遠者，故鄭注“嫌遠别不相答拜，以明之”，據鄭注，當有“不”字。

食　力

“問大夫之富，曰有宰食力”，鄭注：“食力，謂民之賦税。”頤煊案，力當作仂，《王制》“祭用數之仂，喪用三年之仂”，皆謂有餘。

國君綏視

“國君綏視”，鄭注：“綏讀爲妥。妥視，謂上於袷。”頤煊案，視上於袷，不可謂妥，綏當爲緌。《周禮》“夏采”，鄭注：“士冠禮及玉藻‘冠緌’之字，故書亦多作‘綏’者。”冠緌結於項，謂在衿之上，面之下也。

華而睆

《檀弓上》“華而睆，大夫之簀與”，鄭注：“説者以

‘睆’爲刮節目，字或爲‘刮’。”《釋文》：“孫炎云：睆，漆也。”頤煊案，《考工記》“刮摩之工”，鄭注：“故書‘刮’作‘捖’。鄭司農云：捖讀爲刮。”故鄭注“以睆爲刮節目”。《説文》：“垸，以漆和灰而髼也。”此即孫炎所本。

畏

“死而不弔者三，畏”，鄭注：“人或時以非罪攻己，不能有以説之死之者，孔子畏於匡。”頤煊案，《白虎通·喪服》篇“畏者，兵死也”。《通典》引盧植注：“畏，兵刃所傷。”《周禮·冢人》“凡死於兵者不入兆域”，鄭注：“戰敗無勇，投諸塋外以罰之。”畏謂畏怯戰敗而死，故不弔。

正丘首

“狐死正丘首”，鄭注：“正丘首，正首丘也。”《正義》：“所以正首而嚮丘者，丘是狐窟根本之處，雖狼狽而死，意猶嚮此丘。”頤煊案，“丘首”當作“北首”。下文“葬於北方北首，三代之達禮也，之幽之故也”，《禮運》“故死者北首，生者南鄉，皆從其初”，狐死亦北首，《記》引之以證不忘其本。丘，古文“㐀”，與“北”字形相近，因訛作“丘首”。

爵弁紂衣

“天子之哭諸侯也，爵弁絰紂衣”，鄭注：“天子至尊，不見尸柩不弔，服麻不加於采，此言‘絰’，衍字也。”頤煊案，《白虎通・崩薨》篇“《禮・檀弓》曰：天子哭諸侯，爵弁純衣”，無“絰”字。

儼　然

《檀弓下》：“雖吾子儼然在憂服之中。”頤煊案，《詩・澤陂》“碩大且儼”，《説文》引作“碩大且嬐”，“儼”即讀如“諒闇”之闇，儼然謂在諒闇中也。《雜記》“疏衰皆居堊室，不廬。廬，嚴者也”，嚴、儼古字通用。

裘　氏

“與之邑裘氏。”頤煊案，《莊子・列御寇》篇：“鄭人緩也，呻吟裘氏之地。”《水經・渠水注》：“沙水又東逕陳留縣裘氏鄉裘氏亭西，《陳留風俗傳》曰：陳留縣裘氏鄉有澹臺子羽冢。”

馘或爲國

《王制》“以訊馘告”，鄭注：“馘，或爲國。”頤煊案，《周禮》“蟈氏”，鄭注：“鄭司農云：蟈讀爲蜮。”《説文》：“蜮，重文作蟈。”《隸釋・斥彰長田君碑》：[1]“討馘畔夷。”

① “隸釋”，當作“隸續”。洪頤煊引用《隸續》，皆統稱作《隸釋》。

國即馘字之省。

昆　蟲

“昆蟲未蟄”，鄭注：“昆，明也。明蟲者，得陽而生，得陰而藏。”頤煊案，《大戴禮·夏小正》：“昆小蟲。昆者，衆也。”衆蟲何以謂之昆蟲？《説文》“周人謂兄曰翼，從弟從眔”，與“衆”字形相近，因訛作“昆”。

今月令

《月令》“鴻雁來”，鄭注：“今《月令》‘鴻’皆爲‘候’。”《正義》：“今《月令》者，《月令》出有先後，入《禮記》者爲古，不入《禮記》者爲今，則《吕氏春秋》是也。”頤煊案，《説文》引《明堂月令》、蔡邕《月令章句》與此注“今《月令》”皆後漢單行本，非《吕氏春秋》。

九　門

“毋出九門”，鄭注：“天子九門者，路門也，應門也，雉門也，庫門也，皐門也，城門也，近郊門也，[①] 關門也。”頤煊案，下文“九門磔攘”，注不言者，明與此同也。《風俗通·祀典》篇：“《月令》‘九門磔攘以畢春氣’，蓋天子之城

① 據《禮記注疏》，“近郊門也”後缺“遠郊門也”四字。

十有二門，東方三門，生氣之門也，不欲使死物見於生門。”《吕氏春秋·季春紀》高誘注“九門，三方九門也”，即本《風俗通》，皆與鄭異義。

累牛騰馬

“乃合累牛騰馬游牝于牧”，鄭注：“累、騰，皆乘匹之名，是月所合牛馬謂繫在厩者，其牝欲游，則就牧之牡而合之。”頤煊案，《易·大壯》“羸其角”，《釋文》：“蜀才作累。”《姤》“羸豕孚蹢躅”，《釋文》：“陸云：羸讀爲累。”《廣雅·釋言》：“羸，瘠也。”累牛謂病牛。《説文》：“一曰騰，犗馬也。”“乃合累牛騰馬”，謂繫其病者、犗者於厩，餘則皆游牝於牧，即《周禮·牧師》所謂“中春通淫”也。鄭注以“累騰皆乘匹之名”，失之。

遠之於成均

《文王世子》“謂之郊人，遠之”，鄭注：“遠之者，不曰俊選，曰郊人，賤技藝。”頤煊案，“遠之”當作“達之”，屬下“於成均”爲句，言達之於成均，以及取爵於上尊也，義亦得通。

橧　巢

《禮運》“夏則居橧巢”，山井鼎《考文》：“古本‘橧’

作‘櫓’。”頤煊案，《太平御覽》卷五十五引《禮記》作“櫓”，《家語·問禮》篇亦作“櫓”。《釋名·釋兵》：① “櫓，露也。露上無屋覆也。”《左氏·成十六年傳》“楚子登巢車以望晋軍”，杜注：“巢車，車上加櫓。”《正義》引《説文》云：“轈，兵高車加巢，以望敵也。櫓，澤中守草樓也。”“巢”與“櫓”皆“樓”之别名，今本作“橧”，傳寫之訛。

不獝

“鳳以爲畜，故鳥不獝”，鄭注：“獝、狘，飛走之貌也。”錢氏大昕《答問》：“獝爲鳥飛，不應從犬旁。《釋文》‘獝本作矞’，《周禮·大司樂》注引此文亦作‘矞’，俗本從犬者，誤也。《説文》走部有趫字，訓狂走，即‘鳥不矞’之‘矞’。張衡《東京賦》‘捎魑魅，斮獝狂’，薛綜注：‘獝狂，惡厲之鬼名。’《埤蒼》云‘獝，無頭鬼也’。矞本有狂義，因矞、狂連文，并‘矞’字亦加犬旁，猶展轉之‘展’作‘輾’，鈇質之‘質’作‘鑕’也。”頤煊案，“獝”本作“鷸”。《詩·晨風》“鴥彼晨風”，毛《傳》：“鴥，疾飛也。”《韓詩》作“鷸彼晨風”。“矞”即“鷸”字之省，後人誤加犬旁作“獝”字。

---

① “釋兵”，據《釋名》，當是“釋宫室”。

筠

《禮器》“如竹箭之有筠也”，《正義》：“筠是竹外青皮。《顧命》云‘敷重筍席’，鄭云‘筍，析竹青皮也’。《禮記》曰‘如竹箭之有筠’，鄭引《禮記》之筠以爲青皮。是知呼竹爲筠。”頤煊案，《聘義》“孚尹旁達”，鄭注：“尹讀如竹箭之筠。”是鄭以筠爲竹外青皮。筍、尹，皆“筠”之借字。《漢書·高帝紀》“以竹皮爲冠”，韋昭曰：“竹皮，竹筠也。”《説文》無筠字，《説文》：“笢，竹膚也，從竹，民聲。箁，析竹笢也。”是析竹皮，黄者爲箁，皮青者爲笢。笢即筠字。

燔柴於奥

“燔柴於奥，夫奥者，老婦之祭也”，鄭注：“奥當爲爨字之誤也。或作竈。”頤煊案，《儀禮·特牲饋食禮》，鄭注：“《禮器》曰‘燔燎於爨，夫爨者，老婦之祭’。”《風俗通·祀典》篇：“《禮器記》曰‘燔柴於竈，竈者，老婦之祭’。”是鄭注所本。

往德也

《郊特牲》“束帛加璧，往德也”，《正義》：“南本及定本皆作‘往德’，北本爲‘任德’。”頤煊案，當作“任德”，《禮器》“束帛加璧，尊德也”，“任德”與“尊德”義近。

婦盥饋

“厥明，婦盥饋。舅姑卒食，婦餕餘，私之也”，《釋文》：“一本無‘婦盥饋’三字。”頤煊案，《正義》：“厥，其也。其明，謂共牢之明日也。舅姑卒食，謂明日婦見舅姑，訖，婦乃盥饋特豚，舅姑食，特豚之禮竟也。”《正義》本無“婦盥饋”三字。

右佩遰

《内則》“右佩玦、捍、管、遰”，鄭注：“遰，刀鞞也。”頤煊案，“遰”無刀鞞之名，“遰”當作“揥”，通作“揥”字。《詩·葛屨》“佩其象揥”，毛《傳》：“象揥所以爲飾。”《君子偕老》“象之揥也”，毛《傳》：“揥，所以摘髮也。”

免　薨

“堇荁枌榆，免薨滫瀡以滑之”，鄭注：“免，新生者。薨，乾也。”《正義》：“按，《庖人》云‘共鱻薨之物’，鱻、薨相對，此經以‘免’對‘薨’。‘薨’即是乾，故知‘免’爲新生。此免薨，於《周禮》據肉爲言。熊氏、皇氏皆云：文承‘堇荁枌榆’之下，據‘堇荁’等爲免薨，義或爲然。”頤煊案，《儀禮·士虞禮記》“夏用葵，冬用荁”，鄭注：“夏用生葵，冬春用乾荁。”《爾雅·釋草》“萿菟葵”，郭璞注：

“頗似葵而小葉，狀如藜，有毛。汋啖之滑。”“免”即葵也，鄭注以“免”爲葵之新生者，“薨”即乾葵也。

不涉不撅

“不涉不撅”，鄭注：“撅，揭衣也。”《正義》：“言於尊所，不因涉水不敢揭衣。”頤煊案，《曲禮》“拾級聚足”，鄭注：“拾當爲涉，聲之誤也。”《周書·嘗麥解》：“王涉階。”不涉不撅，謂不涉階則不揭衣，《正義》失之。

連用湯

《玉藻》“連用湯”，鄭注：“連猶釋也。”頤煊案，連讀如爛。《淮南·天文訓》“至於連石”，高誘注：“連讀腐爛之爛。”故《正義》云“言釋去足垢而用湯爛也”。

手足毋移

“疾趨則欲發，而手足毋移”，鄭注：“移之言靡匜也。毋移，欲其直且正。”《正義》：“移謂靡匜，摇動也。”頤煊案，“移”古通作“侈”字。侈，張也。

綴　兆

《樂記》“綴兆舒疾”，鄭注：“綴，謂酇舞者之位也。兆，其外營域也。”《正義》：“酇謂酇聚。”頤煊案，《説文》：

“酇，聚也”，又“儹，最也”。“最”古通作“聚”字。《漢書·叔孫通傳》“爲綿蕞野外”，應劭曰：“立竹及茅索營之，習禮儀其中也。”“蕞”即“最”字。

肉　好

“寬裕、肉好、順成、和動之音作，而民慈愛”，鄭注：“肉，肥也。”《正義》：“肉，謂厚重者也。”頤煊案，《爾雅·釋器》：“肉倍好謂之璧，好倍肉謂之瑗，肉好若一謂之環。”肉好，謂音之大小得其中。

石聲磬

“石聲磬”，鄭注：“‘磬’當爲‘罄’字之誤也。”《正義》：“其字下著‘石’，樂器之‘磬’。其下著‘缶’，是罄然之‘罄’。今經云‘石聲磬’，恐是樂器，故讀爲罄，取聲音罄罄然。”頤煊案，《史記·樂書》作“石聲硜”，《説文》“磬”，籀文作“硜”。《論語》“硜硜然小人哉”，亦謂磬聲，磬即硜字。

公羊賈

《雜記下》：“鑿巾以飯，公羊賈爲之也。”頤煊案，公羊賈，疑即《論語》公明賈。明，古讀如芒，與“羊”聲相近，《春秋》家公羊高，亦即《孟子》所謂公明高也。

鷖彌

“中路嬰兒失其母焉，何常聲之有”，鄭注：“嬰猶鷖彌也，言其若小兒亡母，啼號安得常聲乎？所謂哭不偯。”頤煊案，《釋名·釋長幼》：“人始生，曰嬰兒，或曰嫛婗。嫛是人也，婗其啼聲也。”鷖彌、嫛婗，皆即偯字雙聲。

其名者成

“凡宗廟之器，其名者成，則釁之以豭豚”，鄭注：“宗廟名器，謂尊彝之屬。”頤煊案，名即銘字。《周禮·小祝》“置銘”，鄭注：“銘，今書或作名。”《儀禮·既夕》“取銘置於重”，鄭注：“今文銘皆作名。”《祭統》：“銘者，自名也。自名以稱揚其先祖之美，而明著之後世者也。”故尊彝之屬有銘者成，則皆釁之。

一溢米

《喪大記》“朝一溢米，莫一溢米”，鄭注：“二十兩曰溢，於粟米之法，一溢爲米一升二十四分升之一。”頤煊案，《後漢書·南蠻傳》“計人稟五升”，李賢注：“古升小，故云五升。”《三國志》裴松之注引《魏氏春秋》：“諸葛公所噉食不過數升，司馬宣王曰：亮將死矣。”故朝升米、暮升米，爲最少之數。

輝

《祭統》“夫祭有畀輝、胞、翟、閽者，惠下之道也”，鄭注：“輝，《周禮》作韗，謂韗磔皮革之官。”頤煊案，《考工記》“韗人爲臯陶”，祭時不聞有此官。下文“輝者，甲吏之賤者也”，疑執燭兵士之屬。

興　舊

“興舊耆欲，作率慶士”，鄭注：“言文叔能興行先祖之舊德，起而循其善事。”頤煊案，“舊”當爲“觀”字之訛。《説文》“觀”，古文作“雚”，與舊字形相近。興觀耆欲，謂能省視其嗜欲，以作率其卿士。慶，古卿字。

夫婦之道苦

《經解》“故昏姻之禮廢，則夫婦之道苦，而淫辟之罪多矣”，鄭注：“苦，謂不至不答之屬。”頤煊案，《爾雅·釋詁》：“苦，息也。”夫婦之道止息，謂無以别嫌明微，故淫辟之罪多。

愾　乎

《哀公問》“君行此三者，則愾乎天下矣”，鄭注：“愾，猶至也。”頤煊案，“愾”當作“忔”，與“迄”字通用。

《爾雅·釋詁》："迄，至也。"《詩·生民》"以迄於今"，毛《傳》："迄，至也。"鄭本作"則忔乎天下矣"，故注"忔，猶至也"。《家語·大婚》篇作"愾"，王肅注："愾，滿也。"《説文》："愾，太息也。""滿"當即"懣"字之省。

下天上施

《坊記》"上酌民言，則下天上施"，鄭注："酌，猶取也。取衆民之言以爲政教，則得民心，得民心，則恩澤所加，民受之如天矣。言其尊。"頤煊案，"天"當爲"先"。《緇衣》"惟尹躬天見於西邑夏"，鄭注："天當爲先。"《玉篇》："兲，古文'天'字。"與"先"形相近。謂上取民言，則下先施於上，故下文云"故君子信讓以莅百姓，則民之報禮重"，即所謂"下先上施"也。

卷　石

《中庸》"一卷石之多"，鄭注："卷，猶區也。"頤煊案，"卷"讀如圈聚之"圈"，省作"卷"，故鄭注"猶區也"。《詩》"有卷者阿"，毛《傳》："卷，曲也。"亦是此義。或讀作"拳"者，失之。

歸　乎

《表記》"子言之：歸乎，君子隱而顯"，《正義》："於時孔子身在他國，不被任用，故稱歸乎。”頤煊案，“歸”當通作“巋”字，“巋乎”屬“君子”句讀。《莊子・天下》篇“巋然而有餘”，郭象注：“巋然，獨立自足之貌。”巋乎君子，猶言巍乎君子，是美其德獨立之辭。

必見其敝

《緇衣》“苟有車，必見其軾。苟有衣，必見其敝”，鄭注：“敝，敗衣也。衣或在内，新時不見。”王氏引之《經義述聞》：“此言行之必成，而以衣之必敗爲喻，則爲不倫。且與引《詩》之意不合。”頤煊案，“敝”古通作“蔽”字，謂蔽膝也。蔽膝謂之韍，亦作紼。《玉藻》“一命緼韍黝衡”，鄭注：“韍之言亦蔽也。”《白虎通・紼冕》篇：“紼者，蔽也。”軾，車前横木；蔽膝，亦在衣前，其義一也。

苄蒻不納

《間傳》“苄蒻不納”，鄭注：“苄，今之蒲苹也。”頤煊案，《説文》：“苄，地黄也。《禮》曰‘鈃毛牛藿羊苄豕薇’。”今《公食大夫禮》作“羊苦”，鄭注：“苦，苦菜也。”并不爲蒲苹。“苄”當是“苹”字之訛。苹、苹古字通用，故鄭注“苹，今之蒲苹也”。《説文》：“蒻，蒲子，可以爲平席。”《釋名・釋牀帳》：“蒲平，以蒲作之，其體平也。”故《正義》云“蒲平爲席”也。

楷　適

《儒行》“適弗逢世”，《正義》：“適，之也，謂己之生於澆薄之時，不逢明世也。”頤煊案，“適”當屬上句讀，“後世以爲楷適”。《吕氏春秋·下賢》篇“帝也者，天下之適也”，高誘注：“適，主也。”

厭　然

《大學》“見君子而後厭然”，鄭注：“厭讀爲黶，閉藏貌也。”《正義》：“見君子而後，乃厭然閉藏其不善之事，宣著所行善事也。”頤煊案，如《正義》，“閉藏”是釋下文“揜”字，非釋“厭然”。《周禮·天官·序官》鄭注：“奄，精氣閉藏者。”厭與奄同，故其貌如之。

僎

《鄉飲酒義》“介僎象陰陽也”，鄭注：“古文《禮》‘僎’皆作‘遵’。”頤煊案，僎、遵字形不相近，“僎”當作“俊”，古從尊、從夋字多通用。《字林》：“踆，古蹲字。”《方言》：“遵，俊也。”疑即本於《禮經·少儀》，“僎爵”鄭注：“僎，或爲馴。”“馴”亦與“俊”字通用，因“俊”後轉作“僎”。

縝密以栗

《聘義》“縝密以栗”，鄭注：“栗，堅貌。”頤煊案，《山海經·西山經》“瑾瑜之玉爲良，堅粟精密”，郭璞注：“説玉理也。《禮記》曰‘瑱密似粟’，玉有粟文，所謂穀璧也。”義亦得通。

大戴稱逸禮

《後漢書·輿服志》補注引《逸禮·王度記》曰：“天子駕六馬，諸侯駕四，大夫三，士二，庶人一。”《通典》卷五十九：“太古男子五十而娶，女二十五而嫁。中古男子三十而娶，女二十而嫁。《逸禮·本命》篇云。”此皆《大戴禮》文。《大戴》不立學官，故稱“逸禮”。《太平御覽》卷五百三十七引“禮記逸禮”，卷五百四十引“大戴禮逸禮”，逸禮即《大戴禮》，非篇名。

謚法篇

《隋書·經籍志》：“《大戴禮記》十三篇。注云：梁有《謚法》三卷，後漢安南太守劉熙注，亡。”頤煊案，《大戴禮》本有《謚法》篇，見《白虎通》。《北堂書鈔》卷九十三引“大戴禮謚法”，其時尚未亡。《太平御覽》卷五百六十二引“《大戴禮》曰周公旦太師望相嗣王作《謚法》”一段，與

《周書·謚法》篇同。

劉熙謚法注

《玉海》引沈約《謚法序》云："劉熙注《謚法》，唯有七十六名。"又云："劉熙注解，時或有所發明。"頤煊案，宋蘇洵《謚法解》多引劉熙注。《一切經音義》卷二十引："《謚法》曰'賤而得幸曰嬖'，《釋名》云'嬖，卑賤婢妾媚以色事人得幸者也'。"今《釋名》無此文，是劉熙《謚法注》。《文選·景福殿賦》李善注引劉熙《孟子注》："獻，猶軒軒在物上之稱也。"亦是《謚法注》。皆後人誤改。

發　齊

《禮三本》"大昏之未發齊也"，孔氏廣森《補注》："發，始也。昏禮，將親迎，必先齊。音齋。"① 頤煊案，《史記·禮書》"發"作"廢"，廢、發古字通用。"齊"當作"嚌"。《儀禮·士昏禮》"皆振祭嚌肝"，宋張淳《儀禮識誤》引《釋文》"嚌"作"齊"，云"從口者，後人加之"。未廢嚌，謂合卺卒食以前。

哭不文

"三年之哭不文也。"頤煊案，《史記·禮書》作"不

① 孔廣森《大戴禮記補注》"音"前有"齊"字，此當是涉上文"齊"字而脱。

反”。文、反皆當爲“偯”字之訛。《孝經·喪親章》“孝子之喪親也，哭不偯”，唐明皇注：“氣竭而息，聲不委曲。”《禮記·間傳》“大功之喪，三曲而偯”，鄭注：“三曲，一舉聲而三折也。”楊倞《荀子注》“不文，謂無曲折也”，亦當作“偯”字。

有司參夙興

《保傅》“有司參夙興，端冕，見之南郊”，盧辯注：“參職，謂三月朝也。”孔氏廣森《音義》:[1]“‘參夙興’，《漢書》《新書》并作‘齊肅’。《通解》云：‘參’乃‘齊’字之誤，而注文‘職’字亦誤。”頤煊案，《禮記·内則》：“國君世子生，三月之末，擇日，妻以子見於父，男女夙興沐浴。”古“三”字作“參”，盧本當作“參”字，據注，“參”下當有脱字。

達其不及

“太傅罰其不則，而達其不及。”頤煊案，達當讀作撻。《禮記·文王世子》：“成王有過則撻伯禽，所以示成王世子之道也。”下文“則有司過之史”，盧注：“太子齒於學，有

---

① “音義”，當是“補注”。孔廣森著《大戴禮記補注》，上“發齊”條引作“孔氏廣森《補注》”，亦可證。

榎楚之威。”亦謂撻也。

宴瞻其學

“天子宴瞻其學”，賈誼《新書》作“天子燕辟廢其學”。頤煊案，“瞻”，當從耳作“聸”。宴聸，即燕耽，與“燕辟”義近。下脱“廢”字，《後漢書·百官志補注》引賈生作“燕業反其學”，業、辟字形相近，“反”即“廢”字之訛。

已　諾

“應群臣左右，不知已諾之正”，孔氏《補注》：“已諾，猶然諾也。”頤煊案，《文王官人》篇：“已諾無斷。”已，止也。諾，許也。謂止其所當止，許其所當許，斯爲正也。《淮南·説林訓》“諾之與已，相去千里”。

往者不慎

《曾子立事》“來者不豫，往者不慎也”，盧注：“慎故於物，來者不猶豫，往者無所慎。”頤煊案，慎，當作悔。《禮記·儒行》：“往者不悔，來者不豫。”盧注本云：慎故於物，來者不猶豫，往者無所悔。若作“慎”字，注中下“慎”字義不可通，經、注兩“慎”字皆涉注中上“慎”字而訛。

及親

《曾子制言上》："殺六畜不當，及親，吾信之矣。使民不時，失國，吾信之矣。"頤煊案，"及親"當作"失親"。《禮記·玉藻》："君無故不殺牛，大夫無故不殺羊，士無故不殺犬豕。"殺六畜不當其禮，則失親愛之心。失親、失國，對言之。

机銘

《武王踐阼》："於机爲銘焉。机之銘曰：皇皇惟敬,口生听，口戕口。"頤煊案，"机"當爲"杋"字之訛。《説文》："杋，亦古文簋。"盛黍稷器，故銘辭從口取義。

擾阻

"户之銘曰：擾阻以泥之,若風將至，必先摇摇"，孔氏《補注》："泥之，似謂墐户也。擾阻，未詳。"頤煊案，"擾"當爲"獿"字之訛。服虔《漢書音義》："獿，古之善塗墍者也。"《爾雅·釋詁》："阻，難也。"謂泥塗不善，風至必敗也。

明不可弊

《子張問入官》"所見邇，故明不可弊也"，孔氏《補注》:“所不見者，無强爲明，則明之用不窮也。”頤煊案，弊即蔽字。《左氏·襄二十七年》“以誣道蔽諸侯”，《釋文》:“蔽，本作弊。”《莊子·逍遥游》篇“孰弊弊焉”，《釋文》:“弊，司馬本作蔽。”古字通用。

陽當作傷

《文王官人》:“喜氣内畜，雖欲隱之，陽喜必見；怒氣内畜，雖欲隱之，陽怒必見；欲氣内畜，雖欲隱之，陽欲必見；懼氣内畜，雖欲隱之，陽懼必見；憂悲之氣内畜，雖欲隱之，陽憂必見。”頤煊案，五“陽”字皆當作“傷”。《詩·澤陂》“傷如之何”，《爾雅·釋詁》郭璞注引作“陽如之何”。陽、傷，古字通用。謂氣雖内畜，若有所傷感，則必見於外也。

推前惡忠

“推前惡忠府知物焉”，盧注:“謂有詢義之攻其所不知者，則推援於人，而待以爲忠府，而形貌又如曉然也。”頤煊案，府，聚也。“物”是“㣫”字之訛，古“總”字。謂推前惡於人，則自以爲忠聚智總，與下句“首成功，少其所不足”謂先人成功又鄙薄其所不足，文義相對。《周書·官人》篇“前總唱功”即隱括此二句之義。

遠於年

《公冠》“祝雍曰：使王近於民，遠於年”，孔氏《音義》：[1]“年，《説苑》作佞。《後漢志》注引此文云‘近於民，遠於年，遠於佞’。”頤煊案，佞讀如年。《左氏·襄三十年經》“天王殺其佞夫”，《公羊》作“年夫”。遠於年，即遠於佞，同聲假借字。劉昭《補注》所引“遠於年”下重出“遠於佞”三字，是後人妄加。

徹　昀

《易本命》“三月而徹昀，然後能有見”，盧注：“昀，精轉視貌。徹，或爲微也。”頤煊案，“昀”即“眴”字。《説文》作“瞏”，云“兒初生瞥者，從目瞏聲”，“瞥，一曰財見也”。纔見，與“微”字義近。眴、瞏，同聲字。

① “音義”，當是“補注”，説見前文注。

卷　五

臨海洪頤煊

春秋經傳別行

《漢書·藝文志》“《春秋古經》十二篇”，此《左氏》之經也。“《經》十一卷”，注云“《公羊》《穀梁》”，此《公》《穀》二傳之經也。《春秋》經傳別行。賈逵解《左氏》，經傳并釋。服虔有傳無經，《南齊書·陸澄傳》：“時國學置杜、服《春秋》，澄謂尚書令王儉曰：泰元取服虔，而兼取賈逵經，服傳無經，雖在注中，而傳又有無經者故也。今留服而去賈，則經有所闕。”此亦服《傳》無經之證。

左　氏

《漢書·劉歆傳》：“《春秋》，左氏丘明所修。”《後漢書·范升傳》：“左氏不祖孔氏，而出於丘明。”孔沖遠《正義》：“以其姓左，故號爲《左氏傳》。”《元和姓纂》：“左氏，齊公族，有左右公子，因以爲氏，魯有左丘明。”此皆以

“左”爲氏，“丘明”爲名。《史記·太史公自序》：“左丘失明，厥有《國語》。”《公羊疏》《太平御覽》卷六百一引《史記》“左丘”下有“明”字。《漢書·司馬遷傳》亦作“左丘明無目”，後人據此因以“左丘”爲左氏之姓，非也。

春秋鄒夾

《漢書·藝文志》春秋家：“《鄒氏傳》十一卷，《夾氏傳》十一卷。鄒氏無師，夾氏有録無書。”頤煊案，《王吉傳》：“初，吉兼通五經，能爲騶氏《春秋》。”《後漢書·范升傳》：“《春秋》之家又有騶、夾，如令左氏得置博士，騶、夾，五經奇異，并復求立，各有所執，乖戾分争，從之則失道，不從則失人。”騶、夾之學，其時尚有傳者。

衛氏難杜

《左氏正義》引《衛氏難杜》，又引《秦氏釋》。頤煊案，《魏書·賈思同傳》云：“思同之爲侍講也，國子博士遼西衛冀隆爲服氏之學，上書難《杜氏春秋》六十三事，思同復駁冀隆乖錯十一條，互相是非，積成十卷。詔下國學集諸儒考之，未竟，而思同卒。後魏郡姚文安、樂陵秦道静，復述思同意。冀隆亦尋物故，浮陽劉休和又持冀隆説。至今未能裁正焉。”

食舍肉

《隱元年傳》“公賜之食，食舍肉”，杜預注：“食而不啜羹。”《正義》：“《禮·公食大夫》及《曲禮》所記，大夫士與客燕食，皆有牲體殽胾，非徒設羹而已。”頤煊案，《爾雅·釋器》：“肉謂之羹。”《儀禮·鄉飲酒禮》“羹定”，鄭注：“肉謂之羹。”故下文云“未嘗君之羹，請以遺之”，羹即肉也。

憾而能眕

《三年傳》“降而不憾，憾而能眕者，鮮矣”，杜注：“恨則思亂，不能自安自重。”《正義》：“《釋言》云‘眕，重也’。”頤煊案，注據《爾雅》以釋“眕”字，必增加“自安”二字，方與“自重”相連，其説甚迂。《説文》：“眕，目有所恨而止也。”義勝於杜。

芟　夷

《六年傳》“芟夷藴崇之”，杜注：“芟，刈也。夷，殺也。”頤煊案，“夷”通作“薙”字。《禮記·月令》“燒薙行水”，鄭注：“薙，謂迫地芟草也。”《周禮》“薙氏”，鄭注：“薙讀如鬀小兒頭之‘鬀’。書或作‘夷’。此皆剪草也，字從類耳。”

以字爲氏

《八年傳》“諸侯以字爲諡，因以爲族”，《史記·五帝本紀》集解：“《駁五經異義》引作‘諸侯以字爲氏’。”頤煊案，《正義》：“服虔云：公之母弟，則以長幼爲氏，貴適統，伯仲叔季是也。庶公子則以配字爲氏，尊公族，展氏、臧氏是也。”服虔本當作“以字爲氏”。

大雨霖

《九年傳》“春，王三月癸酉，大雨霖以震。庚辰，大雨雪，亦如之。凡雨，自三日以往爲霖”，杜注：“此解《經》書‘霖’也，而《經》無‘霖’字，《經》誤。”《正義》：“《經》當如《傳》言‘大雨霖以震’，不當云‘大雨震電’，是《經》脱‘霖以’二字，而妄加‘電’也。”頤煊案，“凡雨，自三日以往爲霖”是釋大雨，非釋《經》書“霖”，後人於《傳》“大雨”下妄加“霖”字。《漢書·五行志》：“隱公九年‘三月癸酉，大雨，震電。庚辰，大雨雪’，劉歆以爲三月癸酉，於曆數春分後一日，始震電之時也，當雨，而不當大雨。大雨，常雨之罰也。於始震電八日之間而大雨雪，常寒之罰也。”亦無“霖”字。

衷戎師

“祝聃逐之，衷戎師”，杜注：“戎前後及中三處受敵，故曰衷戎師。”《正義》：“衷戎師者，謂戎師在三伏之中。”頤煊案，《昭十六年傳》“發命之不衷”，杜注：“衷，當也。”《桓七年傳》：“不當王非敵也。”謂祝聃逐之以當戎師，前後夾擊之，故盡殪。杜注非是。

不　庭

《十年傳》“以王命討不庭”，杜注：“下之事上，皆成禮於庭中。”頤煊案，《爾雅·釋詁》：“庭，直也。”《國語·周語》“以待不庭不虞之患”，韋昭注：“庭，直也。”不庭謂不直之人。《成十二年傳》“謀其不協而討不庭”，杜注：“討背叛不來在王庭者。”非是。

嘉　栗

《桓六年傳》“嘉栗旨酒”，杜注：“嘉，善也。栗，謹敬也。”《正義》：“劉炫以栗爲穗貌，而規杜過。”頤煊案，《考工記》“菑栗不迆”，鄭注：“栗讀爲裂繻之裂。”裂與烈同，嘉栗謂酒之芬芳揚烈，即下文“所謂馨香無讒慝也”，杜、劉注皆失之。

尸

《十五年傳》“尸諸周氏之汪”，杜注：“殺而暴其尸，以示戮也。”頤煊案，《爾雅·釋詁》：“尸，陳也。”《淮南·俶真訓》高誘注：“汪讀《傳》‘矢諸周氏之汪’，同。”“矢”亦“陳”也。

始判

《莊三年傳》“紀於是乎始判”，杜注：“判，分也，言分爲附庸始於此。”頤煊案，判，古通作“叛”字。《桓六年》：“冬，紀侯來朝，請王命以求成于齊，公告不能。”《莊元年》“齊師遷紀郱、鄑、郚”，魯又不能救。此年秋，“紀季以酅入于齊”，紀於是始叛魯也。

人立而啼

《八年傳》：“豕人立而啼。”頤煊案，《管子·大匡》篇作“豕人立而諦”，《荀子·禮論》篇“哭泣諦號”，《淮南·精神訓》“病疵瘕者，踡跼而諦”，《春秋繁露·執贄》篇“羊殺之不諦”，“啼”皆作“諦”。

又何閒焉

《十年傳》“肉食者謀之，又何閒焉”，杜注：“閒，猶與也。”頤煊案，《爾雅·釋言》：“間，俔也。”《説文》：“俔，一曰閒見。”是“俔”與“見”同也。《禮記·曲禮》：“侍坐於君子，若有告者曰：少間，願有復也。”《昭四年傳》：“寡君願結驩於二三君，使舉請間。”“間”即請見之辭。

因重固

《閔元年傳》“因重固”，杜注：“能重能固，則當就成之。”《正義》：“服虔云：重不可動，因其不可動而堅固之。”頤煊案，此與上“親有禮”句對言之，謂因國之重臣不可動者，而安固之。《襄十四年傳》“史佚有言曰：因重而撫之”，此即服注所本。

偏　衣

《二年傳》“公衣之偏衣”，杜注：“偏衣，左右異色，其半似公服。”頤煊案，《禮記·玉藻》“衣正色，裳間色”，偏衣，謂間色不正之衣，故下文“服其身則衣之純”，純謂正色。“衣之尨服”，尨雜即間色也。《後漢書·光武紀》“服婦人衣，諸于繡䯳”，“諸于”，《漢書·賈誼傳》作“偏諸”，或即此制。

其愛之也

《僖五年傳》“且虞能親於桓、莊乎？其愛之也”，《正義》：“服虔：‘其作甚，注云愛之甚，當謂愛桓、莊之族甚也。’愛之若甚，何以誅之？且文勢不順，又改字失真，繆之甚也。”頤煊案，《二十四年傳》“行者甚衆，豈惟刑臣”，《釋文》：“一本甚作其。”又“國君而讎匹夫，懼者甚衆矣”，《釋文》：“甚衆，本或作其衆。”因字形相近而亂。

南　河

《二十八年傳》“還自南河濟”，杜注：“從汲郡南渡，出衛南而東。”頤煊案，《史記·衛康叔世家》“成公三年，晉欲假道於衛救宋，成公不許，晉更從南河渡”，《集解》服虔曰：“南河，濟南之東南流河也。”《水經·河水注》：“河水於是有棘津之名，亦謂之石濟津，故南津也。《春秋》僖公二十八年，晉將伐曹，曹在衛東，假道於衛，衛人不許，還自南河，即此濟也。”仿宋刊注疏本作“還自河南濟”，非是。

三　百

“距躍三百，曲踊三百”，杜注：“距躍，超越也。曲踊，跳踊也。百，猶勵也。”頤煊案，距躍，直越向前也。曲踊，回身聳跳也。百與拍同，《説文》：“拍，拊也。”謂合手拍拊，如鼓譟之狀。距躍，曲踊者，其足勢。三拍者，其手勢也。《韓非子·八説》篇“登降周旋，不逮日中奏百”，其義正同。

以覺報宴

《文四年傳》“以覺報宴”，杜注：“覺，明也。謂諸侯有四夷之功，王賜之弓矢，又爲歌《彤弓》，以明報功宴樂。”《正義》：“覺者，悟知之意，故爲明也。使諸侯明己心也。”頤煊案，覺者，大也。《孝經》“有覺德行”，鄭注：“覺，大也。”《詩・斯干》“有覺其楹”，毛《傳》：“有覺，言高大也。”以覺報宴，謂諸侯有四夷之功，王大報宴以酬其功，故下文云“其敢干大禮以自取戾”。

難必抒矣

《六年傳》“有此四德者，難必抒矣”，杜注：“抒，除也。”《正義》：“服虔作紓，紓，緩也。”頤煊案，服虔本作“紓”是也。《成二年傳》“我亦得地而紓於難”，《三年傳》“二國圖其社稷而求紓其民”，《十六年傳》“我僞逃楚可以紓憂”，《襄八年傳》“姑從楚以紓吾民”，字皆作“紓”。

鹿死不擇音

《十七年傳》“鹿死不擇音”，杜注：“音，所茠蔭之處，古字聲同，皆相假借。”《正義》：“服虔云：鹿得美草，呦呦相呼，至於困迫將死，不暇復擇善音，急之至也。”頤煊案，

《後漢書·皇甫規傳》“《傳》稱‘鹿死不擇音’，謹冒昧略上”，《莊子·人間世》“獸死不擇音，氣息茀然”，皆同服説。

遂扶以下

《宣二年傳》“遂扶以下”，《正義》：“服虔本‘扶’作‘跣’，杜本作‘扶’。”《釋文》：“今杜注本往往有‘跣’者。”頤煊案，《太平御覽》卷三百二引作“遂跣以下”。

兩馬掉鞅

《十二年傳》“兩馬掉鞅而還”，杜注：“兩，飾也。掉，正也。”《正義》：“兩飾，掉正，皆無明訓。服虔亦云是相傳爲然也。”頤煊案，《周禮》環人注引作“㮒馬”，㮒通作柳。《三國志·蜀先主傳》“縛督郵，解綬繫其頸，著馬柳”，《説文》“柳，馬柱”“掉，摇也”。謂繫其馬於柱，摇動其鞅而還。

屈蕩尸之

“屈蕩尸之”，惠氏棟云：“淳熙九經及長平游御史本、巾箱本俱作‘户’字。”頤煊案，《漢書·王嘉傳》師古注、《文選·宦者傳論》李善注，引《左傳》皆作“屈蕩户之”。《小爾雅·廣詁》：“户，止也。”“户”通作“扈”，《昭十七年傳》“九扈爲九農正，扈氏無淫者也”，杜注：“扈，止也。”

欒京廬

《十七年傳》“使欒京廬待命于齊”，杜注：“欒京廬，郤克之介。”頤煊案，《國語·齊語》“衛人出廬於曹”，韋昭注：“廬，寄也。”《釋名·釋宫室》：“寄止曰廬。”《周禮》“野廬氏”，鄭注：“廬，賓客行道所舍。”謂獻子先歸，使欒京寄止客舍，以待命于齊。

桀　石

《成二年傳》“齊高固入晋師，桀石以投人”，杜注：“桀，擔也。”頤煊案，《廣雅·釋詁》：“擔，舉也。”《史記·王翦列傳》“方投石超距”，《漢書·甘延壽傳》“投石拔距，絶於等倫”，張晏曰：“《范蠡兵法》：飛石重十二斤，爲機發，行二百步。延壽有力，能以手投之。”高固亦手舉石以投人，故以爲勇。桀，古通作“揭”字，其音義并同。

畏君之震

“畏君之震，師徒橈敗”，杜注：“震，動。”頤煊案，震，威也。《國語·晋語》“車有震武也”，韋昭注：“震，威也。”《十三年傳》“寡君不敢顧昏姻，畏君之威，而受命於吏”，即其證。

視　流

《六年傳》“視流而行速”，杜注：“視流，不端諦。”頤煊案，《八年傳》“從善如流”，杜注：“如流，喻速。”《十五年傳》“視速而言疾”，《襄三十年傳》“視躁而足高”，視流，與視速、視躁同義。

伏　劍

《襄三年傳》“魏絳至，授僕人書，將伏劍”，《正義》：“謂仰劍刃，身伏其上而取死也。”頤煊案，伏劍即負劍，右手拔劍，有似於負，故曰負劍，聲轉曰伏劍。《史記・刺客列傳》“王負劍。負劍，遂拔”，《墨子・節葬下》篇“譬猶負劍而求其壽也”，書、傳中言伏劍而死者，皆謂拔劍以自刎。

略

《四年傳》“匠慶請木，季孫曰：略”，杜注：“不以道取爲略。”頤煊案，“略”謂簡略其禮，匠慶不聽，而用其己樹蒲圃之六檟，季孫不能止，故君子曰“多行無禮，必自及也”。

弃位而姣

《九年傳》“弃位而姣，不可謂貞”，杜注：“姣，淫之別名。”《正義》：“服虔讀‘姣’爲放效之‘效’，言效小人爲淫。”頤煊案,《説文》:“姣,好也。”《方言》:“娥,嬴,好也。或謂之姣。”言弃位而徒姣好其貌,不可謂貞。

門　者

《十年傳》“縣門發,郰人紇抉之以出門者”,[①]《正義》:“服虔云:抉,撅也,謂以木撅抉縣門,使舉,令下容人出也。門者,下屬爲句。”頤煊案,《水經·沭水注》引《傳》云“縣門發,鄹人紇抉之以出”,與服讀同。

請於孫子

《十四年傳》“使子行於孫子”,阮尚書《校勘記》:“《石經》‘子行’二字改刊,此行衹九字,初刻尚有一字。山井鼎云:足利本後人記云,‘子行’下異本有‘請’字。然則石經刊去之字即‘請’字也。”頤煊案,杜注“使往請也”,“子行”下當有“請”字。

傅　食

《十九年傳》“聞師將傅食”,杜注:“因其會食。”頤煊案,《墨子·號令》篇“鋪食皆於署,不得外食”。傅食即鋪食,義與餔同,皆聲相近。

---

① “郰”,原作“聊”,據光緒本改。

瘠則甚矣

《二十一年傳》“楚子使醫視之，復曰：瘠則甚矣，而血氣未動”，杜注：“瘠，瘦也。”頤煊案，上文“方暑，闕地下冰而牀焉，重繭，衣裘，鮮食而寢”，并不言瘦。《公羊·莊二十年傳》“大瘠者何？痢也”，何休注：“瘠，病也，齊人語。”杜注失之。

閔子騫

《二十三年傳》：“閔子馬見之曰：子無然，禍福無門，唯人所召。”頤煊案，《後漢書·楊秉傳》引禍福二句，李賢注：“《左傳》閔子騫之辭。”影宋本《北堂書鈔》卷三十六、《文選·檄吴將校部曲》李善注引亦作“閔子騫”。《褚淵碑文》注引閔子騫曰“敬恭朝夕，恪居官次”，《白帖》卷八十七引閔子騫曰“夫學，殖也，不學將落”，今本皆作“閔子馬”。

踞　轉

《二十四年傳》“皆踞轉而鼓琴”，杜注：“轉，衣裝。”頤煊案，《昭三十年傳》“趙簡子夢童子羸而轉以歌”,[1]《淮

---

① “昭三十年”,當作“昭三十一年”。

南·修務訓》“故秦楚燕魏之歌也，異轉而皆樂”，《氾論訓》“譬猶不知音者之歌也，濁之則鬱而無轉”。踞轉而鼓琴，謂箕倨自歌以鼓琴也。

有如此盟

《二十五年傳》“曰：所不與崔、慶者。晏子仰天嘆曰：嬰所不唯忠於君、利社稷者是與，有如上帝。乃歃”，杜注：“《盟書》云‘所不與崔、慶者，有如上帝’。讀書未終，晏子抄答，易其辭，因自歃。”《釋文》：“‘曰所不與崔、慶者’，本或此下有‘有如此盟’四字者，後人妄加。”頤煊案，《淮南·精神訓》高誘注“不唯崔、慶是從者，如此盟”，“有如此盟”四字非後人妄加。唐石經“所不與崔、慶者”下有“有如上帝”四字，是後人依杜注增之。《史記·齊太公世家》作“乃與國人盟曰：不與崔、慶者死”，《晏子春秋·内篇》“不與崔、慶而與公室者，受其不祥”，皆異文。

當　御

《二十六年傳》“朱也當御”，杜注：“御，進也，言次當行。”《正義》：“言當進侍君，受君命也。”頤煊案，“御”與“迓”同。《詩·鵲巢》“百兩御之”，《甫田》“以御田祖”，鄭《箋》皆云“御，迎也”。《公羊·成二年傳》“使跛者迓跛者，使眇者迓眇者”，《穀梁傳》“迓”作“御”，何休注：“迓，迎也。”

如税服終身

《二十七年傳》“公喪之如税服終身”，杜注：“税即繐也。《喪服》：繐，繐裳，縷細而希，非五服之常，本無月數。痛愍子鮮，故特爲此服，無月終，而獻公尋薨，故言終身。”頤煊案，喪讀去聲。《二十八年傳》“陳須無以公歸，税服而如内宫”，“税”即“脱”字。獻公喪子鮮，如脱服終身，言其心戰慄常不忘也。

衹見疏也

《二十九年傳》“衹見疏也”，《正義》：“‘多見疏’，猶《論語》‘多見其不知量也’，服虔本作‘衹’，晋、宋杜本皆作‘多’。”頤煊案，據此，《正義》本作“多”，今本作“衹”，是後人從服本改。《昭十三年傳》“衹取辱焉”，《二十六年傳》“衹取誣焉”，《定四年傳》“衹取勤焉”，《哀十四年傳》“衹取死焉”，字皆作“衹”，與服本同。

與子上盟

《三十年》：“與子上盟用兩珪質于河。”頤煊案，《釋文》：“‘與子上用兩珪質于河’，一本作‘與子上’絶句，

‘用兩珪質于河’別爲一句。”是陸氏本無“盟”字，杜注“子上，駟帶也。沉珪於河，爲信也”，亦不當有“盟”字。

以羸諸侯

《三十一年傳》“我實不德，而以隸人之垣以羸諸侯”，杜注：“羸，受也。”《正義》：“賈、服、王、杜皆讀爲‘盈’，盈是滿也，故皆訓爲‘受’。”頤煊案，羸，露也，謂以隸人之垣露處諸侯，即上文所謂“暴露”也。《昭元年傳》“勿使有所壅閉湫底，以露其體”，杜注：“露，羸也。”二訓本互通。

蔡蔡叔

《昭元年傳》“周公殺管叔，而蔡蔡叔”，《正義》：“《説文》云：𥻦,散之也，從米殺聲。隸書改作，已失本體，‘𥻦’字不復可識。寫者全類‘蔡’字，至有重爲一‘蔡’字，重點以讀之者。”頤煊案，《正義》所見有兩本，一本重爲一“蔡”字，重點以讀之者。張參《五經文字》“𥻦，《春秋》多借‘蔡’字爲之”，今本是也。一本寫者全類“蔡”字，其本無考。《史記·司馬相如列傳》“噏呷萃蔡”，《索隱》：“郭璞云：萃蔡,猶璀璨也。”《索隱》單行本“蔡”作“粲”，與“𥻦”相近。唯《後漢書·樊儵傳》李賢注引《左傳》曰“周公殺管叔而蔡蔡叔，杜預注曰：蔡,放也”，字尚不誤。

其相胡公

《三年傳》“其相胡公大姬，已在齊矣”，《正義》：“服虔云：相,隨也。今定本‘相’作‘祖’。”頤煊案，杜注“言陳氏雖爲人臣，然將有國，其先祖鬼神已與胡公共在齊”，杜注本當作“祖”。

黄　能

《七年傳》“今夢黄熊入于寢門”，《正義》：“諸本皆作‘熊’字。梁主云：鮌之所化,是能鼈也，若是熊獸，何以能入羽淵。”頤煊案，《釋文》、唐石經皆作“能”字。《爾雅·釋魚》“鼈三足能”，《説文》：“能，熊屬，足似鹿。”“能”是本字，故或釋爲鼈，或釋爲熊，諸本徑改作“熊”字，非是。

莫保其性

《八年傳》“怨讟并作，莫保其性”，杜注：“性，命也，民不敢自保其性命。”頤煊案，《孟子》“生之謂性”，《白虎通·情性》篇“性者，生也”，《周禮》大司徒“辨五土之物生”，鄭注：“杜子春讀生爲性。”莫保其性，即莫保其生。《十九年傳》“民樂其性，而無寇讎”，亦謂民樂其生。

斬　焉

《十年傳》“孤斬焉在衰絰之中”，杜注：“既葬，未卒哭，故猶服斬衰。”頤煊案，《禮記・雜記》“縣子曰三年之喪如斬，期之喪如剡”，鄭注：“言其痛之惻怛有淺深也。”斬焉，謂其痛之深也。

交　鬭

《十六年傳》：“若屬有讒人交鬭其間。”頤煊案，《國語・晋語》“逐之恐搆諸侯”，韋昭注：“搆，交搆也。”《後漢書・何進傳》“交搆已成”，交鬭，猶交搆也，其聲相近。

阿下執事

《二十年傳》“寡君命下臣於朝曰：阿下執事，臣不敢貳”，杜注：“阿，比也，命己使比衞臣下。”頤煊案，《吕氏春秋・高義》篇“阿有罪”，高誘注：“阿，私也。”《貴公》篇“不阿一人”，高誘注：“阿，亦私也。”私下執事，謂寡君命臣私布於下執事，是以不敢貳。

大者不槬

《二十一年傳》“小者不窕，大者不槬”，杜注：“槬，横大。”頤煊案，字書無“槬”字，《漢書・五行志》引作

“挒”。《易·繫辭》“刳木爲舟”，王弼注：“舟必用大木刳鑿其中。”《釋文》：“挎，本又作刳。”挎即挒字之省。

介　雞

《二十五年》“季氏介其雞”，《釋文》：“介又作芥。”頤煊案，《吕氏春秋·察微》篇“季氏介其雞”，高誘注：“介，甲也。”字當作“介”。杜注“擣芥子播其羽也”，字當作“芥”。《藝文類聚》卷九十一、《太平御覽》卷九百十八引《左傳》皆作“芥”，是杜氏本。

縛一如瑱

《二十六年傳》“以幣錦二兩縛一如瑱”，杜注：“瑱，充耳。縛，卷也。急卷使如充耳，易懷藏。”頤煊案，瑱爲冕玉，所以塞耳，其小可知。幣錦二匹，急卷使如充耳，此擬不相倫類。《聘禮》“賄用束紡”，鄭注：“紡，紡絲爲之，今之縛也。”《周禮·内司服》，鄭注：“六服皆袍制，以白縛爲裹。”《釋文》：“縛，《聲類》以爲今作‘絹’字。”“如”當爲“加”字之訛。此言以幣錦二兩，縛一兩，加瑱，以貨之。“縛一”不言“兩”者，省文也。

憖

《二十八年傳》“憖使吾君聞勝與臧之死也以爲快”，杜

注："憖，發語之音。"頤煊案，憖，願也，願使吾君聞之以爲快。《國語·晋語》"敢歸諸下執政，以憖御人"，韋昭注："憖，願也。"《楚語》"吾憖寘之於耳"，韋注："憖，願也。"

蝥賊

《三十二年傳》"蝥賊遠屏"，杜注："蝥賊，謂災害。"《正義》："蝥賊，食苗之蟲。《釋蟲》云食根蟊，食節賊，故以蟊賊喻災害也。"頤煊案，蟊賊喻人，非喻災害。《詩·瞻卬》"蟊賊蟊疾，靡有夷届"，《召旻》"天降罪罟，蟊賊内訌"，《成十三年傳》"帥我蝥賊，以來蕩摇我邊疆"，皆謂賊害之人。

路國

《定五年傳》"子西爲王輿服以保路國于脾洩"，杜注："立脾洩，以保安道路人。"頤煊案，"路"字當屬下句讀，"路國于脾洩"，猶言露處於脾洩也。《管子·四時》篇"國家乃路"，尹知章注："路，謂失其常居也。"《周書·皇門解》："自露厥家。"露與路同。

問高厚焉

"子西問高厚焉，弗知。子西曰：不能，如辭"，《正義》：

“本或有‘小大’者，涉下文而誤耳。”頤煊案，下文《正義》引張奐《古今人論》云：“子西問城之高厚小大，而弗知也。子西怒曰：不能則如辭,能之而不知，又何知乎?”“高厚”下有“小大”二字，唐石經旁注有“小大”二字。

不可食已

《哀元年傳》“後雖悔之，不可食已”，杜注：“食，消也。已，止也。”《正義》:“言悔恨之深結於心腹，不可如食之消止。”頤煊案,《爾雅・釋詁》“食，僞也”，僞，古通作“爲”字，言後雖悔恨不可爲已。“已”是絶決之辭。

彤　鏤

“器不彤鏤”，杜注：“彤，丹也。鏤，刻也。”惠氏棟云:“彤，古彫字。”頤煊案,《説文》:“丹，巴越之赤石也。象采丹井，丶象丹形。彬，亦古文丹。”“彬”“彤”形相近，故經典“彬”譌作“彤”。杜注“彤，丹也”。《國語・周語》“器無彤鏤”，韋昭注:“彤，丹也。”《楚語》“不聞其以土木之崇高，彤鏤爲美”，韋注:“彤，謂丹楹。”“彤”即古文“丹”字。

望　視

《十四年傳》“有陳豹者，長而上僂，望視”，杜注:“目望陽。”頤煊案，《史記·孔子世家》“眼如望羊”，《釋名·釋姿容》：“望羊，羊，陽也，言陽氣在上，舉頭高，似若望之然也。”羊、陽，古字通用。

旻　天

《十六年傳》：“旻天不弔，不憖遺一老。”頤煊案，《説文》“《春秋傳》曰昊天不憖”，《爾雅·釋天》“夏爲昊天”，孔子以哀十六年夏四月己丑卒，義當作“昊天”。《後漢書·東平憲王傳》李賢注、《文選·陳太丘碑文》李善注，引《左傳》皆作“昊天”。范甯《穀梁傳》序“昊天不弔”，《疏》：“哀十六年左氏文。”

卷　六

臨海洪頤煊

春秋外傳

《國語》稱《春秋外傳》，宋庠謂始於韋昭，非也。《隋書·經籍志》“《春秋外傳國語》二十卷，賈逵注”，《漢書·韋玄成傳》引《春秋外傳》曰“日祭、月祀、時享、歲貢、終王”，皆在韋昭前。

稷爲天官

《周語》“是故稷爲大官”，韋昭注：“民之大事在農，故稷之職爲大官也。”頤煊案，《尚書·舜典》正義引《國語》曰“稷爲天官”。賈公彦《周禮疏》序：“初堯時天官爲稷。”又云：“但堯初天官爲稷，至堯試舜，天官之任謂之百揆。舜即真之後，命禹爲之，即天官也。”賈氏之説本於鄭康成，所見《國語》當作“稷爲天官”，今本作“大官”，是淺人依韋注“民之大事”句改之。

艾

“樹於有禮，艾人必豐”，韋注：“艾，報也。”《鄭語》“樹於有禮，必有艾”，韋注：“艾，報也。”頤煊案，艾無報訓，艾與樹對言之，艾當作刈。《離騷》“願竢時乎，吾將刈”，王逸注：“刈，穫也。”言樹於有禮，其獲人必多也。

腊　毒

“厚味實腊毒”，韋注：“厚味，喻重禄也。腊，亟也，讀若廟。昔酒焉，味厚者，其毒亟也。”頤煊案，《鄭語》“毒之酋腊者，其殺也滋速”，韋注：“精熟曰酋。腊，極也。”極、亟古字通用。《文選·七命》李善引賈逵《國語注》“腊，久也”。久亦與極同義。《禮記·郊特牲》鄭注“爲其味厚腊毒也”，《釋文》引《隱義》云“腊，久也。久酒有毒”，義即本於賈逵。

越　哉

《魯語》“海鳥曰‘爰居’，止於魯東門之外三日，臧文仲使國人祭之。展禽曰：越哉，臧孫之爲政也”，韋注：“越，迂也，言其迂濶不知政要也。”頤煊案，越，過也，謂過於禮，故下文“文仲聞柳下季之言，曰：信吾過也”。

無洵涕

“無洵涕”，韋注：“無聲涕出爲洵涕也。”頤煊案，洵即泫字。《禮記·檀弓》“孔子泫然流涕”，《一切經音義》卷十一“眩，古文迿、眴二形”，《文選·劇秦美新》“臣嘗有顛眴疾”，李善注：“眴，與‘眩’古字通。”洵、泫偏旁本通用。

被　羽

《晋語》“被羽先升，遂克之”，韋注：“羽，鳥羽繫於背，若今軍將負眊矣。”頤煊案，羽，旌旗之屬。《周禮·司常》“全羽爲旞，析羽爲旌”，單言之亦可稱爲羽。《孟子》“見羽旄之美”，亦謂旌旗也。《後漢書·賈復傳》“被羽先登”，李賢注：“被，猶負也。析羽爲旌旗，將軍所執。”被羽先升，謂負旗先登，如《左氏·隱十一年傳》“潁考叔取鄭伯之旗，蝥弧以先登”是也。韋注謂以“鳥羽繫於背”，失之。

觀　狀

“文公誅觀狀以伐鄭”，韋注：“賈侍中云：鄭復效曹觀公骿脅之狀，故伐之。唐尚書云：誅曹觀狀之罪，還而伐鄭。昭省《内》《外傳》，鄭無觀狀之事。而叔詹云‘天禍鄭國，淫於觀狀'，謂淫放於曹，不禮公子，與觀狀之罪同耳。”頤煊案，文公返國，伐曹、伐鄭，皆名其師曰“觀狀”，謂觀其前日所過之功狀。《左氏·僖二十八年傳》：“三月丙午，入曹，數之以其不用僖負羈，而乘軒者三百人也。且曰獻狀。”獻狀即觀狀，觀、獻，聲相近。

應且增

“若以君官從子之私，懼子之應且增也”，韋注：“外應受我，内增其非。”頤煊案，增當作憎。《周語》“其叔父實應且憎”，韋注：“憎，惡也。”《左氏·成十三年傳》“君有二心於狄，曰：晋將伐女，狄應且憎”，杜注“言狄雖應答秦，而心實憎秦無信”，字皆作“憎”。

訓及諸夏

《楚語》“撫征南海，訓及諸夏”，韋注：“訓，教也，教及諸夏，謂主盟會、班號令也。”頤煊案，《史記·五帝本紀》“能馴明德”，《集解》徐廣曰：“馴，古訓字。”《周禮·地官序官》注：“訓讀爲馴。”馴，服也，謂服及諸夏。

譁　釦

《吴語》“三軍皆譁釦以振旅，其聲動天地”，韋注：“譁釦，讙呼。”頤煊案，《説文》“釦，金飾器口”，非字義。釦當是“吅”字之訛，《説文》“吅，驚諤也，從二口，讀若讙”，與韋注義近。

接　龢

“明日還軍接龢”，韋注：“上下皆龢。”頤煊案，龢，古“和”字。《周禮·大司馬》“以旌爲左右和之門”，鄭注：“軍門曰和。”《孫子·軍争》篇“交和而舍”，注：“兩軍相對爲交和。”交和即接和。

漢初公羊學

漢初，《春秋》止《公羊》列於學官。《史記·太史公自序》：“《春秋》文成數萬，其指數千。”《後漢書·鍾離意傳》李賢注引《意别傳》，意於孔子教授堂下得《素書》，云：“後世修吾書，董仲舒。”皆《公羊》家言。

公羊疏

《公羊疏》，不著撰人名氏，或云徐彦，不知何時人，宋董逌謂當在貞元、長慶之後。頤煊案，《疏》中引《爾雅》孫炎注、郭璞《音義》、《書序》、《長義》、《孝經疏》之類，皆唐以前本。《疏》“司空掾”云“若今之三府掾”，三府掾，亦六朝時有之，至唐以後則無此稱矣，此《疏》爲梁、齊間舊帙無疑。

何以名

《隱元年傳》“何以名，字也”，唐石經“名”上有“不”字。頤煊案，何休注“据齊侯以禄父爲名”，《疏》云“是言齊侯以禄父爲名，故疑邾婁君亦以儀父爲名”，注、疏本皆無“不”字。

如勿與

“如勿與而已矣”，何注：“如即不如，齊人語也。”頤煊案，《桓十四年傳》“不如勿嘗而已矣”，《文十六年傳》“不如勿居而已矣”，句法與此相同，此如上，當脱“不”字。

分　郟

《五年傳》“自陝而東者，周公主之；自陝而西者，召公主之”，何注：“陝者，蓋今弘農陝縣是也。”《釋文》：“一云當作郟，王城郟鄏。”頤煊案，《隸釋·唐扶頌》“分郟之治”，郟即陝字。《史記·游俠列傳》“陝寒孺”，《集解》徐廣曰：“陝疑當作郟字。”《南越傳》曰：“郟壯士韓千秋。”陝、郟，古字通用。

縣　輿

《桓五年》何注“禮，七十縣車致仕”，《疏》：“《淮南子》曰：至於悲泉,爰止其女，爰息其馬，是謂縣輿。舊説云：日在縣輿,一日之暮；人年七十，亦一世之暮，而致其政事於君，故曰縣輿。亦有作‘車’字者。”頤煊案,《隸釋·侯成碑》“縣輿養神”，與《疏》本同。

化我也

《六年傳》“化我也”，何注：“行過無禮謂之化，齊人語也。”頤煊案，化我，即上文“過我”，過、化同聲，因口授，其字異耳。《哀六年傳》“陳乞曰：常之母有魚菽之祭，願諸大夫之化我也”，不得謂無禮，“無禮”二字，是注者增成之,《穀梁傳》作“畫我”，其音義并同。

鄭國處於留

《十一年傳》“古者鄭國處於留”，惠氏棟《公羊古義》云：“《左傳》‘侵宋吕留’，後漢彭城有留縣，張良所封。”頤煊案,《漢書·地理志》“陳留郡陳留”，孟康曰：“留，鄭邑也，後爲陳所并，故曰陳留。”鄭康成《發墨守》“留乃在陳、宋之東”，非是。

其餘從同同

《莊四年傳》“其餘從同同”，何注：“凡二‘同’，故言同同。”《疏》：“考諸古本,《傳》及此注‘同’字之下皆無重語，有者衍文，且理亦宜然。”頤煊案，《注》“其餘輕者從義與重者同，不復譏，都與無讎同文論之，所以省文達其異義矣”，《疏》“輕者不譏，見與重者同，一‘同’也。都與無讎同文論之，一‘同’也。故曰凡二‘同’矣”。《傳》及此注皆當作“同同”，古本非是。

操之已蹙

《三十年傳》“子司馬子曰：蓋以操之，爲已蹙矣”，何注：“操，迫也。”頤煊案，《詩·江漢》正義引《公羊》作：“‘蓋以躁之爲已蹙矣’，何休云‘躁，迫也’。”《兔爰》鄭箋“有所躁蹙也”，義亦本於《公羊》。《正義》“躁，定本作操”，是後人所改。

諾　已

《僖元年傳》“慶父聞之曰：‘嘻，此奚斯之聲也。諾，已！’曰：‘吾不得入矣’”，何注：“諾、已，皆自畢語。”《疏》：“猶似今人云‘休，一生罷去已’，自畢竟之辭。”頤煊案，《淮南·説林訓》“諾之與已，相去千里”，諾已，謂奚斯所許已止不成，故重言曰“吾不得入矣”。

酌　之

《八年傳》“蓋酌之也”，何注：“酌，挹也。時鄭伯欲與楚，不肯自來盟，處其國，遣使挹取其血，而請與之約束。無汲汲慕中國之心，故抑之，使若叩頭乞盟者也。”頤煊案，《周禮·士師》“掌士之八成，一曰邦汋”，鄭司農注：“汋讀如酌酒尊中之酌，國汋者，斟汋盜取國家密事，若今刺探尚書事。”謂鄭探知之，而請盟也。汋、酌，古今字。

踊

《十年傳》“踊爲文公諱也”，何注：“踊，豫也，齊人語，若關西言‘渾’矣。”頤煊案，“踊”當是“通”字之訛。《傳》中“通可以已也”，文凡三見。《昭三十一年傳》“通濫也，曷爲通濫？賢者子孫宜有地也”，義與此《傳》略同。關西言“渾”，亦與“通”義相近。

磌　然

《十六年傳》“聞其磌然”，《穀梁疏》：“‘磌’字，《説文》《玉篇》《字林》等無其字，學士多讀爲‘砰’。據《公羊》古本，并爲‘磌’字。張揖讀爲‘磌’，是石聲之類，不知出何書也。”頤煊案，《疏》引張揖，是《廣雅》之文，《廣雅·釋詁》“砰，聲也”，是亦讀爲砰也。《廣雅·釋室》“磌，礩也”，《文選·西都賦》“雕玉瑱以居楹”，李善注：“瑱與磌通。”非此義。

是　月

“是月者何？僅逮是月也”，何注：“是月，邊也，魯人語也，在正月之幾盡，故曰劣及是月也。”頤煊案，《鶡冠子·王鈇》篇“家里用提”，陸佃注云：“提，零日也。《公羊傳》曰：提月者，僅逮此月晦日也。”《初學記》卷四、《歲華紀麗》注引《公羊》皆作“提月”。“提”當通作“扺”字，故《傳》以爲“僅逮此月也”。

於此焉變

《文二年傳》“以爲有人心焉者，則宜於此焉變矣”，何注：“變者，變慟哭泣也。有人心念親者，聞有欲爲己圖婚，則當變慟哭泣矣。”頤煊案，變讀爲辨，言聞有欲爲己圖婚，則當辨其義之可否。《宣十五年傳》“上變古易常，應是而有天災，其諸則宜於此焉變矣”，亦謂當辨其災應之所由來。辨、變，古字通用。

以目通指曰眣

《七年傳》“眣晋大夫使與公盟也”，何休注：“以目通指曰眣。”《成二年傳》“郤克眣魯衛之使，使以其辭而爲之請”，《釋文》：“眣音舜，又作眣，丑乙反，又大結反。”頤煊案，《玉篇》“眣同瞬”，《五經文字》“眣音舜，見《春秋傳》”。《説文》無“眣”字，“眣，目不從正也”，與經注義不合。“眣”當是“旻”字之訛，《説文》：“旻，舉目使人也，從攴、目，火劣切。”“旻”作“眹”，與“眣”字相近而訛。

圈

《十一年》“楚子伐圈”，《釋文》：“二《傳》作‘麇’。”頤煊案，《説文》：“麇，從鹿，囷省聲，籀文不省，作䴡。”傳寫者省“鹿”作“囷”，通作“圈”。《昭元年》“楚子卷卒”，《釋文》：“《左氏》作‘麇’。”“卷”又“圈”字之省。

竫　言

《十二年傳》“惟諓諓善竫言”，何注：“竫猶撰也。”頤煊案，“竫”古通作“靖”字。《爾雅·釋詁》：“靖，治也。”“治”與“撰”義相近。《尚書·秦誓》“惟截截善諞言”，《説文》“諞，便巧言也，從言，扁聲。《周書》曰‘戠戠善諞言’”，又引《周書》“戔戔巧言”，皆非《公羊》義。《釋文》：“竫，撰也，本或作諞。”是後人依《尚書》改之。

六　指

《十四年傳》“子以其指，則接菑也四，玃且也六”，孔氏廣森《通義》："凡以手計數者，屈四指伸小指則爲四，遍屈五指還伸小指則爲六。"頤煊案，《疏》以其手指相似，則接菑猶人之四指，矱且猶人之六指。右手將指連左手言之，則爲第六指，離左手言之，則爲第一指，故下文云"矱且也長"。

躇 階

《宣六年傳》"躇階而走"，何注："躇猶超遽不暇以次。"《釋文》："躇與踱同，一本作辵。"頤煊案，依何注，"躇"當作"辵"。《儀禮·公食大夫禮》鄭注："不拾級而下曰辵。"《燕禮·記》疏："越階，謂左右足越三等。若《公羊傳》云'趙盾避靈公躇階而走'是也。"《説文》無"躇"字，"辵，乍行乍止也，讀若《春秋公羊傳》曰'辵階而走'"，與"躇"字義同。《廣雅·釋訓》："躊躇，猶豫也。"猶豫即《説文》所謂"乍行乍止"，《釋文》所謂"踱"也。辵、躇，音同而義異。

周 狗

"靈公有周狗謂之獒"，何注："周狗，可以比周之狗，所指如意。"頤煊案，《爾雅·釋畜》郭璞注："《公羊傳》曰靈公有害狗謂之獒。"周、害，字形相近。《説文》："猗，犗犬也。"害，疑即"犗"字之省。

交　易

《十二年傳》“君之不令臣交易爲言”，何注：“交易，猶往來也，言君之不善臣，數往來爲惡言。”頤煊案，“交”通作“狡”，狡，猾也。易，輕也。言不善臣數爲狡猾輕慢之言。《説文》：“傷，輕也，一曰交傷。”義即本此。

東西其畝

《成二年傳》“使耕者東畝”，《後漢書·孔融傳》李賢注引《公羊傳》，此與下文皆作“使耕者東西其畝”。頤煊案，何注“使耕者東西如晋地”，《疏》引舊云“使齊東西其畝，往來於晋地易”，注及舊本皆當作“東西其畝”。《疏》云“蓋晋地谷川，宜東畝者多”，《疏》本已脱“西其”二字。

用然後郊

《十七年傳》“或曰用然後郊”，孔氏《通義》：“或意未明，舊説以爲用事于頖宫，然後郊，要本非《傳》所取，闕疑殆焉。”頤煊案，“用”當作“卜”，《説文》：“用，從卜、從中。”字形相近，又涉上文而訛爲“用”字。《僖三十一年傳》“卜郊非禮也”，何注：“天子不卜郊。”《疏》：“欲道天子之郊，以其常事，故不須卜，魯郊非禮，是以卜之。”用郊者不卜郊也，故《傳》以爲不宜用，或曰“卜然後郊”，是據魯禮以正之也。

髡原

《襄七年傳》“鄭伯髡原如會”，《疏》：“正本作‘頑’字。亦有一本作‘原’字，非也。”《釋文》：“髡原，《左氏》作髡頑。”頤煊案，《史記·鄭世家》索隱引《左傳》作“髡原”，是《左氏》作“髡原”。此《傳》作“髡頑”，故《疏》云“一本作‘原’字，非也”，今本是後人據《釋文》本改之。

公子喜

《十九年》“鄭殺其大夫公子喜”，《釋文》：“喜，二《傳》作嘉。”頤煊案，《禮記·祭義》“父母愛之，喜而勿忘”，唐石經“喜”作“嘉”，“喜”即“嘉”字之省。古人名字相配，嘉字子孔，宋有孔父嘉，則作“嘉”字爲是。

因諸

《昭二十一年傳》“若曰因諸者然”，何注：“因諸者，齊故刑人之地。公羊子，齊人，故以齊喻也。”《疏》：“舊説云，即《博物志》云‘周曰囹圄，齊曰因諸’是也。”頤煊案，“因”聲近“囹”，“諸”聲近“圄”，皆即《周禮》“圜土”之轉聲。

菑

《二十五年傳》“以人爲菑”，何注：“菑，周埒垣也，所以分别内外衛威儀也，今大學辟雍作‘側’字。”頤煊案，《考工記·輪人》注：“鄭司農云：菑讀如雜厠之厠。”《漢書·張耳傳》：“貫高等乃壁人柏人，要之置厠。”側即厠字。

蒲　社

《哀四年》“蒲社災”，《釋文》：“《左氏》作亳社。”頤煊案，“蒲”是“薄”字之省，薄、亳，古字通用。《尚書》序“成王既踐奄，將遷其君於蒲姑”，《釋文》：“蒲，馬本作薄。”《疏》云“賈氏曰《公羊》曰‘薄社’”，所見本“薄”字尚不省。

色　然

《六年傳》“皆色然而駭”，何注：“色然，驚駭貌。”《釋文》：“色，本又作‘垝’，居委反，又或作‘危’。”頤煊案，《一切經音義》卷九引：“《公羊》作‘歒然而駭’，《埤蒼》‘歒，恐懼也’，《通俗文》‘小怖曰歒’，《説文》‘歒，悲意’。”色、歒，同聲假借字。本作“垝”“危”者，又因“色”字而訛。

受經子夏

《穀梁傳·序》疏："穀梁子，名俶，字元始，魯人。一名赤。受經於子夏，爲經作傳，故曰《穀梁傳》。傳孫卿。"頤煊案，《隱五年傳》引"尸子曰"，尸佼爲商鞅之師，鞅既誅，佼逃於蜀，穀梁當在其後。其云"受經於子夏"，非親受業於子夏之門，故得以傳孫卿。

挈

《隱四年傳》"祝吁之挈，失嫌也"，范甯注："不書氏族，提挈其名而道之也。"《疏》："徐邈以挈爲舉，即是提挈之稱。"頤煊案，《方言》："挈，特也。"謂特書其名，餘凡言"挈"者，其義同也。

始厲樂矣

《五年傳》"初獻六羽，始厲樂矣"，惠氏棟《穀梁古義》："《釋詁》云'厲，作也'，郭氏引此《傳》以證之。"頤煊案，"厲"通作"萬"字。《説文》"蠆，從虫，萬聲"，《字林》作"蠣"；"糲，從米，萬聲"，《聲類》作"糲"。厲、萬，古字通。萬，舞也。始萬樂，即初獻六羽，故《左氏傳》云"將萬焉，公問羽數於衆仲"。萬、獻，亦同聲字。

所俠也

《九年傳》“俠卒。俠者，所俠也”，范注：“俠，名也。所，其氏。”《疏》：“徐邈引尹更始云‘所者，俠之氏’，今范亦云‘所，其氏’，則‘所’者是俠之氏族，但未備爵命，故略名耳。麋信以謂‘所’非氏，‘所’謂斥也。”頤煊案，“所”猶“許”也。《詩》“伐木許許”，《説文》引《詩》作“伐木所所”。此“俠卒”與八年“無侅卒”爲一例。上《傳》云“無侅之名未有聞焉，或曰隱不爵大夫也，或説曰故貶之也”，此不稱貶，明“許”之也。

冀　州

《桓五年傳》“鄭，同姓之國也，在乎冀州”，范注：“鄭，姬姓之國。冀州則近京師。”頤煊案，《周書·嘗麥解》“相在大國，有殷之□，是威厥邑，無類于冀州。”《淮南·墬形訓》“正中冀州曰中土”，高誘注：“冀，大也。四方之主，故曰中土。”又云“少室太室在冀州”，注：“少室太室在陽城，嵩高山之别名。”陽城與鄭相近。

則是故命也

《九年傳》“則是故命也”，唐石經“故”作“放”。頤煊案，《太平御覽》卷一百四十七引《穀梁傳》作“放”，麋信注："放，違也，言世子違命而止。"

天子丹

《莊二十三年傳》："禮：天子諸侯黝堊，大夫倉，士黈。"頤煊案，《太平御覽》卷一百八十七引《穀梁傳》作"天子丹，諸侯黝堊"。《傳》意言魯僭用天子之禮，故下云"丹楹，非禮也"。若天子諸侯同黝堊，《傳》何用述此禮？《御覽》所引本是。

脣　亡

《僖二年傳》："語曰'脣亡則齒寒'。"頤煊案，《左氏》《公羊》俱同，《戰國策·趙策》云"脣揭而齒寒"，高誘注："揭，猶反也。"《吕氏春秋·權勳》篇、《淮南·説林訓》皆作"脣竭而齒寒"，高誘注："竭，亡也。"

勤雨也

《二年》："冬十月不雨。不雨者，勤雨也。三年春王正月，不雨。不雨者，勤雨也。"頤煊案，"勤"，古文作"廑"。《説文》："廑，劣少也。"勤雨者，少雨也，少雨不爲災，故不言旱。至夏四月不雨，則旱矣，故下文"閔雨""喜雨"俱言"有志乎民"，而"勤雨"不言。

沙　鹿

《十四年》“秋八月辛卯，沙鹿崩”“林屬於山爲鹿”，《疏》：“《公羊》以沙鹿爲河上之邑，杜預注《左氏》以爲山名，此《傳》以鹿爲山足，是三《傳》説異也。”頤煊案，“鹿”本作“麓”。《説文》：“麓，守山林吏也。一曰林屬於山爲麓。《春秋傳》曰‘沙麓崩’。”《風俗通·山澤》篇：“麓，林屬於山者也，《春秋》‘沙麓崩’，《傳》曰‘麓者，山足’。”皆《穀梁》説。

佚　宕

《文十一年傳》“弟兄三人，佚宕中國”，《釋文》：“宕，本又作害。”頤煊案，下文既云“瓦石不能害”，此不應復云“佚害”。“宕”與“蕩”同，猶翱翔也。《太平御覽》卷三百七十七引《穀梁傳》“迭害中國”。注：“迭，猶更也。”

晋郤克跛

《成二年傳》“晋郤克眇，衛孫良夫跛”，《疏》：“郤克眇，《左氏》以爲跛，今云眇者，《公羊》無説，未知二《傳》孰是。范明年注云‘郤克跛’者，意從《左氏》故也。或以爲誤，跛當作眇。”頤煊案，《左氏正義》：“沈氏引《穀梁傳》晋郤克跛，衛孫良夫眇。”《藝文類聚》卷十九、《太平御覽》卷七百三十八引亦作"晋郤克跛，衞孫良夫眇"，定本作"晋郤克眇，衞孫良夫跛"，非是。

伯尊由忠問焉

《五年傳》"伯尊由忠問焉"，范注："用忠誠之心問之。"頤煊案，《太平御覽》卷六百四十九引《穀梁傳》"伯遵由悉問焉"，注"悉至疑欲重問之也"，與范氏本異。尊、遵，古字通用。

善字雙聲

《襄五年》："會吴于善稻，吴謂善伊，謂稻緩。"頤煊案，伊、緩，乃吴語"善"字雙聲。子張姓申，《史記》云姓顓孫；吴子名乘，《左氏》云名壽夢，皆雙聲字。

軋辭也

《十九年傳》"取邾田自漷水，軋辭也"，范注："軋，委曲隨漷水，言取邾田之多。"頤煊案，《通俗文》"車轢曰軋"，軋辭者，言取邾田之多，近於陵轢奪取之辭。

流旁握

《昭八年傳》"流旁握"，《疏》："或以爲'流旁握'者，謂建旃表門之旒旁，去車之兩軸各一握也。古字同通，故傳作‘流’。”頤煊案，《説文》：“鎏，垂玉也，冕飾，從玉，流聲。”《公羊·襄十四年》何休注“君若贅流然”，今經典相承作“旒”，是通用之證。

或曰增之也

《二十五年傳》“鸜鵒穴者而曰巢，或曰增之也”，范注：“如增言巢爾，其實不巢也。”頤煊案，《禮記·禮運》“昔者先王未有宫室，冬則居營窟，夏則居橧巢”，鄭注：“暑則聚薪柴居其上。”《釋文》：“橧，本又作增。”或曰增之者，謂鸜鵒穴處而聚薪柴於其上也。

上　公

《定元年傳》“古之神人有應上公者，通乎陰陽”，《疏》：“帝，天也，而曰上公。”頤煊案，《説文》：“《甘氏星經》曰：太白上公妻曰女媊。”《漢書·地理志》：“右扶風陳倉有上公明星祠。”

該郊之變

《哀元年傳》“此該之變而道之也”，唐石經“該”下有“郊”字。頤煊案，范注：“《春秋》書郊終於此，故於此備説郊之變。”下文“而曰我一該郊之變而道之”，又云“此乃所以該郊”，“該”下當有“郊”字。

卷　七

臨海洪頤煊

齊論多二篇

何晏《論語序》："《齊論》有《問王》《知道》，多於《魯論》二篇。《古論》亦無此二篇。"頤煊案，王應麟《困學紀聞》謂《問王》是《問玉》之訛。《説文》引《論語》，《自叙》稱"古文"。玉部"璪"字注引《逸論語》曰"玉粲之瑳兮，其璪猛也"，"瑩"字注引《逸論語》曰"如玉之瑩"，以其不在《古論》篇中，故稱爲"逸"，是亦《古論》無此二篇之證。

兩子張

《序》又云："《古論》分《堯曰》下章'子張問'以爲一篇，有兩《子張》，凡二十一篇。"頤煊案，《漢書·藝文志》"《論語》古二十一篇，有兩《子張》"，如淳曰："分《堯曰》篇後'子張問何如可以從政'已下爲篇，名曰《從政》。”其篇名不與班《志》同者，當是俗間改本。《堯曰》二章，“不知命”章，《釋文》：“《魯論》無此章。”① 據何晏《序》，《古論》亦當無此章。

有朋自遠方來

《學而》“有朋自遠方來”，《釋文》：“有，或作‘友’，非。”阮尚書《校勘記》：“《白虎通·辟雍》篇引‘朋友自遠方來’，又鄭氏康成注此云：同門曰朋，同志曰友。是舊本皆作‘友’字。”頤煊案，《文選·陸機挽歌》“友朋自遠方”，李善注引《論語》爲證。“有”，亦當作“友”。

其　諸

“其諸異乎人之求之與。”頤煊案，《公羊·桓六年傳》“其諸以病桓與”，《閔元年傳》“其諸吾仲孫與”，《僖二十四年傳》“其諸此之謂與”，《宣五年傳》“其諸爲其雙雙而俱至者與”，《十五年傳》“其諸則宜於此焉變矣”，“其諸”是齊魯間語。

未若貧而樂

“未若貧而樂。”頤煊案，皇侃本、山井鼎《考文》、《史

① “魯論”，原誤作“魯語”，據《經典釋文》改。

記·仲尼弟子列傳》、《文選·幽憤詩》李善注引，“樂”下皆有“道”字。《集解》鄭曰“樂謂志於道”，《魯論》“樂”下無“道”字；孔曰“能貧而樂道”，又曰“往告之以貧而樂道”，《古論》“樂”下有“道”字。

三十而立

《爲政》：“三十而立。”頤煊案，《漢書·藝文志》：“古之學者耕且養，三年而通一藝，存其大體，玩經文而已，是故用日少而畜德多，三十而五經立也。”《三國志·孫皎傳》：“孔子言三十而立，非但謂五經也。”皇侃《論語義疏》：“古人三年明一經，從十五至三十，是又十五年，故通五經之業，所以成立。”皆漢魏《論語》家說。

繪事後素

《八佾》“繪事後素”，《釋文》：“繪，本又作繢。”頤煊案，《古論》作“繪”，《説文》：“繪，會五采繡也。《論語》曰：繪事後素。從糸，會聲。”《魯論》作“繢”，《集解》鄭曰：“繪，畫文也。凡畫繪，先布衆色，然後以素分布其間，以成其文。”字當作“繢”，《考工記》“凡畫繢之事後素功”，鄭注：“素，白采也，後布之，爲其易漬污也。不言繡，繡以絲也。鄭司農説以《論語》曰‘繢事後素’。”即其證。

示諸斯

“其如示諸斯乎？指其掌”，《集解》包曰：“孔子謂或人言知禘禮之説者，於天下之事如指示掌中之物，言其易了。”頤煊案，《禮記·中庸》“治國其如示諸掌乎”，鄭注：“示讀如寘諸河干之寘，寘，置也，物而在掌中，易爲知力者也。”包注“指示”二字連文，義不可通，當從鄭注爲正。

鄹人之子

“或曰：孰謂鄹人之子知禮乎”，邢昺《疏》：“古謂大夫守邑者，以邑冠之，呼爲某人。孔子父鄹邑大夫，《左傳》稱鄹人紇，故此謂孔子爲鄹人之子也。《左傳·成二年》云‘新築人仲叔于奚’，杜注云：‘于奚，守新築大夫。’即此類也。”頤煊案，《左氏·文十五年傳》“卞人以告”，杜預注：“卞人，魯卞邑大夫。”《昭九年傳》“周甘人與晋閻嘉争閻田”，杜預注：“甘人，甘大夫襄也。”《二十一年傳》“厨人濮曰”，杜預注：“濮，宋厨邑大夫。”皆是。

擇不處仁

《里仁》“擇不處仁”，《困學紀聞》載張衡《思玄賦》注引《論語》“宅不處仁”，謂古文本作“宅”。頤煊案，《集解》鄭曰：“求居而不處仁者之里，則不得爲有知。”“擇”

不訓“求”，鄭當從古文作“宅”。

參　乎

“子曰參乎”，《釋文》：“參，所金反。”《九經字樣》：“曑曑，上《説文》，下隸省，與‘參’字不同，參音驂，從厽。今經典相承通用‘參’。”頤煊案，《説文》森字注：“從林，從木，讀若曾參之參。”則讀作“驂”音者非。

申　棖

《公冶長》“或對曰申棖”，邢《疏》：“鄭云：蓋弟子申續。《史記》云：申棠，字周。《家語》云：申續，字周。”頤煊案，棠、棖，聲相近。《爾雅·釋詁》“賡，續也”，《説文》“續”，古文作“賡”。故“申棠”又訛作“申續”，皆是一人。

足　恭

“巧言、令色、足恭”，《集解》孔曰：“足恭，便僻貌。”邢《疏》：“便僻其足以爲恭，謂前却俯仰，以足爲恭也。一曰：足，將樹切，成也，謂巧言令色以成其恭。”頤煊案，《大戴禮·曾子立事》篇“足恭而口聖”，足與口對言之，當以前説爲正。《漢書·趙敬肅王傳》“彭祖爲人巧佞，卑諂足共”，師古曰：“共讀曰恭。足恭，謂便辟也。”亦從前説。

申申夭夭

《述而》“子之燕居，申申如也，夭夭如也”，《集解》馬曰：“申申、夭夭，和舒之貌。”頤煊案，“申”，古通作“伸”字，《儀禮·士相見禮》“君子欠伸”，鄭注：“志倦則欠，體倦則伸。”《説文》：“夭，屈也。”言燕居之時，其容體可以屈伸如意。

吾不復夢見周公

“久矣吾不復夢見周公”，《釋文》：“本或無‘復’字，非。”臧氏琳《經義雜記》：“據陸氏所見本，知經無‘復’字，乃後人援注所增。以經云‘久矣吾不夢見’，先時曾夢見，故注云‘不復夢見’，‘復’字正釋‘久矣’字。陸氏反以無‘復’字爲非，不審之至。”頤煊案，《文選·劉琨重贈盧諶詩》“吾衰久矣，夫何其不夢周”，劉所見本亦當無“復”字。

舉一隅

“舉一隅”，皇侃本、孟蜀石經、《文選·西京賦》李善注引“隅”下俱有“而示之”三字。頤煊案，《集解》鄭曰：“説則舉一隅以語之。”鄭本亦當有“而示之”三字。

葸

《泰伯》:“慎而無禮則葸。”頤煊案,《説文》無“葸”字,《方言》:“慎,憂也”,又云“慎,思也,凡思之貌亦曰慎”,葸即思字。《文選·魏都賦》“誰勁捷而無猥”,李善注:“《論語》曰慎而無禮則葸。”猥與葸同。

空空如也

《子罕》“有鄙夫問於我,空空如也”,皇侃《疏》:“空空,無識也。”《釋文》:“鄭或作悾悾。”頤煊案,上篇“悾悾而不信”,包注:“悾悾,慤也。”《吕氏春秋·下賢》篇“空空乎其不爲巧故也”,高誘注:“空空,慤也。”《大戴禮·王言》篇“工璞商慤女憧婦空空”,空空亦慤也,皆與“悾悾”字通用。

恂恂如也

《鄉黨》:“恂恂如也。”頤煊案,《史記·孔子世家》“其於鄉黨,恂恂似不能言者”,《索隱》:“有本作逡逡。”《隸釋·祝睦後碑》“鄉黨逡逡,朝廷便便”,與《索隱》所見本同。《劉脩碑》“其於鄉黨,遜遜如也”,《史記·李將軍列傳》“李將軍,悛悛如鄙人”,《漢書》作“恂恂”,并字異而義同。

居不容

“居不容”，唐石經“容”作“客”。《釋文》：“客，本或作容。”頤煊案，《集解》孔曰“爲室家之敬難久”，《大戴禮·衛將軍文子》篇“在貧如客”，《説文》“窓，敬也”，皆謂“客”爲敬，則作“居不客”本是。

若由也不得其死然

《先進》“若由也，不得其死然”，皇侃本“若”上有“曰”字。頤煊案，《漢書·叙傳》小顔注引《論語》作“子樂，曰：若由也,不得其死然”，與皇侃本同。此句本别爲一章，“曰”上當脱“子”字，《文選·幽通賦》、崔子玉《座右銘》，李善注引皆作“子曰：若由也,不得其死然”。或謂“樂”即“曰”字之訛，非也。

屢　空

“回也其庶乎，屢空。”頤煊案，《史記·伯夷列傳》“回也屢空，糟糠不厭”，《後漢書·賈逵傳》“此子無人事於外，屢空則從孤竹之子於首陽矣”，焦贛《易林》“衡門屢空，使士使意”，皆作“空乏”之“空”。《漢書·鮑宣傳》“唐尊衣敝履空”，《北堂書鈔》卷三十八《會稽典録》徐弘爲右扶風都尉“衣弊屨空”。空，穿也。屨、屢，古字通用。

使子羔爲費宰

“子路使子羔爲費宰。” 頤煊案,《史記・仲尼弟子列傳》“費”下有“郈”字,《論衡・藝增》篇“子路使子羔爲郈宰”,《左氏・定十二年傳》“仲由爲季氏宰，將墮三都，於是叔孫氏墮郈，季氏墮費”。子路之使子羔，當在此時，或費或郈，擇一使之，故《史記》并書之。

吾得而食諸

《顔淵》“吾得而食諸”，山井鼎《考文》:“古本‘吾’下有‘豈’字。”頤煊案，皇侃本、《史記・孔子世家》、《漢書・武五子傳》小顔注引皆“吾”下有“豈”字。《釋文》作“吾焉得而食諸”,[①] 云:“本亦作‘焉得而食諸’。”《釋文》正文“焉”字當是“豈”字之訛。

直　躬

《子路》“吾黨有直躬者”,《釋文》:“鄭本作弓，云：直人名弓。”頤煊案,《吕氏春秋・當務》篇“異哉，直躬之爲信也”,《淮南・氾論訓》“直躬其父攘羊而子證之”，高誘注:“直躬，楚葉縣人也。”誘，盧植門人，植與鄭同師馬

① “作”,原作“出”,據光緒本改。

融，故誘亦以直人名躬，與鄭注同。《廣韻》“直，又姓，楚人直弓之後”，非是。

溝　瀆

《憲問》：“自經於溝瀆。”頤煊案，《史記·齊太公世家》“遂殺子糾於笙瀆”，《集解》賈逵曰：“魯地句瀆也。”《索隱》：“按鄒誕生本作莘瀆。莘、笙，聲相近，《論語》作溝瀆。”《左氏·襄二十一年傳》“執公子買於句瀆之丘”，句瀆即溝瀆也。

其言之不怍

“其言之不怍。”頤煊案，《大戴禮·曾子立事》篇盧辯注引《論語》曰“其言之不作”，“作”當通作“㤰”字。《荀子·儒效》篇“無所疑㤰”，楊倞注：“㤰與怍同。”

好行小慧

《衛靈公》“好行小慧”，《釋文》：“《魯》讀‘慧’爲‘惠’，今從《古》。”頤煊案，《文選·陳孔璋檄吴將校部曲》“説誘甘言，懷寶小惠”，李善注：“《論語》曰‘好行小惠’。”從《魯》讀。皇侃本“慧”作“惠”，是假借字。

友便辟

《季氏》“友便辟”，惠氏棟《論語古義》：“馬、鄭皆讀‘辟’爲‘譬’，謂巧爲譬諭，以求容媚。徐彦曰：今世間有一《論語》音‘便辟’爲‘便僻’者，非鄭氏之意，通人所不取矣。”頤煊案，《家語·入官》篇“邇臣便僻者，群僕之倫也”，王肅注：“僻宜爲辟。”《公冶長》“巧言、令色、足恭”，孔注：“足恭，便僻貌。”當是《古論》作“僻”字。

巧言章

《陽貨》“子曰：巧言、令色，鮮矣仁”，山井鼎《考文》：“古本、足利本無此章。”頤煊案，唐石經此章先無，而後添注。蔡邕石經《陽貨》篇末題云“凡廿六章”，今《集解》本此章在内共廿四章，似蔡邕石經僅分“子曰唯上知與下愚不移”“子謂伯魚曰女爲周南召南矣乎”各自爲一章，故云廿六。《太平御覽》卷三百八十八引《論語·陽貨》曰“巧言、令色，鮮矣仁”，是漢魏舊本皆有此章，後人删之，非也。

滔滔者

《微子》：“滔滔者，天下皆是也。”頤煊案，“滔滔”當作“慆慆”，《魯論》作“慆慆”，《古論》作“悠悠”。《文選·幽通賦》"溺招路以從已兮，謂孔氏猶未可，安慆慆而不葩兮，卒隕身乎世禍"，曹大家注："慆慆，亂貌。"《漢書·叙傳》小顔注引《論語》"慆慆者，天下皆是也"。《釋文》："滔滔，鄭本作悠悠。"《史記·孔子世家》亦作"悠悠"。《集解》孔安國曰："悠悠者，周流之貌也。"孔、鄭皆從古文。《文選·養生論》"夫悠悠者，既以未效不求"，李善注引《論語》爲證。字當作"悠悠"，今本作"滔滔"者，是後人改。

植其杖而芸

"植其杖而芸"，《釋文》："芸音云，多作耘字。芸，香草也。"頤煊案，蔡邕石經、《文選·應休璉與從弟書》李善注、《太平御覽》卷七百十引《論語》皆作"耘"。耘，《説文》作䢵，或作䅇。芸即䅇字之省。

孝經分章

《孝經正義》："諸家疏并無章名，而《援神契》自'天子'至'庶人'五章，唯皇侃標其目而冠於章首。"頤煊案，《漢書·匡衡傳》"《大雅》曰無念爾祖，聿修厥德。孔子著之《孝經》首章"，《抱朴子·仁明》篇"唐堯以欽明冠典，仲尼以明義首篇"，此亦《孝經》有章名之證。

仲尼居

《開宗明義章》："仲尼閒居。" 頤煊案，《釋文》據鄭康成本作"仲尼居"，《説文》據《古文孝經》引作"仲尼凥"，《三國志·張昭傳》"孫權問衛尉嚴畯：'寧念小時所闇書不？'畯因誦《孝經》'仲尼居'"，《南齊書·文惠太子傳》引《孝經》"仲尼居"。《顔氏家訓·書證》篇："'仲尼居'三字之中兩字非體，《三蒼》'尼'旁益'丘'，《説文》'居'下施'凡'。" 皆無"閒"字。

孝無終始

《庶人章》"故自天子至於庶人，孝無終始，而患不及者，未之有也"，《正義》："鄭曰：'諸家皆以爲患及身，今注以爲自患不及，將有説乎？'答曰：'經傳之稱患者多矣，皆是憂惡之辭。惟《蒼頡篇》謂患爲禍，孔、鄭、韋、王之學引之以釋此經。'" 頤煊案，《禮記·大學》"物有本末，事有終始"，《祭義》"終始相巡，以致天下之和"，孝無終始者，非孝也，故禍患及之，此戒之之辭。

孟子七篇

《史記·孟軻列傳》："退而與萬章之徒序《詩》《書》，述仲尼之意，作《孟子》七篇。" 頤煊案，《風俗通·窮通》

篇："退與萬章之徒序《詩》《書》仲尼之意，作書中外十一篇。"太史公所見《孟子》止七篇，外四篇是後人所益。

受業子思

《孟軻列傳》"受業子思之門人"，《索隱》："王劭以'人'爲衍字。"頤煊案，《漢書·藝文志》"孟子名軻，子思弟子"，《風俗通·窮通》篇"孟軻受業於子思"，《列女傳·母儀》篇"孟子師事子思，遂成天下之名"，《淮南·氾論訓》高誘注"孟子受業於子思之門"，《詩》正義引《譜》云"孟仲子者，子思弟子，蓋與孟軻共事子思，後學於孟軻"，皆不以孟子受業子思之門人。

孟子注

《隋書·經籍志》："《孟子》七卷，鄭玄注。"頤煊案，《史記·五帝本紀》"堯知子丹朱之不肖"，《索隱》："鄭玄云：肖，似也，不似，言不如人也。"疑即《孟子注》。又《燕世家》"王因收印，而效之子之"，《索隱》："鄭玄云：效，呈也，以印呈與子之。"《平原君列傳》"毛遂曰：使遂蚤得處囊中，乃穎脱而出"，《索隱》："鄭玄云：穎，環也。""平原君竟與毛遂偕，十九人相與目笑之而未發也"，《索隱》："鄭玄云：皆目視而輕笑之，未能即廢弃之也。"又《趙世家》"王夢見處女鼓琴而歌"一段，《集解》兩引"綦母邃曰"，綦母邃亦注《孟子》，豈皆《孟子》逸篇文邪？

塗有餓莩

《梁惠王上》"塗有餓莩"，趙岐注："餓死者曰莩。《詩》曰'莩有梅'，莩，零落也。"頤煊案，《漢書·食貨志》引《孟子》作"野有餓芆"，依《説文》，字當作"受"。《爾雅·釋詁》："徂落，死也。"注以餓死爲零落，其義一也。

制梃

"可使制梃以撻秦楚之堅甲利兵矣"，趙注："制，作也。"頤煊案，制，古通作"折"字。《論語·顔淵》"片言可以折獄者"，鄭注："魯讀折爲制。"折，斷也。斷梃，言其易。《後漢書·鄧禹傳》"帝敕曰：赤眉東來，吾折捶笞之"，亦其證。

疾視

《梁惠王下》"夫撫劍疾視曰：彼惡敢當我哉"，趙注："疾視，惡視也。撫劍瞋目曰：人安敢當我哉！"頤煊案，下文"則疾視其長上之死而不救"，疾視不爲瞋目。"疾視"當是"仄視"之訛，《漢書·賈誼傳》"令天下仄目而視"，師古曰："仄，古側字。"

拯所也

“民以爲將拯己於水火之中也”，趙注：“拯，所也。”宋本“所”作“濟”，毛本“所”作“捄”。頤煊案，“所”當是“抍”字之訛，《説文》“抍，上舉也，從手，升聲。《易》曰：抍馬壯吉”，今《周易》作“拯馬”。抍、所，字形相近。

吾不惴焉

《公孫丑上》“吾不惴焉”，趙注：“惴，懼也。”《音義》：“丁本作遄。”頤煊案，丁本作“遄”是也。此言自省而不直，雖褐寬博之人，吾不敢輕往以敵之；若自省而直，雖千萬人吾往矣。文義相對。《易·損卦》“已事遄往則”，遄亦往也。

壹

“志壹則動氣，氣壹則動志也”，趙注：“孟子言壹者，志氣閉而爲壹也。”頤煊案，《説文》壹作，從吉，從壺。壺不得渫也，是閉塞之義。

汙

“汙不至阿其所好”，趙注：“汙，下也，言三人雖小汙不平，亦不至阿其所好以非其事，阿私所愛而空譽之。”頤煊案，“汙”通作“于”。《禮記・文王世子》“況于其身以善其君乎”，鄭注：“于讀爲迂。迂，猶廣也，大也。”經典凡從“于”之字，多訓爲大。此言三子言雖大，而非阿其所好，下文所陳是大之之辭。

阨窮而不憫

“阨窮而不憫”，趙注：“憫，懣也。”頤煊案，憫當作惛。《廣雅・釋詁》“惛，懣也。”《説文》：“悶，懣也。”惛即悶字之俗。《易・乾卦》“遯世无悶，不見是而无悶”，義正與此相同。

宿於晝

《公孫丑下》“孟子去齊，宿於晝”，趙注：“晝，齊西南近邑也。”頤煊案，《水經・淄水注》：“孟子去齊，三宿而後出澅，澅水出時水，東去臨淄十八里，所謂澅中也。”《史記・田單列傳》“燕之初入齊，聞晝邑人王蠋賢”，《集解》劉熙曰：“齊西南近邑，晝音獲。”是劉熙《孟子注》本作“宿於晝”，趙注與劉注同，字亦當作“畫”，今本作“晝”，是傳寫之訛。

悻悻然

“悻悻然見於其面”，《音義》：“字或作悻悻然。”頤煊案，《説文》無“悻”字。《説文》：“悻，恨也。”趙注“《論》曰悻悻然小人哉”，即《論語》“硜硜然小人哉”，趙所見本或作“悻悻然”，故引以爲證。

蠅蚋姑嘬之

《滕文公上》“蠅蚋姑嘬之”，趙注：“嘬，相共食之也。”頤煊案，《左氏·僖二十八年傳》“楚子伏已而盬其腦”，杜預注：“盬，唼也。”“盬”與“姑”古字通用。《禮記·内則》“姑與之，而姑使之”，鄭注：“姑，猶且也。”《方言》“盬，且也”，郭璞注：“盬猶䖒也。”義亦相同。

憮　然

“夷子憮然爲間曰”，趙注：“憮然，猶悵然也。”頤煊案，《文選·東京賦》“憮然有間”，薛綜注：“愕然有頃。”《論語·微子》“夫子憮然曰”，皇侃《疏》：“憮然，猶驚愕也。”

范　氏

《滕文公下》“吾爲之範我馳驅”，《音義》：“範我，或作范氏。”頤煊案，《文選·東都賦》“范氏施御”，李善注：“《孟子》曰‘吾爲之範我馳驅’。”宋本《文選》注引《孟子》亦作“范氏”。趙注“範，法也”，本作“範我”，古字從竹從艸多通用，“范”即“範”字，“氏”即“我”字之訛。

洚　水

“《書》曰‘洚水警余’，洚水者，洪水也。”頤煊案，此與《告子下》兩稱“洚水者洪水也”，皆釋《書》“洚水”爲大水，洚讀如洪。今《尚書·大禹謨》作“降水儆予”，《傳》：“水性流下，故曰降水。”其音義并失矣。

遷於負夏

《離婁下》：“遷於負夏。”頤煊案，“遷”讀如“懋遷有無”之“遷”，《史記·舜本紀》“就時於負夏”，《索隱》：“就時，猶逐時，若言乘時射利也。”即此所謂遷徙物貨於負夏之地以相貿易，《正義》以爲遷居，失之。

微　也

“子思，臣也，微也”，趙注：“微，少也。”《正義》：“其勢則微小也，當赴君之難，不可去也。”頤煊案，微當訓職。《説文》：“職，記微也。”與此“微”字義正相同，《説文》“微，幟也”，《左氏傳》杜預注作“徽，識也”，皆同聲假借字。

施施從外來

“施施從外來”，趙注：“施施，猶扁扁，喜悦之貌。”頤煊案，上文“施從良人之所之”，趙注：“邪施而行。”《詩·北風》“其虚其邪”，《爾雅·釋訓》作“其虚其徐”，施施即徐徐也。《丘中有麻》“將其來施施”，毛《傳》：“施施，難進之貌。”鄭《箋》：“施施，舒行。”皆是徐義。

九　男

《萬章上》“帝使其子九男”，頤煊案，《吕氏春秋·去私》篇“堯有十子，不與其子而授舜”，高誘注：“《孟子》曰‘堯使九男二女事舜’，此云十子，殆丹朱爲胤子，不在數中。”

謨　蓋

“謨蓋都君咸我績”，趙注：“謨，謀。蓋，覆也。”頤煊案，《爾雅·釋言》“蓋，割裂也”，《釋文》：“蓋，舍人本作害。”《禮記·緇衣》鄭注“割之言蓋也”，割字從害。謨蓋，猶言謀害也，趙注失之。

鬱　陶

“鬱陶思君爾，忸怩”，趙注：“我鬱陶思君，故來。爾，辭也。忸怩而慙，是其情也。”《正義》：“我氣閉積思意君，故來。”頤煊案，《爾雅·釋詁》：“鬱陶，喜也。”《禮記·檀弓》“人喜則斯陶”，鄭注：“陶，鬱陶也。”《樂緯·稽耀嘉》“武王克殷之後，民乃大安，家給户足，酌酒鬱摇”，鬱摇，即鬱陶，皆喜之之辭。

接淅而行

《萬章下》：“接淅而行。”頤煊案，《説文》：“滰，浚乾漬米也，從水，竟聲。《孟子》曰：夫子去齊，滰淅而行。”《荀子·仲尼》篇：“可炊而儣也。”儣即滰字。滰、接，因字形相近而訛。

先　簿

“孔子先簿正祭器”，《音義》：“丁，步故切。本多作‘薄’，誤。”頤煊案，《隸釋·夏承碑》“爲主薄督郵”，《韓敕碑陰》“主薄魯薛陶”，《武榮碑》“郡曹史主薄”，古簿字皆作薄。

生之謂性

《告子上》："生之謂性。"頤煊案，《禮記·樂記》"則性命不同矣"，鄭注："性之言生也。"《論語·公冶長》"夫子之言性與天道"，何晏注："性者，人所受以生者也。"皇侃《疏》："性，生也。"《白虎通·情性》篇"性者，生也"，《莊子·庚桑楚》"性者，生之質也"，《荀子·正名》篇"生之所以然者謂之性"。漢儒言性，皆同此説。

知生於憂患

《告子下》"然後知生於憂患"，趙注："故知能生於憂患。"《音義》云："丁依注音智，注同，陸如字。"頤煊案，《荀子·榮辱》篇楊倞注引《孟子》曰"智生於憂患"，與上文"增益其所不能"，皆後人依注義改之。

盎於背

《盡心上》"睟然見於面，盎於背"，趙注："盎視其背而可知。"鈕氏樹玉《説文新附考》："盎與見對，是盎義近映。"頤煊案，《詩·北山》"或王事鞅掌"，鄭《箋》："鞅，猶何也。"盎於背，猶言如負何於背也。

拔一毛

“楊子取爲我，拔一毛而利天下，不爲也。”頤煊案,《列子·楊朱》篇“禽子問楊朱曰：去子體之一毛以濟一世,汝爲之乎”,《吕氏春秋·不二》篇高誘注“《孟子》曰：陽子拔體一毛以利天下,弗爲也”,《明理》篇高誘注“踔，脚也，音‘楊子愛骭一毛’之‘骭’”。“拔”下當有“體”字，“骭”即“體”字之别。《淮南·俶真訓》“雖以天下之大，易骭之一毛，無所概於志也”,《韓非子·顯學》篇“不以天下大利，易其脛一毛”，義亦當有“體”字。

卷　八

臨海洪頤煊

爾雅舍人注

《釋文·序録》："《爾雅》有犍爲文學注三卷，一云犍爲郡文學卒史臣舍人，漢武帝時待詔。"頤煊案，《文選·羽獵賦》李善注引作"郭舍人"。《西京雜記》："郭威，字文偉，茂陵人，好讀書，以謂《爾雅》周公所制。而有'張仲孝友'，張仲，宣王時人，非周公之制明矣。"疑即此人。

孫炎爾雅疏

《宋史·藝文志》："孫炎《爾雅疏》十卷。"邢昺《爾雅疏·序》："其爲注者，則有犍爲文學劉歆、樊光、李巡、孫炎，雖各名家，猶未詳備，惟郭景純最爲稱首。其爲義疏者，則俗間有孫炎、高璉，皆淺近俗儒，不經師匠。"頤煊案，此作疏之孫炎，與作注之魏孫炎叔然，別是一人。陸佃《埤雅》屢引孫炎《爾雅正義》，即俗間所行義疏本。

艐至也

《釋詁》“艐，至也”，《釋文》：“艐，郭音屆，孫云古‘屆’字。”頤煊案，《詩·節南山》正義引《釋詁》“屆，至也”，張參《五經文字》“艐，《爾雅》或作‘屆’，音戒，至也”，郭璞注引《方言》“宋曰屆”，可證郭本作“屆”。

綝善也

“綝，善也”，郭注：“未詳。”頤煊案，《禮記·曲禮上》“急繕其怒”，鄭注：“繕讀曰勁。”《周禮·夏官》“繕人”，鄭注：“繕之言勁也，善也。”綝、勁，聲近。《説文》：“綝，止也，從糸，林聲，讀若郴。”《方言》：“自關而西，秦晉之間，凡物之壯大者而愛偉之，謂之夏。周鄭之間謂之假。郴，齊語也。”義亦與“善”相近。

漠謀也

“漠，謀也”，邵氏晉涵《正義》：“《詩》疏引舍人云：漠，心之謀也。”頤煊案，《詩·巧言》“聖人莫之”，毛《傳》：“莫，謀也。”《釋文》：“莫，本又作漠。”

順陳也

“順，陳也”，郭注：“未詳。”頤煊案，《儀禮·士冠禮》

“洗有篚，在西，南順”，鄭注：“篚亦以盛勺、觶，陳於洗西。”《特牲饋食禮》“及兩鉶、芼，設于豆南，南陳”，南陳即南順也。《鄉飲酒禮》“篚在洗西，南肆”，肆亦陳也。

尸寀也

“尸，寀也”，郭注：“謂寀地。”“寀，官也”，郭注：“官地爲寀。”頤煊案，“寀”與“尸”義不相近，“寀”當爲“宰”字之訛。《周禮·序官》“乃立天官冢宰”，鄭注：“宰，主也。”《公羊·隱元年傳》：“宰者何？官也。”

神重也

“神，重也”，郭注：“神，所未詳。”頤煊案，《説文》：“伸，神也。”《詩·大明》“大任有身”，毛《傳》：“身，重也。”鄭《箋》：“重謂懷孕也。”是以“神”爲“重”也。

滕徵虚也

“滕、徵，虚也”，郭注：“滕、徵，未詳。”頤煊案，《説文》：“滕，水超涌也。”水超涌，則其下空虚，滕與騰通，《文選·思玄賦》“懲淟涊而爲清”，舊注：“懲，騰也。”懲即徵字。

疷病也

“疷，病也”，《釋文》：“疷，祈支反，或丁禮反。本作‘疧’，《字書》云：疧，病也。《聲類》猶以爲‘疷’字。”頤煊案，《詩·無將大車》“祇自疷兮”，毛《傳》：“疷，病也。”《白華》“俾我疷兮”，毛《傳》：“疷，病也。”《正義》不引《釋詁》文爲證，疑所見《爾雅》本亦作“疧”。

倫勞也

“倫，勞也”，郭注：“倫理事務以相約敕亦爲勞。”頤煊案，《説文》：“侖，思也。”《玉篇》：“倫，思也。”通作“惀”。《説文》：“惀，欲知之貌。”欲知是思勞也。《儀禮·既夕記》“倫如朝服”，鄭注：“古文倫爲輪。”《易·説卦》“爲弓輪”，《釋文》：“輪本作倫。”倫、輪，古字通用，“輪”轉則勞，故“倫”亦爲勞也。

篲勤也

“篲，勤也”，郭注：“未詳。”頤煊案，《説文》：“彗，埽竹也。重文作篲。”《左氏·昭十七年傳》：“彗所以除舊更新也。”《史記·高祖本紀》“太公擁篲”，《集解》李奇曰：“如今卒持帚者也。”《孟軻列傳》“昭王擁彗先驅”，《索隱》：“彗，帚也，言爲之埽地。”埽除亦勤勞之事，故篲爲勤也。

治故也

“治，故也”，郭注：“未詳。”頤煊案，《尚書・盤庚序》“將治亳殷”，《正義》引束晳説孔子壁中《尚書》作“將始宅殷”。《荀子・正論》篇“治古無肉刑，而有象刑”，治古，猶言“始古”也，“古”即“故”也，楊倞注“治古，古之治世也”失之。

食僞也

“食，僞也。”頤煊案，僞、爲，古字通用。“食”字亦兼有二義。《左氏・僖二十八年傳》“背惠食言”，《成十六年傳》“瀆齊盟而食話言”，是以“食”爲“僞”也。《哀元年傳》“後雖悔之不可食已”，是以“食”爲“爲”也。

行言也

“行，言也”，郭注：“今江東通謂語爲行。”頤煊案，《左氏・哀元年傳》“因吴太宰以行成”，服虔注：“行成，求成也。”《管子・山權數》篇“行者道民之利害也”，是皆“行”爲“言”也。

徽止也

“徽，止也”，郭注：“未詳。”頤煊案，《文選·陸士衡挽歌詩》“悲風徽行軌”，李善注：“《爾雅》曰：徽,止也。”

廢止也

“廢，止也”，《釋文》、唐石經“廢”作“底”，邵氏《正義》從宋本，亦作“底”。頤煊案，郭注“戾、底，義見《詩》傳”，釋上文“底”字；“《國語》曰：戾久將底”，釋此“底”字。傳寫者誤“底”作“底”，後人不知“底”“底”義別，而以“底底”爲重出，因改一作“廢”字，誤矣。

衛嘉也

“衛，嘉也”，郭注：“未詳。”邵氏《正義》：“衛通作偉。《莊子·大宗師》云：偉哉,造物。《釋文》引向秀云：偉,美也。”錢氏大昕《答問》：“‘衛’通爲‘禕’，‘禕’與‘嘉’同訓‘美’，故‘禕’亦有‘嘉’義。”頤煊案，《一切經音義》卷十：“蹶，古文作躛。”《説文》：“躛，衛也。”故“衛”與“蹶”同訓爲“嘉”。

苦息也

“苦，息也”，邵氏《正義》：“苦訓爲息，於經籍無考。”

王氏引之《經義述聞》："苦讀與靡盬之'盬'同，《周官·鹽人》'共其苦鹽'，杜子春讀苦爲盬。王事靡盬者，王事靡有止息也。"頤煊案，"㰻，息也"，《釋文》："孫本作'快'。"《方言》"苦，快也。宋、鄭、周、洛、韓、魏之間曰苦，自關而西曰快"，是"苦""快"同爲"息"也。

艾相也

"艾，相也"，郭注："未詳。"邵氏《正義》："《方言》：裔，歷，相也。裔，艾聲之轉也。"頤煊案，《小爾雅·廣詁》："相，治也。"《左氏·昭九年傳》"而楚所相也"，杜預注："相，治也。"下文"乂，治也"，古通作"艾"字。"艾"與"相"同訓"治"，是以"艾"又爲"相"也。

神治也

"神，治也"，郭注："未詳。"頤煊案，《禮記·月令》"毋發令而待，以妨神農之事也"，《孟子·滕文公上》"有爲神農之言者，許行"，神農皆謂治農。

允佞也

"允，佞也"，郭注："允，信者，佞人似信。"頤煊案，"允"當是"兊"字之譌。"兊"古通作"説"字，以言悦人者，即是佞也。《荀子·修身》篇"饒樂之事，則佞兊而不曲”，即其證。

肇敏也

《釋言》“肇，敏也”，郭注：“《書》曰：肇牽車牛。”頤煊案，《詩·江漢》“肇敏戎功”，毛《傳》：“肇，謀。敏，疾。”鄭《箋》：“今謀女之事，乃有敏德。”是以肇爲敏也。肇又通作宨，下文“宨，肆也”，《大戴禮·夏小正》“狸子肇肆”，肆亦疾也，與敏同義。

冥幼也

“冥，幼也”，郭注：“幼稺者冥昧。”頤煊案，《詩·斯干》“噦噦其冥”，毛《傳》：“冥，幼也。”《釋文》：“幼，本或作窈。”《正義》：“《爾雅》亦或作窈，孫炎曰：冥，深闇之窈。”與郭本異。《説文》：“冥，幽也。”《文選·思玄賦》《嘆逝賦》李善注引《説文》“冥，窈也”，《老子》“窈兮冥兮”，《莊子·在宥》篇“至道之精，窈窈冥冥”，《素問·從容論》“吾問子窈冥”，皆義本於《爾雅》。

逜寤也

“逜，寤也”，郭注：“相干寤。”頤煊案，《釋文》：“孫本逜字作午。”郭注“干”當是“午”字之譌。《禮記·哀公問》“午其衆以伐有道”，《釋文》引王肅本作“迕”。《荀子·富國》篇“午其軍”，楊倞注：“午讀爲迕。”

檢同也

“檢，同也。”頤煊案，《孟子·梁惠王上》“狗彘食人食而不知檢”，《漢書·食貨志》引《孟子》作“而不知斂”，《隸釋·任伯嗣碑》“奸軌檢手”，① 檢即斂字。《考工記·鳧氏》“侈弇之所由興”，弇謂鍾口狹，狹即斂也。故檢、弇皆訓爲同。

廩廯也

“廩，廯也”，《釋文》：“孫炎云：廯，藏穀鮮絜也。舍人云：廩，少鮮也。”頤煊案，孫炎以鮮爲絜，舍人以鮮爲少，本皆作“廩鮮”也。郭意同於孫炎、舍人，故注云“或説云即倉廩，所未詳”，引其義未改其字，本亦當作“鮮”。《公羊·文十三年傳》“群公廩”，《疏》：“廩者，希少之名。”《詩·采薇》正義引鄭《易》注“嫌讀如群公溓之溓”，溓亦是希少之義，皆與舍人注合。

慔慔勉也

《釋訓》：“慔慔，勉也。”頤煊案，《釋訓》一篇，專爲

① “隸釋”，當作“隸續”。洪頤煊引用《隸續》，皆統稱作《隸釋》。

釋《詩》而作，其間有不在今《詩》者，蓋三家傳本有異同也。“慔慔”當爲《楚茨》“君婦莫莫”之異文，“莫”與“勿”字同義。《禮記·禮器》“勿勿乎其欲其饗之也”，鄭注：“勿勿，猶勉勉也。”故“莫莫”亦爲勉也。

地謂之黝

《釋宫》“地謂之黝”，郭注：“黑飾地也。”頤煊案，“黝”當作“坳”。《莊子·逍遥游》篇“覆杯水於坳堂之上”，《釋文》：“崔云：堂道謂之坳。司馬云：塗地令平。”《説文》：“坳，地不平也，從土，幼聲。”地不平，謂塗之令平，皆義本於《爾雅》，黝、坳，同聲字。

陜而修曲曰樓

“陜而修曲曰樓”，郭注：“修，長也。”頤煊案，此非重屋之樓。《説文》：“廔，屋麗廔也。”《淮南·原道訓》：“運枯形于連嶁列埒之門。”麗廔、連嶁，皆即屋之修長者。

嶤罟謂之罶

《釋器》“嶤罟謂之罶”，《釋文》：“罶，本或作罠。”頤煊案，《文選·張景陽七命》“張修罠”，李善注：“《爾雅》曰：嶤罟謂之罶。罶或作罠。”《説文》“罠，釣也”，義與《爾雅》合，《説文》無“罶”字。

絇謂之救

“絇謂之救”，郭注：“救絲以爲絇，或曰亦罥名。”邵氏《正義》：“郭引或説以‘絇’爲‘罥’，未詳。”頤煊案，“救”通作“絿”。《説文》：“絿，急也。”郭注“救絲”即急絲也。“救”又通作“捄”。《詩·大東》“有捄天畢”，毛《傳》：“捄，畢貌。畢所以掩兔。”故“或説以絇爲罥”也。

衣眥謂之襟

“衣眥謂之襟”，郭注：“交領。”頤煊案，“眥”當是“前”字之訛。“前”，《説文》作“歬”，與“眥”字形相近。《釋名·釋衣服》：“襟，禁也，交於前，所以禁禦風寒也。”《公羊·哀十四年傳》“反袂拭面涕沾袍”，何注：“袍，衣前襟也。”《疏》：“袍亦有作衿字者。”衿與襟同，皆是“衣前”之證。

婦人之褘

“婦人之褘謂之縭，縭，緌也”，郭注：“即今之香纓也。褘邪交落帶繫于體，因名爲褘。緌，繫也。”頤煊案，《後漢書·張衡傳》李賢注、《文選·思玄賦》《琴賦》李善注，引《爾雅》皆作“婦人之徽謂之縭”，三糾繩曰徽，字異而音義并同。

康謂之蠱

“康謂之蠱”，郭注：“米皮。”頤煊案，《説文》：“穅，穀皮也。”康即穅字之省，蠱與盬通。《詩·四牡》毛《傳》“盬，不堅固也”，《左氏·昭元年傳》“穀之飛亦爲蠱”，皆義本《爾雅》。杜預注“穀久積則變飛蟲，名曰蠱”，《論衡·商蟲》篇“穀蟲曰蠱”，望文生義，失雅訓矣。

滅謂之點

“滅謂之點”，郭注：“以筆滅字爲點。”頤煊案，《禮記·曲禮上》“毋不敬”，《釋文》：“毋字與‘父母’字不同，俗本多亂，讀者皆朱點‘毋’字以作無音。”《史記·梁孝王世家》“李太后亦私與食宮長及郎中尹霸等士通亂”，《正義》：“張先生舊本有‘士’字，先生疑是衍文，又不敢除，故以朱大點其字中心。”

璧大六寸謂之宣

“璧大六寸謂之宣”，郭注：“《漢書》所云瑄玉是也。”頤煊案，《説文》無瑄字，玉部珣字注：“醫無閭之珣玗琪，《周書》所謂夷玉也，從玉，旬聲。一曰玉器，讀若宣。”勹部旬：“古文旬。”《汗簡》引石經“旬”作“宣”，字形本相近，《爾雅》“宣璧”，《説文》“珣玉”，《漢書·郊祀志》

“瑄玉”，《詛楚文》“亶璧”，皆是一字。

縌綬也

“縌，綬也”，郭注：“即佩玉之組，所以連繫瑞玉者，因通謂之縌。”頤煊案，縌本作綖。《説文》：“綖，綬維也。”《後漢·輿服志》：“綖者，古佩璲也。佩綬相迎受，故曰綖。”《釋草》“虉綬”，郭注：“小草有雜色，似綬。”虉、綖，同聲字，當作“綖”爲是。

革中絶謂之辨

“革中絶謂之辨”，郭注：“中，斷皮也。”“革中辨謂之韏”，郭注：“復分平也。”頤煊案，辨當作辧，《説文》：“辧，憂也，一曰急也。”謂皮中斷者謂之急，皮中急者謂之韏。《説文》：“襞，韏衣也。”韏如襞積，則如今之言縐紋矣。《説文》“韏”字承“鞲，[①] 韖裹也”下，此亦當指“韖裹”而言。《玉篇》引《爾雅》作“革中絶謂之辧”，郭注“分平”當是“分半”之訛。

徒鼓鐘謂之脩

《釋樂》“徒鼓鐘謂之脩”，郭注：“未見義所出。”頤煊

---

① “鞲”,《説文解字》作“韝”。

案,《考工記·鳧氏》“鐘大而短,則其聲疾而短聞;鐘小而長,則其聲舒而遠聞”,“脩”亦取“遠聞”爲義。

四　時

《釋天》:“四時。”頤煊案,《論衡·是應》篇:“《爾雅》釋《四時》章曰:春爲發生,夏爲長嬴,秋爲收成,冬爲安寧,四氣和爲景星。”今本《爾雅》“冬爲上天”已上爲《四時》章,“甘雨時降,萬物以嘉,謂之醴泉”已上爲《祥》章,《論衡》所引五句在《祥》章中。

疾雷爲霆霓

“疾雷爲霆霓”,郭注:“雷之急擊者謂霹靂。”頤煊案,霓非疾雷,霓當是電字之訛。《説文》“霆,雷餘聲也”“電,陰陽激燿也”,皆疾雷時所有。邵氏《正義》據《初學記》改作“疾雷謂之霆”,臧氏琳《經義雜記》據《北堂書鈔》、《事類賦》注謂當作“疾雷爲霆”。余嘗見影宋本《北堂書鈔》、元刻《初學記》、《事類賦》注引《爾雅》皆作“疾雷爲霆霓”,足證近刻皆俗人所改,不足爲據。

郊外謂之牧

《釋地》“郊外謂之牧”,《釋文》:“李本牧作田,釋云:田,陳也,謂陳列種穀之處。”頤煊案,“田”即《周禮》“四丘爲甸”之“甸”。《周禮·稍人》鄭注：“甸讀與‘維禹敶之’之‘敶’同。”今《詩》作“維禹甸之”。“甸祝”，鄭注：“甸之爲言田也。”《小宗伯》鄭注：“甸讀爲田。”“田”即“甸”字之省。

畢堂牆

《釋丘》“畢，堂牆”，郭注：“今終南山道名畢，其邊若堂室之牆。”《詩·終南》正義引此注云“其邊若堂之牆”。頤煊案，邢《疏》：“其邊之厓如堂室之牆，言平正也。”《釋山》“山如堂者密”，郭注：“形如堂室者。”“堂”下皆有“室”字。

重厓岸

“重厓，岸”，郭注：“兩厓纍者爲岸。”頤煊案，上文已釋“望厓洒而高岸”，此不必復釋“岸”，“岸”當作“屵”。《説文》：“屵，岸上見也，從厂，從之省，讀若躍。”岸上見岸，即是重厓。屵作岸，字形相近，并涉下文“岸上滸”字相連而訛。

小山別大山鮮

《釋山》“小山別大山，鮮”，《釋文》：“鮮，息淺反，李云：大山少,故曰鮮。”頤煊案，《文選·吴都賦》《長笛賦》

李善注俱引《爾雅》曰“小山别大山曰嶰”。嶰，古買切。《吕氏春秋·古樂》篇“伶倫取竹於嶰溪之谷”，“嶰”當作“解”，與“鮮”字形相近。

霍山爲南嶽

“霍山爲南嶽”，郭注：“在衡陽湘南縣南，今在廬江灊縣西，即天柱山灊水所出也。”頤煊案，《風俗通·祀典》篇：① “衡山一名霍山。”《左氏·襄三年傳》“楚子重伐吴，克鳩兹，至于衡山”，即廬江灊縣之霍山，杜預注“衡山在吴興烏程縣南”，失之。餘詳見《筠軒文鈔》第四卷。

汧出不流

《釋水》“汧，出不流”，郭注：“水泉潛出便自停，成污池。”頤煊案，“汧”當是“汙”字之訛。《左氏·隱三年傳》“潢汙行潦之水”，服虔注：“水不流謂之汙。”《説文》：“洿，濁水不流也。”《一切經音義》卷八引《三蒼》“停水曰洿”。字皆通用。

薜山蘄

《釋草》“薜，山蘄”，《釋文》：“蘄，古芹字。”頤煊

① “祀典”，據《風俗通義》，當作“山澤”。

案,《玉篇》:“薜,山芹也。”下文“蘄茝,蘪蕪”,《文選·吴都賦》李善注引《爾雅》作“芹茝”,皆是。

茵　芝

“茵芝。”頤煊案,《説文》無“茵”字。《莊子·逍遥遊》“朝菌不知晦朔”,《釋文》:“司馬云:菌,大芝也。”《文選·思玄賦》“咀石菌之流英”,李善注:“菌,芝也。”“茵”當是“菌”字之訛。

其葉蕸

“其葉蕸”,《釋文》:“字又作葭。衆家并無此句。”頤煊案,《藝文類聚》卷八十二引《爾雅》作“其葉葭”,與《釋文》所見本同。《初學記》卷二十七引作“其葉荷”。《説文·艸部》菡、藺、蓮、茄、荷、蔤、蕅,七字連屬,“荷”字注:“芙蕖葉。”是《説文》所見《爾雅》本亦有此句,字作“荷”,與《初學記》本同。

楓欇欇

《釋木》:“楓,欇欇。”頤煊案,《文選·南都賦》李善注引《爾雅》“楓聶”,《説文》:“楓,一名欇。”《文選·上林賦》張揖注“楓,欇也”,皆不重“欇”字。

女桑桋桑

“女桑，桋桑”，郭注：“今俗呼桑樹小而條長者爲女桑樹。”頤煊案，《詩·七月》“猗彼女桑”，毛《傳》：“女桑，荑桑也。”“夷”古通作“雉”字，桋桑即稚桑也。《詩正義》引《集注》及定本，皆云：“女桑，柔桑，取《周易》‘枯楊生荑’之義，荑是葉之新生者。”與稚桑同義。

蛄䗐

《釋蟲》“蛄䗐，强蛘”，郭注：“今米穀中蠹小黑蟲是也，建平人呼爲蛘子。”頤煊案，蛄當作蛅，下文“螺，蛅斯”，蛅斯即蛅䗐，因其色黑，故又名爲螺。《説文》“蛅斯，墨也，從虫，占聲”，即其證。或改“蛄䗐”爲“姑䗐”，非是。

鱧鯇

《釋魚》“鱧、鯇”，《釋文》：“鱧音禮，字又作蠡。”頤煊案，《説文》“鱶，鮦”“鮦，一曰鱶”。《詩·魚麗》毛傳：“鱧，鮦也。”《説文》以鱣釋鯉，鮎釋鰋，不應於“鱧”獨違雅訓，疑《毛傳》《説文》所見《爾雅》“鯇”皆作“鮦”，與郭氏本異。

蚼 蛖

“蚼蛖”，郭注：“未詳。”邵氏《正義》闕。頤煊案，蚼是蝴字之訛，當屬下“鼀鼁蟾諸”句讀，《説文》：“蝴，鼀詹諸。”《玉篇》：“蝴，蟾蠩也。”皆其證。

巂 周

《釋鳥》“巂周燕燕鳦”，郭讀法以“巂周”句，“燕燕鳦”句，注引《詩》云“燕燕于飛”爲證。頤煊案，《詩》正義引舍人云：“巂，周名燕燕，又名鳦。孫炎云：別三名也。”《説文》巂字注：“周燕也。”《吕氏春秋·本味》篇“雋觾之翠”，“燕”字皆屬上句讀。

犑 牛

《釋畜》“犑牛”，郭注：“未詳。”邵氏《正義》闕。頤煊案，犑當作糗，《説文》：“犨，牛羊無子也，從牛，𠷎聲，讀若糗糧之糗。”即此牛。

河内女子得書

《論衡·正説》篇：“孝宣皇帝之時，河内女子發老屋，得逸《易》《禮》《尚書》各一篇。奏之，宣帝下示博士，然後《易》《禮》《尚書》各益一篇。”頤煊案，《尚書正義》引王充《論衡》、《後漢史》建安十四年黄門侍郎房宏等説，云：“宣帝本始元年，河内女子有壞老子屋，得古文《泰誓》三篇。”《隋書·經籍志》：“秦焚書，《周易》獨以卜筮得存，惟失《説卦》三篇，後河内女子得之。”是《易》益《説卦》，《尚書》益《泰誓》，皆三篇合爲一篇。唐玄度《十體書》云“河内女子壞老君屋得古文二篇，乃《書》之《泰誓》《顧命》也”，《尚書》視《論衡》所説多一篇，未知何據。

駁五經異義

《隋書·經籍志》：“《五經異義》十卷，後漢太尉祭酒許慎撰。”不記鄭《駁》，至《新唐書·藝文志》，始以鄭《駁》附於許書。頤煊案，《檀弓》正義：“《異義》許慎謹案，《左氏》説與《禮》同，鄭氏不駁，則是從《左氏》之説。”《王制》正義：“許慎謹案，禮，臣疾君親問，天子有下聘之義。從《周禮》説，鄭無駁，與許慎同也。”《郊特牲》“諸侯不敢祖天子”，《正義》：“鄭氏無駁，與許慎同。”《五經異義》，鄭亦非逐條駁之。

鄭注經音切

漢人注經，止爲譬況。魏孫炎創反切，至宋晋以後，音學始盛。《後魏書·劉芳傳》“撰鄭玄所注《周官》《儀禮》音，干寶所注《周官》音，王肅所注《尚書》音，何休所注《公羊》音，韋昭所注《國語》音。”《隋書·經籍志》《釋文·序録》載鄭注諸經，俱有音切，是後通鄭學者所釋，非鄭自注。

五經正義用舊疏

《尚書·舜典》正義：“鞭刑，大隋造律，方使廢之。”《吕刑》正義：“大隋開皇之初，始除男子宫刑。”《正義》上於唐永徽四年，不應稱“大隋”。《新唐書·藝文志》：“義寧元年置鉅鹿郡，武德元年曰廉州，貞觀元年州廢。”《左氏·昭十二年》正義：“昔陽今屬廉州。”《正義》上時廉州已廢。此皆承用舊疏之證。

漢石經殘碑

《後漢書·蔡邕傳》李賢注：“《洛陽記》曰：太學在洛城南，開陽門外有石經四部，碑凡四十六枚。西行，《尚書》《周易》《公羊傳》十六碑存，十二碑毀。南行，《禮記》十五碑，悉崩壞；《論語》三碑，二碑毀。”頤煊案，西行二十八碑，南行十八碑，共四十六枚。《洛陽伽藍記》《水經·穀水注》俱作“碑四十八枚”，“八”即“六”字之訛。《太平御覽》卷五百八十九引《西征記》曰：“太學堂前石碑四十枚，亦表裹隸書，《尚書》《周易》《公羊傳》《禮記》四部。”“四十”下當脱“六”字，又不記《論語》，皆傳寫者訛也。《西征記》又云：“又太學讚碑一所，漢建武中立，時草創未備，永建六年，詔下三府繕治。有魏文《典論》六碑，今四存二敗。”《北史·齊本紀》“天保元年八月，詔往者文襄皇帝所運蔡邕石經五十二枚移置國學”，當兼《典論》六碑而言。

魏三字石經

魏三字石經，止《尚書》《春秋左氏傳》兩種。《隋書·經籍志》：“三字石經《尚書》九卷，三字石經《尚書》五卷，三字石經《春秋》三卷。”《太平御覽》引《西征記》曰：“國子堂前有列碑，南北行三十五枚，刻之表裹，書《春秋》《尚書》二部，大篆、隸、科斗三種字，碑長八尺，今有十八枚存，餘皆崩。”《洛陽伽藍記》：“開陽門外有漢國子學堂，堂前有三種字石經二十五碑，表裹刻之，寫《春秋》《尚書》二部，作篆、科斗、隸三種字，猶有十八碑，餘皆殘毁。”《隸續》載洛陽蘇望所刻魏三體石經殘字，亦止《尚書》《左氏傳》二種。

石經拓本

《唐六典》：“書學博士以石經、《説文》《字林》爲耑業。

石經三體書，限三年。”頤煊案，唐人以三字石經爲蔡邕書，故張參《五經文字·序例》云：“蔡伯喈以滅學之後，經義分散，乃請刊定五經，備體刻石，立于太學之門外，謂之石經。”其所指即三字石經。《封氏聞見記》論石經云：“隋開皇六年，自鄴載入長安。隋亂，造立之司用爲柱礎。其相承傳拓之本猶存秘府。”此雖指齊文襄所運之漢石經，其實魏三字石經至唐亦未必存，凡唐用取士及五經文字，郭忠恕《汗簡》所載，皆石經之拓本也。

唐石經

《封氏聞見記》：“天寶中，予在太學與博士諸生共論經籍失正，爲欲建議請立大唐石經，遷延未發，而蕃寇海内，文儒道消，至今四十六年兵革未息。嗚呼，石經之事，亦俟河之清也。”又李陽冰《上李大夫書》云：“願刻石作篆，備書六經於明堂，爲不刊之典，號曰大唐石經，使百代之後，無所損益。”開成之立石經，二君已不及見，其論實自二君發之。

緯稱秘書

《禮記·檀弓》正義引《鄭志》：“張逸問《禮》注曰：《書説》何時也？答曰：《尚書緯》也，當爲注時，在文網中，嫌引秘書，故諸所牽引圖讖皆爲之‘説’云。”《説文》“易”字注引

“秘書説”，“眓”字注“秘書瞋從戌”，即《易緯》之文。

西域字母

《隋書·經籍志》：“自後漢佛法行於中國，又得西域胡書，能以十四字貫一切音，文省而義廣，謂之婆羅門書。”《華嚴經》有四十二字母，《般若經》有四十一字母，《一切經音義》釋《大般涅槃經》云：“凡有四十七字，爲一切字本。其十四字如言，三十三字如是，合之以成諸字。”其法亦起於佛書云。

佛　書

《一切經音義》卷六：“‘塔’字諸書所無，唯葛洪《字苑》云：塔，佛堂也。”《華嚴經音義》卷下引葛洪《字苑》云“梵净行”，亦字書所無。《山海經·海内經》“鳥氏”，郭璞注：“今佛書中有此人，即鳥夷也。”此皆佛書引用之始。西域以音，中國以字，自佛書入中國，翻譯者隨意創造，而俗字始多矣。

卷　九

臨海洪頤煊

方　言

揚雄《方言》十三卷，《漢書·藝文志》及《雄》本傳俱不載，《説文解字》與《方言》同者甚多，皆不稱揚雄。至應劭《風俗通序》始有《方言》之稱，末附雄及劉歆二書，李善《文選注》引俱作《方言》，亦猶引高誘《淮南序》稱《淮南子》，蓋唐人引書之例本如此也。

蟬出也

卷一"蟬，出也"，戴氏震《疏證》："蟬出，語之轉，故蟬又爲出。"頤煊案，《説文》"出，進也"，與上文"蟬，續也"義相近，故"蟬"又爲"出"。

雙　也

卷二"顥、鑠、盰、揚、䐢，雙也"，郭璞注："此本論雙耦，因廣其訓，復言目耳。”頤煊案，䁷、鑠、盱、揚、䐪，五字皆是“目”訓，非“雙”訓，注義甚迂。“雙”疑“矆”字之訛。《説文》：“矆，大視也。”䁷通作瞗，《説文》：“瞗，目旁薄緻宀宀也。”鑠，言其目光灼爍，《後漢書・馬援傳》“矍鑠哉，是翁也”，李賢注：“《東觀記》作矆。”矆鑠連文，明其義同也。《文選・魏都賦》“乃盱衡而誥”，劉淵林注：“盱，舉眉大視也。”《説文》：“揚，飛舉也。”凡言揚眉、揚目，皆是大視貌。《玉篇》：“䐪，大視也。”皆與“矆”字義近，注不得其解而曲爲之辭。

散殺也

卷三：“散，殺也。”頤煊案，《説文》𥽍字注：“𥹿𥽍，散之也，從米，殺聲。”𥽍省作殺，故“散”亦爲殺也。

袓　飾

卷四“袓飾謂之直領”，郭注：“婦人初嫁，所著上衣。”頤煊案，袓即襢字。《禮記・喪大記》“世婦以襢衣”，《正義》：“世婦，大夫妻也，其上服唯襢衣。”故婦人初嫁服之。

褒　明

“褒明謂之袍”，郭注：“《廣雅》云：褒明，長襦也。”

頤煊案,《爾雅·釋言》:“袍,襺也。”《禮記·玉藻》:“纊爲襺,緼爲袍。”《釋名·釋衣服》:“袍,苞也。苞,内衣也。”襺通作繭字,“褒明”疑“褒繭”之訛。《爾雅·釋訓》:“萌萌,在也。”《玉篇》引《爾雅》作“蔄蔄”,萌、蔄,亦因字形相近而訛。

膊兄也

卷十“膊,兄也”,戴氏《疏證》無注。頤煊案,《周禮·醢人》鄭注:“膊謂脅也。”《説文》兆部云:“廱蔽也,從人,象左右皆蔽形,讀若瞽。”兆部在皃部下,皃象人面,則兆象人脅矣。《廣韻》十姥作“皃”,此作“兄”,皆傳寫之訛。

食閻

“食閻、慫慂,勸也。南楚凡己不欲喜而旁人説之,不欲怒而旁人怒之,謂之食閻,或謂之慫慂。”頤煊案,《爾雅·釋詁》:“食,僞也。”閻與艷字通,食閻,謂僞爲艷羡之詞。

虥

卷十一:“蟬,大而黑者謂之虥。”頤煊案,《爾雅·釋蟲》:“蜺,馬虥。”《玉篇》:“虥,仕板切,馬虥也。”皆不名爲蟬。唯《玉篇》“鑯，昨仙切，《方言》云：鳴蟬也”，今無此文，蝬疑即鑯字之訛。

腗止也

卷十二“腗，止也”，戴氏《疏證》：“腗之爲止，不見於書傳。”頤煊案，《儀禮·少牢饋食禮》“髀不升”，鄭注：“古文髀皆作腗。”《釋名·釋形體》：“髀，卑也，在下稱也。”體與趾連，故腗亦有止義。《説文》：“腗，土藏也。”土亦有止義。

澿將威也

“澿、將，威也”，戴氏《疏證》：“澿，今通作凄。”頤煊案，澿當是𢷎字之訛。𢷎，古拜字。將，《説文》作“牂”，扶也。故皆爲威容。

嫣娗僞也

“嫣、娗，僞也”，《戴氏》本“僞”改作“僞”。頤煊案，字當作“僞”。卷十“眠娗，欺謾之語也”，僞即謾字。卷二“蹶，獪也，楚鄭曰蔿，或曰姡”，蔿即嫣字。

㥏解也

“㥏，解也。”頤煊案，㥏通作恝。《孟子·萬章上》“夫公明高以孝子之心，爲不若是恝”，趙岐注：“恝，無愁之貌。”無愁即解也。

荼借也

“荼，借也”，郭注：“荼猶徒也。”頤煊案，“徒”無“借”義，“荼”通作“賒”字。《周禮·泉府》“凡賒者”，鄭司農注：“賒，貰也。”《漢書·高帝紀》“常從王媪、武負貰酒”，師古曰：“貰，賒也。”皆是借貸之名。

鑈正也

“鑈，正也。”頤煊案，“正”當作“止”。《易·姤》“繫于金柅”，《釋文》：“《廣雅》云：止也。子夏作鑈，蜀才作尼。止也。”《廣韻》鑈亦作籋。《説文》：“籋，箝也。”箝以止物，亦義當作“止”。

鼃始也

“鼃，始也”，郭注：“音蛙。”頤煊案，《説文》：“鼃，蝦蟆也，從黽，圭聲。”《淮南·説林訓》“鼓造辟兵，壽盡五月之望”，高誘注：“鼓造一曰蝦蟆。”《廣雅·釋詁》：“造，始也。”故鼃亦爲始也。或云鼃當作鼀，《説文》：“鼀，詹諸也，從黽從先，先亦聲。”鼀、造同聲字，鼃、鼀亦聲之轉。

劃解也

卷十三："劃，解也。"頤煊案，《左氏·宣十七年傳》"庶有豸乎"，杜預注："豸，解也。"《正義》："《方言》文。"今《方言》無豸字，疑即此劃字之訛。

蟬毒也

"蟬，毒也"，戴氏《疏證》："蟬即慘聲之轉。"頤煊案，"蟬"通作"單"字。《爾雅·釋天》"太歲在卯曰單閼"，《史記·賈生列傳》索隱引孫炎本作"蟬閼"。《詩·天保》"俾爾單厚"，毛《傳》："單，厚也。"《説文》："毒，厚也。"故"蟬"亦爲"毒"也。

還積也

"還，積也"，戴氏《疏證》："此義别無可考。"頤煊案，"還"當是"遝"字之訛。《説文》："遝，迨也。迨，遝也。"遝、迨皆有積義，《漢書·楚元王傳》"雜遝衆賢"，師古曰："雜遝，聚積之貌。"

鼻始也

"鼻，始也。嘼之初生謂之鼻，人之初生謂之首。"頤煊案，"首"當作"自"。《説文》"皇"字注："自，始也，自讀若鼻，今俗以始生子爲鼻子。”“自”部：“自，鼻也。”據此，當作“人之初生謂之自”，與《説文》義合。

恌理也

“恌，理也”，郭注：“謂情理也。”戴氏《疏證》：“正文與注皆別無可考。”頤煊案，“恌”通作“兆”。《廣韻》：“兆，《説文》云：分也。”《禮記·樂記》“樂者，通倫理者也”，鄭注：“理，猶分也。”“兆”“理”同訓爲“分”，故“恌”又訓“理”。倫理、情理，其義一也。或“恌”即“𠬛”字之訛。

賦臧也

“賦，臧也”，戴氏《疏證》：“此義別無可考。”頤煊案，臧，古藏字。《爾雅·釋言》：“賦，量也。”“量”亦有“藏”義。

説文注闕字

盧氏文弨云：“《説文》每部下有不解者，多書‘闕’字，即本《論語》闕如之義。”段氏玉裁云：“凡言闕者，或謂形，或謂音，或謂義，分別讀之。”頤煊案，《説文》“闕”字當是徐鉉等校《説文》時所注，非叔重原文。西部䣯字注

“闕”，䛀字注“闕”，《玉篇》多本於《説文》，䜭字注“䜭，䛀味薄也”，䛀字注“䜭䛀”，足證梁時《説文》䜭、䛀二注尚未闕。

説文讀例

《説文》讀例有三：䠞讀若柔，珣讀若宣，琡讀若畜牧之畜，犕讀若粳糧之粳者，釋其音也。嗅，從口，集聲，讀若集；裯，從衣，蜀聲，讀若蜀；橐，讀若橐麥爲橐之橐；①寂讀如寂三苗之寂；② 髟讀若江南謂酢母爲髟；抌讀若告言不正曰抌者，訓其義也。雀讀與爵同，眣讀與跌同者，則通其字矣。

旁溥也

丄部：“旁，溥也。”頤煊案，溥當作薄。《漢書·揚雄傳》“旁薄群生”，《太玄·中》“昆侖旁薄”，《荀子·榮辱》篇“薄薄之地不得履之”，楊倞注：“薄讀旁。薄，廣大之貌。”《性惡》篇“雜然旁魄而無用”，《文選·吴都賦》“旁魄而論都”，旁魄猶旁薄也。

---

① “橐麥”，《説文解字》作“春麥”。
② “如”，《説文解字》作“若”，據文義，當作“若”。

雲夢之萓

艸部“萓，菜之美者，雲夢之萓。從艸，豈聲”，段氏玉裁《注》：“《廣韻》萓菜似蕨，生水中。説者謂豐水有芑，即此。”頤煊案，《説文》：“豈，從豆，敳省聲。”《爾雅·釋草》“薇，垂水”，郭璞注：“生於水邊。”《太平御覽》引《廣志》“薇葉似萍，可蒸食”，即此菜，與“薇，山菜”别爲一種。《吕氏春秋·本味》篇作“雲夢之芹”，皆同聲假借字。

平　春

“菥，從艸，315聲。江夏平春有菥亭。”“菰，從艸，狐聲。江夏平春有菰亭。”頤煊案,《漢書·地理志》江夏郡無平春，《後漢書》有《平春悼王傳》，《郡國志》平春侯國屬江夏郡，此是東京改置。《説文》所引地理，皆是東京初年制。

胖廣肉

半部“胖，半體肉也。一曰：廣肉”，段氏《注》：“胖之言般也。般，大也。《大學》‘心廣體胖’，其引伸之義也。”頤煊案，《周禮·腊人》“薦脯膴胖”，鄭注：“鄭司農云：膴，膺肉。杜子春又云：膴、胖，皆謂夾脊肉；又云：禮家以胖爲半體。”膴、胖同物，“廣肉”當是“膺肉”之訛。

牽玄聲

牛部：“牽，引前也。從牛，象引牛之縻也。玄聲。”頤烜案，叀部“疐，從叀，引而止之也。叀者，如叀馬之鼻。從，此與牽同意”“叀，從幺省。中，財見也。古文作[illegible]。孫愐音職緣切”。據此，牽字“玄”聲，是叀字古文[illegible]，非玄黄之“玄”。

䇺識也

此部“䇺，識也。從此，朿聲。一曰：藏也”，段氏《注》：“《廣雅》‘石鍼謂之䇺’，與識訓相近。又‘䇺，鲞也’，與藏訓相近，鲞同舒卷之卷。”錢氏大昕《答問》以“䇺”即楚詞“些”字。頤烜案，《廣韻》：“觜，喙也。䇺，同上。”《廣雅·釋親》“䇺，口也”，口所以言，故曰識也，口所以食，故曰藏也。

逡復也

辵部“逡，復也”，段氏《注》：“復，往來也。”頤烜案，《爾雅·釋言》“逡，退也”，郭璞注：“《外傳》曰：已復於事而逡。”今《齊語》作“竣”，韋昭注：“竣，退伏也。”《文選·東京賦》“已事而踆”，薛綜注：“踆，退也。”《説文》“退”字作“復”，與“復”字形相似，因訛作“復”。

員連

“連，員連也”，段氏本改作“連，負車也”，《注》云：“連即古文輦。負車者，人輓車而行，車在後，如負也。人與車相屬不絶，故引伸爲連屬字。”頤煊案，“員，物數也”，物數紛䡕，即爲連屬不絶。《説文》有以假借之字爲本義者，此類是也。若“連”爲負車，字當在車部，不宜次在此。

餔旋促也

言部“諫，餔旋促也”，段氏《注》：“未聞。”頤煊案，《廣雅·釋言》：“諫，促也。”《廣韻》：“諫，飾也。”餔即飾字之訛。女部：“娕，謹也。從女，束聲。讀若謹敕數數。”《史記·張蒼列傳》“娖娖廉謹”，《索隱》：“小顔云持整之貌。”飾、飭、敕，古字通用，飾旋促，即謹敕之貌，故與上文“譪，臣盡力之美”爲一例。

取奐也

廾部：“奐，取奐也。”頤煊案，奐通作喚字。《左氏·

宣二年傳》“公嗾夫獒焉”，《釋文》：“嗾，使犬也。服本作取。”《正義》：“服虔云：取，嗾也。”取奐，謂意有所使呼之之辭。單言之，則奐即呼也。

周書以爲討

攴部：“𢿝，棄也，從攴，𠷎聲。[①]《周書》以爲討。《詩》云‘無我𢿝兮’。”頤煊案，《周書》無“討”字，此五字當在“無我𢿝兮”下。《尚書·無逸》“民無或胥譸張爲幻”，引之以證𢿝、譸同義。“討”當即“譸”字之訛。

敕擊馬也

“敕，擊馬也，從攴，朿聲。”頤煊案，《公羊·定八年傳》“臨南駷馬而由乎孟氏”，何休注：“捶馬銜走。”《釋文》：“駷本又作揀，字書無此字，相承用之。”揀即敕字。

宀宀

目部“矏，目旁薄緻宀宀也”，自部“𦣻，宀宀不見也”，宀部“宀，交覆深屋也”。頤煊案，“目旁薄緻”在目之上，故“宀”取交覆爲義。“矏”即俗所謂眼檐，《爾雅·

① “攴”原脱，據《説文解字》補。

釋訓》“目上爲名”，郭璞注：“名，眉目之間。”名即宀聲之轉。

目不相聽

“睽，目不相聽也”，一本作“耳不相聽”。頤煊案，《玉篇》目部“睽”字注：“目少精。”耳部“聧”字注：“耳不相聽也。”《廣韻》引此二注皆作《説文》。今《説文》耳部無“聧”字，而以“聧”字注移在目部“睽”字下，改作“目不相聽”，又作“目不相視”，皆後人改并之訛。或云“聧”即“矙”字之省，《玉篇》耳部聧、矙并見，“聧”當是《説文》脱字，非省文。

蔑　兜

“眵，目傷眥也。一曰：蔑兜。”① 頤煊案，兜當作兆，“兆，廱蔽也。從人，象左右皆蔽形，讀若瞽”，目眶兩末傷，則廱蔽甚矣。見部“䙷，目蔽垢也。從見，䍜聲，讀若兆”，即其證。

涓　目

“眏，涓目也。”頤煊案，女部“姎，鼻目間皃。讀若煙

① “蔑”，《説文解字》作“瞢”，段玉裁《説文解字注》改作“蔑”，洪頤煊從段氏注。

火炔炔”，火部“焆”字注“焆焆煙皃”。“涓”當作“焆”，焆目，謂目間出火，亦目之病也。

笑　字

竹部“笑”字注：“此字本闕。臣鉉等案，孫愐《唐韻》引《説文》云‘喜也，從竹，從大’，而不述其義。今俗皆從犬。李陽冰刊定《説文》，‘從竹，從夭’，義云‘竹得風，其體夭屈，如人之笑’。”頤煊案，“笑”字一本“從竹，下犬”，見張參《五經文字》，今經典相承，皆用此字。一本“從竹從夭”，《一切經音義》卷二引作《字林》，非《説文》。一本“從竹從大”，孫愐《唐韻》所引，其時“笑”字尚未闕，當是《説文》本文。

古文腍

食部“飪，大孰也。，亦古文飪”，段氏《注》：“心部‘恁’下云：齎也。此古文係後人增羼。小徐説：李舟《切韻》不云‘亦古文飪’。”頤煊案，《儀禮·聘禮記》“唯羹飪”，鄭注：“古文飪作腍。”《禮記·郊特牲》“腥肆爓腍祭”，鄭注：“腍，孰也。”恁即腍字之訛。

一曰染也

木部“橪，酸小棗。從木，然聲。一曰染也”，段氏

《注》:“染，小徐作柔，皆未詳。”頤煊案，橪通作撚字。手部“撚，執也。從手，然聲。一曰蹂也”，執義近染，蹂即柔字。《一切經音義》卷十四引《通俗文》“手捏曰撚”，捏即染也。《淮南·兵略訓》“前後不相撚”，高誘注:“撚，蹂蹈也。”與“一曰蹂也”同。

木下白

“枊，角械也。從木，卻聲。一曰木下白也”，段氏《注》:“未詳。”頤煊案，枊通作隙字。白部:“㡭，際見之白也。”《禮記·曾子問》“當室之白”，鄭注:“當室之白，謂西北隅得户明者也。”《莊子·人間》“世虚室生白”，崔注:“白者，日光所照也。”木下白謂木下日光，故其字次在杲、杳後。

上谷鄚縣

邑部:“鄚，周封黄帝之後於鄚也。從邑，契聲。讀若薊。上谷有鄚縣。”頤煊案，《漢書·地理志》上谷郡無鄚縣，薊屬廣陽國。《後漢·郡國志》廣陽郡注“世祖省，并上谷，永平八年復”，此以薊縣屬上谷，當在世祖時。

鄾　鄉

“鄾，蜀廣漢鄉也。”頤煊案，此必廣漢郡廣漢縣之鄉也，其時縣或屬蜀郡，而不屬廣漢，《玉篇》“廣漢”上删“蜀”字，非是。

希　字

禾部“希，① 疏也。從禾，希聲。”徐鍇曰：“《説文》無‘希’字。”錢氏大昕《答問》：“《説文》稀、莃、晞，皆取希聲，明有‘希’字。《周禮·司服祭》‘社稷五祀則希冕’，鄭氏讀希爲絺。希即古文絺也。”頤煊案，豕部“豕，彘也。讀與豨同。古文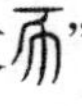”，此即“希”字。

禾　若

“秧，禾若秧穰也”，段氏《注》：“若即上文之䅟也。”“䅟，禾皮也”。頤煊案，今俗謂禾之初生者爲秧，非禾皮，“若”當是“苗”字之訛。《玉篇》“秧，禾苗秧穰也”，字尚不誤。

瘕女病也

疒部“瘕，女病也”，段氏《注》：“女字必是衍字。唐初本無女字。”頤煊案，《山海經·南山經》“麗麐之水，多沛育，佩之無瘕疾”，郭璞注：“瘕，蟲病也。”《左氏·昭元

---

① “希”，據《説文解字》及文義，當作“稀”。

年傳》“是謂近女室，疾如蠱”，則瘕是女病也，不宜删“女”字。

傪好皃

“傪，好皃”，段氏《注》：“未見其證。《方言》曰：傪，惛也。惛，惡也。此假傪爲慘也。”頤煊案，傪通作摻字。《詩·葛屨》“摻摻女手”，毛《傳》：“摻摻猶纖纖。”《説文》作“攕攕”，“攕，好手皃”，與此訓正同。

古文以爲訓字

“倂，送也。從人，幷聲。吕不韋曰：有侁氏以伊尹倂女。古文以爲‘訓’字。”頤煊案，“訓”與“送”義不相近，“訓”當是“引”字之訛。《周禮·春官》“瞽矇”，鄭注：“無目眹謂之瞽。”《釋文》：“眹，本作眒。”眹、眒同聲訓，“引”又因字形相近而訛。

值措也

“值，措也”，段氏本改作“值，持也”，《注》云：“措者，置也，非其義。”頤煊案，“值”本作“直”，通作“植”。《論語·微子》“植其杖”，漢石經作“置其杖”。《尚書·金縢》“植璧秉珪”，鄭注：“植，古置字。”“值”與

“置”同，故《説文》訓值爲措，訓措爲置，互相轉注，其音義并同。

溺即淭字

尾部：“㞑，人小便也。從尾，從水。”頤煊案，《一切經音義》卷十七引《字林》“屎，小便也，醫方多作‘溺’字”，《史記·范雎列傳》“醉，更溺雎”，《正義》：“溺，古尿字。”溺即淭字之訛。

髤簪結也

髟部：“髤，簪結也。從髟，介聲。”頤煊案，《廣雅·釋詁》“髤，結也”，曹憲《音義》：“案《説文》即籀文‘髻’字也。”《説文》本有“髻”字，其籀文作“髤”，今本“髻”字在《新附》中者，傳寫脱也。《儀禮·士冠禮》“將冠者采衣，紒”，鄭注：“紒，結髮。今文紒爲結。”① 紒即髤字，結即髻字。

圈養豕也

豕部：“豢，以穀圈養豕也。”頤煊案，圈是圂字之訛。口部：“圂，廁也。從口，象豕在口中也。”《一切經音義》

---

① “今”，《儀禮注疏》作“古”。

卷九引《蒼頡》：“圂，豕所居也。字從口，豕在其中也。”《漢書·五行志》“豕出圂壞都竈”，師古曰：“圂者，養豕之牢。”《禮記·少儀》“不食圂腴”，《釋文》：“圂與豢同。”

騷擾也

馬部：“騷，擾也。一曰摩馬。”頤煊案，擾當是懮字之譌，懮，通作憂字。《史記·屈原列傳》“離騷者，猶離憂也”，《索隱》：“應劭曰：離，遭也。騷，憂也。又《離騷序》云‘離，别也。騷，愁也’。”愁亦憂也，皆是古義，段氏本删之，非是。

䵋字晳

黑部：“䵋，雖晳而黑也。從黑，箴聲。古人名䵋，字晳。”頤煊案，《史記·仲尼弟子列傳》曾蒧、奚容蒧，皆字晳。䵋當作⿰黑蒧，蒧、點皆⿰黑蒧字之省。

意志也

心部：“意，志也。從心、音，察言而知意也。”頤煊案，此篆并注，當是後人增加，下文“意，滿也。從心，啻聲”，心滿即爲“志”，不必更有“意”字。《説文》從意之字多從意，可證有“意”無“意”。“意”，籀文作，經典

通作“意”字。

怞朗也

“怞，朗也。從心，由聲。《詩》曰：憂心且怞”，段氏本改“朗”作“朖”，注云：“未聞，疑是‘恨也’之訛。”頤煊案，今《詩·鼓鐘》作“憂心且妯”，毛《傳》：“妯，動也。”手部有“抈”字，《國語·晋語》“故不可抈也”，韋昭注：“抈，動也。”與毛《傳》合。朗當是抈字之訛。

汥都也

水部“汥，都也”，[1] 段氏《注》：“水都者，水所聚也。汥之證未詳。”頤煊案，《爾雅·釋水》“小洲曰陼，小陼曰沚”，《釋文》：“陼字又作渚。”《詩》“江有渚”，毛《傳》：“渚，小洲也。水歧成渚。”歧即汥字異文，都即陼字。

陵上滈水

“沈，陵上滈水也。”頤煊案，《後漢書·公孫瓚傳》“滀水陵高”，《莊子釋文》“滀，結聚也”，滈疑滀字之訛。

---

① 《説文解字》“都”前有“水”字。

鮝

魚部："鮝，藏魚也，南方謂之䰼，北方謂之鮝。從魚，差省聲。"頤煊案，《困學紀聞》引陸廣微《吴地記》："闔閭思海魚而難於生致，治生魚鹽漬而日乾之，故名爲'鯗'，讀如想。"此即"鮝"字之訛，而改變其音。

婦人小物

女部"婜，婦人小物也。從女，此聲。《詩》曰：屢舞婜婜""妓，婦人小物也。從女，支聲"。頤煊案，"小物"當是"小弱"之訛。"姑"字注："小弱也。一曰女輕薄善走也。一曰技藝也。"皆與婜、妓義近。古人妓取歌舞，故以俏弱爲能。《方言》"釥，好也"，與此"小"字義同。

梅　目

"媢，夫妬婦也。從女，冒聲。一曰：梅目相視也"，段氏《注》："梅當作'怒'。《周語》'道路以目'，杜詩用'抉眼'即易之'反目'也。目部'眏，涓目也'，梅目或'眏目'之訛。又按'梅'當作'侮'，謂目相侮也。"頤煊案，《禮記·玉藻》"視容瞿瞿梅梅"，鄭注："不審視也。"《正義》："梅梅猶微微，謂微昧也。"梅目相視，謂微目相視。大徐本脱“梅目”二字。

縶有齒

糸部：“縶，致繒也。一曰微識，[1] 信也，有齒。”頤煊案，縶通作棨字。木部“棨，傳信也”，《周禮·司關》“凡邦國之使節以英蕩輔之”，鄭注：“謂以函器盛此節。”“有齒”當是“有函”之訛。《漢書·匈奴傳》“棨戟十”，師古曰：“棨戟，有衣之戟也。”“有衣”亦謂“有函”也。

堋遏遮也

土部“堋，遏遮也。從土，則聲”，段氏《注》：“未詳。”頤煊案，堋當是埒字之訛。《禮記·玉藻》“山澤列而不賦”，鄭注：“列之言遮列也。”《漢書·昌邑哀王傳》“迾宫清中”，李奇曰：“迾，遮也。”其字義并同。

勃排也

力部“勃，排也”，段氏《注》：“排者，擠也。今俗語謂以力旋轉曰勃，當用此字。”頤煊案，“排”當是“拂”字之訛。《論語·鄉黨》“色勃如也”，色部引作“色艴如也”。《孟子·公孫丑上》“曾西艴然不悦”，艴然即勃然。勃、拂，

---

① “識”，《説文解字》作“幟”，段玉裁《説文解字注》作“識”，洪頤煊從段。

同聲字。

鉞

金部："鉞，車鑾聲也。從金，戉聲。《詩》曰：鑾聲鉞鉞。"頤煊案，今《詩·庭燎》《泮水》并作"鸞聲噦噦"，戉與歲聲不相近，"鉞"當是"鐬"字之訛。《文苑英華》卷二十九喬潭《群玉山賦》"和鑾鐬鐬"，字即本此，"臣鉉等曰：今俗作鐬，非是"。

馬頭人爲長

《敘》："諸生競説字解經，乃猥曰：'馬頭人爲長。'"頤煊案，長部："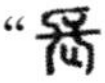，久遠也。從兀，從匕。兀者，高遠意也。久則變化。亡聲，者，倒亡也。"今隸書改作"長"字，豈非"馬頭人"乎？《史記·萬石君列傳》"書'馬'字與尾當五，今乃四，不足一"，亦是隸書"馬"字。

漢魏六朝説文之學

鄭康成《考工記注》引許叔重《説文解字》，劉淵林《吴都賦注》引許氏《記字》。《三國志·王粲傳》注引《魏略》云："邯鄲淳又善蒼、雅、蟲、篆、許氏《字指》。"《嚴畯傳》："少躭學，又好《説文》。"《魏書·江式傳》："輒求撰集古來文字，以《説文》爲主。”《李鉉傳》：“鉉以去聖久遠，文字多有乖謬，於講授之暇，遂覽《説文》《蒼》《雅》，删正六藝經注中謬字，名曰《字辨》。”《趙文深傳》：“文帝以隸書紕繆，命文深與黎明、沈遐等依《説文》及《字林》刊定六體，成一萬言，行於世。”此書歷代尊尚，未嘗廢絶，故至今完存。

撰説文年月

許叔重爲郡功曹，後舉孝廉，辟太尉南閣祭酒，後遷洨長，以和帝永元十二年始撰《説文》，至建光元年成書，遣子上之。自余據《後漢書·周澤》《蔡邕》《賈逵》《蔡倫》《馬融》《西南夷》等傳考定，於是海内始知有撰《説文》年月，并官階除授。詳見余《與孫淵如觀察》三書，在《筠軒文鈔》第一卷。

汝南功曹

《後漢書·許慎傳》：“汝南召陵人也，爲郡功曹。”《太平御覽》卷二百六十四引《汝南先賢傳》：“許慎爲功曹，奉上以篤義，率下以恭寬。”許沖《上説文表》稱：“召陵萬歲里公乘艸莽臣沖。”《元和姓纂》作“平輿人”。

卷　十

臨海洪頤煊

話治也

《小爾雅·廣詁》："話，治也。"頤煊案，"話"當作"詁"。《説文》："詁，訓故言也。"《毛詩詁訓傳》，《釋文》："舊本多作故。"《爾雅·釋詁》："治，故也。"則"故"亦爲"治"，故"詁"亦訓"治"也。

靳取也

《廣言》："靳，取也。"頤煊案，"取"當作"恥"。《左氏·莊十一年傳》"宋公靳之"，杜預注："戲而相媿曰靳。"服虔注："恥而惡之曰靳。"《説文》："嫸，好枝格人語也。一曰靳也。"皆是恥義。

俘罰也

"俘，罰也。"頤煊案，"俘"當作"浮"。《禮記·投壺》“若是者浮”，鄭注：“常爵者，常所以罰人之爵也，浮亦謂是也。”《晏子春秋·内篇雜下》“請浮晏子”，浮亦罰也。《漢書·叙傳》“皆引滿浮白”，[1] 師古曰：“一説白者，罰爵之名也。飲有不盡者，則以此爵罰之。魏文侯與大夫飲酒，令曰：不釂者，浮以大白是也。”是亦以“浮”爲罰也。

枳害也

“枳，害也。”頤煊案，“枳”通作“忮”字。《詩·雄雉》“不忮不求”，毛《傳》：“忮，害也。”《論語·子罕》“不忮不求”，《集解》馬注：“忮，害也。”《爾雅·釋地》“中有枳首蛇焉”，《釋文》：“枳本或作㩼。孫云：蛇有枝首者。”《隸釋·孫叔敖碑》作“枝首蛇”。枳、忮古字通用。

整願也

“整，願也”，一本“整”作“䔪”，《永樂大典》本作“敕，顯也”。頤煊案，《國語·晋語》“以憖御人”，韋昭注：“憖，願也。”《詩·十月之交》“不憖遺一老”，《釋文》：“《爾雅》云：願也。”即此篇之文。整、䔪、敕、顯，皆後人所改。

---

① “浮”，《漢書》作“舉”，當涉下文“浮白”而譌。

倍捷曰舉

《衡》："倍捷曰舉，倍舉曰鋝。"頤煊案，《考工記·弓人》"九和之弓膠三鋝、絲三邸、漆三㪷"，鄭注："邸、㪷，輕重未聞。"㪷、舉聲相近。捷與㨗同，疑匕類，醫家所謂刀圭，其法亦以量爲凖也。

釋　名

《釋名》八卷，陳振孫《書録解題》："漢徵士北海劉熙成國撰。"頤煊案，《三輔黄圖》注引"漢博士劉熹《釋名》"，"徵士"之名不見於兩《漢書》，當作"博士"爲是。《世説新語·言語》篇伏玄度"論青州人物"，① 劉孝標注引《滔集》"漢時有劉成國"，成國即熙字。

字母所本

《釋天》："天，豫、司、兖、冀以舌腹言之，天，顯也。青、徐以舌頭言之，天，坦也。風，兖、豫、司、冀横口合脣言之，風，氾也。青、徐言風，踧口開脣推氣言之，風，放也。"頤煊案，反切之學，創於魏晋，其時已萌芽矣。舌腹、舌頭、横口合脣、蹵口開脣，此即西域四十二字母之所

① "青州",《世説新語》作"青楚"。

自始。

盧　然

《釋地》："土黑曰盧，盧然解散也。"頤煊案，《尚書·禹貢》"下土墳壚"，鄭注："壚，疏也。"此云"盧然解散"，亦本於鄭義。

東郡南郡

《釋州國》："東郡、南郡，皆以京師方面言之也。"畢氏沅《疏證》："京師謂雒陽。"頤煊案，東郡、南郡，已見於《漢書·地理志》，皆秦所置，不宜耑指雒陽，此據中國形勢而言，《釋名》之言非是。

齊齊也

"齊，齊也，地在勃海之南，勃齊之中也。"頤煊案，《史記·封禪書》"齊所以爲齊，以天齊也。天齊淵水，居臨菑南郊山下者"，《索隱》："顧氏案，解道彪《齊記》云：臨菑城南有天齊泉，五泉并出，有異於常，言如天之腹臍也。"《高祖本紀》"北有勃海之利"，《索隱》引《齊都賦》："海旁曰勃。"《淮南·天文訓》"賁星墜而勃海決"，高誘注："勃，大也。"皆與此異義。

面漫也

《釋形體》“面，漫也”，畢氏《疏證》：“《説文》無‘漫’字，疑當作‘薾’。”頤煊案，《漢書·西域傳》“罽賓國以金銀爲錢，文爲騎馬，幕爲人面”，張晏曰：“錢文面作騎馬形，漫面作人面目也。”故此訓面爲漫。

摩　娑

《釋姿容》“摩娑，猶末殺也，手上下之言也”，畢氏《疏證》：“《周禮·司尊彝》鄭注：[①]‘獻讀爲摩莎之莎。煮鬱和秬鬯以醆酒，摩莎泲之，出其香汁。’摩莎即摩娑也。”頤煊案，《詩·葛覃》釋文引阮孝緒《字略》云：“煩撋猶挼莎也。”《説文》：“挼，推也。一曰兩手相切摩也。”《一切經音義》卷十三引《聲類》：“摩抄，猶捫摸也，亦末殺也。”字異而音義并同。

䀋　摘

“䀋摘，猶譎摘也，如醫別人䀋，知疾之意，見事者之稱也。”頤煊案，《方言》：“謫，過也。南楚以南，凡相非議人，謂之謫，或謂之䀋。䀋，又慧也。”郭璞注：“今名黠爲

① “周禮”，原作“禮”，據光緒本補“周”字。

鬼蝂。”

舅　章

《釋親屬》:“俗或謂舅曰章,又曰伀。”頤煊案,《漢書·廣川王傳》“背尊章”,師古曰:“尊章,猶言舅姑也。今關中俗,婦呼舅姑爲鍾。鍾者,章聲之轉也。”據此章,言舅不言姑。《賈誼傳》“抱哺其子與公并倨”,公即妐也,今則通呼爲翁。

簪建也

《釋首飾》“簪,兟也,以兟連冠於髮也”,畢氏《疏證》:“兟,子林反,《太平御覽》引作連,非也。”頤煊案,《隋書·禮樂志》、《通典》卷五十七引《釋名》云:“簪,建也,所以建冠於髮也。”“連”即“建”字之訛,今本作“兟也”,是後人所改。

刷帥也

“刷,帥也,帥髮長短,皆令上從也。”頤煊案,“帥”當是“飾”字之訛。《説文》云:“刷,飾也。飾,刷也。”《周禮·封人》“飾其牛牲”,鄭注:“飾謂刷,治潔清之也。”《司尊彝》鄭注:“涚酌者,捝飾勺而酌也。”《釋文》:“飾,本或作拭。”飾即拭字。

帓頭

《釋衣服》：“齊人謂如衫而小袖曰‘帓頭’，猶言‘解瀆’，臂直通之言也。”頤煊案，《史記·萬石君列傳》“取親中裙厠牏，身自浣滌”，《集解》晋灼云：“今世謂反閉小袖衫爲帓窬。”帓頭、帓窬、解瀆，皆聲之轉。

矠矛

《釋兵》“矠，矛長九尺者也。矠，霍也，所中霍然即破裂也”，畢氏《疏證》：“矛旁從廿從夕，不成字。《廣雅》有矠字，云‘矛也’，曹憲音‘呼覓切’。此下云‘矠，霍也’，二字雙聲，誼得相訓。”因改從矠字。頤煊案，《玉篇》：“矵，去的切，矛也。”《廣韻》：“矵，矛也，苦擊切。”矠即矵字，《廣雅》亦當作矵，與曹憲音合。字書無“矠”字。《説文》“矠”字注：“矛屬，從矛，昔聲，讀若笮。”矵、矵皆當是“矠”之假借字。

軬藩也

《釋車》“軬，藩也，蔽水雨也”，畢氏《疏證》：“軬當作軓。《説文》：‘軓，車耳反出也。從車，反聲。’車耳反出，故可以藩蔽水雨。”頤煊案，軓與轓同。《漢書·景帝紀》“令長二千石朱兩轓，千石至六百石朱左轓”，應劭曰：“車耳反出，所以爲之藩屏，翳塵泥也。”皆與此異。《方言》“車枸簍，秦晋之間自關而西謂之枸簍，西隴謂之㡨，南楚之外謂之篷”，郭璞注：“㡨即䍐字。”

物　故

《釋喪制》“漢以來謂死爲物故，言其諸物皆就朽故也”，畢氏《疏證》：“物故見《史記·司馬相如傳》《大宛傳》，顔師古注《漢書·蘇武傳》云：‘物故，謂死也，言其同於鬼物而故也。一説，不欲斥言，但云其所服用之物皆已故耳。説者妄欲改物爲歾，非也。’”頤煊案，《文選·古詩》“奄忽隨物化”，李善注：“化謂變化而死也，不忍斥言其死，故隨物而化也。莊子曰：聖人之生也天行，其死也物化。”物故猶物化也，化、故同聲字。

廣　雅

《隋書·經籍志》：“《廣雅》三卷，魏博士張揖撰。”顔師古《漢書叙例》：“張揖，字稚讓，清河人，一云河間人，魏太和中爲博士。”頤煊案，《魏書·江式傳》：“魏初，博士清河張揖著《廣雅》。”《太平御覽》卷六百五引王隱《晋書》：“魏太和六年，博士河間張揖上《古今字詁》。”

岑取也

《釋詁》“岑，取也”，王氏念孫《疏證》：“岑訓爲取，未見所出。”頤煊案，岑當通作涔字。《爾雅·釋器》“槮謂之涔”，郭璞注：“今之作槮者，聚積柴木於水中，魚得寒入其裹藏隱，因以薄圍捕取之。”涔爲取魚之器，是以岑爲取也。

魏好也

“魏，好也。”頤煊案，《史記·殷本紀》“微子啓”，《索隱》：“《孔子家語》云：‘微或作魏，讀從微音。’鄒本亦然。”《漢書·古今人表》“魯魏公”，《律曆志》作“微公”。“微”訓爲“妙”，故“魏”亦爲“好”也。《方言》“魏，能也”，“能”亦“好”也。

誀誘也

“誀，誘也”，王氏《疏證》：“誀古通作餌。”頤煊案，誀當是誦字之訛。《説文》：“羑，相訹呼也。從厶，從羑。誘，或從言、秀。誦，或如此。”《一切經音義》卷十六：“誘，古文羑、誦、諺三形。”此條“訹、謏”訓爲“誘”，不應闕“誦”字。

賢益也

“賢，益也”，王氏《疏證》：“卷三云：賢，拏也。紛拏，亦多益之義。”頤煊案，《史記·秦本紀》“柏翳”，《漢書·古今人表》作“柏益”，賢、翳字異而義同。

㐲裂也

“㐲，裂也。”頤煊案，《儀禮·大射儀》“度尺而午”，鄭注：“一從一横曰午。”《特牲·饋食禮記》“午割之”，鄭注：“午割，從横割之。”《説文》：“午，㐲也。”是以㐲爲裂也。

忭怒也

“忭，怒也。”頤煊案，忭又通作沛字。《公羊·宣十二年傳》“是以使君王沛焉”，何休注：“沛焉，怒有餘之貌。”《後漢書·袁術傳》“是以豪傑發憤，沛然并起”，沛亦怒也。

挻緩也

“挻，緩也”，王氏《疏證》：“諸書無訓挻爲緩者。”頤煊案，下文“挻，長也”，長亦有緩義，《老子釋文》引《聲類》：“挻，柔也。”《吕氏春秋·任地》篇“使地肥而土緩”，高誘注：“緩，柔也。”挻、緩同義，是以挻爲緩也。《勿躬》篇“而莫敢愉綖”，高誘注：“綖，緩。”綖與挻同。

桀去也

“桀，去也”，王氏《疏證》：“諸書無訓桀爲去者。”頤煊案，《詩·碩人》“庶士有朅”，《釋文》：“朅，《韓詩》作桀。”《説文》：“朅，去也。”《廣雅》以桀爲去，蓋本於《韓詩》。

抑拭也

“抑，拭也。”頤煊案，《説文》：“抑，捽也。”不訓爲拭。抑當是摡字之訛。《周禮·世婦》“帥女宫而濯摡”，鄭注：“摡，拭也。”《説文》：“摡，滌也。”滌亦拭也。

撅搔也

“撅，搔也。”頤煊案，《説文》：“撅，以手有所杷也。”《漢書·貢禹傳》：“捽中杷土”，師古曰：“杷，手掊之也。”杷與搔義相近。

訋欺也

“訋，欺也。”頤煊案，卷三“訋，拏也”，訋即謅字之訛。《説文》：“訇，騃言聲。從言，匀省聲。訇，籀文，不省。”訇即謅字，《一切經音義》卷六引《蒼頡》“騃，無知之貌”，與欺謾誣拏義正相同。

豉勇也

“豉，勇也。”頤煊案，豉當作𣪍。𣪍，古投字。《左氏·成二年傳》“桀石以投人”，《漢書·甘延壽傳》“投石拔距，絶於等倫”，皆是勇也。

菆餘也

“菆，餘也。”頤煊案，《説文》：“菆，麻蒸也。”《儀禮·既夕》“二燭俟于殯門外”，鄭注：“燭，用蒸。”《楚辭·謬諫》篇：“菎蕗雜於黀蒸兮。”菆可以爲燭，《禮記·曲禮上》“燭不見跋”，是菆爲燭餘也。

魯道也

“魯，道也”，王氏《疏證》：“諸書無訓魯爲道者。”頤煊案，“魯”通作“旅”。《史記·周本紀》“魯天子之命”，《書》序作“旅天子之命”。《爾雅·釋宫》“旅，途也”，郭璞注：“途即道也。”《漢書·枚乘傳》“魯東海絶吴之饟道”，言道從東海以絶吴之饟道，此亦以“魯”爲“道”也。

對治也

“對，治也”，王氏《疏證》：“諸書無訓對爲治者。”頤煊案，上文“對，當也”，《漢書·韓安國傳》“公等足與治乎”，師古曰：“治謂當敵也，今人猶云對治義。”即本此。《爾雅·釋言》：“對，遂也。”《灌夫傳》“遂其前事”，謂治其前事，義亦得通。

縷縮也

“縷，縮也”，王氏《疏證》：“縷者，司馬相如《子虛賦》‘襞積褰縐’，張揖注：‘褰，縮也。’褰與縷通。”頤煊案，《説文》：“縮，一曰蹴也。”手部“摍，蹴引也”“摟，相援也”“援，引也”，三字相承。摟摍與縷縮同也。

莫布也

“莫，布也。”頤煊案，莫通作幕字。《漢書·李廣傳》“莫府省文書”，《馮唐傳》“上功莫府”，莫即幕字。《周禮》“幕人掌帷幕幄帟綬之事”，鄭注：“在旁曰帷，在上曰幕。”帷幕皆以布爲之，是以莫爲布也。

杴收也

“杴，收也。”頤煊案，《爾雅·釋詁》：“收，聚也。”《方言》：“杴，凡也。”《説文》：“凡，最也。”“最”古通作“聚”字，是“杴”有收聚義也。《左氏·昭十三年傳》“南蒯枚筮之”，杜預注：“汎卜吉凶。”《正義》：“或以爲枚雷總卜。”“總”亦“聚”也。

睋更也

“睋，更也。”頤煊案，《廣韻》：“睋，更視見皃。《説文》作遺，相顧視而行也。”字當從目作睋。

奠調也

“奠，調也。”頤煊案，諸書無訓奠爲調者，奠當是箕字之訛。《史記·天官書》“箕爲敖客，爲口舌”，《索隱》：“宋均云：敖，調弄也，箕以簸揚，調弄爲象。”是以訓爲調也。箕、奠字形相近。

弜賈也

“弜，賈也”，王氏《疏證》：“未詳。”頤煊案，弜當作引，即“引”字。《説文》：“儥，引爲賈也。”引爲賈，謂張大之以爲賈。《後漢書·崔實傳》：“悔不小靳，可至千萬。”儥、靳、引，三字皆聲相近。

子巳似也

《釋言》：“子、巳，似也。”頤煊案，《孟子·萬章上》

“丹朱之不肖，舜之子亦不肖”，《説文》：“肖，骨肉相似也。”不似其先，故曰不肖也，是以子爲似也。《詩·斯干》“似續妣祖”，鄭《箋》：“似讀如巳午之巳。巳續妣祖者，謂巳成其宗廟也。”是以巳爲似也。

貳然也

“貳，然也”，王氏《疏證》：“未詳。”頤煊案，貳當作膩。《説文》：“膩，上肥也。”《漢書·地理志》“上郡高奴，有洧水，可䵒”，《水經·河水注》引作“肥可䵒”，師古曰：“䵒，古然火字。”是以貳爲然也。

景景白也

《釋訓》：“景景，白也。”頤煊案，《莊子·人間世》“虚室生白”，崔注：“白者，日光所照也。”日光即日景，所照謂之白，重言之則“景景，白也”。

管管浴也

“管管，浴也。”頤煊案，《易·損》“君子以懲忿窒欲”，《釋文》：“孟作浴。”古字浴、欲通用。《詩·板》“靡聖管管”，毛《傳》：“管管，無所依繫。”鄭《箋》：“無聖人之法度，管管然以心自恣。”恣即欲也。

棼閣也

《釋宫》:“棼，閣也。”頤煊案,《説文》“㯳，棼也”“棼，複屋棟也”“笮，迫也，在瓦之下，棼上”,《文選·西都賦》“列棼橑以布翼”,《西京賦》“結棼橑以相接”，棼、橑皆所以上載，是以棼爲閣也。

帘幡也

《釋器》“帘，幡也”，王氏《疏證》:“帘，讀若抑，各本訛作帘。”頤煊案，帘當是帣字之訛。《説文》“帣，幡也。從巾，夗聲”“幡，書貌，拭觚布也”，糸部“緂，冤也”，亦同聲字。

輅軲車也

“輅軲，車也”，王氏《疏證》:“自‘輅’至‘柳’，皆是車名，則‘輅軲’之下不當更有‘車也’二字。”頤煊案，“車也”二字當是“軘”字之訛。《説文》:“軘，兵車也”，屯、也字形相近，轉寫者因訛作“車也”二字。

臉䫀也

“臉，䫀也。”頤煊案,《一切經音義》卷十五引《廣雅》

“臉，縣孰也”，《玉篇》“臘，臉羹也”，《集韻》引《埤蒼》“臉，膗也”。羹、膗皆是孰也。《玉篇》“肰，古文㸃”，與㲋字形相近。

少　原

《釋地》：“少原。”頤煊案，“少原”當作“少海”。《淮南·墬形訓》“東方曰大渚，曰少海”，高誘注：“東方多水，故曰少海。亦澤名也。”

王白萯也

《釋草》“王白，萯也”，王氏《疏證》：“未詳。”頤煊案，“白”當是“瓜”字之譌。《禮記·月令》“王瓜生”，鄭注：“王瓜，萆挈也。今《月令》云‘王萯生’，《夏小正》云‘王萯秀’。”是“王瓜”一名“萯”也。

字　林

《隋書·經籍志》：“《字林》七卷，晋惍令吕忱撰。”陳振孫《書録解題》：“《字林》五卷，晋惍令吕忱撰，太乙山僧雲勝注。”其書至元始亡，近世任氏大椿撰《字林考逸》七卷，其弟兆麟復補正刊行，今據以訂正。

藐小兒笑也

卷一："藐，小兒笑也。"頤煊案，遍檢字書，"藐"無此訓。王氏引之《經義述聞》："《文選·寡婦賦》'孤女藐焉始孩'，李善注：'《廣雅》曰：藐，小也。《字林》曰：孩，小兒笑也。'是小兒笑乃釋'孩'字，非釋'藐'字。俗本《文選注》脱'孩'字，遂以'藐'爲小兒笑，其失甚矣。"

蘮蒘也

"蘮，蒘也，似芹。"頤煊案，《説文》無蘮字。《爾雅·釋草》"蘮蒘，竊衣"，郭璞注："似芹，可食。"《説文》"蔮，艸之小者，從艸，𠷎聲。𠷎，古文鋭字，讀若芮"，蔮即蘮字。從艸從罽，是後人所造。

犍從牛也

"犍，從牛也。"頤煊案，《説文新附》"犍，犗牛也"，《一切經音義》卷十四引《通俗文》"以刀去陰曰犍"，《淮南·氾論訓》"禽獸可羈而從也"，凡牛已犗者即馴從，故亦謂之從牛。《顔氏家訓·書證》篇引《戰國策》"寧爲雞尸，無爲牛從"，延篤以"從"爲"牛子"，非是。

咀齰也

“咀，齰也。嚼，咀也。”頤煊案，《一切經音義》卷六“咀，《字林》作齟，《説文》作咀”，可證《字林》口部無“咀”字。下引《通俗文》“咀齧曰嚼，音才弱反，《字林》咀齰也”，此“嚼”字訓，非“咀”字訓。

喁衆口上見

“喁，衆口上見。”頤煊案，《説文》“喁，魚口上見”，此“喁”字本義也。《漢書·司馬相如傳》“喁喁然”，《王莽傳》“天下喁喁”，師古曰：“喁喁，衆口向上也。”此“喁”字單訓，不應改“魚”作“衆”。

唼血也

“唼，蠱食曰唼，唼血也。亦蠱食曰唼也。”頤煊案，《一切經音義》卷六：“唼，古文噍，又作呻。《通俗文》‘入口曰咂’，《字林》‘唼血也，亦蟲食曰唼也’。”此當作“咂，唼血也”，“蠱食”亦“蟲食”之訛。

目有所恨

卷二：“眕，目有所恨也。”頤煊案，《説文》“眕，目有所恨而止也”，此當脱“而止”二字。《左氏·隱三年傳》

“憾而能眕者鮮矣”，《爾雅·釋言》“眕，重也”，重謂重難，亦有恨而止之義。

群羊相積

“羶，群羊相積也。”頤煊案，《説文》“羶，群羊相羵也”“羏，羊相羵也”“羵，羏羵也”，羵謂漬漸，“積”是“羵”字之訛。

食所遺也

“胏含，食所遺也。”頤煊案，《説文》：“𦙶，食所遺也，從肉，仕聲。《易》曰：噬乾𦙶。重文作‘胏’。”《字林》本於《説文》，字作“𦙶”，“含”即“𦙶”字之訛，不應重出“胏”字。

欃水門也

卷三：“欃，水門也。”頤煊案，《集韻》引《字林》“欃，水門也”，《類篇》引《字林》作“牄，水門也”，《玉篇》“牄，版也”。

槳艸木動聲

“槳，艸木動聲。”頤煊案，槳通作蔡字。《説文》“蔡，艸聲”，今誤作“艸也”，《史記·司馬相如列傳》“噏呷萃蔡”，《集解》駰案：“《漢書音義》曰：萃蔡，衣聲也。”《玉篇》：“𧝍，聲也。”𧝍即𢢆字。

稆劝稻

“稆，劝稻今年死，來年自生曰稆。”頤煊案，遍檢字書，無稆字。《説文》“秜”字注：“稻今年落，來年生，謂之秜。從禾，尼聲。”稆當是“秜”字之訛。《後漢書·光武紀》“野穀旅生”，李賢注：“不因播種而生，故曰旅，今字書作穭。”《玉篇》：“穭，自生稻。”“劝”疑“旅”字之訛。

偎仿佛

卷四：“偎，仿佛皃不審也。”頤煊案，皃當是見字之訛，偎通作僾字。《説文》：“僾，仿佛也。從人，愛聲。《詩》曰：僾而不見。”《玉聲》：[①]“偎，愛也。”古字當通用。

侣勇壯皃

“侣，勇壯皃。”頤煊案，“侣”無勇壯訓，當是“仡”字之訛。《説文》：“仡，勇壯也。從人，气聲。《周書》曰：

① “玉聲”，當是“玉篇”之訛。

仡仡勇夫。”《公羊·宣六年傳》“仡然從乎趙盾”，何休注：“仡然，壯勇貌。”

半浣水

卷五：“湔水，半浣水也，下注江。”頤煊案，《水經·江水注》：“湔水出綿虒縣之玉壘山，吕忱云：一曰半浣水也，下注江。”《説文》：“湔水出蜀郡綿虒玉壘山東南，入江。一曰手瀚之。”《水經注》訛“手”爲“半”，又以“半浣”爲水名，此酈氏之訛，非《字林》之原文也。《一切經音義》卷八引《字林》“湔，浣也”，斯得之矣。

施罟於道

卷六：“𢹂，施罟於道也。一曰以弓罥鳥獸也。”頤煊案，《玉篇》“弶，施罝於道也”，《一切經音義》卷十八引《字書》“施罥於道曰弶，今畋獵家施弶以取鳥獸者，其形似弓也”，《集韻》引《字林》“弶，施罟於道”已見下文，此俗字，不當重出。

蝮　蛸

卷七：“蝮，蝮蛸，蟬皮也，猶蛣蜣。”頤煊案，《一切經音義》卷十三引下句作“猶蛣蜣變爲蟬也”，此脱“變爲蟬也”四字。

埵堅土也

卷七：“埵，丁果翻，聚土也。”頤煊案，《一切經音義》卷六“埵，《字林》‘丁果反，聚土也’”，卷十四“埵，都果反，《字林》‘堅土也’”。《説文》“埵，堅土也，從土，垂聲。讀若朶”，今俗猶以堆土爲垛，“堅土”當是“聚土”之訛。

坊别屋也

“坊，别屋也。”頤煊案，别屋當作列屋。《周禮·司市》“以陳肆辨物而平市”，鄭注：“陳猶列也。”《漢書·食貨志》“小者坐列販賣”，師古曰：“列者，若今市中賣物行也。”後世坊厢當因此得名。

卷十一

臨海洪頤煊

玉　篇

《封氏聞見記》："梁朝顧野王撰《玉篇》三十卷，凡一萬六千九百一十七字。"今本題顧野王撰本，孫强增加字，舊一十五萬八千六百四十一言，新五萬一千一百二十九言。《梁書·蕭子顯傳》："先是時，太學博士顧野王奉令撰《玉篇》，太宗嫌其書詳略未當，以蕭愷博學，於文字尤善，使更與學士删改。"則《玉篇》非野王之舊矣。《玉篇》"脜"字注："野王案，柔色以蘊之，是以今爲柔字。""梟"字注："野王謂，縣首於木上竿頭，以肆大罪，秦刑也。"疑《玉篇》原本有野王案語，而後人删之。《法苑珠林》卷二十二引《玉篇序》有"開春申君墓，得其銘文，皆是隸字"，今亦無此文。

祧禮古文

示部：“祧，他幺切。遠廟也。禮，古文。”頤煊案，《周禮》“守祧”，鄭注：“故書祧作濯。鄭司農云：濯讀爲祧。”祧、濯同聲假借字，此從示作禮，是俗人所改，非古文。

玉　字

玉部：“玉，魚録切。《禮記》曰：君子比德於玉焉云云。玉，古文玉。欣救、思六二切。玉，工也，亦姓也。”頤煊案，《説文》：“王，象三王之連，丨其貫也。凡王之屬皆從王。”可證“王”字本無右旁一點，自隸書恐玉石之王混於帝王之王，因古文“玉”省去左旁一點，是以《説文》有“王”無“玉”。《玉篇》既存正文“王”，又兼俗字“玉”，玉、玉并取。後人求其説而不得，因謂玉石之“玉”點在三畫之側作“玉”，欣救、思六二切之“玉”點在二畫之側作“玊”，謬更遠矣。

鎏亦作鏐

“鎏，力牛切。《説文》云：‘垂玉也，冕飾。’又美金也，亦作鏐。”頤煊案，《爾雅·釋器》“黄金謂之盪，其美者謂之鏐”，《尚書·禹貢》“鏐鐵銀鏤”，《史記·夏本紀》集解引鄭注：“黄金之美者謂之鏐。”金、玉同色，故借“鏐”爲“璆”。當在上文“璆”字注下，非“鎏”之通借字。

鄌亦作酇

邑部：“鄌，祚柯切。沛郡縣也。亦作酇。”頤煊案，《説文》：“鄌，沛國縣。從邑，虘聲。”《漢書·高帝紀》“相國酇侯”，臣瓚曰：“《茂陵書》：何封國在南陽。酇音贊。”師古曰：“瓚説是也。而或云何封沛郡酇縣，音才何反，非也。《地理志》南陽酇縣云‘侯國’，沛酇縣不云‘侯國’也。”小顔本沛郡鄌縣作“酇”，與南陽酇同，是六朝傳寫譌本，非“鄌”字通轉。此“鄌”下不應有“亦作酇”三字。

娙　娙

女部：“娙，亡丁切。《説文》曰：‘嫈，娙也。一曰：娙娙，小人皃。’”頤煊案，此即《論語》“硜硜然小人哉”之異文。《孟子·公孫丑下》作“悻悻”，《音義》作“悻悻”，皆同聲通用字。

嬉婦人之稱也

“嬉，許宜切。婦人之稱也。”頤煊案，此即“姬”之俗字。《漢書·文帝紀》“母曰薄姬”，如淳曰：“姬音怡，衆妾之總稱。”今俗稱妾爲姨，誤矣。

靦字作靤

面部：“靦，他典切。《詩》云：有靦面目。靦，姡也。”“䩄，《字書》靦字。”“靤，同上。”頤煊案，《爾雅·釋言》：“靦，姡也。”《釋文》引舍人云：“靦，擅也。”擅即䩄、靤之訛，陸德明“謂自專擅之貌”，非是。

眮轉目視

目部：“眮，大孔、大貢二切。轉目視。”頤煊案，《説文》：“眮，吴楚謂瞋目顧視曰眮。”《方言》：“矔眮，轉目也。梁益之間瞋目曰矔，轉目顧視亦曰矔，吴楚曰眮。”《後漢書·梁冀傳》“洞精矘眄”，李賢注：“洞，通也。”洞即眮字。

言哢

口部：“哢，力凍切。言哢也。”頤煊案，哢即哢字。《廣韻·一送》：“哢，郭云：鳥吟。”後魏孝文帝《弔比干文》“執垂益而談卡兮”，《營州刺史高貞碑》“清暈發於載卡”，卡即“弄”字。《説文》：“筭，從竹，從弄。”《論語集解》

“筭”作“竿”。從竹從卞，故俗復以卡字爲之。“言咔”當是“音咔”之訛。

⿰忄蟲⿰忄蟲

心部：“忪，徒冬切。憂也。”“⿰忄蠱，同上。⿰忄蠱⿰忄蠱，憂也，出《楚辭》。”頤煊案，《楚辭·雲中君》“極勞心兮⿰忄蟲⿰忄蟲”，王逸注：“⿰忄蟲⿰忄蟲，憂心貌。”《廣雅·釋訓》：“⿰忄蟲⿰忄蟲，憂也。”⿰忄蠱是⿰忄蟲字之訛。

信古文訬

言部：“信，思刃切。明也，敬也。《論語》曰：信近於義，言可復也。”“訬，古文。又作㐰。”頤煊案，《説文》“信，古文㐰，從言省。訫，古文信”，從言從心，訬當是訫字之訛。

囂嚻不同

㗊部：“囂，許朝切。喧譁也。”“嚻，荒貫切。呼也。與喚同。”頤煊案，《説文》：“囂，聲也，气出頭上。從㗊，從頁。頁，首也。”“嚻，呼也。從㗊，莧聲，讀若讙。”二字音義迥別。《爾雅·釋言》“⿰囂阝，閒也”，郭璞注：“囂然閒暇貌。”《孟子·盡心上》“人知之亦囂囂”，趙岐注：“囂囂，自得無欲之貌。”字當作“囂”。《周禮·司虣》“禁其鬬囂者”，鄭注：“囂，讙也。”《左氏·成十六年傳》“在陳而囂”，杜預注：“囂，喧嘩也。”字當作嚻。今經典多通用。

㚇　拜

夊部：“㚇，子對、子卧二切。拜失容也。又詐也。亦作蓌，《禮記》云：無蓌拜。”頣煊案，《説文新附》：“㚇，拜失容也。從夊，坐聲。”徐鉉所見《禮記》本亦作“㚇”字，不從艸。陸德明《釋文》：“蓌，盧本作蹲。”《史記集解》徐廣曰：“古蹲字作踆。”《説文》：“夋，行夋夋也。一曰倨也。”倨與踞同，㚇疑即夋字之訛。餘詳見《筠軒文鈔》第七卷。

這　字

辵部：“這，宜箭切。迎也。”頣煊案，《説文》：“誕，詞誕也。從言，延聲。籀文作譠。”這即譠字。《一切經音義》卷三引《三蒼》“適，古文啇、這二形同，之尺反”，《三蒼》所引“這”當是“適”字之訛。

闖或作覘

門部：“闖，敕蔭切。馬出門皃。《公羊傳》曰：‘開之則闖然。’何休云：‘闖，出頭皃。’或作覘。”頤煊案，當作覢。《説文》：“覢，暫見也。從見，炎聲。《春秋公羊傳》曰：覢然公子陽生。”

欃木蘭

木部：“欃，仕衫切。木蘭也。”頤煊案，《史記・司馬相如列傳》“欃檀木蘭”，《集解》駰案：“《漢書音義》：欃檀，檀别名也。”欃非即木蘭，“木蘭”疑“水門”之訛，見《字林》。

莁　蕍

艸部：“莁，撫俱切。莁蕍花皃。”頤煊案，《文選・吴都賦》“異荂蓲蘛”，劉淵林注：“蓲，華也。”李善注：“蓲與敷同。”莁即蓲字之省。

𩣡　字

马部：“𩣡，胡閤切。會也。”頤煊案，《穆天子傳》“㽞𤲞爲右”，《列子・周穆王》篇“𪓰𥁕爲右”，張湛注：“上齊下合，此古字未審。”此𩣡字與合音相近，當即本於《列子》。㽞、𤲞皆𩣡字之訛。

輹筐也

車部："輹，房六切。筐也。""軖，同上。"頤煊案，《説文》："輹，車軸縛也。從車，复聲。《易》曰：輿脱輹。""軖，車笭間皮篋，古者使奉玉以藏之。從車、玨，讀與服同。"二字異義，經典"輹"字無筐訓，此疑誤。

映明也

日部："映，於敬切。明也。"鈕氏樹玉《説文新附考》："《孟子·盡心》篇'君子所性，仁義禮智根於心，其生色也睟然，見於面，盎於背'，'盎'與'見'對，是'盎'義近'映'。疑古作'盎'字。"頤煊案，《詩·庭燎》"夜未央"，毛《傳》："央，旦也。"《説文》："旦，明也。"鄭《箋》："夜未央，猶言夜未渠央也。"未渠央即未遽明。《六月》"白旆央央"，毛《傳》："央央，鮮明貌。""映"字疑古作"央"，後人加"日"旁耳。

獄辨獄官也

狱部："獄，息利、息梨二切。辨獄官也，察也。今作伺覗。"頤煊案，《説文》："獄，司空也。從狀，臣聲。復説：獄司空。"許所見"獄司空"有作"獄司空"者，故引復説以證之。此獄字“辨獄官也”，與《説文》義同，“今作伺覗”是俗字。段氏玉裁《説文注》疑“空”爲衍字，直作“獄伺”也，非是。《太平御覽》卷六百四十三引《風俗通》“犴，司空也”，《高彪碑》“犴”作“狱”，義與“獄司空”同。

豟豕五尺

豕部：“豟，於隔切。豕五尺。”“豝，章移切。豕高五尺。丁角切。”頤煊案，《爾雅·釋畜》“彘五尺爲豟”，郭璞注：“尸子曰：大豕爲豟，五尺，今漁陽呼豬大者爲豟。”豝即豟之訛字。

鳶鳶字異

鳥部：“鳶，以專切。鴟類也。”“鳶，同上。”頤煊案，鳶即鶚字，《説文》無“鳶”字，“鳶”字次在“鷻”字下，“匪鷻匪鶚”，所稱或三家異文，後人據《毛詩》即以“鳶”字當之，非也。《爾雅·釋鳥》“鳶烏醜”，《釋文》：“鳶字亦作戴。”《漢書·五行志》“有戴焚其巢”。《説文》當有此字，而傳寫脱之。

蠠當作蠠

䖵部：“蠠，亡吉切。勉也。又蠭甘飴也，今作蜜。”

“蠠，同上。”頤煊案，《爾雅·釋詁》“蠠没，勉也”，《釋文》：“蠠，本或作蠠。《説文》曰：蠠，古蜜字。”蠠，正字，蠠，俗字。今有“蠠”無“蠠”，非是。

抗仙掌

《文選·西都賦》：“抗仙掌以承露。”頤煊案，曹子建《又贈丁儀王粲詩》“承露概泰清”，李善注：“《西都賦》‘扢仙掌與承露’，《廣雅》曰‘扢，摩也’，‘概’與‘扢’同，古文通。”此“抗”是“扢”字之訛。

埃　堨

“軼埃堨之混濁”，李善注：“許慎《淮南子注》：堨，埃也。堨與壒同，於害切。”頤煊案，據注，堨當作壒。《後漢書·班固傳》《蜀都賦》《魏都賦》李注引，俱作“軼埃壒之混濁”，字尚不誤。

功有横

《東都賦》：“功有横而當天。”頤煊案，《禮記·樂記》“號以立横，横以立武”，鄭注：“横，充也。”《漢書·王莽傳》“昔唐堯横被四表”，《後漢·馮異傳》“横被四表，昭假上下”，此謂功有横以當天心，本《古文尚書》，李注不釋

“横”字之義。

范氏施御

“由基發射，范氏施御，弦不睼禽，轡不詭遇。”頤煊案，李注引《括地圖》以釋“范氏施御”，引《孟子》以釋“轡不詭遇”。《後漢書·班固傳》李賢注：“范氏，趙之御人也。”引《孟子》爲證，改“範我”作“范氏”，宋本《文選注》因之，非是。

大厦眈眈

《西京賦》“大厦眈眈”，薛綜注：“眈眈，深邃之貌也。”頤煊案，《史記·陳涉世家》“夥頤，涉之爲王沈沈者”，《集解》應劭曰：“沈沈，宫室深邃之貌也。”眈眈即沈沈，古同聲通用字。

龍　䪙

《東京賦》“日月會於龍䪙”，薛綜：“音鬭。”錢氏大昕《文集》：“《廣韻》四覺部‘䝘’訓龍尾，又與‘豚’同，乃悟‘䪙’爲‘䝘’之譌。《廣雅》云：豚，臀也。故龍尾亦有龍䝘之稱。”頤煊案，《玉篇》無䝘字，䪙字注“音卓，龍尾”，今本作“龍車”，涉“卓”字而譌也。古字龍、尨通用，豵字俗作豱，豱又訛爲豞也。薛綜音鬭，《玉篇》音卓，聲之轉耳。

三都賦注

《三都賦》李注：“《三都賦》成，張載爲注《魏都》，劉逵爲注《吴》《蜀》，自是之後，漸行於世。”頤煊案，今本三賦俱題劉淵林注，《南都賦》李注引張載《吴都賦注》，《後漢書·臧宫傳》李賢注引張載《蜀都賦注》，三賦本一注，或劉，或張，由所題之本異耳。《三國志·衛臻傳》裴松之注：“衛瓘作左思《吴都賦》叙及注，叙麄有文辭，至於爲注，了無所發明，直爲塵穢紙墨，不合傳寫。”《世説新語·文學》篇劉孝標注：“劉淵林、衛伯輿并早終，皆不爲思賦序注。凡諸注解皆思自爲，欲重其文，故假時人名姓也。”

矆　焉

《魏都賦》“矆焉相顧”，劉淵林注：“矆，懼也。《左傳》曰：駟氏矆懼。”善曰：“張以‘㥰’，先隴反，今本并爲‘矆’。”頤煊案，今本《左氏傳》作“聳懼”，《説文》引《春秋傳》曰“駟氏㥰懼”，正與張注合，李善本作“矆”字，是後人所改。

昆吾

《子虛賦》“琳瑉昆吾”，李注：“張揖曰：昆吾，山名也，出美金。尸子曰：昆吾之金。”頤煊案，《史記·司馬相如列傳》作“琳瑉琨珸”，《索隱》：“司馬彪曰‘琨珸，石之次玉也’。《河圖》云‘流州多積石，名琨珸石，鍊之成鐵，以作劍，光明如水精’。”《穆天子傳》：“天子升於采石之山，於是取采石焉，天子使重䍃之民，鑄以成器於黑水之上。”即此類。

瑊玏

“瑊玏玄厲”，李注：“張揖曰：瑊玏，石之次玉者。”頤煊案，《説文》“玪塾，石之次玉者”，是同聲通用字。

薛莎青薠

“薛莎青薠”，李注：“張揖曰：薛，藾蒿也。”頤煊案，《漢書·司馬相如傳》作“薜”，《史記·司馬相如列傳》作“薜”，《爾雅·釋草》“苹，藾蕭”，郭璞注：“今藾蒿也。”三字形聲皆相近。

肸蠁

《上林賦》“肸蠁布寫”，李注：“司馬彪曰：肸，過也，芬芳之過，若鑾之布寫也。”頤煊案，《説文》：“肸蠁，[1] 布也。”肸通作屑字。《漢書·武帝紀》“屑然如有聞”，屑亦聲也，《説文》“偞，聲也，讀若屑”，又云“屑，動作切切也”，切切亦謂聲也。

揜焦朋

“揜焦朋”，李注：“張揖曰：焦朋似鳳，西方之鳥也。”頤煊案，焦朋，當依《史記》《漢書》作“焦明”。《説文》：“鸘，五方神鳥也，東方發明，南方焦明，西方鸘鷞，北方幽昌，中央鳳皇。”明、昌、皇、鷞皆同聲字。《吴都賦》“稽鶅鵬”，《玉篇》鳥部字亦作鵬。

虹蜺爲繯

《羽獵賦》“虹蜺爲繯”，李注：“韋昭曰：繯，旗上繫也。”頤煊案，《後漢書·馬融傳》“繯橐四野之飛征”，李賢注：“《説文》曰：繯，落也。《國語》曰：繯於山有牢。賈逵注：繯，還也。”今《國語·齊語》作“環”，韋昭注：“環，繞也。”謂以旌旂繯繞之，以爲獵場也。

① “蠁”，《説文解字》作“響”，段玉裁《説文解字注》作“蠁”，洪頤煊從段。

窮冘閼與

“三軍芒然，窮冘閼與”，李注：“孟康曰：冘，行也。閼，止也。言三軍之盛，窮閼禽獸，使不得逸漏也。”頤煊案，“冘與”即“冘豫”，亦謂猶豫，謂禽獸奔竄未定者，皆窮遏之，使不得逸也。老子《道經》“與兮若冬涉川，猶兮若畏四鄰”，《淮南・兵略訓》“擊其猶猶，陵其與與”。冘、與分言之，其義同也。

迄　丐

《西征賦》“咨景悼以迄丏”，頤煊案，《水經・洛水注》：“魏司徒公崔浩注《西征賦》云：‘定’當爲‘敬’。”崔所見本作“迄定”，李善本作“迄丏”。丏，敬王名也，丏、定字形相近。

兩　絶

《鸚鵡賦》：“何今日之兩絶，若胡越之異區。”頤煊案，王仲宣《贈蔡子篤詩》“一别如雨”，李注：“《鸚鵡賦》‘何今日以雨絶’，陳琳《檄吴將校》曰‘雨絶于天’，然諸人同有此言，未詳其始。”此“兩”是“雨”字之訛。

玉　府

《赭白馬賦》“祕寶盈於玉府”，李注：“《周禮》曰：玉府掌王之金玉玩好。《尚書》曰：玉府則有。”頤煊案，今《尚書·五子之歌》作“王府則有”，是譌字。

塞　門

“簡偉塞門”，李注：“塞，紫塞也。有關，故曰門塞。或爲寒，非也。”頤煊案，《漢書·司馬相如傳》“遺屯騎於玄闕兮，軼先驅於寒門”，應劭曰：“寒門，北極之門也。”《後漢書·張衡傳》“望寒門之絶垠兮，縱余紲乎不周”，李賢注：“《淮南子》曰：北極之山曰寒門。”二字本此。

違世業

《幽通賦》“違世業之可懷”，李注：“曹大家曰：違，恨也。‘違’或作‘愇’，愇，亦恨也。”頤煊案，《廣韻》：“愇，《字書》云：恨也。”《玉篇》：“愇，怨恨也。”《漢書·叙傳》作“愇”，師古曰：“‘愇’字與‘韙’同，韙，是也。”義與此異。

刻　石

“妣聆呱而刻石兮”，李注：“應劭曰：刻，其必滅羊舌氏，本或爲‘劾’。項岱曰：舉罪曰劾。”頤煊案，字書無“刻”字，當是“劾”字之訛。《漢書·叙傳》作“刻”，應劭曰：“刻，知其後必滅羊舌氏。”此引應劭，字當作“刻”。項岱本作“劾”。《文選》從項岱本，注引應劭，故云“本或爲劾”。

揥

《文賦》“意徘徊而不能揥”，李注：“《説文》曰：‘揥，取也。佗狄切，協韻佗帝切。’或爲禘，禘，猶去也。”頤煊案，揥，本“摘”字，依注當作“擶”。《説文》：“擶，撮取也。”與所引《説文》義合。《左氏正義》引賈逵注：“禘者，遞也。審諦昭穆，遷主遞位。”是禘有去義也。

蒱　盧

張茂先《勵志詩》“蒱盧縈繳”，李注：“蒱盧，舊説云：即蒲且也。《汲冢書》曰：蒲且子見雙鳥，其不被弋者亦下。”頤煊案，且，古字作“虘”，與“盧”字形相近因訛。

荑稊不同

謝靈運《從游京口北固應詔詩》“原隰荑緑柳”，李注：“《大戴禮·夏小正》曰：正月柳稊，稊者，發孚也。荑與稊音義同。”頤煊案，《詩·静女》“自牧歸荑”，毛《傳》：

“荑，茅之始生也。”凡草本之初生，通名曰荑。《説文》無“稊”字，通作“蕛”。《爾雅·釋草》“蕛苵”，郭璞注：“蕛，似稗，布地生，穢草。”荑、稊不同，古字多通用，《夏小正》“柳稊”是借“荑”爲“稊”也。《孟子·告子上》“不如荑稗”，是借“蕛”爲“荑”也。

連畛

阮嗣宗《詠懷詩》“連畛距阡陌”，李注：“軫，當爲畛。宋衷《太玄經注》曰：畛，界也。《説文》曰：畛，井田間陌也。”頤煊案，“連畛”本作“連軫”，今本作“畛”，是後人據注改。

承明廬

曹子建《贈白馬王彪詩》“謁帝承明廬”，李注：“陸機《洛陽記》曰：承明門，後宫出入之門，吾嘗怪‘謁帝承明廬’，問張公，云：魏明帝作建始殿，朝會皆由承明門。”頤煊案，《三國志·文帝紀》注：“臣松之案，諸書記，是時帝居北宫，以建始殿朝群臣，門曰承明，陳思王植詩曰‘謁帝承明廬’是也。至明帝時，始於漢南宫崇德殿起太極、昭陽諸殿。”然則建始殿是文帝作，非明帝也。

出爲河間相

張平子《四愁詩序》“張衡不樂久處機密，陽嘉中出爲河間相”，李注：“范曄《後漢書》曰：‘順帝初，衡復爲太史令，陽嘉元年，造風候地動儀。永和初，出爲河間相。’而此云‘陽嘉中’，誤也。”頤煊案，《後漢書》本傳：“永和初，出爲河間相，視事三年，上書乞骸骨，徵拜尚書。永和四年卒。”衡之出爲河間相，或在陽嘉七年正月己巳，永和未改元以前。

燕　髀

《七命》“燕髀猩脣”，李注：“《吕氏春秋》‘伊尹説湯曰：肉之美者，雟燕之髀’，《説文》曰：髀，股外也。”頤煊案，今《吕氏春秋·本味》篇作“雋觾之翠”，“翠”或作“臎”，《玉篇》：“臎，鳥尾上肉也。”與“髀”字形相近，因訛。

即主臣

《奏彈曹景宗》“不有嚴刑，誅賞安寘，景宗即主”，李注：“主謂爲主首也。王隱《晉書》：庾純自劾曰‘醉酒荒迷，昏亂儀度，即主臣。謹按河南尹庾純云云’。然以‘主’爲句，‘臣’當下讀也。”頤煊案，“即主臣”三字當連讀，

“即主臣”猶言今掌事之臣，例當彈糾。《漢書·王陵傳》“平謝曰：主臣，陛下不知其駑下，使待罪宰相”，《馮唐傳》“主臣，陛下雖有廉頗、李牧不能用也”，亦“主臣”二字連讀之證。

弭節

《爲鄭沖勸晋王牋》“迴戈弭節，以麾天下”，李注：“《長楊賦》曰：迴戈聊指，南越相夷，靡節西征，羌僰東馳’，今以‘靡’爲‘弭’，誤也。”頤煊案，此與《長楊賦》“靡節”異。《説文》云：“摩，旌旗，所以指麾也。從手，靡聲。”靡即摩字，通作麾。《離騷》“吾令羲和弭節兮”，《湘君》“夕弭節兮北渚”，王逸注：“弭，按也。”義與此同。

侮食

《三月三日曲水詩序》“侮食來王”，李注：“《漢書·匈奴傳》曰：壯者食肥美，老者食其餘，貴壯健，賤老弱也。古本作‘脢食’。《周書》曰：東越侮食。”頤煊案，昭明本當作“脢食”，與“腜”字通用。《廣雅·釋訓》“腜腜，肥也”。故注引《匈奴傳》以證“肥食”。古本作“侮食”，故注引《周書》。今本是後人誤乙。

史孝山

《出師頌》“史孝山”，李注：“范曄《後漢書》曰：王莽末，沛國史岑，字孝山，以文章顯。《文章志》及《集林》《今書七志》并同，皆載岑《出師頌》，而《流别集》及《集林》又載岑《和熹鄧后頌》并序。計莽之末，以迄和熹，百有餘年，蓋有二史岑。字子孝者，仕王莽之末。字孝山者，當和熹之際。但書籍散亡，未詳孝山爵里，諸家以孝山之文，載於子孝之集，非也。”頤煊案，今本《後漢書·王隆傳》“初，王莽末，沛國史岑子孝亦以文章顯”，并不字“孝山”。《注》意引范書，亦當作“字子孝”，今本“字孝山”三字是後人誤改。

離　斐

《辨亡論上》“丁奉、離斐以武毅稱”，頤煊案，《晋書·陸機傳》《魏志·三嗣主傳》裴松之注，引機此《論》皆作“丁奉、鍾離斐”。《魏志》有“鍾離牧”，而無“鍾離斐”，“斐”或“牧”字之訛。《文選》本“離”上脱“鍾”字，李善因以“黎斐”當之，非也。

寶　刹

《一切經音義》卷一《大方廣佛華嚴經第一》：“刹，又作擦，同，音察。案，刹，書無此字，即‘刹’字略也。刹，音初一反。浮圖名刹者，訛也。”頤煊案，北魏《敬使君碑》“建七層之寶剎”，“剎”與“刹”字形相近，今省作“刹”，非是，“寶剎”即“寶塔”，故以爲浮圖名。

傑　字

《第五》：“㷀，古文㤮、傑二形。”頤煊案，傑是傑字之訛。《廣雅·釋詁》：“傑，獨也。”《方言》“傑，特也”，郭璞注：“傑，古㷀字。”

八　梵

《第七》：“八梵，八種梵音。”錢氏坫曰：“漢《街彈碑》‘梵梵黍稷’，知‘梵’即‘芃’字異文。”頤煊案，《玉篇》：“梵，扶風、扶泛二切。木得風皃。”《説文》：“颿，草得風皃。從艸、風，讀若婪。”從艸、從木同體，梵、芃、颿三字皆通用。

𠠥　裂

《第五十八》：“𠠥，宜作攫，九縛、居碧二反。《説文》‘攫，爪持也’，《淮南子》云‘獸窮則攫’是也。”頤煊案，經文“𠠥裂”，《佛本行集經》作“摑裂”，𠠥即摑字。《廣雅・釋詁》“掝，裂也”，俗作“摑”字。《説文》“攫，扟也”，與“掝”字義别。

牚　柱

《大集日藏分經第六》：“牚柱，敕牚、恥孟二反。今謂邪柱爲牚也。經文作棖，非體。”頤煊案，《大集月藏分經》：“棖，《説文》作撐，柱也，音紂庚反。《字統》作棖，丈庚反。”《文選・魯靈光賦》“枝牚杈枒而斜據”，張載注：“牚或作棖。”又作“撐”“棠”，二形古字皆通用。

聲　嘶

卷二《大般涅槃經第五》：“聲嘶，又作廝，同，蘇奚反。《埤蒼》‘嘶，聲散也’。經文作嘶，悲聲也。嘶，噎也。嘶非此義。”頤煊案，① 卷十四引《通俗文》“凡病而瘖，瘖而聲散曰嘶”。《漢書・王莽傳》“大聲而嘶”，師古曰：“嘶，聲破也。”古字通用。

寱　言

《第八》：“寱言，牛世反，《通俗文》‘夢語謂之寱’，《説文》‘瞑語也’，《聲類》‘不覺妄言也’。經文多作

① “案”,原缺,據體例及光緒本補。

‘譋’，案，字與‘諂’同，佞言也，今多以是鹽、以占二反，此或俗語假借字。”頤煊案，“譋”是“譫”字假借，非“諂”字。《素問·熱論》篇“不欲食譫言”，王砅注：“譫言，謂妄謬而不次也。”與“寱言”義近。

憒內

卷三《摩訶般若波羅蜜經第二十七》：“憒內，公對反，下女孝反。《説文》‘憒，亂也’，《韻集》‘內，猥也。猥，衆也。’字從市從入，經文從鬥作‘鬧’，俗字也。”頤煊案，《維摩經》經文作“憒亂”，《説文》“亂”作“䜌”，“內”疑即“䜌”字之壞，後人又別作“鬧”，非也。

揨即打字

《放光般若經第十七》：“敼，又作敦、亭二形，同，丈鞭、丈莖二反。《三蒼》‘敼，橦也’，《通俗文》‘撞出曰打’，今之以木，若鐵撞出空中物更補之謂之敼。”頤煊案，《月光童子經》“古文敼、敦、楟三形”，《説文》“朾，橦也。從木，丁聲”，即“楟”字之省，俗從手作“打”字。

須䕘天

《道行般若經第三》：“須䕘天，《三蒼》音帝，郭訓《古文奇字》以爲古文‘逝’字,《中陰經》作‘須滯天’, 經文從無從足作‘躠’, 音讀作‘武’, 非也。”頤煊案,《史記·平準書》索隱引《古今字詁》“躖, 今滯字”,《夏小正》“遰鴻雁”,《説文》“遰, 往也”, 遰、躖古字通用。帶亦作帶, 躠即躉字之訛。

眼瞼

卷五《成具光明定意經》:“眼瞼, 居儼反。《字略》云‘眼外皮也’, 經文作睫、眊二形, 并非此用。”頤煊案,《大智度論》:“睞又作睫,《釋名》作甦, 同, 子葉反。《説文》: 目旁毛也”, 與“瞼”字義别。《説文新附》“瞼, 目上下瞼也”, 即《説文》“矏”字,“目旁薄緻宀宀也”, 俗謂之眼檐, 詳見上《説文》。

虨字

《觀世音菩薩授記經》:“煸爛, 又作虨、玢二形, 同, 補閒反, 下又作斕。《埤蒼》‘文貌也’,《通俗文》云‘文草謂之煸爛’。”頤煊案,《説文》:“彪, 虎文彪也。從虍, 彬聲。”與“彬”字通用,“彪”省作“虨”, 訛作“虨”字。《正法華經》“煸, 又作虨、玢二形”, 字尚不誤。

竇　塔

卷六《妙法蓮華經第一》："寳塔，案'塔'字諸書所無，唯葛洪《字苑》云'塔，佛堂也'，音他合反。"頤煊案，塔，古當作"闒"字。《説文》："闒，樓上户也。從門，㒳聲。"又通作"榻"，《通俗文》"牀三尺五曰榻"。皆與佛堂義近，後累石爲之，因改作"塔"字。《漢書·貨殖傳》"荅布千石"，《史記·貨殖列傳》作"榻布"，《文選·上林賦》"鏗鎗闛鞈"，李善注："鞨與鞈古字通。"皆其證。

羯　鴨

卷七《方等般泥洹經下》："羯鴨，案諸經皆作鶡鴨，鶡似雉而大，青色有毛角，若鬥，死乃止也，故武人戴鶡冠以像之也。"頤煊案，《禮記·月令》"鶡旦不鳴"，鄭注："鶡旦，求旦之鳥也。"《廣雅·釋鳥》："鶡鴠，鴇鴠也。"《方言》："鴇鴠，自關而西秦隴之内謂之鶡鴠。"鴨當是鴠字之訛。

喫　酒

卷八《無量清净平等覺經下》："喫酒，口迹反，謂喫噉也。經文作噄，非體也。"頤煊案，《玉篇》："喫，去擊切。

唊，喫也。𠹭，同上。”説文無𠹭字。喫當是齧之俗字，契、挈古字通用。

櫪　撕

卷十二《修行道地經第五》：“櫪撕，《通俗文》‘考具謂之櫪撕’，《字林》‘椑指也’。”莊氏炘曰：“《字林》原作‘押其指也’，不可解。案，《説文》‘櫪撕，椑指也’。椑又作榫，《玉篇》‘榫撕，下枝也’，《廣韻》‘榫，枝下交皃。又木枝下也。又榫撕，小樹’。據此，知椑指是樹枝之下指者，因改。”頤煊案，《妙法蓮華經》：“壓，周成《難字》作‘窜’。窜，柲也。經文作‘柙’。”《説文》“櫪”“撕”承“桎”“梏”之後，當爲考刑之具。“椑指”是“柙指”之訛，此反據訛字以改《字林》，誤矣。

竹　篾

卷十五《僧祇經第四十》：“竹篾，亡畀反。《字林》‘折竹筤也’，筤，亡忍反，竹膚也。”頤煊案，字書無篾字，當是篾字之訛。《説文》“篙，① 筡也”“筡，折竹筤也”，《玉篇》“篾，同𥳽，亡支反”，其音亦合。《般若燈論》“《聲類》云‘篾，蔑也’，今蜀土及關中皆謂竹篾爲蔑，音彌”，蔑亦

① “篙”，据文義及《説文解字》，當作“篾”。

篡字之訛。

凹　凸

卷十九《佛本行集經第二十六》："凹凸，烏交反，下徒結反。《蒼頡篇》作'容突'，《抱璞子》云'凹，陷也。凸，起也'。"孫淵如觀察云："《說文》：，從到子，或作充。即《易》'突'字，知'凸'即'凷'字訛也。"頤煊案，《說文》無"凹"字，字書相承作"坳"，古"幼""幽"通用，"凹"即"幽"字異文，《玉篇》"𩕳，頭凹也"，即其證。

謇　吃

卷二十一《大菩薩藏經第六》："謇吃，居展反。《通俗文》'言不通利謂之謇吃'，又作'刋'，同，居展反。"頤煊案，《大智度論第二十八》："謇吃，《聲類》作讓，又作刅。《通俗文》'言不通利謂之刅吃'。"《玉篇》力部"扐，居偃切，難也，吃也。或作讓。"刋、刅皆是"扐"字之訛。

角　力

卷二十二《瑜伽師地論第一》："角力，古文斛，同，古學反。《廣雅》'角，量也。角，試也'，《說文》'角，平斗斛也’，皆單作角。”頤煊案，斛是斠字之譌。《説文》“斠，平斗斛也”，《大般涅槃經》“角，古文斠，同”，即其證。

柤字

卷二十五《阿毗達磨順正論第三十一》：“柤瀨，仕加反。《通俗文》‘刈餘曰柤’，《廣雅》‘柤，距也’，《詩》云‘如彼棲柤’是也。”頤煊案，《水經·漸江水》注：“浙江又東逕柤塘，謂之柤瀆。”劉淵林《吴都賦》注謂之“查浦”。《山海經·海外北經》“爰有甘柤”，郭璞注：“柤音柤梨之柤。”《爾雅·釋木》“樝梨曰鑽之”，《釋文》：“樝，側加反，字亦作查。”柤即樝字之省。柤又通作槎，《玉篇》：“槎，斫也。”《隋書·楊約傳》“墮地爲查所傷”，即“槎”字。今俗“查”字從木從旦，吏牘中用之，失其義矣。

卷十二

臨海洪頤煊

檢　撿

《五經文字》木部“檢”字注：“檢察之檢，居儉反。從手者，撿手之撿，音斂。”頤煊案，《説文》：“撿，拱也。”“拱，斂手也。”字本從手。《隸釋·任伯嗣碑》“奸軌檢手”，①《漢書·食貨志》“《孟子》亦非狗彘食人之食不知斂”，今《孟子》作“檢”，亦借木旁“檢”字爲之。

挭即擩字

手部：“挭，案字書無此字，見《禮經》。”頤煊案，《儀禮·公食大夫禮》“取韭菹，以辯擩于醢，上豆之間祭”，鄭注：“擩猶染也。”《特牲饋食禮》“右取菹，挭于醢，祭于豆間”，鄭注：“挭醢者，染於醢也。”挭即擩字。《隸釋·衛尉

① “隸釋”，當作“隸續”。洪頤煊引用《隸續》，皆統稱作《隸釋》。

衡方碑》“少以儒術”,《司隸校尉魯峻碑》“學爲偄宗”, 而、字形相似, 故“擩”又作“擩”。

犒　師

牛部:“犒, 勞師也, 見《春秋傳》。《周禮》借‘槁’字爲之。”頤煊案,《地官·牛人》“軍事, 共其犒牛”, 唐石經作“槁牛”, 賈《疏》云:“謂將帥在軍, 枯槁之賜牛。”字本作“槁”。《左氏·僖二十六年傳》“公使展喜犒師”, 服虔注:“以師枯槁, 故饋之飲食。”字亦作“槁”。《説文》無“犒”字。

延　字

廴部:“延, 案字書從廴者, 更有‘廸’字, 以經典及注并無其文, 故不出。”頤煊案,《説文》《玉篇》廴部無“廸”字。《説文》:“延, 安步延延也。從廴, 從止。”《玉篇》:“延, 丑延切。延延安步也。”廸當是延字, 石刻訛。

賾　嘖

貝部:“賾、嘖, 并助革反。上際也, 下至也。見《春秋傳》。”頤煊案, 賾、嘖古字通用,《易·繫辭》“聖人有以見天下之賾”,《釋文》:“京作嘖。”《正義》:“賾謂幽深難見。”《小爾雅·廣詁》:“賾, 深也。”遍檢字書,“賾”無際訓，未知其審。

胯字

肉部：“胯、胯，音跨，上《説文》，下經典，相承隸省。”頤煊案，《説文》肉部“胯，股也。從肉，夸聲”，無胯字。夊部“䍨，跨步也。從反夊”，與“胯”字相近。疑唐本《説文》肉部有“胯”，爲“胯”字正文，而今本脱之。

椄苴

艸部：“苴，七余反。又音查，見《詩·大雅》。”頤煊案，《詩·召旻》“如彼棲苴”，《一切經音義》引《詩》作“柤”，即“查”字，與“槎”字通用。《毛傳》“苴，水中浮草也”，字當作“苴”，七余反。鄭《箋》“如樹上之棲苴”，唐人皆讀爲“槎”字。

丱字

𦉫部：“丱，古患反，見《詩·風》。《字林》不見。又古猛反，見《周禮》。《説文》以爲古‘卵’字。”頤煊案，《詩·甫田》“總角丱兮”，毛《傳》：“丱，幼稺也。”《周禮·地官》“丱人”，鄭注：“丱之言礦也。”《説文》：“卵，冒也。古文作𨚖。”三字不同，據此皆作丱字。卯，石刻作夘，訛。

湏即頮字

彡部：“須，音需，面毛也，今借爲須待字。或須從水，訛。湏，火外反，物湏爛之湏。”頤煊案，《玉篇》“頮，火内切，洒面也”“沬，同上”“湏，古文”。湏即頮字之俗。

絮　字

衣部：“袽，《説文》作絮。京氏作絮，見《易》。”頤煊案，《易·既濟》“繻有衣袽”，《釋文》：“京作絮。”《説文》：“絮，絜緼也。一曰敝絮。從糸，奴聲。《易》曰：需有衣絮。”今云“《説文》作絮”，石刻訛。

帆　帊

巾部：“帆，敷劍反，見《春秋傳》，注‘字作帊，音普霸反’。”頤煊案，《左氏·宣十二年傳》杜預注：“拔斾投衡上，使不帆，風差輕。”《釋文》：“帆又作帊，普霸反。”帆、帊二字皆《説文》所無。《一切經音義》卷一引《三蒼》“颿，船上張布帊也”，《廣韻》引《通俗文》“帛三幅曰帊”，今通作“帕”，疑古以“帛”字爲之。

前承弱

广部：“庪，居委反，前承弱。”頤煊案，《儀禮·鄉射禮記》鄭注："正中曰棟，次曰楣，前曰庪。"《士昏禮》賈疏："楣前接簷爲庪。"《説文》："弱，橈也。"前承弱，恐其簷之橈也，此即本於《禮經》注。

疢　疹

疒部："疢，從火，熱病也。作疹者，《字林》居忍反。"頤煊案，《説文》："疢，熱病也。從疒，從火。臣鉉等曰：今俗别作疹，非是。"《廣雅·釋詁》"疢，病也"，曹憲《音義》："疢，今疹字。"疹當與瘨字通用，已見《詩》，非疢字。

涕　洟

水部："涕、洟，上音體，下音替，自目曰涕，自鼻曰洟，今人多以涕爲鼻洟，誤矣，見《易》及《春秋》。"頤煊案，《易·萃》"齎咨涕洟"，《釋文》："鄭云自目曰涕，自鼻曰洟。"《禮記·内則》"不敢唾洟"，《釋文》："涕，本又作洟，同。吐細反。"由所見本異，或涕或洟，義得兩通。經典無以涕爲鼻洟者。

錞　鐓

金部："錞、鐓，二同，並徒對反，矛戟。"頤煊案，《禮記·曲禮上》"進矛戟者前其鐓"，鄭注："平底曰鐓。"《説文》："鐓，矛戟柲下銅鐏也。"《詩·小戎》"厹矛鋈錞"，毛《傳》："錞，鐏也。"錞鐓非即矛戟，下當有脱字。

睪　臯

幸部："睪，音繹。今人或以此爲臯陶字，謬誤尤甚。"頤煊案，《尚書》"臯陶"，《列女傳》作"睪陶"。《左氏·哀二十六年傳》"越臯如"，《春秋繁露》作"大夫睪"。《荀子·王霸》篇"睪牢天下而制之"，《後漢書·馬融傳》李賢注："臯牢，猶牢籠也。"《左氏·襄十七年傳》"澤門之皙"，《釋文》："本或作臯門。"《詩》"鶴鳴於九臯"，《毛傳》："臯，澤也。"《離騷》"步余馬於蘭臯兮"，王逸注："澤曲曰臯。"睪、臯古字通用。

朾　字

《九經字樣》手部："扑，音撲，朾捶也。"頤煊案，《穀梁·宣十八年傳》"捝殺也"，范甯注："捝謂捶打，殘賊而殺。"《説文》無"打"字，錢氏大昕謂："《説文》'朾，橦也'，朾即打字。"據此，知唐本"打"字尚有從木作"朾"者。

看從手下目

目部："看，晞也，凡物見不審，則手遮目看之，故從手下目。”頤煊案，《説文》：“看，晞也。從手下目。徐鍇曰：宋玉所謂‘揚袂障日而望所思’也。”與此義相近。

飈從三犬

犬部：“猋，音標，從三犬。飈字從此，從火訛。”頤煊案，《説文》：“飈，扶摇風也。從風，猋聲。”《爾雅·釋天》“扶摇謂之猋”，《釋文》：“《字林》作飈。”字皆從三犬。唯《玉篇》云“飆，俾遥切，暴風也”，字從三火，非是。

瘏　嘽

疒部：“瘏，音攤，馬病也。今《詩》作嘽。”頤煊案，《説文》：“瘏，馬病也。從疒，多聲。《詩》曰‘瘏瘏駱馬’。”古單、多同聲，《漢書·地理志》沛郡“鄲”，孟康曰：“音多。”《周緤傳》“景帝子復封緤子應爲鄲侯”,① 蘇林曰：“音多。”即其證。

廣　韻

《廣韻》，今世所行有兩本。一題《廣韻》，即明内庫鏤板，顧亭林所謂中涓删節之本。一題《大宋重修廣韻》，即張士俊刊本。頤煊案，《永樂大典》引前本曰“陸法言《廣

① 按,《漢書》“景帝”後無“子”字,此是衍字。

韻》"，後本曰"宋重修《廣韻》"。《大金集禮》卷二十三"學士院檢到唐《廣韻》，去聲'雍'字注云'姓，《風俗通》云文王子雍伯之後'"，與重修本同。

陸法言撰本

重修本三鍾"恭"字注"陸以恭蜙縱等入冬韻"，七歌"涧"下"戕"字注"陸云上同"，十二蟹"獬"字注"陸作獬豸"，四十七證"瞪"字注"陸本作眙"。

郭知玄朱箋

前費州多田縣丞郭知玄拾遺緒正，更以朱箋三百字。頤煊案，重修本五質"韠"字注，《孔帖》卷十二引作"郭知玄韻"；十二齊"鷖"字注，《孔帖》卷九十五引作"郭知玄"；四覺"駮"字注，《孔帖》卷九十八引作"郭知玄韻"；十四黠"豽"字注，《孔帖》卷九十八引作"郭知玄唐韻"。唯《孔帖》卷九十五引"唐郭知玄韻：鴚鵝，戴勝别名"，不與重修本同。

室中同

上平聲一東："中，又姓，《漢書·藝文志》有室中周著書十篇。"頤煊案，《藝文志》無"室中周著書十篇"，唯《高祖功臣表》有"清簡侯室中同，以弩將初起，從入漢，以都尉擊項羽、代，侯”，“周”當是“同”字之訛。

鼕鼓聲

二冬：“鼕，鼓聲。”頤煊案，鼕字從金，非力冬切。一東“鼕，鼓聲，俗作鼕”，鼕當是鼕字之訛。

茨　光

六脂：“茨，又姓，後漢有茨光。”頤煊案，“光”當作“充”。《後漢書・衛颯傳》“南陽茨充代颯爲桂陽”，李賢注：“《東觀記》曰：充字子河，宛人也。”

霋霽雲

十二齊：“霋，霽雲，出《字林》。”頤煊案，《尚書・洪範》“日驛”，《説文》作“日圛”。《詩・載驅》鄭箋“古文《尚書》以弟爲圛”，《史記・宋微子世家》作“日涕”，《集解》徐廣曰：“一曰洟。”夷、弟字形相近，霋、洟皆弟字之俗。

蔽蒲草

十六咍：“芽，蔽前草箭。”頤煊案，四字不可解。《玉篇》“芽，草也”，《廣雅・釋草》“蘱、芽，蔽也”，《爾雅・

釋草》“蘱，藨蓳”，郭璞注：“似蒲而細。”芧、蘱同物，“蔽前草”當是“蔽蒲草”之訛，“箭”字又涉“前”字而衍。

瞤　眴

十八諄：“瞤，目動。”“眴，同上。”頤煊案，《説文》“瞤，目動。從目，閏聲”“旬，目摇也。從目，勻省聲。重文作眴”，《玉篇》同。瞤、眴本二字，此誤合爲一字。

騙　驪

二十三䰟：“騙，騙驪，駿馬。”頤煊案，《史記·秦本紀》“造父以善御幸於周繆王，得驥温驪”，《集解》徐廣曰：“温，一作盜。”《索隱》：“劉氏《音義》云：盜，竊也。竊，淺青色。八駿既因色爲名，竊驪爲得之也。”騙，又温之俗字。

橇　鞽

下平聲四宵：“橇，蹋摘行。又禹所乘也。”“鞽，上同。”頤煊案，《史記·夏本紀》“泥行乘橇，山行乘檋”，《河渠書》“泥行蹈毳，山行即橋”，鞽非橇字。

傃　宗

七歌：“傃，姓也。漢有傃宗。”“𦲿，同上。”頤煊案，

《漢書·王尊傳》“會南山群盜傰宗等數百人”，蘇林曰：“傰音朋。”晋灼曰：“音陪。”[1] 朋、多字形相近，因訛作傪字，讀爲多音，非也。

鄭地名

十六蒸：“鄭，《説文》曰：地名也。”頤煊案，《説文》邑部：“鄒，地名。從邑，嬰聲。”《玉篇》：“鄒，音遷。《説文》云地名。”《説文》無鄭字。《玉篇》“鄭，欣陵切。地名”，不云“説文”。此誤。

冞突也

二十一侵：“冞，突也。”“宩，上同。”頤煊案，冞是罙字之訛。《説文》：“，深也。一曰竈突，從穴從火從求省。”《玉篇》：“罙，式林切，竈突也。”宩即深字之省。

臉　臘

二十四鹽：“臉，臉膗也。”“臘，同上。”頤煊案，《玉篇》：“臘，初減切，臉臘羹也。”“臉，七廉切，臉膗。又力減切，臉臘。”臉、臘非一字。

---

① “陪”，《漢書》作“倍”。

浘　潤

上聲七尾："浘，水流皃。又浘潤，海水洩處。案《莊子》作尾閭，字不從水。"頤煊案，《説文》："㞙，人小便也。"浘即㞙字，人小便與尾閭洩水義近，字當作浘。

骽　股

十四賄："骽，骽股也，吐猥切。""腿，俗。"頤煊案，《玉篇》："腿，他偪切，腿脛也。本作骽。"《禮記·檀弓下》"文子其中退然"，鄭注："退或爲妥。"字本通用。

轗　軬

十六軫："轗，車軾兔革也。""軬，車伏兔下軛也。"頤煊案，《説文》："轗，車伏兔下革也。從車𢠵聲。"𢠵，古昏字，讀若閔。昏通作昬，軬即轗之俗字。

䟽　字

二十九篠："䟽，𨃷䟽。"頤煊案，《玉篇》："𨃷，於皎切，𨃷䟽，長不勁。""䟽，乃鳥切，𨃷䟽也。"《淮南·齊俗訓》"譬若舟車楯䟽"，高誘注："沙地宜䟽。"《説文》《玉篇》無䟽字，䟽即䟽字之訛。

仉　姓

三十六養：“仉，姓，梁公子仉曽後也。”“𤓯，反爪。”頤煊案,《説文》：“爪，亦丮也，從反爪。”《漢書・揚雄傳》“河靈矍踢爪華蹈衰”，師古曰：“爪，古掌字。”仉即爪字。

捀　字

去聲三用：“捀，灼龜視兆也。《説文》：父容切，奉也。”頤煊案，《史記・龜策列傳》“摓策定數”，《集解》徐廣曰：“摓音逢，一作逢。”《索隱》：“摓謂兩手執蓍，分而扐之，故云摓策。”捀即摓字之省。《漢書・東方朔傳》“逢占射覆”，逢與捀同，如淳曰：“逢占，逢人所問而占之也。”師古曰：“逢占，逆占事，猶云逆刺也。”非是。

塐捏土容

十一暮：“塐，捏土容，出《古今奇字》。”頤煊案，北魏李仲琁《修孔子廟碑》“命工人修造容像，雕素十子□列其側”，塐即素字之俗。

憒恨也

十八隊：“憒，恨也。”頤煊案，《玉篇》：“憒，心亂也。”慖當作㦒。七尾“愇,《字書》云:恨也”,即㦒字之省。《爾雅·釋訓》“儚儚、洄洄,惛也”,《釋文》:“《音義》云:本或作㦒。”《説文》引《爾雅》作襴。皆通用字。餘見《文選注》。

歗悲意

三十四嘯:“歗,《説文》:悲意也。火弔切。”頤煊案,《説文》:“歗,悲意也。從欠,嗇聲。火力切。”《玉篇》:“歗,所力切。悲意。”此當誤作“歗”字音,故云“火弔切”。

庫藏曰帑

四十二宕:“藏,《通俗文》曰:庫藏曰帑。”頤煊案,《周禮·宰夫》“掌官契以治藏”,鄭注:“治藏,藏文書及器物。”帑即藏之假借字。

菩　薩

入聲十二曷:“薩,釋典云:菩薩,菩,普也。薩,濟也。能普濟衆生也。”頤煊案,薩之訓濟,亦猶蔡之言殺,剌之言粹,皆聲之轉。

戫擊也

二十陌:“㦸,擊也,鬬也,亦作斨。”頤煊案,㦸是戫之訛。《玉篇》："𢧢，古額切，鬭也。""𣃁，古額切，亦作𢧢。"字書無戚字。

稄　⿰禾旲

二十四職："稄，稫稄，阻力切。""⿰禾旲，一本作此。"頤煊案,《説文》無此二字。稄、⿰禾旲皆當是"稷"字之俗。稷之從稄，亦猶爨之作彖。《易·豐》"日中則昃"，《釋文》："孟作稷。"《左氏·定十五年》"日下昃"，《穀梁》作"日下稷"，古字本通用。

⿰礻虘　字

《汗簡》示部："⿰礻虘，誼，《尚書》。"頤煊案，《隸釋·司空宗俱碑》"⿰礻虘父司隸校尉"，《孝女曹娥碑》"其先與周同⿰礻虘"，《孔謙碑》"⿰礻虘述家業"，"祖"字皆作"⿰礻虘"，此"誼"當是"祖"字之訛。

蓮當作菨

艸部："菨，蓮，裴光遠《集綴》。"頤煊案，菨不與蓮字通用。《説文》："菨，菨餘也。"《詩·關雎》毛《傳》作"接余"。《内則》"接以大牢"，鄭注："接讀爲捷。"《一切經音義》卷十七引《字詁》"古文疌，今作接"。《説文》:

“箑，扇也。重文作篓。”妾、𡈼偏旁通用，蓮當是蓮字之訛。

咶字從舌

口部：“，舐，見《莊子》。”頤煊案，舌部“，舐，見《史書》”“，同上，出《義雲章》”。《說文》：“舓，以舌取食也。從舌，易聲。重文作䑛。”《荀子·仲尼》篇“是猶伏而咶天”，楊倞注：“咶與舐同。”字皆從舌。今“口”旁作“告”，是傳寫之訛。

遂古文速

辵部：“，遂，《尚書》。”頤煊案，穴部：“，邃，出孫强《集字》。”《說文》：“遂，古文作。”即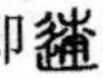字之省，與“速”字異。

鈔　字

几部：“，鎮。”頤煊案，《說文》：“㐱，重文作鬒。”《詩·君子偕老》“鬒髮如雲”，《說文》引作“㐱”。《雲漢》“胡寧瘨我以旱”，《釋文》引《韓詩》作“疹”。《論語·鄉黨》“當暑袗絺綌”，皇侃本作“縝”。真、㐱通用，故鈔通作鎮字。

氄　字

聑部：“，氄，人勇切，見《尚書》。”頤煊案，《說

文》𠭯部，古文作𠬝，籀文作𣍮，從𠬝省。"𣬈，從𣬈尖聲。或從衣從朕。《虞書》曰：鳥獸𧜀毛。"《説文》瓊，重文作璚。故《尚書》"𧜀"亦作"𣯨"。此左旁爪即𣬈字古文，右旁當作𢍏，今從米作"𣯨"，是傳寫之訛。

梪　字

木部："梪，短。"頤煊案，《説文》"豆，古文𣅳"　"梪，木豆謂之梪"。《爾雅·釋器》"木豆謂之豆"，《釋文》："豆本作梪。"《韓敕孔廟禮器碑》"爵鹿柤梪"，字皆木旁。作"短"當是"梪"字之訛。

運從光作

宀部："𡨞，運。"頤煊案，《周禮·大卜》"其經運十"，鄭注："運或爲緷。當爲煇。"《保章氏》鄭注："日有薄食運珥。"《釋文》："運本作暈，又作煇。"《説文》："煇，光也。從火，軍聲。"古文即借從光從宀以爲煇光之煇，故冖部"𡨞，軍，出《王庶子碑》"，人部"𠈮，軍，出《義雲章》"，皆即"煇"字之省。

邕當從巛

川部："𡿺，邕，裴光遠《集綴》。"頤煊案，《説文》：

"邕，從川，從邑。籒文作邕。"此即"邕"字籒文，字當從川。若從火，當在火部，不當在川部，是傳寫之訛。

覔　字

𠂢部："[illegible]，寬，出王存乂《切韻》。别本音莫。"頤煊案，[illegible]，當是𧢼字。《爾雅·釋詁》"𧢼，相也"，郭璞注："謂相視也。"《廣雅·釋詁》"覔，視也"。寬即覔字之訛。

貴古文肖

耳部："[illegible]，聵，出徐邈《集古文》。"頤煊案，耳旁從火是耿字。《説文》："古文妻，從肖女。肖，古文貴字。"聵字當耳旁從[illegible]，訛作火。

姻　字

女部："[illegible]，媢，孫强《集字》。"頤煊案，《説文》"姻，從女從因，因亦聲。籒文作婣"，《周禮·大司徒》"孝友睦婣任卹"，《一切經音義》卷二"古文婣、姻二形"，媢是姻字之訛。

丁亥諸嬰

薛尚功《鐘鼎款識》卷二《父乙彝銘》"□諸□作父乙

彝”，《釋》云：“右銘二字未詳。”頤煊案，銘文上當是“丁亥”二字。下當是“鷃”字，鷃與“嬰”同，《左氏傳》齊有晏嬰，楚有公子嬰齊，皆人名。

錫宴貝朋

卷三《丙寅卣銘》：“王錫賓朋。”頤煊案，銘文是二字，舊釋合作“賓”字，非是。當是“宴”字，宴字從日從女，此從夕，《聲類》“雨止曰晴”，《説文》作“殅”，古文通用。《續鍾鼎款識·庚申父丁角》“錫貝五朋”，《三家彝》“小臣貝三朋”。此不言數者，略也。

奕　車

卷五《奕車觚銘》“奕車”，《釋》云：“下一字作挽車之形，蓋車軼則致敗，而酒至於流，足以敗德，亦示飲之戒。”頤煊案，《汗簡》“，篳”“，輔”，并出《義雲章》；“，厙，《華岳碑》”“，輈，出孫强《集字》”，車旁皆横作。《説文》“車”，籀文作𨏥，即“車”字籀文横形。

䛫　鐘

卷六《宋公䛫鐘銘》“宋公成之䛫鐘”，《釋》云：“顓帝曰六莖，䛫字與莖通用。”頤煊案，䛫當與硜、鏗通用，《禮記·樂記》“石聲磬”，《漢書·司馬相如傳》“鏗鎗闛鞈”，皆言其聲。

昔　邦

卷七《盄和鐘銘》：“故名曰昔邦。”頤煊案，字書無昔，昔即“舊”字。《詩·文王》“周雖舊邦，其命維新”，銘義本此。

明　刑

《齊侯鎛鐘銘》：“中敷温刑。”頤煊案，銘文作，當是㿻字。《説文》㿻，篆文作盟，籀文作盟，㿻刑即明刑。《盄和鐘銘》“叡敷明刑”，明作。《周禮·大司寇》“以明刑恥之”，《司救》“三罰而士加明刑”，明、盟古字通用。

飪　鼎

卷九《豐鼎銘》：“豐用作玖鬻彝。”頤煊案，玖，銘文作，左旁是“人”異文，右旁從“壬”，當是“任”字。《説文》“飪，大熟也，古文作肚，亦作恁”，故亦通作“任”字。

史　頙

卷十《史頙父鼎銘》：“史頙作朕皇考。”頤煊案，銘作

，《隸釋·郎中鄭固碑》"頙親誨弟"，《綏民校尉熊君碑》"頙志皓首"，《李翊夫人碑》"鳳延頸兮涕交頙"，頤皆作頙。《説文》"熙，從火，巸聲"，即"熙"字之省，故通作"頤"字。

廢法通用

卷十四《龍敦銘》"夙夜勿廢朕命"，《釋》云："《寅簋》亦曰'夙夕勿廢朕命'，《晋姜鼎》云'勿廢文侯顧命'，《齊侯鐘銘》云'勿敢廢乃命'，而'廢'皆用'法'，蓋法有時而廢，於古人通作'廢'字，猶治亂謂之亂也。"頤煊案，廢、發古字通用，據此，"法"又通作"發"字。

㝵　屯

阮尚書《續鐘鼎款識》卷三《邢叔鐘銘》："㝵屯乍魯。"頤煊案，㝵，銘文作。《虢叔大林鐘》"㝵屯乍攸"，㝵作，文法與此相同，爲"㝵"字無疑。《隸釋·司隸校尉楊淮表紀》"追述勒銘，故賕表紀"，①《孟郁脩堯廟碑》"賕紀祖禰所出"。《玉篇》貝部"財，都勒切，今作得"。皆"㝵"字異文。

---

① "隸釋"，當作"隸續"。洪頤煊引用《隸續》，皆統稱作《隸釋》。

系　君

卷四《叔單鼎銘》：“唯黄孫子系君。”頤煊案，系，銘作，即系，即“司”字省文。《無專鼎》“徒南仲”，《羌鼎》“車官羌司”，皆如此作。《説文》：“嗣，諸侯嗣國也。從册，從口，司聲，古文作孠。”此即借司作嗣字。

圖　室

《無專鼎銘》“燔於圖室”，《釋》云：“燔，舊釋作烝。圖室二字無可考。”頤煊案，銘文尚存“烝”字半形，與字不類。《周禮·春官》“凡以神仕者，掌三辰之灋，以猶鬼神示之居”，鄭注：“猶，圖也。”《淮南·主術訓》“文王周觀得失，遍覽是非，堯舜所以昌，桀紂所以亡者，皆著於明堂”，高誘注：“著猶圖也。”圖室或因此得名，當在明堂中。

奓　作

卷五《周壺銘》：“周作□已尊壺。”頤煊案，周下作，《説文》：“奓，厚脣，從多，從尚。”當即“奓”字之省。《官寶壺銘》又省作，疑皆“奓”字異文。

兮　仲

卷六《兮仲敦銘》“兮仲作寶敦”，《釋》云：“兮，語詞也，古無以爲氏者。”頤煊案，《説文》：“羲，气也。從兮，義聲。”“兮”當是“羲”字之省，蓋堯時羲氏之後。

嗣有司

《召伯虎敦銘》“余以邑□有司”，又云“余既□有司”，《釋》云：“第五行第七字，及六行第八字疑是古文‘誥’字。”頤煊案，銘文第五行第七字作，六行第八字作，左旁從吅，右旁從册，作嗣，皆當是“嗣”字之省。

滮　洮

卷八《散氏盤銘》“自滮洮以南”，又云“復洮滮”。頤煊案，滮洮，銘文作。是潳字，當是水名。即涉字。此言初自潳涉而南，復涉潳而回。《格伯簋》“涉東門乃書史”，涉作，與此正同，舊釋作㵘字，非是。

鼏　静

《齊侯甗銘》“貝静安寧”，《釋》云：“貝字不可識。吴侃叔云：當是‘鎮’字。”頤煊案，當是鼏字。《儀禮·公食大夫禮》“設扃鼏”，鄭注：“鼏，古文皆作密。”《説文》籀文以鼎爲貞字，故鼏字作貝。《説文》：“冟，突前也，從見冂。”《一切經音義》卷九引賈逵《國語注》“冟没猶輕觸也”，即此貝字。

卷十三

臨海洪頤煊

老子序

《金樓子·立言》篇："《河上公序》言：周道既衰，老子疾時王之不爲政，故著《道德經》二篇。"今本《河上公序》無此文。《辨正論》卷五引《葛仙公序》云："老子以上皇元年太歲丁卯二月十二日丙午爲周師，無極元年太歲癸丑五月壬午去周西度關。"今本《葛仙公序》亦無此文。

王弼注

《辨正論》卷七引《老子》"人法地，地法天"四句，王弼云："言天地之道，并不相違，故稱法也。自然無稱窮極之辭，道是智慧靈巧之號。"與今本王弼注不同。今本王弼注明代始出，或後人掇拾爲之。

谷　神

《道經》“谷神不死”，河上公注：“谷，養也。”頤煊案，《釋文》引河上公本作“浴”。《易·損》“君子以懲忿窒欲”，孟喜本作“浴”。谷、浴皆“欲”之借字。《孟子·盡心下》“養心莫善於寡欲”，是以欲神不死。《列仙傳》：“容成公者能善補導之事，取精於玄牝，其要谷神不死，守生養氣者也。”亦同此義。

用之不勤

“綿綿若存，用之不勤。”頤煊案，“勤”通作“廑”字。《文選·長楊賦》李善注引《古今字詁》：“僅，今勤字。”《漢書·文帝紀》晋灼曰：“廑，古勤字。”《説文》：“廑，劣少之凥。”① 言其氣息綿綿若存，其用之則不弱少也。

故能蔽

“故能蔽不新成。”頤煊案，“蔽”與“新”對言之，蔽即敝字。下文“弊則新”，《釋文》作“蔽”。《論語·子罕》“衣敝緼袍”，《釋文》：“弊，本作敝。”《莊子·逍遥游》篇“孰弊弊焉”，《釋文》：“司馬本作蔽。”古字皆通用。

① “劣少”，《説文解字》作“少劣”。

智　惠

“智惠出，有大僞。”頤煊案，“惠”當作“慧”，《釋文》：“本作知慧。”《説文》：“惠，仁也。從心，從叀。”“慧，儇也。從心，彗聲。”惠、慧不同。《論語》“衛靈公好行小慧”，《釋文》：“魯讀慧爲惠。”是假借字。

怕

“我獨怕兮其未兆”，河上注：“我獨怕，然安静未有情欲之形兆也。”頤煊案，《説文》：“怕，無爲也。從心，白聲。”義即本此。俗本作“泊”字，非。

輜　重

“是以聖人終日行，不離輜重”，河上注：“輜，静也。聖人終日行道不離其静與重也。”頤煊案，《文選·東京賦》“終日不離其輜重”，薛綜注：“輜重，車也。”李善注：“張揖曰：輜重，有衣之車也。”言聖人終日如處衣車以養静，非謂“輜”即“静”也，注義失之。

不　轂

《德經》：“是以侯王自謂孤寡不轂。”頤煊案，《禮記·曲禮》“於内自稱曰不穀”，鄭注：“穀，善也。”《左氏·僖四年傳》“豈不穀是爲”，杜預注：“孤寡不穀，諸侯謙辭。”字皆作“穀”。《列子·天瑞》篇“鷁之爲布轂”，《釋文》：“轂，本又作穀。”此“轂”爲“穀”之借字，河上注讀爲“車轂”之“轂”，失之。

琭琭落落

“不欲琭琭如玉，落落如石。”頤煊案，琭琭猶録録。《廣雅·釋訓》：“逯逯，衆也。”《説文》：“娽，隨從也。”并通用字。玉本貴物，以多而見賤。落落，石堅貌。石本賤物，以堅而自貞，是以兩不欲也。《晏子春秋·内篇問下》“堅哉，石乎落落！視之則堅，無以爲久，是以遬亡也”即此義。

邦　豐

“修之於國，其德乃豐。”頤煊案，“國”當作“邦”。上下文“身”“真”“家”“餘”“鄉”“長”“下”“普”皆爲韻，此以“邦”“豐”爲韻。《韓非子·解老》篇“修之邦其德乃豐”，又云“以邦觀邦”，字尚未改。

峻　作

“未知牝牡之合而峻作。”《釋文》本作“全”，云：“河上本作‘峻’。本一作‘朘’。《説文》云：赤子陰也。”頤煊案，《説文》無“朘”字。《玉篇》：“朘，赤子陰也。亦作峻。《聲類》又作屡。”説文亦無“屡”字。屡疑叐字之訛。《説文》：“叐，㠯蓋也。象皮包覆，㠯下有兩臂，而夂在下，讀若范。”《素問·六節藏象論》：“諸髓者皆屬於腦。”與下文“精之至也”，義亦相合。

苦烹小鮮

“治大國若烹小鮮”，河上注：“烹小魚不去腸、不去鱗、不敢撓，恐其糜也。”頤煊案，《韓非子·解老》篇：“事大衆而數摇之則少成功，藏大器而數徙之則多敗傷，烹小鮮而數撓之則賊其澤，治大國而數變法則民苦之，是以有道之君貴静不重變法，故曰治大國者苦烹小鮮。”“若”是“苦”字之訛。

懷　寶

《晏子春秋·内篇諫上第五》“懷寶鄉有數十”，畢氏沅曰：“言富家也。”頤煊案，此與下句“飢氓里有數家”對言，“懷寶”當是“壞室”之訛。故下文云“令柏巡氓家室，不能禦者予之金，壞室二千七百家，用金三千”。

辟　拂

“辟拂嗛齊”，又云“辟拂三千，謝于下陳”。頤煊案，

“辟拂”當作“辟席”。《文選·上林賦》“逡巡避廗”，李善注：“廗與席古字通。”廗、拂字形相近，或云几席以拂拭爲敬，故“辟席”亦謂之“辟拂”。《史記·孟軻列傳》“側行襒席”，《索隱》：“張揖《三蒼字詁》：襒，拂也。”即其證。

荷

《第八》：“執瀍之吏并荷百姓。”頤煊案，“荷”即“苛”字。《禮記·檀弓下》“無苛政”，《釋文》：“本亦作荷。”《左氏·昭十三年傳》“苛慝不作”，《釋文》：“苛本或作荷。”《隸釋·衡方碑》“糾剔荷”，[①]《忒街彈碑》“吏無荷擾之煩”，“苛”皆作“荷”。

長于胡

《第十三》：“使君之年長于胡，宜國家。”頤煊案，“胡”即“遐”字，通用。《詩·南山有臺》“遐不眉壽”，鄭《箋》：“遐，遠也。”“遐”又通作“瑕”。《禮記·表記》“瑕不謂矣”，鄭注：“瑕之言胡也。”皆同聲假借字。壽者，久也，《詩·載芟》“胡考之寧”，毛《傳》：“胡，壽也。”《周書·謚法解》“彌年壽考曰胡”，皆“胡”字會意。

---

① “衡方碑”，據《隸釋》，當作“張表碑”。二碑前後相次，洪頤煊誤記。

其子往

《内篇諫下第二》："其子往辭晏子之家，託曰：負廓之民賤妾，請有道於相國。"頤煊案，《左氏·成二年傳》"必以蕭同叔子爲質"，杜預注："子，女也。"《孟子·告子下》"逾東家牆而樓其處子"，趙岐注："處子，處女也。"凡言子者，男女之通稱，俗本"子"上增"女"字，非是。

泰　吕

《第十二》："景公泰吕成，謂晏子曰：吾欲與夫子燕。"頤煊案，《吕氏春秋·侈樂》篇"齊之衰也作爲大吕"，《貴直論》"無使齊之大吕陳之廷"，《史記·樂毅列傳》"大吕陳於玄英"，《索隱》："大吕，齊鍾名。"即景公所鑄。

謂於民

《第十八》："古者之爲宫室也，足以便生，不以爲奢侈也，故節於身，謂於民。"頤煊案，《爾雅·釋詁》："謂，勤也。"

玼　武

《第二十》："玄冠玼武，踊而不哭。"頤煊案，《禮記·玉藻》"縞冠素紕"，鄭注："紕，既祥之冠也。""玼"當作"芘"，與"紕"字通用。

挈領而死

《第二十四》："皆反其桃挈領而死。"頤煊案，"挈"通作"契"。《爾雅·釋詁》"契，絶也"，郭璞注："今江東呼刻斷物爲契斷。"《左氏·定九年傳》："盡借邑人之車，鍥其軸。""鍥"與"契"同，挈領而死，即謂斷頸而死也。

敓　曰

《内篇問上第五》："敓曰：請卑辭重幣，以説于諸侯。"頤煊案，《第十九》"晏子敓曰：有難不死，出亡不送"，《第二十八》"晏子敓曰：臣雖不知，必務報君以德"，《説文》："敓，彊取也。《周書》曰'敓攘矯虔'。從攴，兊聲。"此假借作"對"字，是古字之僅存者。

勞力歲事

《第十一》："勞力歲事而不責焉。"頤煊案，"勞力歲事"與上文"盡智導民"文義不相對，"歲"當是"蒧"字之譌。《左氏·文十七年傳》"以蒧陳事"，《廣雅·釋詁》："蒧，敇也。"

蔍　苴

《第十五》："縵密不能蔍苴。"頤煊案，"蔍苴"即"蘪踈”假借字，言其材之限也。“學者詘身”句，“無以用人而又不爲人用者卑”句。

量食

《内篇問下第一》：“師行而量食，貧苦不補，勞者不息。”頤煊案，量食者，量限其食也。《管子·戒》篇“夫師行而量食其民者謂之亡”，字亦當作“量”，今本皆作“糧”者，是後人據《孟子》改。

宷塗

《第四》：“無不雩途。”頤煊案，《文選·運命論》李善注引作“無不宷塗”。《匡謬正俗》“古文‘采’之字多作‘宷’”，《禮記·學記》“水無當於五色，五色弗得不章”，故曰無不采塗。

犒

《第十三》：“犒魯國化而爲一心。”頤煊案，“犒”當是“嗃”字之訛。《文選·長笛賦》“錚鐄譻嗃”，李善注：“嗃，大呼也。”《莊子·在宥》篇“焉知曾史之不爲桀紂嚆矢也”，《釋文》：“嚆，本亦作嗃。”《字林》：“嚆，大呼也。”言大呼魯語之人而皆化爲一心也。

踊

《内篇雜下第四》“景公爲路寢之臺成而不踊焉”，畢氏沅曰：“《説苑》作‘通’，下同，言不到也，踊當是誦之誤。”頤煊案，《公羊·成二年傳》“踊于棓而窺客”，何休注：“踊，上也。”“通”是誤字。

屨辨

《第七》：“墮者何如曰：如屨辨。”頤煊案，《易·剥》“剥牀以辨”，《釋文》：“辨，音辦具之辦，足上也。”“辨”與“鞔”同，《説文》：“鞔，履空也。”“足上”即履空也，如今所謂鞋幫矣。

稾邑

《第十六》“景公禄晏子以平陰與稾邑”，畢氏沅曰：“《地理志》有橐縣，屬山陽郡，疑稾當爲橐。”頤煊案，齊地不得至山陽郡，“稾”疑是“棠”字之訛。《左氏·襄六年傳》“晏弱圍棠”，杜預注：“棠，萊邑也。北海即墨縣有棠鄉。”《史記·晏嬰列傳》“萊之夷維人也”，其地相近。

五卵

《第十九》：“五卵、苔菜而已。”頤煊案，“五卵”謂鹽也。《禮記・内則》“桃諸梅諸卵鹽”，鄭注：“卵鹽，大鹽也。”《正義》：“以其鹽形似鳥卵，故云大鹽。”卵鹽對散鹽言之，如今所謂顆鹽矣。俗本改作“五卵”，非是。

三　气

《第二十六》：“免粟之食飽，士之一乞也；炙三弋，士之二乞也；五卵，士之三乞也。”頤煊案，三“乞”字皆當作“气”，《説文》氣作气，餼作氣，此復借“气”爲“餼”，故下文云“嬰無倍人之行，而有參士之食”。

雍門之橚

《外篇第九》：“見人有斷雍門之橚者。”頤煊案，《左氏・襄十八年傳》“伐雍門之萩”，《釋文》：“本又作秋。”《山海經・中山經》“陽華之山多苦辛，其狀如橚”，郭璞注：“橚即楸字也。”楸、萩古字通用。

子孺

《第十一》：“子孺。”頤煊案，《玉篇》：“孺，孤也。”“孺”即“孺”字之俗。《莊子・大宗師》篇“而色若孺子”，《釋文》云：“孺，弱子也。”孺、孺字形相近。

四心之間

《第二十一》："昔吾見鉤星在四心之間，地其動乎？"頤煊案，《淮南・道應訓》："晏子曰：昔吾見句星在房、心之間，地其動乎？"《史記・天官書》：免，一名鉤星，出房、心間，地動。房爲天駟。《國語・周語》"駟見而清風戒寒"，"四"與"駟"通，即房星也。又，房四星而稱爲四，亦猶心三星而《詩》稱爲三也，義亦得通。

浩裾

《外篇第一》："彼浩裾自順。"頤煊案，《墨子・非儒》篇作"浩居而自順者也"，《史記・孔子世家》作"倨傲自順"，"浩裾"即"傲倨"假借字。

路世

《第二》："路世之政，單事之教也。"頤煊案，《管子・戒》篇"握路家五十室"，《周書・皇門解》"自露厥家"，"路"與"露"同，羸也。路世猶言衰世也。"單事"與"路世"對言之，俗本改作"道事之教"，非是。

孫子

《孫子》十三篇，魏武帝注。《史記正義》引《七録》云

"《孫子兵法》三卷"，即此本。《史記·淮陰侯列傳》引《兵法》"十則圍之，倍則戰之"，又曰"陷之死地而後生，置之亡地而後存"，《黥布列傳》引《兵法》"諸侯戰其地爲散地"，皆此書之文。

廟　勝

《始計》篇："夫未戰而廟算勝者，得算多也。未戰而廟算不勝者，得算少也。"頤煊案，《後漢書·楊賜傳》"此孫子所謂不戰而屈人之兵，廟勝之術也"，李賢注引《孫子》兩"廟"下無"算"字。《袁紹傳》"廟勝之策不在彊弱"。"廟"下亦當無"算"字。

正合奇勝

《兵勢》篇"凡戰者以正合，以奇勝"，魏武注："正者當敵，奇者從旁擊不備也。"頤煊案，《史記·田單列傳》："太史公曰：兵以正合，以奇勝。"《集解》引魏武注此上有"先出合戰爲正，後出爲奇"二句。《孫武列傳》正義引魏武帝云："孫子者，齊人，事於吴王闔閭爲吴將，作《兵法》十三篇。"今序無此文，然則此本注非完書也。

歸師勿遏

《軍争》篇："歸師勿遏，窮寇勿迫。"頤煊案，《後漢書·皇甫嵩傳》“《兵法》：窮寇勿追，歸衆勿迫”即此篇之文。李賢注以爲司馬法之言，非是。

踐　墨

《九地》篇“踐墨隨敵，以決戰事”，魏武注：“行踐規矩無常也。”頤煊案，“踐”之言“翦”也，《文選·七發》“徼墨廣博”，李善注：“墨，燒田也。”踐墨隨敵，謂翦除戰地也。

敵　人

“是故始如處女，敵人開户；後如脱兔，敵不及拒。”頤煊案，《史記·田單列傳》太史公引此四句，“敵”皆作“適”。適，古敵字，今本作“敵”，是後人所改。

箕壁翼軫

《火攻》篇：“日者，月在箕、壁、翼、軫也，凡此四宿者，風起之日也。”頤煊案，《尚書·洪範》“星有好風”，《正義》鄭玄引《春秋緯》“月離於箕，風揚沙”。《史記·天官書》：“軫爲車，主風。”壁、翼未詳。

墨子闕篇

《墨子》今本十五卷，自《親士》至《雜守》凡七十一篇，内闕有題八篇，無題十篇。據陳振孫《書録解題》稱："《漢志》七十一篇，《館閣書目》有十五卷六十一篇者，多訛脱不相聯屬。"是無題十篇，宋本已闕。有題八篇，闕又在宋本以後。

墨子在七十子後

《史記·孟荀列傳》："墨翟，或曰并孔子時，或曰在其後。"《索隱》："按，《别録》云：墨子書有文子，文子，子夏之弟子，問於墨子。如此，則墨子者在七十子之後。"頤煊案，《耕柱》篇"子夏之徒問於子墨子曰：君子有鬬乎"，《公孟》篇"告子謂子墨子曰：我治國爲政"，告子與孟子同時，亦墨子在七十子後之證。

支苟

《親士》篇："分議者延延，而支苟者諮諮，焉可以長生保國。"頤煊案，延延，長也。"支苟"當是"致敬"之訛，"諮諮"與"諤諤"同。言分議者，皆延延以念久長；而致敬者，又諤諤以盡其誠，即上文所謂"上必有諮諮之下"也。

厲公長父

《所染》篇："厲王染於厲公長父。"頤煊案，《荀子·成相》篇楊倞注引《墨子》作“𧊒公長父”，《吕氏春秋·當染》篇“厲王染於虢公長父”，“𧊒”即“虢”字之譌，今本作“厲”字，又後人所改。

敵　國

《七患》篇：“邊國至境，四鄰莫救，二患也。”頤煊案，“邊”當是“適”字之譌，古“敵”字多作“適”。言敵國至境，而四鄰莫救，故可患也。

飾　饐

《辭過》篇：“冬則凍冰，夏則飾饐。”頤煊案，“飾饐”與“凍冰”對文，皆言其食味之壞，“飾饐”當作“餲饐”。《爾雅·釋器》“食饐謂之餲”，郭璞注：“飯䬣臭。”《論語·鄉黨》“食饐而餲”，孔注：“饐餲，臭味變也。”“飾”本作“飭”，餲、飭字形相近。

唯　毌

《尚賢中》篇“古者，聖王唯毌得賢人而使之”，畢氏沅曰：“毌讀如貫習之貫。”頤煊案，書中“唯毌”二字連文，凡二十餘見，“毌”即“毋”字，語助之辭，與“無”字通用。《節葬下》篇“今惟無以厚葬久喪者爲政”句三見，字皆作“無”，即其證。

灰於常陽

《尚賢下》篇："灰於常陽。"頤煊案，"灰"當是"販"字之訛，《尚書大傳》："販於頓丘。"《史記·五帝本紀》"就時於負夏"，《索隱》："就時，猶逐時，若言乘時射利也。"義亦與"販"相近。

耳目之請

《尚同中》篇："唯其耳目之請。"畢氏沅曰："請當爲情。"頤煊案，《列子·説符》篇"發於此而應於外者，唯請"，張湛注："請當作情。"《荀子·成相》篇"聽之經，明其請"，楊倞注："請當爲情。""言"古文，與"心"字篆文字形相近，故"情"字多爲"請"。

便　譬

"今王公大人之爲刑政則反此，政以爲便譬。"頤煊案，《論語·季氏》"友便辟"，馬、鄭皆讀"辟"爲"譬"，謂巧爲譬諭以求容媚，義即本此。

中情欲

"今天下王公大人士君子中情欲將爲仁義。"頤煊案，

“中情欲”三字，書中屢見。或作“中請欲”，“請”即“情”字。或作“中實欲”，情，實也，其義并同。

連獨

《兼愛中》篇：“連獨無兄弟者。”頤煊案，《爾雅·釋畜》“未成雞健”，郭璞注：“江東呼雞少者曰健。”“連”與“健”同，連獨，猶言幼獨也。

喪其主后

《非攻中》篇：“則是鬼神之喪其主后。”頤煊案，“后”當作“石”，即“祏”字省文。《左氏·昭十八年傳》“使祝史徙主祏于周廟”，杜預注：“祏，廟主石函。”《説文》：“祏，宗廟主也。《周禮》有郊宗石室，一曰大夫以石爲主。從示從石，石亦聲。”

農臣

《非攻下》篇：“率天下之百姓以農臣事上帝。”頤煊案，《左氏·襄十三年傳》“小人農力以事其上”，《管子·大�》篇“耕者用力不農，有罪無赦”，《廣雅·釋詁》：“農，勉也。”

還

“今還夫好攻伐之君”，又云“還至乎夏桀”“還至乎商

王紂”。頤煊案，《明鬼下》篇“逮至昔三代”，文與此同，“還”當是“遝”字之訛，遝、逮古字通用。

㑀　子

“譬若傳子之爲馬然。”畢氏沅曰：“傳子，言傳舍之人。”頤煊案，“傳子”當是“㑀子”之訛。《方言》“燕齊之間養馬者謂之㑀”，《後漢書·杜篤傳》李賢注引《方言》“㑀，養馬人也”。

芊　䱉

《節用上》篇：“凡爲衣裳之道，冬加温，夏加清者，芊䱉不加者去之。”頤煊案，篇中言爲宫室、甲盾五兵、舟車，“芊䱉”字凡四見，其文義皆同。以《中篇》言衣服、舟楫、宫室句證之，“芊䱉”當是“則止”二字之訛。“則”訛爲“鮮”，“止”訛爲“且”，傳寫者又割裂訛爲“芊䱉”。

聲　翁

《節葬下》篇：“哭泣不秩，聲翁縗絰垂涕。”畢氏本讀作“翁縗絰”句，注云：“翁義未詳。”頤煊案，“翁”字屬“聲”爲句，“聲翁”當是“聲嗌”之訛。《説文》“嗌，咽也”，籀文作[illegible]，與“翁”字形相近。

詘　洫

《明鬼下》篇："於是詘洫，摝羊而漉其血。"頤煊案，"詘洫"當是"湓盟"之譌。字書無"摝"字，當與"剄"同。《國語·吴語》"自剄於客前"，韋昭注："剄，剄也。"

叢　位

"其始建國，必擇木之修茂者以爲菆位。"頤煊案，《史記·陳涉世家》索隱引《墨子》作"叢位"，"菆"即"叢"字。叢位，謂叢社之位。《耕柱》篇"季孫紹與孟伯常治魯國之政，不能相信，而祝於禁社"。"禁"亦即"蘩"字之譌。

庶節窺戎

"武王以擇車百兩、虎賁之卒四百人，先庶國節窺戎。"頤煊案，《史記·周本紀》"乃告司馬、司徒、司空諸節"，《集解》馬融曰："諸受符節有司也。"庶節即諸節，窺戎即觀兵，此當本於《尚書·泰誓》篇。

惡　許

《非樂上》篇："吾將惡許用之。"頤煊案，"許"猶

“所”也,《詩·小雅》“伐木許許”,《説文》引《詩》作“所所”,古字通用。

三　表

《非命上》篇:“故言必有三表。何謂三表?子墨子言曰:有本之者,有原之者,有用之者。”頤煊案,《非命中》篇、《非命下》篇此段文義大略相同,皆作“言有三法”。法,《説文》作“灋”。表,古文作“穮”,字形相近。

移則分

“與其百姓兼相愛,交相利,移則分。”頤煊案,《禮記·郊特牲》“順成之方,其蜡乃通,以移民也”,鄭注:“移之言羡也。”移,古通作“侈”字,“侈”亦是有餘之義。

平同高也

《經上》篇:“平,同高也。”頤煊案,“高”當是“亭”字之訛。《史記·始皇本紀》“決河亭水”,《正義》:“亭,平也。”《太平御覽》引《風俗通》“亭亦平也”。

諿作嗛也

“諿,作嗛也。”頤煊案,字書無“諿”字,當與“涓”字同義。《説文》:“涓,小流也。”故此云“作嗛也”,嗛即慊字。

庫易也

“庫，易也，法異則觀其宜。”頤煊案，“易”當是“物”字之訛。庫者，物所藏也，言法異則當觀其所宜物。《經説上》篇“庫，區穴若，斯貌常”，明“庫”非訛字。

景不從

《經下》篇：“過仵，景不從，説在改爲。”頤煊案，“仵”即“午”字，《列子·仲尼》篇“影不移者，説在改也”，張湛注：“影改而更生，非向之影。《墨子》曰：影不移，説在改爲。”義即本此。

蛇　文

《大取》篇：“愛二世有厚薄，而愛二世相若，其類在蛇文。”頤煊案，“文”當作“玄”，“玄”即“蚿”字之省。《莊子·秋水》篇“夔憐蚿，蚿憐蛇”，亦取相愛爲義。

撅　者

《公孟》篇：“是猶果謂撅者不恭也。”頤煊案，“果”即“裸”字。《禮記·内則》“不涉不撅”，鄭注：“撅，揭衣也。”謂袒衣與揭衣，其露體不恭，一也。《晏子春秋·外篇上》“吾譏晏子猶咎俱而高撅者也”，其義與此同。

以牒爲械

《公輸》篇：“子墨子解帶爲城，以褋爲械。”頤煊案，《史記·孟荀列傳》集解引《墨子》作“以牒爲械”，《索隱》：“牒，小木札也。”故可以爲械。《文選·陳孔璋爲曹洪與魏文書》“墨子之守縈帶爲垣，折箸爲械”，“箸”亦與“牒”相近，“褋”是訛字。

磨𧝒

《備城門》篇：“城四面四隅皆爲高磨𧝒。”頤煊案，下文“深以廣，樓撕揗”，“𧝒”當作“撕”，“揗”當作“楯”。《通俗文》：“欄檻謂之楯。”《廣雅·釋詁》：“𧝒，磨也。”磨撕即欄檻也。

參石

《備穴》篇：“皆積參石、蒺藜。”頤煊案，“參石”當是“絫石”之訛，“絫石”即“礧石”。《後漢書·杜篤傳》“一卒舉礧千夫沈滯”，李賢注：“礧，石也。《前書》：匈奴乘隅下礧石。”《一切經音義》卷十七引《韻集》“今守城者下石擊賊曰礧”。

蛾　傅

《備蛾傅》篇：“蛾傅者，將之忽者也。”頤煊案，《孫子・謀攻》篇“將不勝其忿而蟻附之”，“蛾傅”即“蟻附”，《禮記・學記》“蛾子時術之”，《釋文》：“本或作蟻。”古字通用。“忽”即“忿”字之訛。

傑

《號令》篇：“吏、卒、民各自大書於傑著之。”頤煊案，“桀”古通作“揭”字。《周禮・職幣》“皆辨其物而奠其録，以書楬之”，鄭注：“楬之若今時爲書，以著其幣。”傑、楬義同。

循名責實

《鄧析子・無厚》篇：“循名責實，察法立威，是明王也。”頤煊案，影宋鈔《北堂書鈔》卷十五引作“脩名責實”，《意林》引亦作“脩名責實”，《管子・九守》篇“脩名而督實”，脩、循字形相似。《太平御覽》卷六百二十引作“循名責實，案法立成，是謂明主”，第二句足訂今本之誤。

外　圂

“獵羆虎者不於外圂，釣鯨鯢者不居清池，何則？圂非羆虎之窟也，池非鯨鯢之泉也。”頤煊案，《太平御覽》卷九百三十八引作“獵猛虎者不於後園，釣鯨鯢者不於清池，何則？園非虎處，池非鯨淵”。《一切經音義》卷九引《蒼頡》“圂，豕所居也”，字從囗，豕在其中，義亦得通。

故之與古

《轉辭》篇：“若扶之與携，謝之與議，故之與右，諾之與已，相去千里也。”頤煊案，“右”當作“古”。《淮南·説林訓》“扶之與提，謝之與讓，故之與先，諾之與已，也之與矣，相去千里”，“古”猶“先”也。

卷十四

臨海洪頤煊

盡進古今字

《列子》劉向《序目》："或字誤以'盡'爲'進'。"頤煊案，《漢書·高帝紀》"蕭何爲主吏主進"，師古曰："進者，會禮之財也。字本作賮，又作贐，音皆同耳。古字假借，故轉而爲進。"盡、進亦古今字。

過與果同

《天瑞》篇："此過養乎？此過歡乎？"張湛注："遭刑則不能不養，[1] 遇生則不能不歡。此過誤之徒，非理之實當也。"頤煊案，《莊子·至樂》篇兩"過"字皆作"果"。《國語·晋語》"知果"，《漢書·古今人表》作"知過"，"過"即"果"假借字。

---

① "刑"，《列子》作"形"。

瓌

“三年大瓌”，殷敬順《釋文》：“瓌，如掌反，又作穰。”頤煊案，《莊子·庚桑楚》篇“居三年畏壘大瓌”，《釋文》：“崔本作穰。”古“穰”字皆作“瓌”。

偏肥

《黄帝》篇“口所偏肥，晋國黜之”，《釋文》：“肥，音皮美反。按，《説文》《字林》并作蓜，又作圮，皆毁也。字從其省，音鄙。”頤煊案，《漢書·叙傳》“安滔滔而不葩兮”，鄧展曰：“葩，避也。”“肥”又通作“腓”字，《詩·采薇》“小人所腓”，毛《傳》：“腓，辟也。”“口所偏避”謂不齒之人。

弟靡

“因以爲茅靡”，《釋文》：“茅靡當爲頹靡。向秀曰：變化頹靡。”頤煊案，《莊子·應帝王》篇作“因以爲弟靡”，《釋文》：“弟靡，不窮之貌。崔云：猶遜伏也。”“弟靡”即“迤靡”之借。第、茅因字形相近而訛。

白溪

《周穆王》篇“右驂赤驥而左白溪”，張注：“溪，古

‘犧’字。”頤煊案，《爾雅·釋獸》馬屬：“回毛在肘後，減陽。”“㵞”即“減”字。《穆天子傳》作“左白儀”，郭璞注：“古義字。”故注以“儀”釋“㵞”，“犧”即“儀”字之訛，“㵞”非“犧”字。

牢藉

《仲尼》篇“長幼群聚而爲牢藉”，《釋文》：“藉，本作籍。《周禮·鼈人》：‘以時籍魚、鼈、蜃也。’莊子云‘以臨牢栅’，李頤云：‘牢，豕室也。栅，木欄也。’”頤煊案，藉，薦也，《易·大過》“藉用白茅”，馬注：“在下曰藉。”《爾雅·釋獸》“豕所寢橧”，郭璞注：“橧，其所卧蓐。”“蓐”即“藉”也。

歸塘

《湯問》篇“渤海之東有大壑焉，實惟無底之谷，名曰歸墟”，《釋文》：“或作歸塘。”頤煊案，《文選·吴都賦》李善注、《太平御覽》卷六十七引《列子》皆作“歸塘”，《顔氏家訓·歸心》篇“歸塘尾閭渫何所到”，亦與或本同。

夜耳

“鯱俞、師曠方夜耳俛首而聽之”，《釋文》：“夜音惕。”

頤煊案，“夜耳”當作“仄耳”，即側耳也。“仄”，古作“亽”，與“夜”字形相近，故訛作“夜耳”。

跳往助之

“有遺男始齔，跳往助之”，《釋文》：“跳音調，躍也。”頤煊案，《漢書·高帝紀》“漢王跳”，如淳曰：“跳音逃，謂走也。《史記》作逃。”晋灼曰：“跳，獨出意也。”《燕王澤傳》“遂跳驅至長安”，亦謂逃驅也。

顔淵年十八

《力命》篇：“顔淵之才，不出衆人之下，而壽十八。”頤煊案，《淮南·精神訓》高誘注：“顔回十八而卒。”《後漢書·郎顗傳》：“昔顔子十八，天下歸仁。”《抱朴子·逸民》篇“昔顔回死，魯定公將躬弔焉，使人問仲尼”，《抱朴子》亦以顔淵年十八，故卒當魯定公時。

婩　斫

“婩斫、便辟”，《釋文》：“斫音酌。婩斫，容止峭巘也。《字林》云：婩，齊也。斫，齒略反。”頤煊案，婩斫即婩婧。《方言》：“婩婧，鮮好也。南楚之外通語也。”《説文》：“婧，齊也。”《漢書·江充傳》“充爲人魁岸”，師古曰：“岸者有廉棱如崖岸之形。”岸即婩字。

學　鳩

《莊子·逍遥遊》篇“蜩與學鳩笑之”，《釋文》：“學，本又作鷽，或作鸒。”頤煊案，《文選·江文通雜體詩》李善注引作“蜩與鸒鳩笑之”，司馬彪曰：“鸒鳩，小鳥。”

時　女

“是其言也，猶時女也”，《釋文》：“時女，司馬云：猶處女也。”頤煊案，時女，猶言是女，即上文所謂藐姑射之“神人”。《爾雅·釋詁》：“時，是也。”

斷　髮

“越人斷髮文身”，《釋文》：“斷，司馬本作敦，云：敦，斷也。”頤煊案，《文選·張景陽雜詩》李善注引：“《莊子》‘越人敦髮文身’，司馬彪曰：敦，斷也。”

不龜手

“宋人有善爲不龜手之藥者，世世以洴澼絖爲事”，郭象注：“其藥能令手不拘拆，故常漂絮於水中也。”頤煊案，龜，當作𪚰，即“焦”字。《説文》：“𪚰，灼龜不兆也。《春秋傳》曰：龜𪚰不兆。讀若焦。”謂恐焦灼其手，故常漂絮於水中。

慮爲大罇

“今子有五石之瓠，何不慮以爲大罇而浮乎江湖”，《釋文》：“罇，本亦作樽。司馬云：樽如酒器，縛之於身，浮於江湖。慮，猶結綴也。”頤煊案，《文選·謝靈運之郡初發都詩》李善注引此“慮”作“攄”，攄，抒也，謂抒空以爲大罇，得以容身而浮乎江湖，故無瓠落之憂。

似枅

《齊物論》篇“似枅似圈”，《釋文》：“枅音雞，又音肩。《字林》云：柱上方木也。簡文云：欂櫨也。”頤煊案，郭注：“此略舉衆竅之所似。”“欂櫨”非竅穴之物，“枅”當通作“鈃”字。《説文》：“鈃，似鐘而頸長。”謂瓶罍之屬，故與杯圈爲一例。

老洫

“其厭也如緘，以言其老洫也”，郭注：“其厭没於欲，老而愈洫，有如此者。”頤煊案，“老洫”猶言老極而皮色皺急也。《管子·樞言》篇：“吾畏事不欲爲事，吾畏言不欲爲言，故行年六十而老吃也。”吃，極也。《三國志·彭羕傳》：“老革荒悖，可復道邪？”革，急也。其音義并同。

愚芚

“聖人愚芚”，郭注：“芚然無知而直往之貌。”《釋文》：“司馬云：渾屯不分察也。”頤煊案，《説文》春作萅，蠢作𧖴，“芚”即“蠢”字之省。《楚辭·惜賢》篇“夷蠢蠢之溷濁”，王逸注：“蠢蠢，無禮儀貌也。”與郭注同。

迷陽

《人間世》篇“迷陽迷陽，無傷吾行”，郭注：“迷陽，猶亡陽也。”頤煊案，《史記·孔子世家》“眼如望羊”，《釋名·釋姿容》：“望羊，羊，陽也，言陽氣在上，舉頭高，似若望之然也。”“亡陽”即“望羊”，古字通用。

登假

《德充符》篇“彼且擇日而登假，人則從是也”，《釋文》：“假，借也。徐音遐，讀連上句，‘人’字向下。”頤煊案，《禮記·曲禮下》“告喪曰天王登假”，鄭注：“登，上也。假，已也。上已者，若仙去云耳。”《淮南·齊俗訓》“其不能乘雲升假”，徐讀與郭異。

知爲孽

“故聖人有所遊，而知爲孽”，《釋文》：“司馬云：知慧生妖孽。”頤煊案，“孽”當讀如萌櫱之“櫱”，言“知”爲思慮之萌櫱，故下文云“聖人不謀，惡用知”。孽、櫱古字通用。

不雄成

《大宗師》篇“不雄成”，郭注：“不恃其成而處物先。”頤煊案，《墨子·修身》篇“雄而不修者，其後必惰”，“雄”即“勇”之假借字。

怛　化

“無怛化”，郭注：“將化而叱，無爲怛之也。”《釋文》：“怛，驚也。鄭玄注《周禮·考工記》‘不能驚怛’是也。”頤煊案，今本鄭注作“憚”字。下文“有旦宅而無情死”，郭注：“以形骸之變，爲旦宅之日新耳，其情不以爲死。”《釋文》：“旦宅，李本作怛侘，驚惋之貌。”義亦與此同。

帠

《應帝王》篇“汝又何帠以治天下”，《釋文》：“帠，徐音藝，又魚例反。司馬云：法也。”頤煊案，“帠”即《説文》“㣇”字之訛。《説文》：“《虞書》𦒷類于上帝。”今《尚書》作“肆”，“肆”亦有“法”義。“崔本作‘爲’”，與古文“”字形相近。

太沖莫勝

“吾鄉示之以太沖莫勝”，郭注：“居太沖之極，浩然泊心，而玄同萬方，故勝負莫得措其間也。”頤煊案，《列子·黄帝》篇作“向吾示之以太沖莫眹”，張湛注：“向秀曰：居太沖之極，皓然泊心，玄同萬方，莫見其迹。”是亦向、郭二本不同之證。

羈　顈

《馬蹄》篇“連之以羈馽”，《釋文》：“馽，之樹反。司馬、向、崔本并作‘縶’。向云：馬氏音竦。崔云：絆前兩足也。”頤煊案，《文選·吴都賦》劉淵林注引作“連之羈縶”，音“聳”，與司馬、向、崔本同。“縶”當作“顈”，《説文》：“顈，絆前兩足也。從系，須聲。”劉、馬音并非。

止　蟲

《在宥》篇“災及草木，禍及止蟲”，《釋文》：“止蟲如字，本亦作昆蟲。”頤煊案，“止蟲”當是“豸蟲”，聲之訛也。

喫　詬

《天地》篇“使喫詬索之而不得也”，《釋文》：“司馬云：

喫詬，多力也。”頤煊案，“喫詬”當作“奊詬”，《漢書·賈誼傳》“頑鈍亡恥，奊詬亡節”，師古曰：“奊詬，謂無志分也。”《胠篋》篇“頡滑堅白、解垢同異之變多，則俗惑於辨矣”，“頡滑”即“喫”字，“解垢”即“詬”字。

歷　指

“則是罪人交臂歷指”，《釋文》：“司馬云：交臂，反縛也。歷指，猶歷僂貌。”頤煊案，《説文》：“櫪㯓，柙指也。”“歷指”即“柙指”，刑具，詳見《一切經音義》。

葫　區

《天道》篇：“萬物化作，葫區有狀。”頤煊案，“葫”當是“蒟”字之訛。“葫區”當作“蒟蘁”。《文選·吴都賦》“異荂蘁蒟”，劉淵林注：“蘁，華也。敷蒟，華開貌。”

腞　楯

《達生》篇“死得於腞楯之上，聚僂之中則爲之”，《釋文》：“司馬云：腞，猶篆也。楯，猶案也。一云：聚僂，棺椁也。一云：聚當作菆，僂當作蔞，謂殯於菆塗蔞翣之中。”頤煊案，“腞”通作“篆”字，《周禮·巾車》“孤乘夏篆”，《説文》引作“軔”，“一曰下棺車曰軔”。“楯”即“輴”

字,《禮記·檀弓》"天子龍輴而椁幬"。皆謂殯車。

唐　肆

《田子方》篇"是求馬於唐肆也",郭注:"唐肆,非停馬處也。"《釋文》:"司馬本作廣肆,云:廣庭也,求馬於市肆,廣庭非其所也。"頤煊案,《徐無鬼》篇"其求唐子也",郭注:"唐,失也。"《釋文》:"唐子,謂失亡子也。""唐子"通作"蕩子"。蕩,空也,"唐肆"即空肆也。

恂　達

《知北游》篇:"思慮恂達,耳目聰明。"頤煊案,《史記·五帝本紀》"幼而徇齊",《集解》徐廣曰:"墨子曰:年逾十五,則聰明心慮無不徇通矣。"徇、恂古字通用。

畏壘山

《庚桑楚》篇:"老聃之役有庚桑楚者,偏得老聃之道,以北居畏壘之山。"頤煊案,《史記·莊周列傳》:"畏累虚、亢桑子之屬,皆空語無事實。""亢桑子"即"庚桑楚","畏累虚"即"畏壘山",《索隱》以"畏累虚"爲《莊子》篇名,非是。

招　世

《徐無鬼》篇:"招世之士興朝。"頤煊案,"招"通作

“高”字，《墨子·親士》篇“招木近伐”，亦謂高木也。

儒墨楊秉

“然則儒、墨、楊、秉四，與夫子爲五，果孰是邪?”頤煊案，《天下》篇：“古之道術有在於是者，宋銒、尹文聞其風而悦之。”《荀子·非十二子》篇：“然而其持之有故，其言之成理，足以欺惑愚衆，是墨翟、宋銒也。”《天論》篇：“墨子有見於齊，無見於畸。宋子有見於少，無見於多。”《漢書·藝文志》：“《宋子》十八篇。”“秉”疑“宋”字之訛。《困學紀聞》謂公孫龍字子秉，非也。

沙丘墓銘

《則陽》篇：“靈公也死，卜葬於沙丘。掘之數仞，得石椁焉，洗而視之，有銘焉，曰：不馮其子靈公奪而里之。”《釋文》：“‘其子靈公’，郭讀絶句。司馬以‘其子’絶句，言子孫不足憑，故使公得此處爲冢也。奪而里，一本作奪而埋之。”頤煊案，子、里恊韻，當以司馬讀爲正。郭注：“子，謂蒯聵也。言不馮其子，靈公將奪汝處也。”其讀亦與司馬同。《文選·幽通賦》李善注引“里”作“埋”。

洞　水

《讓王》篇“乃自投椆水而死”，《釋文》：“椆，直留反。

本又作桐水，司馬本作洞。”頤煊案，《水經·潁水注》：“《吕氏春秋》曰：‘卞隨恥受湯讓，自投此水而死。’張顯《逸民傳》、嵇叔夜《高士傳》并言‘投洞水而死’。”洞、潁聲相近。《史記·伯夷列傳索隱》引作“桐水”，與此作“椆水”，皆“洞”字之訛。

丁子有尾

《天下》篇“丁子有尾”，《釋文》：“李云：世人謂右行曲波爲尾，今丁子二字雖左行，曲波亦是尾也。”頤煊案，“丁子”當是“孓孑”二字之訛。《説文》：“孓，無左臂也。孑，無右臂也。”無左右臂而有尾，此事之必無也，故以爲辨。

公孫龍子

《公孫龍子》，《漢書·藝文志》十四篇，《新》《舊唐志》俱作三卷，今止存一卷，凡六篇。《文苑英華》卷七百五十八有《公孫龍子論》，云：“咸亨二年，歲次辛未十二月庚寅，有宗人王先生因出其書以示僕，凡六篇，勒成一卷。”唐初所傳即是此本。

慎　子

《漢書·藝文志》：“《慎子》四十二篇。名到，先申、韓，申、韓稱之。”《舊唐書·經籍志》：“《慎子》十卷，滕輔注。”頤煊案，《藝文類聚》卷六十有後漢滕輔《祭牙文》，今《慎子》止《威德》《因循》《民雜》《德立》《君人》五篇。《群書治要》所引又增多《知忠》《君臣》二篇。

先　施

《威德》篇：“毛嬙、西施天下之至姣也。”頤煊案，《文選·神女賦》李善注引作“先施”，先施、西施，一也。今本作“西施”，是後人所改。《史記·趙世家》“反坙分、先俞於趙”，《集解》徐廣曰：“《爾雅》曰：西俞，雁門是也。”《正義》：“西、先聲相近。”

疑即儗字

《德立》篇：“立天子，不使諸侯疑。立諸侯，不使大夫疑。立正妻，不使群妾疑。立嫡子，不使庶孽疑。疑則動兩，動兩則争。”頤煊案，“疑”即“儗”字，謂匹也，“匹”即“兩”也。

王　鈇

《鶡冠子·博選》篇：“王鈇非一世之器者。”頤煊案，《説文》：“鈇，莝斫刀也。”《後漢書·獻帝紀》李賢注引《蒼頡》：“鈇，斧也。”斧鉞，王者所以示威，故稱“王鈇”。

下文有《王鈇》篇，俗刻作“王鉄”，誤。

謳藉謑詘

“樂嗟苦咄，則徒隸之人至矣”，陸佃注：“樂則嗟之，苦則咄之，不禮甚矣。一本‘樂嗟苦’三字闕。”頤煊案，宋王應麟《小學紺珠》引此作“謳藉謑咄”，今本“樂嗟苦”三字并注，皆明人妄補。

用　賜

《天則》篇：“若礱磨不用，賜物雖詘，有不效者矣。”頤煊案，《方言》：“賜，盡也。”言若礱磨不盡，則物有不效者矣。陸注以賜爲賞賜之賜，非是。

均

《環流》篇：“五聲不同均。”頤煊案，《文選・嘯賦》“音均不恒，曲無定制”，李善注：“均，古韻字也。”引《鶡冠子》此句爲證。《思玄賦》“考治亂於律均兮，意建始而思終”，李善注：“《樂汁圖徵》曰：聖人往承天助以立五均。均者，亦律調五聲之均也。”又依“均”本字訓之。

幼　麽

《道端》篇“無道之君任用么麽”，陸注：“么麽，一作幼歷。”頤煊案，本作“幼歷”是也。幼歷，謂少歷事之人。《大戴禮·用兵》篇“疎遠國老，幼色是與”，盧辨注：“言疎遠老成，而與幼色者。若楚共王遠申叔時，而用子反也。”《國語》“播棄黎老而近孩童”，亦是此義。

𠲿意

《近迭》篇“法度無以，𠲿意爲摸”，陸注：“𠲿讀爲‘嘒彼小星’之嘒。”頤煊案，“𠲿”即“慧”字，《方言》“知或謂之慧”，《論語》“衞靈公好行小慧”。“摸”當作“謨”，言法度無以私智爲謀也。

菑害

《度萬》篇“天咎先見，菑害并雜”，陸注：“菑或作畱，亦或作菑。”《學問》篇“所謂樂者，無菑者也”，陸注：“菑或作𦿉。”頤煊案，《隸釋·博士題字》“甾消□□”，① 甾即菑字，畱即甾字之訛。《漢書·揚雄傳》“灑沈菑於豁瀆兮”，師古曰：“菑，古災字。”菑、𦿉皆菑字之訛。

傾傾

《泰鴻》篇“夫物之始也傾傾”，陸注：“傾傾，未正之

① “隸釋”，當作“隸續”。洪頤煊引用《隸續》，皆統稱作《隸釋》。

貌。或作鴻鴻。”頤煊案，“傾”當是“澒”字之訛。《淮南·精神訓》“澒濛鴻洞”，高誘注：“澒讀項羽之項。”《楚辭·遠游》篇“貫澒濛以東朅兮”，王逸注：“澒濛，氣也。”“澒濛”通作“鴻濛”，故字亦作“鴻”。

控摶

《世兵》篇：“安可控摶。”頤煊案，《漢書·賈誼傳》“何足控揣”，古“專”字多通作“耑”。《文選·江淹雜體詩》李善注引《莊子》司馬注“摶，團也”，《長笛賦》“冬雪揣封乎其枝”，李善注：“揣與團，古字通。”故“控摶”亦作“控揣”，與揣量“揣”字義别。

水激則旱

“水激則旱。”頤煊案，《文選·鵩鳥賦》李善注、《史記·賈誼列傳》索隱，引《鶡冠子》皆作“水激則悍”。《史記·河渠書》“水湍悍”，《淮南·墬形訓》高誘注“湍，急流悍水也”。字當作“悍”，今本作“旱”，是後人從《史記》《漢書》《文選》本改。

昔行

《天權》篇：“昔行不知所如，往而求者，則必惑。”陸注：“蓋昔之亡羊者曰：歧之中又有歧焉，吾不知所之，是以反也。”頤煊案，昔行，夜行也。《莊子·天運》篇“則通昔不寐”，《釋文》：“昔，夜也。”謂夜行不知處，如往而求，則必惑。陸注非。

蕭　楯

“極蕭楯之元。”頤煊案，“蕭”當是“蘭”字之訛。《管子·小匡》篇“輕罪入蘭盾鞈革二戟”，《隸釋·堯廟碑》“階陛欄楯”，蕭、蘭字形相近。

金石相弊

《韓非子·存韓》篇“陛下雖以金石相弊”，舊注：“弊，盡也，以召士盡。”頤煊案，《漢尚方鏡銘》“壽敝金石如侯王”，《史記·龜策列傳》“壽蔽天地，莫知其極”，金石相弊謂壽命之延長也。

溶若甚醉

《揚權》篇“聽言之道，溶若甚醉”，舊注：“溶，闇漫之貌。凡聽言者，欲闇以招明，愚以求智，故闇然若甚醉者，則言者自盡而敷奏也。”頤煊案，“溶”讀與“鎔”同，謂鎔化其心若甚醉者，則人方能盡其言也。下文“動之溶之，無爲而改之”，其義正同，舊注皆非。

邦　叢

“欲爲其國，必伐其聚，不伐其聚，彼將聚衆。”頤煊案，上下文皆合韻，此當作“欲爲其邦，必伐其藂，不伐其藂，彼將聚衆”，邦、叢合韻。“國”字是避漢諱改，“叢”古字作“藂”，因訛爲“聚”。

以勸其心

《八姦》篇：“則進爵益禄以勸其心。”頤煊案，“勸”當作“歡”。《孟子·梁惠王上》“而民歡樂之”，《音義》：“本亦作勸樂。”勸、歡古字通用。

延陵生

《十過》篇：“乃召延陵生，令將軍車騎先至晋陽。”《困學紀聞》：“《戰國策》云‘延陵王’，誤也。鮑氏改‘王’爲‘君’，亦未之考。”頤煊案，《元和姓纂》引作“延陵正”，亦與“王”字同訛。

以疏其諫

“君其遺之女樂，以亂其政，而後爲由余請期，以疏其諫。彼君臣有間，而後可圖也。”頤煊案，以疏其諫，謂以疏其諫諍也。《史記·秦本紀》作“以疏其間”，是涉下文

“間”字而訛。

横　失

《説難》篇：“又非吾敢盡失而能盡之難也。”頤煊案，《史記·韓非列傳》“盡失”作“横失”，《索隱》：“《韓子》‘横失’作‘横佚’。劉氏云：吾之所言無横失。”舊注亦云：“非敢横失。”今本作“盡失”，是近刻之訛。

謫　怒

“自勇之斷則無以其謫怒之。”頤煊案，《韓非列傳》“謫”作“敵”，《索隱》：“謂人主自勇其斷，説士無以己意而攻間之，是以卑下之謀自敵於上，以致譴怒也。”謫、敵字形相近。

楚三王

《和氏》篇“楚人和氏得玉璞”一段，頤煊案，《後漢書·孔融傳》李賢注引《韓子》“厲王”作“武王”，“武王”作“文王”，“文王”作“成王”。《文選·曹子建贈徐幹詩》李善注引《韓子》又作“武王薨，成王即位。成王薨，文王即位”，皆與今本不同，以《史記·楚世家》系次證之，《孔融傳》注本是。

不　和

《亡徵》篇："狠剛而不利。"頤煊案，"不利"當作"不和"。《後漢書·袁紹傳》李賢注引《韓非》曰："佷剛而不和。"佷剛自用者不能和人，故曰可亡。

名　問

"不以功伐課試，而以名問舉錯。"頤煊案，"問"通作"聞"字。《莊子·逍遥游》篇"乃今以久特聞"，《釋文》："崔本作問。"《庚桑楚》篇"因失吾問"，《釋文》："問，元嘉本作聞。"聞、問古字通用。

扼　昧

《備内》篇"此鴆毒扼昧之所以用也"，舊注："扼昧，謂暗中絞縊也。"頤煊案，《公羊·襄二十六年傳》"昧雉彼視"，何休注："昧，割也。"《釋文》："昧，舊音刎，亡粉反。"與"刎"字同用。

廉而不劌

《解老》篇："故曰方而不割，廉而不穢。"頤煊案，"穢"是"劌"字之訛。《禮記·聘義》"廉而不劌"，《荀子·榮辱》篇"廉而不見劌者貴也"，《揚子法言》"廉而不劌行也”。此所引是《老子》之文，王弼本作“廉而不劌”，河上公本作“廉而不害”，“害”亦與“劌”義相近。

曰衍文

《喻老》篇：“故曰：白圭之行堤也塞其穴，丈人之慎火也塗其隙。”頤煊案，《解老》《喻老》二篇引“故曰”者皆《老子》之文，此二句無之，故下“曰”字當是衍文。

商　蓋

《説林上》篇：“周公旦已勝殷，將攻商蓋，辛公甲曰：大難攻，小易服，不如服衆小，以劫大。乃攻九夷，而商蓋服矣。”頤煊案，“蓋”當是“奄”字之訛。

屯二甲

《外儲説右下》篇“訾其里正與伍老屯二甲”，舊注：“屯亦罰也。”頤煊案，《漢書·陳勝傳》“勝、廣皆爲屯長”，師古曰：“人所聚曰屯。”《一切經音義》卷一引《字書》：“屯亦邨也。”

侵　盂

《難二》篇：“昔者文王侵孟、克莒、舉酆，三舉事而紂惡之。”頤煊案，“孟”當是“盂”字之訛。《史記·周本紀》

“明年伐邘”，《集解》徐廣曰：“邘城在野王縣西北，音于。”邘、盂是同聲假借字。

窕言

“語言辨，聽之説，不度於義，謂之窕言”，舊注：“窕，苟且也。”頤煊案，《左氏·昭二十一年傳》“小者不窕”，杜預注：“窕，細不滿。”《吕氏春秋·適音》篇“不詹則窕”，高誘注：“窕，不滿密也。”《荀子·賦》篇“充盈大宇而不窕”，[①]《淮南要略》“布之天下而不窕”，皆以“窕”爲空也。

磏勇

《六反》篇：“行劍攻殺暴憿之民也，而世尊之曰磏勇之士。”頤煊案，《廣雅·釋器》：“磏，礪也。”《説文》：“磏，厲石也。從石，兼聲，讀若鎌。”磏勇之士，謂以勇自厲之士。

有方

《八説》篇“搢笏干戚，不適有方鐵銛”，舊注：“方，楯也，言搢笏之儀，干戚之舞，與夫方楯鐵銛不相稱過也。”

① “宇”，原誤作“字”，據《荀子》改正。

頤煊案,《詩·公劉》“干戈戚揚”,鄭《箋》:“干,盾也。”然則方非楯也,“有方”當是“有刃”之訛。

解　舍

《五蠹》篇:“故事私門而完解舍,解舍完則遠戰。”頤煊案,《管子·五輔》篇“上彌殘苛而無解舍,下愈覆鷙而不聽從”,《商子·墾令》篇“高其解舍”,解舍即今之廨舍。《吴子·治兵》篇“馬疲人倦而不解舍”,《説文》:“卸,舍車解馬也。”謂所卸止之地,其音義并同。

卷十五

臨海洪頤煊

荀子楊倞注

《荀子》楊倞序："分舊十二卷三十二篇爲二十卷，又改《孫卿新書》爲《荀卿子》，其篇第亦頗有移易。"頤煊案，《舊唐書·經籍志》"《孫卿子》十二卷"，《新唐書·藝文志》"《荀卿子》十二卷"，皆非楊倞所見《孫卿新書》之本。今本省"卿"字，稱《荀子》，又不知始自何人。《後漢書·謝該傳》李賢注引劉向《孫卿子後序》所論孫卿事，楊倞本亦無之。

荀子建本

《困學紀聞》："《荀子·賦》篇'請占之五泰'，監本作'五帝'，監本未必是，建本未必非。"頤煊案，今世所傳有《荀子纂圖互注》宋刻巾箱本作"五泰"，即建本也。監本乃唐與政台州所刊熙寧舊本，今罕傳者。

問一告二

《勸學》篇“問一而告二謂之囋”，楊倞注：“囋即讚字也，謂以言强讚助。”頤煊案，“囋”讀如《曲禮》“長者不及毋儳言”之“儳”，謂多言也。囋、儳聲相近。

菑　然

《修身》篇“不善在身也，菑然必以自惡也”，楊注：“菑讀爲災。災然，災害在身之貌。”頤煊案，《詩·皇矣》“其菑其翳”，毛《傳》：“木立死曰菑。”《考工記·輪人》注：“鄭司農云：泰山平原所樹立物爲菑，聲如胾，博立梟棊亦爲菑。”《非相》篇：“周公之狀身如斷菑。”菑然，植立不動之貌。

供　冀

“行而供冀，非漬淖也”，楊注：“供，恭也。冀，當爲翼。凡行，自當恭敬，非謂漬於泥淖也。”頤煊案，冀，望也，謂恭敬而有所冀望，非以其漬於泥淖也。

倚　魁

“倚魁之行”，楊注：“倚，奇也，奇讀爲奇偶之奇。魁，大也。倚、魁皆謂偏僻狂怪之行。”頤煊案，“倚魁”，即

“奇瑰”假借字。

吟　口

《不苟》篇“盜跖吟口”，楊注：“吟口，吟咏長在人口也。《説苑》作‘盜跖凶貪’。”頤煊案，“吟口”當是“貪凶”之訛。吟字近貪，凶字近口，若如注説，與下文“名聲若日月”句義同，非是。

弃而儑

“窮則弃而儑”，楊注：“儑當爲濕，《方言》云：濕，憂也。字書無‘儑’字。《韓詩外傳》作‘弃而累’也。”頤煊案，“儑”即“傫”字。《老子》“儽儽兮無所歸”，《説文》：“儽，垂貌。一曰嬾解。”《淮南·俶真訓》“孔、墨之弟子皆以仁義之術教導於世，然而不免於儡身”，高誘注：“儡身，身不見用，儡儡然也。”儽、儡、傫古字皆通用。

靡儇鈆重

《榮辱》篇：“靡之儇之、鈆之重之。”頤煊案，“靡”與“磨”字通用。《非相》篇“鄉曲之儇子”，楊注：“儇與翾義同，輕薄巧慧之子也。”“鈆”即“鎔”字。謂或磨之使輕，或鎔之使重，皆取變化陶成之義。

焉廣三寸

《非相》篇“面長三尺，焉廣三寸”，楊注：“面長三尺，廣三寸，言其狹而長甚也。”頤煊案，“焉”古通作“安”字，“焉”即“頞”字之假借。焉廣三寸，言其蹙也，楊注以“焉”爲語助詞，非是。

節族

“故曰文久而息，節族久而絶。”頤煊案，“族”即“蔟”字，《漢書·律曆志》“蔟，奏也，言陽氣奏地而達物也”，故楊注即以樂之節奏釋之。宋本作“宗族”，是俗人所改。

府然

“府然若渠匽、檃栝之於己也”，楊注：“府與俯同，就物之貌。或讀爲附。”頤煊案，府，聚也，謂聚之於已。

倓然

《仲尼》篇“倓然見管仲之能”，楊注：“倓，安也。”頤煊案，“倓”與“睒”同。《説文》：“睒，暫視貌。”“覘，暫見也。《春秋公羊傳》曰：覘然公子陽生。”謂桓公乍見管仲之能足以託國，故爲天下之大知。楊注非。

炊　僥

“可炊而僥也”，楊注：“炊與吹同。僥當爲僵，言可以氣吹之而僵仆。”頤煊案，《説文》：“滰，浚乾漬米也。《孟子》曰：夫子去齊，滰淅而行。”可炊而浚乾，謂不逾時。楊注非。

讁　德

《儒效》篇“若夫讁德而定次”，楊注：“讁與商同，古字。商度其德而定位次。本或亦多作‘譎’，譎與決同，謂斷決其德，故下亦有‘譎德而序位’之語。”頤煊案，字書無“讁”字。《君道》篇“論德而定次，量能而授官”，文與此同，“讁”疑即“論”字之訛。《正論》篇“圖德而定次”，圖謀，亦論也，“讁”字又訛作“譎”。

淺　帶

“逢衣淺帶”，楊注：“淺帶，博帶也。《韓詩外傳》作‘逢衣博帶’。言帶博則約束衣服者淺，故曰淺帶。”頤煊案，《莊子·盜跖》篇“縫衣淺帶”，《釋文》：“淺帶，縫帶使淺狹。”《考工記·鮑人》“則是以博爲帴也”，鄭注：“鄭司農云：帴讀爲翦，謂以廣爲狹也。”淺帶謂狹帶。

解　果

“解果其冠”，楊注：“解果，未詳。或曰：解果，陿隘也。”頤煊案，“解”與“懈”同，“果”即“倮”字之訛。解倮，猶嬾惰也。《非十二子》篇“弟佗其冠”，弟，古“夷”字。夷佗、解倮皆同聲字。

傀　然

“傀然若終身之虜”，楊注：“傀，字書無所見，蓋環繞拘囚之貌。”頤煊案，“傀”當是“㥑”字之訛。《説文》“㥑”作“𢡺”，與“傀”形相近。“㥑”通作“抑”，抑然，志氣卑下，故若終身之虜，而不敢有他志也。

莫若惠之

《王制》篇“馬駭輿則莫若静之，庶人駭政則莫若惠之”，楊注：“惠，恩惠也。”頤煊案，惠，順也。

立　器

“司徒知百宗城郭立器之數”，楊注：“立器，所立之器用也。”頤煊案，“立器”當是“任器”之訛。《周禮·地官》“載師掌任土之法，以物地事”，任器，謂賦税之事。

乘　白

“司馬知師旅甲兵乘白之數”，楊注：“白謂甸徒，猶今之白丁也。或曰：白當爲百，百人也。”頤煊案，“白”即“甸”字之訛，白、甸字形相近。

逢蒙視

《富國》篇“雖爲之逢蒙視，詘要橈膕，君盧屋妾，由將不足以免也”，楊注：“逢蒙，古之善射者。言處女如善射者之視物，謂微眇不敢正視也。”頤煊案，“逢”疑作“蓬”，下當脱“髮”字。

綦

《王霸》篇“目欲綦色，耳欲綦聲，口欲綦味，鼻欲綦臭，心欲綦佚”，楊注：“綦，極也。‘綦’或爲‘甚’，傳寫誤耳。”頤煊案，以下文“飲食甚厚，聲樂甚大，臺謝甚高，園囿甚廣”四句證之，“甚”非誤字。

滅　苦

《臣道》篇“故無德之爲道也，傷疾墮功滅苦，故君子不爲也”，楊注：“傷疾墮功滅苦，未詳，或恐錯誤耳。”頤煊案，傷疾，即上文“事人而不順者不疾者也”，墮功即

“忠而不順者無功者也”。滅苦，“苦”是“敬”字之訛，即“疾而不順者不敬者也”。皆無德之道，故君子不爲。

山林險

《致士》篇：“山林險則鳥獸去之。”頤煊案，“險”當作“儉”。《富國》篇“俗儉而百姓不一”，楊注：“儉，當爲險。”《易·否》“君子以儉德辟難”，虞注：“儉，或作險。”儉、險古字通用。

敦　惡

《議兵》篇“則百姓莫不敦惡”，楊注：“敦，厚也。”頤煊案，“敦”當通作“憝”字。《廣雅·釋詁》：“憝，惡也。”《周書·世俘解》“凡憝國九十有九國”，孔晁注：“憝，惡也。”《尚書·康誥》“凡民罔弗憝”，《孟子·萬章下》作“譈”。《方言》：“諄，憎所疾也。宋、魯凡相惡謂之諄憎，若秦晋言可惡矣。”“諄”即“譈”字之省。

苓

《彊國》篇“其在趙者剡然有苓而據松柏之塞”，楊注：“苓，地名，未詳所在。或曰：苓與靈同，《漢書·地理志》常山郡有靈壽縣。”頤煊案，清河郡有靈縣，亦當趙地，《魏書·地形志》字作“零”。

黨　見

《天論》篇“怪星之黨見”，楊注：“黨見，頻見也，言如朋黨之多。”頤煊案，《方言》郭璞注：“黨，朗也。”朗見，猶言明見也。

代　睪

《正論》篇“代睪而食”，楊注：“睪，未詳。”頤煊案，“代睪”當作“代皐”。《淮南·主術訓》“鼛鼓而食，奏雍而徹”，與此上下文義相同。鼛、皐古字通用。

舌　縪

“藉靡舌縪”，楊注：“舌縪，未詳。”頤煊案，《儀禮·鄉射禮記》“倍躬以爲左右舌”，鄭注：“居兩旁謂之个，左右出謂之舌。”《考工記·梓人》鄭司農注：“舌，維持侯者。”舌縪，謂縛罪人於木，如繫侯於舌也。

葭稾蓐尚

《正名》篇“屋室廬庾、葭稾蓐、尚机筵而可以養形”，楊注：“以廬庾爲屋室，葭稾爲席蓐，皆貧賤人之居也。尚机筵，未詳。”頤煊案，“尚”字當上屬爲句。《禮記·郊特牲》“莞簟之安，而蒲越稾鞂之尚”，《廣雅·釋詁》：“尚，加也。”葭稾蓐尚，謂以葭稾爲蓐藉也。《説文》：“机，木也。”

溺者不問遂

《大略》篇“迷者不問路，溺者不問遂”，楊注：“遂，謂徑隧，水中可涉之徑也。”頤煊案，“遂”當作“墜”。《晏子春秋·内篇雜上》作“溺者不問墜”。

井里之厥

“和之璧，井里之厥也，玉人琢之爲天子寶”，楊注：“厥也，未詳。或曰：厥，石也。”頤煊案，《説文》：“厥，發石也。”《山海經·海外北經》“相柳之所抵，厥爲澤溪”，郭璞注：“厥，掘也。”井里之厥，井里之人掘而得之。《晏子春秋·雜上》篇作“井里之困”，謂困窮於井里之中，義亦得通。

無取詌

《哀公》篇“無取詌”，楊注：“未詳。《家語》作‘無取鉗’，王肅云：謂妄對不謹誠者。或曰：捷給鉗人之口者。”頤煊案，《方言》：“鉗，惡也。南楚凡人殘罵謂之鉗。”

鹿　布

《吕氏春秋·貴生》篇：“顔闔守閭，鹿布之衣，而自飯牛。”頤煊案，“鹿”即“麤”字之省。《莊子·讓王》篇作“苴布之衣”，“苴”即“麤”字。《晏子春秋·外》篇“晏子相景公，布衣鹿裘以朝，公曰：夫子之家，若此其貧也，是奚衣之惡也”，鹿裘，亦謂麤裘也。

默　守

《論人》篇“意氣宣通，無所束縛，不可收也”，高誘注：“收，守。”畢氏沅曰：“收，疑當作牧，與韻叶。牧亦訓守。”頤煊案，“收”當是“默”字之訛，言意氣宣通，無所束縛，不可以默守也。“默”字與上下文測、息、塞、得、服、極、惑、革、匿韻合。

志　嫌

《適音》篇：“太小則志嫌，以嫌聽小，則耳不充。”頤煊案，“嫌”與“慊”同。《禮記·坊記》“貴不慊於用”，鄭注：“慊，或爲嫌。”《孟子·公孫丑》“吾何慊乎哉”，趙岐注：“慊，少也。”以小聽小，故耳不充，與上“太鉅則志蕩，以蕩聽鉅，則耳不容”文義相對。

質當爲夔

《古樂》篇“帝堯立，乃命質爲樂，質乃效山林溪谷之音以歌”，高注：“質，當爲夔。”頤煊案，《劉寬碑》：“復使五官中郎將何夔持節。”魏上尊號，奏太僕臣夔。“夔”與“質”古文𧷥形相似，因訛。

農　功

《音律》篇：“仲吕之月，無聚大衆，巡勸農事。”頤煊案，“農事”當作“農功”，與下文“草木方長，無攜民心”合韻，“事”字涉注文而訛。

狼入於邦

《明理》篇：“有狼入於國，有人自天降。”頤煊案，“國”當作“邦”，邦、降合韻，此避漢諱所改。

連　反

《蕩兵》篇：“連反，兵也。”頤煊案，《莊子·天下》篇“而連犿無傷也”，《釋文》：“犿，本亦作抃，皆宛轉貌。一云相從之貌，謂與物相從不違，故無傷。”“連反”即“連犿”也，宛轉相從，而兵即伏之，故曰“連反，兵也”。《漢書·地理志》“河南滎陽卞水”，《水經注》作“汳水”，卞、反古字通用。

捷於肌膚

《論威》篇“其藏於民心，捷於肌膚也”，高注：“捷，養也。”畢氏沅曰：“注疑未是，捷或當爲浹。”頤煊案，“捷”古字通作“接”，《爾雅·釋詁》“接，捷也”，郭璞注：“捷，謂相接續也。”《荀子·解蔽》篇“雖億萬已不足以浹萬物之變”，楊倞注：“浹或爲接。”其義亦通。

處

《愛士》篇“陽城胥渠處”，高注：“處猶病也。”畢氏沅曰：“注以處訓病，未見所出。”頤煊案，“處”當作“劇”，上脱一“病”字，注當作“劇，病甚也”，其義方合。《史記·荀卿列傳》“劇子”，《集解》：“應劭《氏姓注》直云：處子。”古字多通用。

越王授

《審己》篇“越王授有子四人”，高注：“越王授，勾踐五世之孫。”頤煊案，《史記·越王勾踐世家》“勾踐五世孫爲王之侯”，《貴生》篇“越人三世殺其君王，子搜患之”，即其人。搜、授、侯三字聲皆相近。

虞與娛同

《忠廉》篇“利不足以虞其意矣”，高注：“虞，猶回也。”頤煊案，“虞”無“回”訓，“虞”與“娛”同。《莊子·讓王》篇“許由虞於潁濱”，《釋文》：“虞，本作娛。”

《孟子·盡心》“驩虞如也”，丁音：“驩虞，義當作歡娱。”古字通用耳。

投

《去尤》篇：“莊子曰：以瓦投者翔，以鉤投者戰，以黄金投者殆。”頤煊案，字書無“投”字。《説文》：“豉，繇擊也。从殳，豆聲。古文‘投’如此。”[①] 投即豉字。《列子·黄帝》篇“投”并作“摳”，張湛注：“互有所投曰摳。”“摳”即“投”假借字。《莊子·達生》篇作“注”，《淮南·説林訓》作“鉒”，“注”亦“投”也。字形相近，合訛作“投”。

旄象之約

《本味》篇“旄象之約”，高注：“約，飾也，以旄牛之尾、象獸之齒以飾物也。一曰：約，美也，旄象之肉美，貴異味也。”頤煊案，“約”當爲“白”聲之誤也。《文選·張景陽七命》“髦殘象白”，《詩·韓奕》正義引陸璣《疏》“熊脂謂之熊白”，則髦象之脂皆可謂之白也。

---

① “投”，《説文解字》作“祋”，段玉裁《説文解字注》改作“投”，洪頤煊從段。許維遹《吕氏春秋集釋》引用洪頤煊此説，梁運華點校《吕氏春秋集釋》據《説文解字》改作“祋”。

甘櫨

“箕山之東，青鳥之所，有甘櫨焉”，高注：“箕山，許由所隱也，在潁川陽城之西。青鳥，昆侖山之東。二處皆有甘櫨之果。”頤煊案，“櫨”當作“樝”，因字形近而訛。《山海經·海外北經》郭璞注引作“有甘柤焉，柤音柤梨之柤”，《淮南·墬形訓》“昆侖、華丘，爰有遺玉、青馬、視肉、楊桃、甘樝”，字皆作樝。《史記·司馬相如列傳》索隱引應劭曰：“《伊尹書》云：箕山之東，青鳥之所，有盧橘，夏熟。”始訛作“櫨”字。《説文》“櫨”字下有“伊尹曰：果之美者，箕山之東，青皀之所，有櫨橘焉，夏孰也”二十二字，疑後人據應劭注羼入，非許氏原文。

馬郡盡

《長攻》篇：“襄子謁於代君而請觴之，馬郡盡。”高注：“襄子告代君而請飲之，酒醉而殺之，盡取其國也，故曰馬郡盡也。”頤煊案，馬郡盡者，謂盡馬郡之人而皆觴之，高注非。

孔子不以力聞

《慎大覽》“孔子之勁，舉國門之關，而不肯以力聞”，高注：“孔子以一手捉城門關顯而舉之，不肯以有力聞於天下。”頤煊案，《墨子·非儒》下篇：“孔丘爲魯司寇，舍公家而於季孫，季孫相魯君而走，季孫與邑人争門關，决植。”《列子·説苻》篇、《淮南·道應訓》《主術訓》皆言此事。或説即《左氏》郰人紇事，① 是孔子之父，非是。

發　酒

《報更》篇“晋靈公欲殺宣孟，伏士於房中以待之，因發酒於宣孟”，高注：“發猶致也。”頤煊案，“發”當讀如《檀弓》“晋獻文子成室，諸大夫發焉”之“發”，蓋飲酒禮名。

王孫滿幼

《悔過》篇“王孫滿要門而窺之”，高注：“要，徼也。”頤煊案，《左氏·僖三十三年傳》作“王孫滿尚幼觀之”，此當讀作“王孫滿要”句，“門而窺之”句。《楚辭·湘君》篇“美要眇兮宜修”，《漢書·元帝紀》“窮極幼眇”，師古曰：“幼眇讀曰要眇。”“要”即“幼”假借字。

莫人不能

《審分覽》：“莫人不能，全乃備能也，夫其不全也。”頤煊案，“莫”古通作“謨”字，謂有謀之人不自恃其能，至

① “郰”，原作“聊”，據光緒本改。

全乃備能也，與上文義相應，高注非。

驪　馬

《執一》篇“今御驪馬者使四人，人操一策，則不可以出於門閭者，不一也”，高注：“驪馬，騑馬也，在中曰服，在邊曰騑。”頤煊案，《漢書·平帝紀》“立軺并馬”，服虔曰：“并馬，驪駕也。”《後漢書·寇恂傳》“恂以輦車驪駕轉輸，前後不絶”，李賢注：“驪駕，并駕也。”一車兩馬，并駕，故有四馬，高注以爲騑馬，失之。

義　翟

《高義》篇“是以義翟也，義翟何必越，於中國亦可”，畢氏沅曰：“《墨子·魯問》篇作‘是我以義糶也，[①] 鈞之糴，亦於中國耳，何必於越哉’，此兩‘翟’字訛。‘糴’字無考，當是‘糶’字之訛。”頤煊案，翟、糴皆“耀”字之訛，謂是我以義炫耀於人，何必越。

以爲繼矣

《適威》篇“知其能力之不足也，則以爲繼矣，以爲繼知”，畢氏沅曰：“此二句疑當作‘則難以爲繼矣，難以爲

---

① “糶”，據文義及畢沅校本《吕氏春秋》，當作“糴”。

繼’，脱兩‘難’字，下‘知’字衍。”頤煊案，“繼”當是“㡭”字之訛，“㡭”，古“絶”字。下“知”字當在下句“以爲繼”上，言“知能力之不足，則自以爲絶矣，知以爲絶，則上又從而罪之”，義亦得通。

犨於前

《召類》篇“南家之牆犨於前而不直”，高注：“犨，猶出，曲出子罕堂前也。”頤煊案，“犨”當作“讎”。《漢書·灌夫傳》晋灼注：“讎，當也。”

謂勤也

《開春論》“周厲之難天子曠絶，而天下皆來謂矣”，高注：“謂，天子也。”頤煊案，《爾雅·釋詁》：“謂，勤也。”

秴　米

《審時》篇：“秴米而不香。”頤煊案，字書無“秴”字，“秴”當是“秳”字之訛。《説文》：“秳，舂粟不潰也。”

周　鼎

周鼎見於《吕氏春秋》者五：《達鬱》篇“周鼎著鼠，令馬履之”，《慎勢》篇“周鼎著象”，《先識》篇“周鼎著饕餮，有首無身”，《離謂》篇“周鼎著倕，而齕其指”，《適威》篇“周鼎有竊，曲狀甚至，①上下皆曲”。《淮南·本經訓》“周鼎著倕，使銜其指”，所見與《離謂》篇同。

裋　褐

賈誼《新書·過秦下》篇：“夫寒者利短褐。”頤煊案，《史記·始皇本紀》作“裋褐”，《集解》徐廣曰：“一作短小襦。音豎。”《方言》：“襜褕，其短者謂之裋襦。”《廣雅·釋器》：“複襦謂之襡。”“襡”即“裋”字。《列子·力命》篇“衣則裋褐”，《釋文》：“裋，複襦也。楚人謂袍爲裋。有本作‘短褐’者誤。”

安　土

“安士息民以待其弊。”頤煊案，《始皇本紀》作“安土息民以待其敝”，《索隱》：“《賈誼書》‘安’作‘案’。”然則今本作“安士”者，是後人改也。《荀子·勸學》篇“安特將學雜識志，順詩書而已耳”，楊倞注：“安，或作案。”古字通用。

世　世

《益壤》篇：“此世世之利也。”頤煊案，《漢書·賈誼

---

① “至”，《吕氏春秋》作“長”。

傳》作“二世”,《後漢書·鄧騭傳》李賢注:“古書字當再讀者,即於上字之下爲小‘二’字。今岐州石鼓銘,凡重言者,皆爲‘二’字。”此當作“世世”,後人誤乙爲“二世”,非是。

倫猥

《制不定》篇:“特賴其尚幼,倫猥之數也。”頤煊案,《後漢書·鄧禹傳》李賢注引《漢官儀》曰:“其次下土小國侯,以肺腑親公主子孫奉墳墓於京師,亦隨時朝見,是爲隈諸侯。”倫猥之數,謂等於隈諸侯之數。“猥”與“隈”同。

衛侯燬

《審微》篇:“衛侯更其名曰燬。”頤煊案,《史記·衛世家》“立戴公弟燬爲衛君”,《左氏·僖二十五經》“衛侯燬卒”,《説文》:“燬,火也。從火毁聲。《春秋傳》曰:衛侯燬。”《史記集解》引《賈誼書》亦作“燬”,燬是燬之俗字。

苟容

《階級》篇:“廉恥不立,則且不自好,苟容而可。”頤煊案,《賈誼傳》作“苟若而可”,“若”是“容”字之訛,小顔注“若,猶然”,“若”當通作“諾”字。

請　室

“盤水加劍，造寢室而請其罪爾。”頤煊案，“寢室”當依《賈誼傳》作“請室”，應劭曰：“請室，請罪之室。”蘇林曰：“音絜清。胡公《漢官》：車駕出，有請室令，在前先驅，此官有別獄也。”

刖

《俗激》篇：“今其甚者，刖大父矣，刖大母矣，踝嫗矣，刺兄矣。”頤煊案，《賈誼傳》作“今其甚者，殺父兄矣”。刖即殺也，俗刻本兩“刖”字皆作“則”，誤。

緹以偏諸

《孽産子》篇：“緹以偏諸。”頤煊案，《賈誼傳》作“緁以偏諸”，晋灼曰：“以偏諸緁著衣也。”師古曰：“緁音妾，謂以偏諸緶著之也。”《説文》：“緹，帛丹黄色也。”謂以緹帛爲偏諸，其義亦通。

顧還面

《傅職》篇：“自執器無函顧還面。”頤煊案，《禮記·玉藻》“唯君面尊”，《少儀》“尊壺者面其鼻”。面，向也，顧還面，謂回環視其所當向之面也。

瞽　史

《保傅》篇："瞽史誦詩。"頤煊案，《大戴禮·保傅》篇作"鼓夜誦詩"，"夜"是"史"字之訛。《禮容》篇"吾非瞽史也，焉知天道"，《周禮·大行人》"九歲屬瞽史諭書名"，《國語·楚語》"臨事有瞽史之道"，皆"瞽史"二字連文，是其證。

掉　磬

《容經》篇："行以微磬之容，臂不摇掉。"頤煊案，《禮記·内則》鄭注"雖有勤勞，不敢掉磬"，義即本此。《釋文》引《隱義》云"齊人以相絞訐爲掉磬"，"崔云：北海人謂相激事爲掉磬"，非也。

在小不塞

"故至人者，在小不寶，在大不窕。"頤煊案，《大戴禮·王言》篇"布諸天下而不窕，内諸尋常之室而不塞"，《管子·宙合》篇"其處大也不窕，其入小也不塞"，《淮南·氾論訓》"舒之天下而不窕，内之尋常而不塞"。"寶"當是"塞"字之訛。

悇憛養心

《勸學》篇："則雖王公大人，孰能無悇燂養心而顚一視之。”① 頤煊案，《淮南·修務訓》引此段略同，作“則雖王公大人有嚴志頡頏之行者，無不憚悇癢心而悅其色矣”，高誘注：“憚悇，貪欲也。癢心，煩悶也。”《廣雅·釋訓》：“悇、覃、懷，憂也。”《楚辭·謬諫》篇“心悇憛而煩冤兮”，王逸注：“悇憛，憂愁貌。”悇燀、憚悇皆即“悇憛”之訛，養、癢通用字。

反嚴爲䩞

《道術》篇：“臨制不犯謂之嚴，反嚴爲軧。”頤煊案，“軧”當是“䩞”字之訛。《莊子·達生》篇“桓公䩞然而笑”，《釋文》：“司馬云：䩞，笑貌。”

持　斗

《胎教雜事》篇：“太宰持斗而御户右。”頤煊案，《大戴禮·保傅》篇舊本亦作“持斗”，盧辨注：“斗所以斟。”《穆天子傳》“佐者承斗”，郭璞注：“斗，斟水杓也。”《詩·行葦》“酌以大斗”，《釋文》：“本又作枓。”《史記·趙世家》“使厨人操銅枓”，《正義》：“枓，其形方，有柄，取斟水器。”孔氏廣森《大戴》本改“斗”作“升”，非是。

---

① “顧”，《新書》作“頡”。

卷十六

臨海洪頤煊

淮南子注

《淮南子》二十一卷，《隋書·經籍志》一云許慎注，一云高誘注。陳振孫《書録解題》云：今本記題許慎注，而詳序文即是高誘。頤煊案，《魏書·劉芳傳》引《孟春令》云“迎春於東郊”，許慎云“東郊，八里郊也”，高誘云“迎春氣於東方，八里郊也”；《孟夏令》云“迎夏於南郊”，許慎云“南郊，七里郊也”，高誘云“南郊，七里之郊也”；《孟秋令》云“迎秋於西郊”，許慎云“西郊，九里郊也”，高誘云“西郊，九里之郊也”；《孟冬令》云“迎冬於北郊”，許慎云“北郊，六里郊也”，高誘云“北郊，六里之郊也”。兩注并行，非一書明矣。

呴　諭

《原道訓》“呴諭覆育，萬物群生”，高誘注：“呴諭，温恤也。”頤煊案，《禮記·樂記》“煦妁覆育萬物”，[1] 鄭注：“氣曰煦，體曰嫗。”《正義》：“天以氣煦之，地以形嫗之，是天煦覆而地嫗育，故言煦嫗覆育萬物也。”呴諭即煦嫗，古字通用。

大丙

“昔者馮夷大丙之御也”，高注：“丙或作白。”頤煊案，“丙”當是“内”字之訛。“大内”即“大豆”，《吕氏春秋·聽言》篇“造父始習於大豆”，内、豆聲相近，《説文》“丙”從匚丙聲，徐鉉曰：“丙非聲，義當從内，會意。”亦其證。

抮抱

“扶摇抮抱羊角而上”，高注：“抮抱，引戾也。”頤煊案，抮抱亦作軫軳。《文選·七發》李善注引《淮南》許慎注：“軫，轉也。”《玉篇》：“軳，戾也。”《廣雅·釋訓》：“軫艳，轉戾也。”艳即軳字之訛。

棊衛

“彎棊衛之箭”，高注：“棊，美箭所出，地名也。衛，

---

① “妁”，《禮記·樂記》作“嫗”，據鄭玄注及下文“呴諭即煦嫗”，當是“嫗”字之誤。

利也。”頤煊案，“萁”當作“淇”，《兵略訓》“淇衛箘簬”，高注：“淇衛，箘簬箭之所出也。”淇在衛地，故曰淇衛。

貞蟲

“蚑蟯貞蟲”，高注：“貞蟲，細腰之屬。”《説山訓》“貞蟲之動以毒螫”，高注：“貞蟲，細腰蜂蜾蠃之屬。無牝牡之合，曰貞。”頤煊案，貞蟲不專是蜂，貞蟲猶言昆蟲。《墬形訓》“萬物貞蟲，各有以生”，《大戴禮·易本命》作“昆蟲”，昆蟲即衆蟲也。

連嶁

“終身運枯形于連嶁列埒之門”，高注：“連嶁，猶離嶁也，委曲之類。列埒，不均平也。”頤煊案，《説文》：“廔，屋麗廔也。”《列子·力命》篇：“居則連欐。”《莊子·徐無鬼》篇“君亦必無陳鶴列於麗譙之間”，郭象注：“麗譙，高樓也。”皆同聲通用字。《廣雅·釋室》：“埒，堤也。”高注非。

解構

《俶真訓》“孰肯解構人間之事，以物煩其性命乎”，高注：“解構，猶合會也。”頤煊案，《後漢書·隗囂傳》“勿用傍人解構之言”，《竇融傳》“亂惑真心，轉相解搆”。《莊子·胠篋》篇："解垢同異之變。"《詩·野有蔓草》"邂逅相遇"，《綢繆》"見此邂逅"。其音義并同。

唯體道能不敗

"孟門終隆之山不能禁，唯體道能不敗。"頤煊案，下"湍瀨旋淵呂梁之深不能留也，太行石澗飛狐句望之險不能難也"，與上"孟門終隆之山不能禁"三句連文，不應有"唯體道不能敗"句。"禁"下疑脱"也"字。此六字涉上注而譌。

鋪　鮮

"華藻鎛鮮"，高注："鎛，今之金尊也。"頤煊案，"鎛"當是"鋪"字之譌，即"敷"字。《易·説卦》"震爲旉"，《釋文》："干寶注：旉，花之通名爲鋪，花朵謂之敷。"華藻鋪鮮，皆謂其刻鏤之美，非金尊也。

外景内景

《天文訓》："明者，吐氣者也，是故火曰外景；幽者，含氣者也，是故水曰内景。"頤煊案，《大戴禮·天圓》篇"明者，吐氣者也，是故外景；幽者，含氣者也，是故内景。故火日外景，而金水内景。"張衡《靈憲》："日譬猶火，月譬猶水。火則外光，水則含景。"此本作"火日外景，水月内景”，兩“曰”字是俗人所改。

四　守

“紫宫、太微、軒轅、咸池、四守、天阿”，高注：“皆星名，下自解。”頤煊案，下文“太微者，太一之庭也；紫宫者，太一之居也；軒轅者，帝妃之舍也；咸池者，水魚之囿也；天阿者，群神之闕也。四宫者，所以爲司賞罰”，高注：“四宫：紫宫、軒轅、咸池、天阿。”此“天阿”上不應有“四守”二字，當是衍文，涉下“四宫”而訛。

中央天

“中央曰鈞天，其星角、亢、氐。”頤煊案，二十八宿皆隨斗杓所指而言，角、亢、氐離斗杓最近，故古法以此三星爲中央天。

四仲四鈎

“太陰在四仲，則歲星行三宿。太陰在四鈎，則歲星行二宿”，高注：“仲，中也。四中，謂太陰在卯、酉、子、午四面之中也。丑鈎辰，申鈎巳，寅鈎亥，未鈎戌，謂太陰在四角。”頤煊案，《開元占經》卷二十二引《注》云：“太陰，謂太歲也。四仲：子、午、卯、酉也。假令歲陰在卯，星守須女、虚、危，故曰三宿。四鈎謂丑寅爲一鈎，辰巳爲一鈎，未申爲一鉤，戌亥爲一鉤。假令歲陰在寅，歲星在斗牛，故曰二宿。”下文云“子午、卯酉爲二繩，丑寅、辰巳、未申、戌亥爲四鉤”，足與今本互相證。

淮南元年

“淮南元年冬，太一在丙子，冬至甲午，立春丙子。”頤煊案，《漢書·淮南王傳》“文帝十六年，乃徙阜陵侯安爲淮南王”，是年歲在丁丑，而云“太一在丙子”者，據冬至在年前，立算從冬至甲午距立春四十三日而得丙子，以節氣盈縮，故下文云“日冬至子午，夏至卯酉”“壬午冬至，甲子受制，木用事”亦四十三日而得立春也。

尚葈

《覽冥訓》“夫瞽師庶女，位賤尚葈”，高注：“葈者，葈耳，菜名也。幽、冀謂之檀菜，雒下謂之胡葈。主是官者，至微賤也。”頤煊案，《周禮·天官》“典枲掌布緦縷紵之麻草之物”，是庶女爲之。賈《疏》：“枲，麻也。”葈即枲字。

眄眄

“卧倨倨，興眄眄”，高注：“倨倨，卧無思慮也。眄眄然，視無智巧貌也。”頤煊案，“眄眄”當是“盱盱”之訛。盱，《説文》作“盱”，與“眄”字形相近。倨、盱合韻，

《莊子·寓言》篇“老子曰：而睢睢，而盱盱，而誰與居”，《廣雅·釋訓》“睢睢、盱盱，氣也”。

恒娥

“羿請不死之藥於西王母，恒娥竊以奔月。”頤煊案，《歸藏》云：“昔常娥以不死之藥服之，遂奔爲月精。”“恒”改爲“常”，是漢人避諱字。張衡《靈憲》作“姮娥”，《説文》無“姮”字，後人所造。

上多故

《主術訓》“是以上多故，則下多詐”，高注：“故，詐。”頤煊案，《原道訓》“不設智故，而方圓曲直弗能逃也”，高注：“智故，巧飾也。”《俶真訓》“不以曲故是非相見”，高注：“曲故，曲巧也。”《本經訓》“懷機械巧故之心而性失矣”，《俶真訓》“巧故萌生”，《吕氏春秋·下賢》篇“空空乎！其不爲巧故也”，“故”當訓爲“巧”，不爲詐也。

擊戾

“曲得其宜，無所擊戾”，高注：“擊，掌也。戾，破也。”頤煊案，《荀子·修身》篇：“行而俯項，非擊戾也。”《尚書·益稷》“戛擊鳴球”，《文選·長楊賦》作“拮隔”，韋昭曰：“古文隔爲擊。”“擊戾”即“隔背”，高注非。

意而不戴

《繆稱訓》“凡行戴情，雖過無怨；不戴其情，雖忠來惡”，高注：“戴，心所感也。”又云“意而不戴，中心必有不合者也”，高注：“意，恚聲。戴，嗟也。”頤煊案，下文“上意而民載，誠中者也”，高注：“上有意而未言，則民皆載而行之。”古字“載”“戴”通用，“凡行戴情”謂行載其情。“意而不戴”，謂上有意，民不載而行之，是必中心之不合也。兩注非。

照　誋

“目之精者，可以消澤，而不可以昭誋”，高注：“昭，道。誋，誡也。不可以教導戒人。”頤煊案，上文“可以形勢接，而不可以照誋”，《齊俗訓》“日月之所照誋”，《鹽鐵論·相刺》篇“天設三光以照記”，昭、照古字通用，“誋”即“記”字，高注失之。

鉥而無刃

《齊俗訓》“其兵戈銖而無刃”，高注：“楚人謂刃頓爲銖。”頤煊案，《説文》：“殊，死也，從歺，朱聲。漢《令》：蠻夷長有罪，當殊之。”《漢書·高帝紀》：“其赦天下殊死以下。”“銖”即“殊”假借字。

隅　眥

“衣足以覆形，不務於奇麗之容，隅眥之削。”頤煊案，“眥”當作“些”。《本經訓》“衣無隅差之削”，高注：“隅，角也。差，邪也。”“些”“差”聲相近。《晏子春秋·諫下》篇“衣不務於隅肶之削”，“肶”即“眥”之訛字。

扚

《道應訓》“孔子勁杓國門之關”，高注：“杓，引也。古者縣門下，從上杓引之者難也。”頤煊案，“杓”當作“扚”，《説文》：“扚，疾擊也，從手，勺聲。”《兵略訓》“爲人扚者死”，高注：“扚，所擊也。”《史記·天官書》“扚雲如繩者居前亘天”，《索隱》：“《説文》音丁了反，許慎注《淮南》云‘扚，引也’。”今諸本皆訛作“杓”。

女　重

《氾論訓》“古者人醇工龐，商樸女重”，高注：“女重，貞正無邪也。”頤煊案，《大戴禮·王言》篇：“民敦工璞，商慤女憧。”“重”即“童”字，童、憧古通用，謂憧愿無知之貌。

季　襄

“季襄、陳仲子立節抗行，不入洿君之朝，不食亂世之食，遂餓而死”，高注：“季襄，魯人，孔子弟子。”頤煊案，《史記·仲尼弟子列傳》：“公晳哀，字季次。孔子曰：天下無行，多爲家臣仕於都，唯季次未嘗往。”“季次”當作“季哀”，“襄”又“哀”字之訛。

考

“夫夏后氏之璜不能無考”，高注：“考，瑕釁也。”《説林訓》“白璧有考”，高注：“考，釁污也。”頤煊案，“考”當作“耇”。《説文》：“耇，老人面如點也。從老省，占聲。”與“玷”字通用，訛脱作“考”。

勒

“勒率隨其蹤迹”，高注：“勒，主問吏。”又云“勒問其故，曰：而盜金於市中何也”，高注：“勒，主問吏。”頤煊案，《漢書》主問吏無名爲“勒”者，“勒”當是“鞫”字之訛。《張湯傳》“訊鞫論報”，師古曰：“鞫，問也。”“鞫”字訛脱作“勒”。

行成獸

《詮言訓》“行成獸”，高注：“謂古禮執羔麋鹿，取其跪乳，群而不黨。”頤煊案，“行成獸”，言有迹可法。

腐荷

《兵略訓》“腐荷之矰”，高注：“荷，蓮華也。矰，猶矢也。”頤煊案，《詩·澤陂》“有蒲與荷”，鄭《箋》：“芙蕖之莖曰荷。”《證類本草》引陸璣《疏》亦作“其莖曰荷”，蓮華不可以爲矢，高注非。

誂

“雖誂合刃於天下，誰敢在於上者”，高注：“誂，卒也。雖卒然合，與天下争，人誰敢在其上者。”頤煊案，《説文》：“誂，相呼誘也。從言，兆聲。”《廣雅·釋詁》：“誂，誘也。”

噬狗

《説山訓》“亡者不敢夜揭炬，保者不敢畜噬狗”，高注：“保，城郭居也。保饒人也，不敢畜噬人狗也。”頤煊案，保，酒家傭也，《鶡冠子·世兵》篇“伊尹酒保”。《韓非子·外儲説右上》篇：“宋人有酤酒者，升概甚平，遇客甚謹，爲酒甚美，著然不售，酒酸。問其所知長者楊倩，倩曰：汝狗猛邪。曰：狗猛則酒何故而不售？曰：人畏焉。或令孺子懷錢挈壺甕而往酤，而狗迓而齕之，此酒所以酸而不售也。”是説其事，高注非。

來乍

《説林訓》“猨狖之捷來乍”，高注：“乍，暫疾。以其操捷，來使疾擊而取之。”頤煊案，“乍”當作“笮”。《繆稱訓》：“猨狖之捷來措。”《漢書·梁平王傳》晋灼曰：“許慎云：‘措，置。’字借以爲‘笮’耳。”《莊子·應帝王》篇“猨狙之便、執斄之狗來藉”，《釋文》：“司馬云：藉，繩也，由捷見結縛也。崔云：藉，繫也。”措、藉亦聲相近。

淮南八公

《史記·淮南列傳》索隱引《淮南要略》云：“安養士數千，高才者八人。蘇非、李尚、左吴、陳由、伍被、毛周、雷被、晋昌，號爲八公。”頤煊案，《要略》無此文，唯高誘《序》見此八人。“陳由”作“田由”，“毛周”作“毛技”。唐本《序》在《要略》後，故《索隱》以爲《要略》文。

齊陶之縑

《鹽鐵論·本議》篇：“非獨齊陶之縑、蜀漢之布也。”頤煊案，陶即定陶，不聞出縑。“陶”當是“阿”字之訛。《淮南·修務訓》“衣阿錫”，《史記·司馬相如列傳》“被阿錫”，《集解》：“《漢書音義》：‘阿，細繒也。’”《正義》：“東阿出繒。”

販　牛

《通有》篇："弦高飯牛於周。"頤煊案，"飯"是"販"字之訛。《史記·秦本紀》"鄭販賣賈人弦高，持十二牛將賣之周"，《淮南·氾論訓》"鄭賈人弦賈，將西販牛，道遇秦師於周鄭之間"，皆其證。

佤　刺

《非鞅》篇："狐刺之鑿，雖公輸子不能善其枘。"頤煊案，《申韓》篇"若隱栝輔檠之正弧刺也"，狐、弧皆當是"佤"字之訛。《周禮·形方氏》鄭注："華，讀爲佤哨之佤，正之使不佤邪。"賈疏："佤者，兩頭寬，中狹邪者，謂一頭寬一頭狹。"《廣雅·釋詁》："刺，衺也。"

不　鄰

《刺復》篇："昔周公之相也，謙卑而不鄰。"頤煊案，"鄰"是"遴"字之訛。《論語·泰伯》："如有周公之美，使驕且吝。"《易·蒙》"以往吝"，《説文》引《易》作"遴"。《漢書·地理志》"民以貪遴争訟"，師古曰："遴與吝同。"

夏不失複

《輕重》篇："夏不失複，冬不離窟。"頤煊案，《説文》：

“寑，地室也。從穴，復聲。《詩》曰：陶寑陶穴。”《淮南·氾論訓》“古者民澤處復穴”，高誘注：“復穴，重窟也。”《禮記·月令》鄭注：“古者複穴。”《正義》：“複穴者，謂窟居也。”三字通用。

賴民

《毀學》篇：“苟非其人，簞食豆羹猶爲賴民也。”頤煊案，《論語·子張》“未信，則以爲厲已也”，鄭注：“厲讀爲賴。”《左氏·昭四年》“遂城賴”，《公羊》《穀梁》作“厲”。古“厲”“賴”通用，“賴民”即“厲民”。《論語》王肅注：“厲，病也。”

蔬糲

《孝養》篇：“故飯蓱糲者，不可以言孝。”頤煊案，“蓱”是“蔬”字之訛。《説文》：“㽥，通也。從爻從疋，疋亦聲。”蔬菜之“蔬”或作“蔬”，故又訛爲“蓱”字。俗本音奸，非也。

堊㥑

《散不足》篇：“堊㥑壁飾。”頤煊案，“堊㥑”當是“堊𡍆”之訛。《爾雅·釋宮》：“牆謂之堊。”《説文》：“堊，白涂也。”《釋名·釋宫室》篇：“堊，亞也，次也，先泥之，次以白灰飾之也。”獿，古之善塗人也。

唐　綈

“唐綈追人。”頤煊案，《説文》：“鎕銻，火齊也。”“唐銻”即“鎕銻”，通用字，蓋用珠綵裝飾人物，以爲戲弄之具。《玉篇》“餹餅，餌也”，是以餅爲之。

蟬　攫

“古者推車無柔，[①] 棧輿無植。及其後，士大夫則單複木具。”頤煊案，《非鞅》篇：“推車之蟬攫，負子之教也。”《淮南·説林訓》“古之所爲不可更，則推車至今無蟬匷”，高誘注：“匷，車類，讀如孔子射于矍相之矍。”“單複”當是“蟬欔”之訛。《廣雅·釋器》：“蟬、蠼，輞也。”皆字異而音義并同。

登　得

《結和》篇：“登得前利，不念後咎。”頤煊案，“登得”即“貪得”。《禮記·大學》“一人貪戾”，鄭注：“戾之言利也。”《春秋傳》曰“登戾之”，何休《公羊注》：“登讀言

① “推”，《鹽鐵論》作“椎”。

得”，是以“登得”爲“貪得”也。

駕　説

《法言·學行》篇“仲尼駕説者也”，舊注：“駕，傳也。”頤煊案，《淮南·繆稱訓》“子産騰辭”，高誘注：“騰，傳也。”《後漢書·隗囂傳》：“帝數騰書隴蜀。”皆與“駕説”義同。

分其弓

“羿、逢蒙分其弓。”頤煊案，“分其弓”與下文“良捨其策，般投其斧”對言之，“分”當是解散之名。《素問·五常政大論》“分潰癰腫”，王砅注：“分，裂也。”與解散義近。

桐　子

“師哉師哉，桐子之命也。”頤煊案，“桐”讀爲“通”，師者，所以開通子之性命。《漢書·禮樂志》“桐生茂豫”，師古曰：“桐讀爲通。”《廣陵胥王傳》“毋桐好逸”，師古曰：“桐，輕脱之貌也。”“輕脱”即“通脱”。《隸釋·史晨後碑》“桐車馬於瀆上”，“桐”即“通”字，皆其證。

别

《吾子》篇：“聖人虎别其文炳也，君子豹别其文蔚也。”

頤煊案,《易·革》作“虎變、豹變”,“變”古通作“辨”字。《周禮·小宰》“聽稱責以傅别”,鄭注:“傅别,故書作‘傅辨’。”《列子·楊朱》篇“我又欲與若别之”,張湛注:“别猶辨也。”别、辨、變三字通用。

捽茹

《修身》篇“簞瓢捽茹”,舊注:“謂以手捽菹茹也。”頤煊案,“捽”古通作“掇”字。《禮記·檀弓》“啜菽飲水”,《爾雅·釋言》“啜,茹也”,郭璞注:“啜者,拾食。”與“掇”字同義。《廣雅·釋詁》:“茹,食也。”舊注失之。

盍勢諸

《問神》篇:“或曰君子病没世而無名,盍勢諸名卿可幾也。”頤煊案,“勢”當是“埶”字之訛。埶,古“藝”字,謂藝習其業,名卿可冀得也。

久幽

《問明》篇:“久幽而不改其操。”頤煊案,《論語·憲問》“久要不忘平生之言”,“久幽”即“久要”。《爾雅·釋地》“燕曰幽州”,《釋文》:“李廵云:燕其氣深要,故曰幽。幽,要也。”《詩·七月》“四月秀要”,《夏小正》作“莠幽”。《文選·東京賦》“澤洎幽荒”,“幽荒”即“要荒”,

“幽”“要”古字通用。

開　迹

《五百》篇：“若是，則仲尼之開迹諸侯也，非邪。”頤煊案，《詩·載驅》“齊子發夕”，毛《傳》：“發夕，自夕發至旦。”次章“齊子豈弟”，鄭《箋》：“豈弟，猶言‘發夕’也。”《爾雅·釋言》：“愷悌，發也。”此“開迹”猶言“愷悌”，謂孔子旦夕發迹於諸侯之國也。

鐘鼓不耾

《先知》篇：“鐘鼓不耾。”頤煊案，“耾”當是“耾”字之譌。《文選·吴都賦》“鐘鼓之鏗耾有殷”，李善注：“鏗耾，大聲也。”《長門賦》“聲噌吰而似鐘音”，李善注：“噌吰，聲也。”“吰”與“耾”同。

改　赴

《白虎通·爵》篇：“忽者，鄭伯也。此未逾年之君，當稱子，嫌爲改赴，故名之也。”頤煊案，當時以鄭伯赴告，故書“鄭伯”，若稱子，是爲改赴，文義本明析，盧氏文弨校本據何休《公羊注》改作“嫌爲改伯從子，故名之也”，非是。

死後加王

“故《尚書》曰‘王麻冕黼裳’，此大斂之後也。何以知王，從死後加王也？以《尚書》言迎子釗，不言迎王也。”盧氏校本作“何以知不從死後加王也”。頤煊案，“何以知王”句，“從死後加王也”句，文義本明，若改“王”作“不”，“死後”與“大斂後”無以異，當從舊本爲是。

銅　瑁

“《尚書》曰：再拜興對，乃受銅瑁。”頤煊案，今本《尚書》“銅”作“同”。《三國志·虞翻傳》裴松之注引翻條奏鄭注《尚書》：“今經益‘金’就作‘銅’字。”與此本正同。《周禮·典同》“掌六律六同之和”，鄭注：“故書‘同’作‘銅’。”“銅”“同”亦通用字。

不施予一人

《號》篇“故《尚書》曰‘不施予一人’”，盧氏文弨曰：“即《盤庚》‘不惕予一人’之駁文。”頤煊案，《詩·皇矣》“施于孫子”，鄭《箋》：“施，猶易也，延也。”施讀爲弛，《爾雅·釋詁》“弛，易也”，郭璞注：“相延易。”《盤庚》“惕”當作“易”，與此“施”字義合。

竈以雉

《五祀》篇:“一説:户以羊，竈以雉。”盧氏校本據《通典》改作“竈以雞”，云:“《説題辭》‘雞爲積陽，南方之象’。”頤煊案,《易·説卦》“離爲雉”，離，南方火象，義亦得通。

咸　池

《禮樂》篇:“黄帝曰《咸池》者，言大施天下之道而行之，天之所生，地之所載，咸蒙德施也。”頤煊案，此以“池”爲“施”之假借字。《禮記·樂記》“《咸池》備矣”，鄭注:“池之言施也。”《周禮·大司樂》鄭注:“《咸池》，言其德無所不施。”皆同此説。

短　足

《封公侯》篇:“不忍使親屬無短足之居。”頤煊案，“短”當是“侸”字之訛。《説文》:“侸，立也，從人，豆聲，讀若樹。”《一切經音義》卷十七:“駐，古文作住、尌、侸、逗四形。”

無　射

《五行》篇:“射者，終也，言萬物隨陽終也。”頤煊案，上下文所釋皆取同聲字，“終”當是“繹”字之訛。《禮記·射義》：“射之爲言繹也。”《爾雅·釋詁》“射，厭也”，《釋文》：“射，本作斁。”《詩·清廟》“無射於人斯”，《禮記·大傳》鄭注引作“無斁”。斁、繹、射三字皆同聲。

伯諫

《諫諍》篇：“伯諫。”盧氏校本據《初學記》改作“陷諫”。頤煊案，《淮南·人間訓》“陽虎將舉劍而伯頤”，高誘注：“伯，迫也。”“伯諫”謂迫切而諫。下文“伯諫者義也，惻隱發於中，直言國之害，勵志忘生，爲君不避喪身”與迫切義近。“伯”或作“陌”，因又訛作“陷”字。

芝蓋

《考黜》篇：“車者，謂有赤有青之蓋，朱輪。”頤煊案，“之”當作“芝”。《文選·西京賦》“芝蓋九葩”，薛綜注：“以芝爲蓋，蓋有九葩之采也。”《思玄賦》“左青琱以揵芝兮”，舊注：“芝，小蓋也。”蔡邕《獨斷》：“三蓋車名耕根車，一名芝車，親耕藉田乘之。”

貪狼

“或曰惡人貪狼重土。”頤煊案，《淮南·要略》“秦國之俗貪狼”，高誘注：“狼，荒也。”《史記·律書》：“狼者，言萬物可度量，斷萬物，故曰狼。”《孟子·滕文公上》：“樂歲粒米狼戾。”《禮記·大學》“一人貪戾”，鄭注：“戾之言利也。”“貪狼”即貪戾也。

四　方

《商賈》篇：“《尚書》曰‘肇牽車牛，遠服賈用’，方言遠行可知也。”頤煊案，“用方”當是“四方”之訛，“四方言遠其行可知”，以證賈亦有行義。下文“方言欽厥父母，欲留供養之也”，“方”讀如《論語》“游必有方”之“方”，是釋“止曰賈”正義。

喜在西方

《情性》篇：“喜在西方，怒在東方，好在北方，惡在南方，哀在下，樂在上。”頤煊案，《漢書·翼奉傳》：“北方之情好也，好行貪狼，申、子主之。東方之情怒也，怒行陰賊，亥、卯主之。南方之情惡也，惡行廉貞，寅、午主之。西方之情喜也，喜行寬大，己、酉主之。上方之情樂也，樂行奸邪，辰、未主之。下方之情哀也，哀行公正，戌、丑主之。”當是《齊詩》説。

閼　闒

《四時》篇：“二帝爲載，三王爲年，皆謂閼闒。”頤煊案，“謂”當作“有”，“闕”通作“虧”字，“闇”是“闕”字之訛。“虧缺”謂歲三百六十有六日，其餘分以置閏。下文“《春秋傳》曰三月之喪，其實二十五月”，是知有“闕闕”之證。

帣

《紼冕》篇：“冠者，帣也，所以帣持其髮也。”頤煊案，“帣”即“帣”字，《説文》：“帣，囊也。”《史記·滑稽列傳》“帣韝鞠䐶”，《集解》徐廣曰：“帣，收衣褏也。”《説文》：“冠，絭也。絭，攘臂繩也。”謂以繩束持其髮。帣、帣、絭三字音義并同。

卷十七

臨海洪頤煊

史　記

《漢書·五行志》引"史記"，師古曰："此《志》凡稱'史記'者，皆謂司馬遷所撰也。"頤煊案，遷所撰，《藝文志》"《太史公》百三十篇"，不名"史記"。據《史記·六國表》序云"秦既得意，燒天下詩書，諸侯史記尤甚，爲其有所刺譏也"，《天官書》云"余觀史記，考行事，百年之中，五星無出而不反逆行"，此所稱"史記"，當亦周秦人所記，非遷書。

徇　齊

《五帝本紀》"幼而徇齊"，《集解》駰案："徇，疾。齊，速也。言聖德幼而疾速也。"《索隱》："《爾雅》'齊''速'俱訓爲'疾'。今裴氏注云'徇'亦訓'疾'，未見所出。"頤煊案，《説文》"侚，疾也"。《素問·上古天真論》黄帝

“幼而徇齊”，王砅注：“徇，疾也。”

不　亭

“乃習用干戈，以征不享”，《索隱》：“一本或作‘亭’，亭訓直，以征諸侯之不直者。”頤煊案，《詩·韓奕》“榦不庭方”，毛《傳》：“庭，直也。”《國語·周語》“以待不庭不虞之患”，韋昭注：“庭，直也。”《左氏·襄十六年傳》：“同討不庭。”“不亭”即“不庭”，古字通用。

封禪與爲多

“萬國和，而鬼神山川封禪與爲多焉”，《索隱》：“與，猶許也。言萬國和同，而鬼神山川封禪祭祀之事，自古以來帝王之中，推許黄帝以爲多。”頤煊案，“與”，語助辭。《國語·周語》“若壅其口，其與能幾何”，韋昭注：“與，辭也。”

溉執中

“帝嚳溉執中而遍天下”，《集解》徐廣曰：“古‘既’字作水旁。”頤煊案，“溉”古通作“概”字。概，平也，言平執中以遍及於天下。

南河之南

“舜讓辟丹朱於南河之南”，《集解》劉熙曰：“南河，九河之最在南者。”頤煊案，《禮記·王制》“自恒山至於南河，千里而近；自南河至於江，千里而近”，《尚書·禹貢》荆州“浮於江、沱、潛、漢，逾於洛，至於南河”，《左氏·閔二年傳》“晋侯將伐曹，假道於衛，衛人不許。還，自南河濟”，皆以河在冀州南，故曰“南河”，與九河無涉。

負　夏

“就時於負夏”，《集解》鄭玄曰：“負夏，衛地。”頤煊案，《禮記·檀弓》“曾子弔於負夏”。《水經·泗水注》以爲：“春秋之負瑕矣，《左氏·哀七年傳》季康子伐邾，囚於負瑕是也。”瑕、夏，聲相近。

黄　熊

《夏本紀》“乃殛鯀於羽山以死”，《正義》：“鯀之羽山，化爲黄熊，入於羽淵。熊音乃來反，下三點爲三足也。束晳《發蒙記》云：‘鼈三足曰熊。’”頤煊案，《爾雅·釋魚》“鼈三足能”，《説文》“熊，從能，炎省聲”。字書無“能”下從三點者，《正義》所見，蓋“熊”字壞本，而妄爲之説耳。

英　六

“封皋陶之後於英、六”，《集解》徐廣曰：“《史記》皆作‘英’字。”頤煊案，《黥布列傳》太史公曰：“英布者，其先豈《春秋》所見楚滅英、六，皋陶之後哉？”《陳杞世家》“皋陶之後，或封英、六”，《索隱》：“本或作‘蓼六’。”《楚世家》“成王二十六年滅英”，《集解》徐廣曰：“《年表》及它本皆作蓼。”蓼字是後人據《左氏傳》改。

辛氏冥氏

“辛氏冥氏。”頤煊案,《周本紀》“乃求有莘氏美女”，《正義》：“《括地志》云：‘古㜪國城在同州河西縣南二十里。’《世本》云：‘莘國，姒姓，夏禹之後。’”《廣韻》：“冥，又姓，禹後。《風俗通》云：‘漢有冥都，爲丞相史。’”見《儒林傳》。

泰卷陶

《殷本紀》“湯歸至于泰卷陶，中䴄作誥”，《集解》徐廣曰：“一無此‘陶’字。”《索隱》：“鄒誕生‘卷’作‘餉’，又作‘泂’，則‘卷’當爲‘坰’，與《尚書》同，非衍字也。其下‘陶’字是衍耳。何以知然？解《尚書》者以大坰今定陶是也，舊本或傍記其地名，後人轉寫，遂衍斯字也。”

頤煊案，《書序》“湯歸自夏，至於大坰”，此“陶”字，太史公釋“大坰”所在，是《史記》本文，非衍字。

御長卿

“湯崩”，《集解》：“《皇覽》曰：漢哀帝建平元年，大司空御史長卿案行水災，因行湯冢。”《索隱》：“長卿，諸本多作‘劫’姓。按《風俗通》有御氏，爲漢司空御史，其名長卿，明‘劫’非也。”頤煊案，大司空下不得言御史，劫、御聲相近，此本作“大司空史御長卿”，傳寫者誤乙作“御史”，而因以“劫”爲姓。《水經·汳水注》引《皇覽》作“大司空史卻長卿”，“卻”即“御”字之訛。

牖　里

“紂囚西伯羑里”，《正義》：“牖，一作羑，音酉。在相州湯陰縣北九里，紂囚西伯城也。”頤煊案，《水經·蕩水注》：“羑水又東流，逕羑城北，故羑里也。《史記音義》曰：牖里,在蕩陰縣。”《史記》舊本當作“牖”字。

明　水

《周本紀》“毛叔鄭奉明水”，《索隱》：“明，明水也。舊本皆無‘水’字，今本有‘水’字。若惟云‘奉明’，其義未見，不知‘明’是何物也。”頤煊案，《禮記·郊特牲》：

“縮酌用茅，明酌也；醆酒涚于清；汁獻涚于醆酒。猶明、清與醆酒于舊澤之酒也。”“明酌”曰“明”，是“明水”亦可單言“明”，不必增“水”字。

蜚　鴻

“蜚鴻滿野”，《正義》：“飛鴻滿野，喻忠賢君子見放棄也。故《詩》云‘鴻雁于飛，肅肅其羽。之子于征，劬勞于野’。毛萇云‘之子，侯伯卿士也’。”頤煊案，《淮南·本經訓》作“飛蛩滿野”，高誘注：“蛩，蟻蠓之屬，一曰蝗也。”蜚，古“飛”字。“鴻”即“蛩”，同聲借字。

紂石北方

《秦本紀》“是時蜚廉爲紂石北方”，《集解》徐廣曰：“皇甫謐云：作石槨於北方。”《索隱》：“‘石’下無字，則不成文，意亦無所見，必是《史記》本脱。皇甫謐尚得其説，徐雖引之，而竟不云是脱何字，專質之甚也。”頤煊案，《水經·汾水注》作“飛廉先爲紂使北方”，“石”當是“使”字之訛。

盜　驪

“造父以善御幸於周繆王，得赤驥、温驪、驊駵、騄耳之駟”，《集解》徐廣曰：“温，一作盜。”《索隱》：“温音盜。徐廣亦作‘盜’。”頤煊案，《後漢書·東夷傳》李賢注引

《史記》作“盜驪”，即徐廣本。《隸釋·韓敕碑陰》“河内温”，與“盜”形相近，“温”即“盜”字之訛。

犬　丘

“非子居犬丘”，《正義》：“《括地志》云‘犬丘故城一名槐里，亦曰廢丘’。”頤煊案，《漢書·地理志》“右扶風槐里，周曰犬丘，懿王都之，秦更名廢丘”，“犬”“廢”聲不相近，“犬”疑“大”字之訛。凡字書枤、釱、忕、軑等從“大”之字，俗書皆訛作從“犬”，即其證。

蒲坂皮氏

“昭襄王十七年秦以垣爲蒲坂、皮氏”，《索隱》：“‘爲’當爲‘易’，蓋字訛也。”頤煊案，“十五年，大良造白起攻魏取垣，復予之”，《正義》：“前秦取蒲坂，復以蒲坂與魏，魏以爲垣，今又取魏垣，復予之，後秦以爲蒲坂、皮氏。”“爲”非“易”字之訛。

茅濛初成

《始皇本紀》“三十一年”，《集解》：“先是其邑謡歌曰：‘神仙得者茅初成，駕龍上升入泰清。’”《索隱》：“道書：茅濛，字初成。今此云‘茅濛初成’者，爲神仙之道，其意失也。蓋由裴氏所引不明，或後人增益‘濛’字，遂令七言之詞有衍耳。”頤煊案，《集解》本“茅”下有“濛”字，今本無者，與《索隱》所見本異。

陶　山

“三十三年，自榆中並河以東，屬之陰山”，《集解》徐廣曰：“陰山在五原北。”頤煊案，“陰山”即下文“陶山”。《水經·河水注》引《史記音義》曰：“陶山在五原北。”《穰侯列傳》“復益封陶”，《集解》徐廣曰：“一作陰。”《七略》云“古文以陶爲陰”，皆因字形相近而譌。

秦焚書

“三十四年，丞相臣斯昧死言：臣請史官非秦紀皆燒之，非博士官所職，天下敢有藏《詩》《書》、百家語者，悉詣守尉雜燒之。”頤煊案，始皇焚書，僅焚民間所藏，而博士官所職之《詩》《書》、百家語，固無恙也。故漢興，皆得列於學官。《韓非子·五蠹》篇“明主之國無書簡之文，無先王之語，以吏爲師”，《和氏》篇“商君教秦孝公燔《詩》《書》而明法令”，秦焚書非始皇創制，亦其國法如此。

浙　江

《項羽本紀》：“項梁與籍避仇於吴中。秦始皇帝游會稽，渡浙江，梁與籍俱觀。籍曰：彼可取而代也！”頤煊案，浙江即南江，《水經・沔水注》：“《地理志》曰：江水自石城東出，逕吴國南，爲南江。”會稽郡治吴，浙江在吴縣南，故梁與籍於始皇既渡時得共觀之。

梁　期

“項羽使蒲將軍日夜引兵渡三户”，《集解》張晏曰：“三户，地名，在梁淇西南。”《索隱》：“淇當爲湛。”頤煊案，《水經・濁漳水注》引張晏曰：“在梁期西南。”《水經注》“梁期”“梁淇”不同。《索隱》所説，當云“淇當爲期”，故引《晋八王故事》、闞駰《十三州志》皆作“梁期”，今《史記》諸本皆失之。

面　之

“馬童面之，指王翳曰：此項王也”，《集解》張晏曰：“以故人故，難視斫之，故背之。”如淳曰：“面，不正視也。”頤煊案，面，向也，謂向視之，審知爲項王，因以指王翳。《禮記・玉藻》“唯君面尊”，鄭注：“面，猶鄉也。”《田完世家》“淳于髡説畢，趨出，至門，而面其僕曰”，“面”即鄉也。

秦嘉廣陵人

《高祖本紀》“聞東陽甯君、秦嘉”，《集解》文穎曰：

“秦嘉，東陽郡人也，爲甯縣君。”瓚曰：“《陳勝傳》云‘廣陵人秦嘉’，然則嘉非東陽人也。”頤煊案，《水經·泗水注》引晋灼曰：“東陽縣本屬臨淮郡，明帝分屬下邳，後分屬廣陵。故張晏曰：東陽郡，今廣陵郡也。”又《淮水注》“廣陵城楚漢之間，爲東陽郡”。《項羽本紀》集解引《陳涉世家》曰“秦嘉，廣陵人”，與臣瓚本同。今本《陳涉世家》作“陵人秦嘉”，《漢書·陳勝傳》作“凌人秦嘉”，張晏曰：“凌，泗水縣也。”“陵”上脱“廣”字久矣。

邌　明

“黎明，圍宛城三匝”，《索隱》：“黎音犂，黎猶比也，謂比至天明也。”頤煊案，《漢書·高帝紀》作“遲明”，師古曰：“此言圍城事畢，然後天明，明遲於事，故曰遲明。史記‘遲’字作‘邌’。”與今本不同。《廣雅·釋詁》“邌，遲也”，此正據《漢書》爲義，所見《史記》本亦當作“邌”。

泛　卮

《吕后本紀》“太后恐，自起泛孝惠卮”，《索隱》：“泛音奉汜也。”① 頤煊案，《漢書·武帝紀》“夫泛駕之馬”，師古

① “奉汜”，《史記索隱》作“捧泛”。

曰："泛，覆也。"《食貨志》"大命將泛"，孟康曰："泛，覆也。"《齊悼惠王傳》作"太后恐，自起反卮"，"反"即覆也，并字異而義同。

張釋卿

"封中大謁者張釋爲建陵侯"，《集解》徐廣曰："一云張釋卿。"頤煊案，《年表》作"張澤"，《荆燕世家》"大謁者張子卿"。《漢書·高后紀》作"張釋卿"，《燕王澤傳》作"張卿"，《周勃傳》作"張釋"。《文選·宦者傳論》李善注"張釋，字子卿"。字從文省，并是一人。

啑　血

《孝文本紀》："今已誅諸吕，新啑血京師。"頤煊案，《漢書·文帝紀》作"喋血"，師古曰："喋音大頰反，本字當作'蹀'。蹀，謂履涉之耳。"《吕氏春秋·期賢》篇"履腸涉血"，涉血即蹀血也。《吕后本紀》"始與高帝啑血盟"，啑血即歃血，《史記》皆借"啑"字爲之。

西鄉南鄉

"代王西鄉讓者三，南鄉讓者再"，《集解》如淳曰："讓群臣也。或曰賓主位東西面，君臣位南北面，故西鄉坐，三讓不受，群臣猶稱宜，乃更迴坐示變，即君位之漸也。"頤煊案，西鄉讓者，謂琅邪王劉澤；南鄉讓者，謂丞相以下。

兩書日食

"二年十一月晦，日有食之。十二月望，日又食"，《集解》徐廣曰："此云望日又食。按，《漢書》及《五行志》無此日蝕文也。一本作'月食'，然史書不紀月蝕。"頤煊案，日無望食之理，月食史不書，下"詔云：乃十一月晦，日有食之，適見於天，菑孰大焉"，不言"頻食"，此乃史之駁文。

北地都尉卬

"十四年，匈奴攻朝那塞，殺北地都尉卬"，《集解》徐廣曰："姓孫，封其子單爲缾侯。"頤煊案，《漢書集注》師古曰："《功臣表》云'缾侯孫單，以父北地都尉卬力戰死事，文帝十四年封'，與此正合。然則卬姓孫，而徐廣乃云姓段，説者因曰段會宗即卬之玄孫，無所據也。"與此不同，豈小顏所引誤耶？抑裴駰引徐廣説未審耶？

晦　雷

《孝景本紀》"後三年十月，日月皆食，赤五日。十二月晦，雷"，《集解》徐廣曰："一作'書'字，[1] 又作'圖'

① "書"，《史記集解》作"雷"。

字，實所未詳。”頤煊案，“書”當作“晝”，屬下文“日如紫”句，言十二月晦日晝時，日如紫也。“圖”即“雷”字之訛。

魯孝公

《十二諸侯年表》：“魯孝公稱元年，伯御立爲君。”“十一年，周宣王誅伯御，立其弟稱，是爲孝公。”頤煊案，伯御立十一年而孝公立，《表》於宣王二十二年即書“孝公元年”，是史臣追書之法。

殤公名秋

“衛獻公十八年，孫文子攻公，公奔齊，立定公弟秋。”頤煊案，《衛世家》“孫文子、甯惠子共立定公弟秋爲衛君，是爲殤公”，《集解》徐廣曰：“班氏云獻公弟焱。”“焱”“秋”聲相近。次行書“衛殤公狄元年”，“狄”是“秋”字之訛。

鄭厲公

“鄭厲公元年厲公亡，後七歲復入。”頤煊案，鄭厲公四年出居櫟，經昭公二年、子亹一年、子嬰十四年，共十七年，《鄭世家》亦云“厲公初立四歲，亡居櫟，居櫟十七年，復入”，此“七”上當脱“十”字。

靈公庶兄

“鄭襄公堅元年，靈公庶弟。”頤煊案，《鄭世家》“堅者，靈公庶弟”，《集解》徐廣曰：“《年表》云‘靈公庶兄’。”今《表》作“庶弟”，與《世家》同，是後人所改。

湯起亳

《六國表》“湯起於亳”，《集解》徐廣曰：“京兆杜縣有亳亭。”頤煊案，《秦本紀》“寧公二年遣兵伐湯杜，三年與亳戰，亳王奔戎，遂滅湯杜”，《集解》皇甫謐云：“亳王號湯，西夷之國也，非殷湯。”《水經·汳水注》“漢哀帝建平元年大司空史卻長卿按行水災，因行湯冢，在漢屬扶風，今徵之迴渠亭有湯池、徵陌是也”，以亳王湯爲殷湯，與此《表》同。

博　陵

“齊威王六年，晋伐我，至鱄陵”，《索隱》：“劉氏：鱄音屬沇反，又音專。”頤煊案，《地理志》無“鱄陵”。《田完世家》作“晋伐我，至博陵”，《正義》：“在濟西界也。”“鱄”當是“博”字之訛。

王出滎陽

《秦楚之際月表》“漢三年六月，王出滎陽”，《集解》徐廣曰：“《項羽》《高紀》：七月出滎陽。”頤煊案，《項羽》《高紀》“出滎陽”不載月數。《高紀》集解徐廣曰：“按，《月表》三年七月，王出滎陽。”皆與此《表》差一月，《漢書·高帝紀》又作“五月”。

周苛樅公

“八月，周苛、樅公殺魏豹。四年三月，周苛入楚。四月，王出滎陽，豹死”，《集解》徐廣曰：“《項羽紀》曰‘王出成皋’。”頤煊案，《表》以四年之出“成皋”爲出“滎陽”，故重言豹死。周苛未嘗入楚。項羽拔滎陽，殺周苛、樅公，亦是三年事。皆《表》誤。

陳嬰都折

《高祖功臣侯年表》：“堂邑。陳嬰定豫章、浙江，都折，自立爲王壯息，侯。”頤煊案，《漢表》作“都漸”，師古曰：“漸，水名，在丹陽黝縣南蠻中。嬰既定諸地而都之。”《説文》漸江、浙江不同，此“折”字當從《漢表》作“漸”。

安　陽

“安陽，中二年，封昌孫左車。”頤煊案，《孝景本紀》“中元年，封故御史大夫周苛孫平爲繩侯，故御史大夫周昌子左軍爲安陽侯”，此作昌孫，涉“周苛孫平”而訛。

湖　陵

“費，陳賀定會稽、浙江、湖陽，侯。”頤煊案，《漢表》作“定會稽、浙江、湖陵”，《漢書·地理志》“湖陽屬南陽郡”，不與會稽、浙江相近，當從《漢表》作“湖陵”爲是。

阿　陵

“阿陵，郭亭以塞疏入漢。”《集解》徐廣曰：“一云‘塞路’。”《索隱》按：“‘路’字誤爲‘疏’。小顔云‘主遮塞要路也’。”頤煊案，以塞路疏通，義亦得通，非誤字。

安　國

“安國，王陵以客從起豐，以厩將别定東郡、南陽，從至霸上。入漢，守豐。上東，因從戰不利，奉孝惠、魯元出淮水中，及堅守豐，于雍侯。”頤煊案，《史》《漢》兩《表》所載侯狀俱同，唯安國武侯王陵，兩《表》絶異，疑此别是一王陵，而史公誤合之。《陳丞相世家》集解作“奉孝惠魯元出睢水中”，此作“淮水”，訛。

武　遂

“高梁，酈疥。元光三年，侯勃元年。元狩元年，坐詐詔衡山王取金，當死，病死，國除。”頤煊案，《酈生列傳》“封疥爲高梁侯，後更食武遂，嗣三世，元狩元年，武遂侯平”，《正義》：“《年表》云‘卒，子敵嗣。卒，子平嗣，元年有罪，國除’，而《漢書》云‘更食武陽，子遂嗣’，恐《漢書》誤也。”今《表》不言更食武遂，“敵”即“教”字之訛，“元狩元年”下脱“侯平”二字。

武　城

《惠景間侯者年表》“武城，齊悼惠王子，侯”，《索隱》：“《漢志》闕。凡闕者，或鄉名，或尋廢，故《志》不載。”頤煊案，《漢書·地理志》武城有二，一屬左馮翊，一屬定襄郡，皆非此所封之武城，此當是東武城，《地理志》屬清河郡。

弓　高

“弓高，韓穨當”，《索隱》：“《漢表》在營陵。”頤煊案，《漢書·地理志》弓高屬河間國，營陵屬北海郡。凡諸侯食封，有不在本邑中者，故《表》《志》往往不同，詳見下。

涉　安

《建元以來侯者年表》："涉安，以匈奴單于太子降，侯。三年四月丙子，侯於單元年。五年卒，無後，國除。"頤煊案，《漢表》作"五月薨，亡後"，《漢書·匈奴傳》"於單降漢，漢封於單爲陟安侯，數月死"。"五年卒"，當依《漢表》作"五月"爲是。

僕　多

"輝渠，僕多"，《索隱》："《漢表》作'僕朋'，此云'僕多'，與《衛青傳》同。"頤煊案，《廣韻》引《風俗通》亦作"僕多"。

龍　亢

"龍亢，廣德"，《索隱》："晋灼云'龍，闕'。《左傳》'齊侯圍龍'，龍，魯邑。蕭該云'廣德所封止是龍，有亢者，誤也'。"頤煊案，《漢表》作"龍侯"。《南越列傳》"樛樂，其姊爲王太后，首願屬漢，封其子廣德爲龍亢侯"，《索隱》："龍亢屬譙國。"《史表》當有"亢"字。

徐　悍

《漢興以來將相年表》“孝文後七年，屬國捍爲將屯將軍”，《集解》徐廣曰：“姓徐，名厲，即祝兹侯。”頤煊案，《侯表》是“祝兹侯，徐厲之子悍”。①

洋音翔

《禮書》“洋洋美德乎”，《索隱》：“洋音羊，鄒誕生音翔，非也。”頤煊案，《老莊列傳》“其言汪洋”，《正義》：“洋音翔。”《漢書·吴王濞傳》“方洋天下”，師古曰：“方洋，猶翱翔也。”《穆天子傳》“庚辰，濟於洋水”，郭璞注：“洋音詳。”皆與鄒誕生音同。

郊疇乎天子

“郊疇乎天子”，《索隱》：“疇，類也。天子類得郊天，餘并不合祭。今《大戴禮》作‘郊止乎天子’，當是也。‘止’或作‘疇’，因誤耳。”頤煊案，《大戴禮》“止”當是“匹”字之訛，《國語·齊語》“人與人相疇”，韋昭注：“疇，匹也。”

① “悍”，據《史記·惠景間侯者年表》《漢書·高惠高后文功臣表》，當作“悼”，標題“徐悍”亦當作“徐悼”。

律　書

《律書》第三，《漢書集注》張晏曰："遷没之後，亡《兵書》。"師古曰："序目本無《兵書》，張云亡失，非也。"頤煊案，《太史公自序》作"律書第三"，《序》專論兵。作"暦書第四"，《序》兼論律，疑《律書》自"王者制事立法"以下至"孔子所稱有德君子者邪"，本爲《兵書》。自"書曰七正二十八舍"以下至篇末，爲《暦書》篇首，後人誤割，附於上篇《兵書》之後，而改其目曰《律書》，故張晏以爲亡也。班固撰《漢書》稱《律暦志》，似猶見其原本。

奎一作韭

"北至於奎"，《集解》徐廣曰："一作韭。"頤煊案，《説文》："韭，薑也。"故下文云"奎者，主毒螫殺萬物也"。"奎"又通作"刲"，故下文云"奎而藏之"。《天官書》"奎爲溝瀆"，亦刲象也。

古霞字

《天官書》："天雷電蝦虹。"頤煊案，《漢書·天文志》作"赮蚕"。《文選·江賦》"壁立赮駁"，李善注："赮，古霞字。"《漢書·揚雄傳》"噏清雲之流瑕兮"，師古曰："瑕謂日旁赤氣也。”《文選·甘泉賦》作“流霞”,《説文》無“霞”字，古止以“瑕”字爲之“蝦”,“赮”又“瑕”之借字。

蒲　池

《封禪書》“北穿蒲池溝水”,《正義》:“顔師古曰‘蒲池爲池而種蒲也。蒲字或作滿，言其水滿’，恐顔説非。《括地志》‘渭北咸陽縣有蘭池，始皇逢盜蘭池者也’，疑‘蘭’字誤作爲‘蒲’，重更錯失。”頤煊案,“蒲池”疑“滈池”之訛。《始皇本紀》“爲吾遺滈池君”,《正義》:“《括地志》‘滈水源出長安縣西北滈池’，酈元注《水經》云‘滈水承滈池北流入渭’。”“蒲”“滈”字形亦相近。

王　制

“刺六經中作《王制》，謀議巡狩封禪事”,《索隱》:“劉向《七録》云‘文帝所造書，有《兵制》《本制》《服制》篇。”頤煊案，即今《禮記·王制》篇，今本無《兵制》《本制》《服制》篇目，亦猶《樂記》十一篇，後人合并爲一，無篇目也。盧植亦云“漢孝文皇帝令博士諸生作此《王制》之書”。

畝收一鍾

《河渠書》:“收皆畝一鍾，於是關中爲沃野。”頤煊案，

《貨殖列傳》“畝鍾之田”，《集解》徐廣曰：“六斛四斗也。”《漢書·食貨志》“歲收畝一石半。上孰其收自四”，《淮南·主術訓》“中畝之獲，卒歲之收，不過畝四石”，其畝收六石四斗者，爲上畝矣。《東方朔傳》“酆鎬之間，號爲土膏，其賈畝一金”，一金，黄金一斤，直錢萬。

萬里沙

“於是天子已用事萬里沙，則還自臨決河”，《正義》：“《括地志》‘萬里沙在華州鄭縣東北二十里’。”頤煊案，《封禪書》“於是天子既出無名，乃禱萬里沙，過祠泰山，還至瓠子臨決河”，《漢書·地理志》東萊郡曲成有萬里沙祠，《正義》誤。

卷十八

臨海洪頤煊

文身斷髮

《吴太伯世家》“乃犇荆蠻，文身斷髮，示不可用”，《集解》應劭曰：“常在水中，故斷其髮，文其身，以象龍子，故不見傷害。”頤煊案，斷髮謂翦其髮，文身謂文飾其身，《論語》“吾其被髮左衽矣”，被髮即斷髮，左衽即文身，以其不合於章服，故不可復用。《漢書·嚴助傳》“越，方外之地，劗髮文身之民也，不可以冠帶之國法度理也”，即其證。應説失之。

畔

“懼猶不足，而又可以畔乎”，《索隱》按：“《春秋左氏傳》曰‘而又何樂’，此‘畔’字宜讀曰‘樂’，樂謂聞鐘聲也，畔非其義耳。”頤煊案，“畔”即“般”字。《爾雅·釋詁》“般，樂也”，《隸釋·張納碑》“般桓弗就”，《張表碑》

“畔桓利貞”，古字通用。

雍　林

《齊太公世家》“齊君無知游於雍林”，《集解》賈逵曰：“渠邱大夫也。”《索隱》：“賈言渠邱大夫者，蓋雍林爲渠邱大夫也。”頤煊案，《左氏傳》以“雍廪”爲人名，《史記》以“雍林”爲地名，《集解》引賈注以證《史記》，非也。

懿　公

“十九年五月，昭公卒，子舍立爲齊君。昭公之弟商人，十月即墓上弑齊君舍，而商人自立，是爲懿公。”頤煊案，《年表》作“二十年”，與《左氏傳》同。《左氏傳》弑舍在七月，此“十月”當是“七月”之訛。

嘉天子命

《魯周公世家》“周公既受命禾，嘉天子命”，《集解》徐廣曰：“嘉，一作‘魯’，今《書序》作‘旅’也。”《索隱》：“‘魯’字誤，史意云周公嘉天子命，於文不必作‘魯’。”頤煊案，《周本紀》作“魯天子之命”，“魯”“旅”古字通用，《爾雅・釋詁》“旅，陳也”，謂陳天子命，《索隱》誤釋。

匔　匔

“匔匔如畏然”，《集解》徐廣曰：“匔匔，謹敬貌也，見《三蒼》，音窮窮，一本作‘蘷蘷’也。”頤煊案，《玉篇》：“夔，巨追切，夔夔，悚懼也。”“蘷，同上，俗。”蘷即夔字。

煬　公

“考公四年卒，立弟熙，是爲煬公。煬公六年卒，子幽公宰立。”頤煊案，《三代世表》：考公當昭王瑕，煬公當穆王滿，幽公當恭王伊扈，穆王在位五十五年，其所當世次太遠。《漢書·律曆志》：“《世家》煬公即位六十年，子幽公宰立。”此“六”下當脱“十”字。

茅闕門

“煬公築茅闕門”，《集解》徐廣曰：“茅，一作苐，又作夷。”頤煊案，“茅”當作“苐”，因字形相近而譌。苐門，即《春秋》所謂“雉門”，《説文》：“雉，古文作鮷。”《爾雅·釋詁》樊光注：“雉，夷也。”古文“雉”“弟”“夷”三字通用。《韓非子·外儲説》篇“荆莊王有茅門之法，曰：群臣大夫諸公子入朝，馬蹄踐霤者，廷理斬其輈”，《太平御覽》卷三百五十三引《韓子》作“苐門”，足與此互相證。

桓　公

《燕召公世家》："宣侯十三年卒，子桓侯立。桓侯七年卒。"頤煊案，《年表》作"燕桓公"。《索隱》："燕有三桓公。"一，襄公卒，桓公立，十六年卒；一，釐公卒，桓公立，十一年卒；并此而三。此作"桓侯"，誤。

邥

《管蔡世家》"封季載於冉"，《索隱》："'冉'或作'郙'。莊十八年'楚武王克權，遷於那處'。杜預曰：'那處，楚地。南郡編縣有那口城。'"頤煊案，"那"非"郙"字，"郙"當通作"邥"，即沈國也。下文"爲晋滅沈"，《集解》杜預曰"汝南平輿縣有邥亭"是也，即冉季載所封地。

空籍五歲

《陳杞世家》"惠公立，探續哀公卒時年而爲元，空籍五歲矣"，《索隱》："惠公探取哀公死楚，陳滅之後爲元年，故今空經年籍五歲矣。一云：籍，借也，爲借失國之後年爲五年。"頤煊案，《年表》哀公自殺次年，即書陳惠公吴元年。《索隱》前説是。

石曼尃

《衛康叔世家》“衛石曼尃逐其君起”,①《索隱》:“《左傳》作‘石圃’。此‘尃’,音圃。《穀梁》作‘曼姑’,‘尃’或音姑。諸本多無‘曼’字。”頤煊案,“尃”即“敷”字之省,與圃、姑音相近。此作“石曼尃”,本依《穀梁》。諸本依《左傳》,故删“曼”字。

辟　公

《宋微子世家》“休公二十三年卒,子辟公辟兵立”,《索隱》:“《紀年》作‘桓侯璧兵’,則璧兵謚桓也。又《莊子》云‘桓侯行,未出城門,其前驅呼辟,蒙人止之,後爲狂也’,司馬彪云‘呼辟,使人避道。蒙人以桓侯名辟,而前驅呼辟,故爲狂也’。”頤煊案,辟公既名辟兵,不得謚爲辟公,當從《紀年》作“桓公”,“辟”字即涉其名而譌。

臼　季

《晋世家》:“六年,趙衰成子、欒貞子、咎季子犯、霍伯皆卒。”頤煊案,《年表》作“趙成子、欒貞子、霍伯、臼

---

① “尃”,原作“專”,據《史記》及文義改。下“此尃”“尃或音姑”“石曼尃”,皆據改。

季皆卒”，與《左氏傳》同，杜預注：“成子趙衰，貞子欒枝，霍伯先且居，臼季胥臣。”此以“臼季”爲“咎季”，因訛作“子犯”，非是。

葛陵鄉

《楚世家》“武王卒師中而兵罷”，《集解》駰案：“《皇覽》曰：楚武王冢在汝南郡鮦陽縣葛陵鄉城東北，民謂之楚王岑。”《正義》：“有本‘葛陂鄉’作‘葛陵鄉’者，誤也。”頤煊案，《後漢書·郡國志補注》引《皇覽》作“葛陂鄉”，《水經·汝水注》“鮦陽縣有葛陵城，城之東北有楚武王冢，民謂之楚王琴”，“岑”，古“陵”字，“琴”即“岑”字之訛。

滅　黄

“成王二十二年伐黄，二十六年滅英”，《集解》徐廣曰：“《年表》及他本皆作英，一本作黄。”頤煊案，“英”當作“黄”。《史記》“英”字，《左氏傳》作“蓼”，“穆王四年滅蓼、六”，此不得云“滅英”矣。《左氏傳》“魯僖十一年伐黄，十二年滅黄”，與此亦微相合。

定陶曰陶

《越王勾踐世家》“范蠡止於陶，自謂陶朱公”，《集解》

徐廣曰："今之濟陰定陶。"頤煊案，《貨殖列傳》"陶、睢陽，亦一都會也"，《集解》徐廣曰："今定陶。"《穰侯列傳》"乃封魏冉於穰，復益封陶"，《索隱》："陶即定陶也。"定陶，六國時皆曰"陶"。

鄢

《鄭世家》"京人畔段，段出走鄢"，《集解》杜預曰："鄢，今鄢陵也。"《正義》："鄔音烏古反，今新鄭縣南鄔頭有村，多萬家，舊作鄢。"頤煊案，《正義》本"鄢"作"鄔"。《淮南·人間訓》"楚共王與晋人戰於鄔陵"，《左氏》作"鄢陵"，"鄔""鄢"字形相近，故經典常相亂。

單　伯

"鄭厲公突因櫟人殺其大夫單伯"，《索隱》："依《左傳》作'檀伯'，事在桓十五年，此文誤爲'單伯'者，蓋亦有所因也。按魯莊公十四年，厲公自櫟侵鄭，事與單伯會齊師伐宋相連，故知誤耳。"頤煊案，"單""亶"古字多通用。《尚書·盤庚》"誕告用亶"，馬本作"單"。《詩·昊天有成命》"單厥心"，《國語·周語》作"亶厥心"。"單伯"即"檀伯"也，與魯莊十四年單伯會齊師伐宋事無涉。

晋哀公

《趙世家》“出公奔齊，道死。知伯乃立昭公曾孫驕，是爲晋懿公”，《索隱》：“或作哀公。”頤煊案，《晋世家》作“乃立昭公曾孫驕爲晋君，是爲哀公”，《年表》作“哀公忌”，與《世家》不同。

高　赫

“唯高共不敢失禮”，《集解》徐廣曰：“一作赫。”頤煊案，《淮南·人間訓》作“高赫”。《隸釋·孔龢碑》“赫赫彌章”，《武榮碑》“斁燿赫然”，俗書“赫”作“赤赤”，與“共”字形相近因譌。

顧即鼓國

“中山武公初立”，《索隱》：“《系本》云中山武公居顧。”頤煊案，顧即鼓國，《水經·濁漳水注》：“京相璠曰：下曲陽有鼓聚，故鼓子國也。”《詩·長發》“韋、顧既伐”，《漢書·古今人表》作“韋、鼓”，古字通用。

榮　椽

“魏獻榮椽，因以爲檀臺”，《索隱》：“劉氏云‘榮椽，蓋地名，其中有高處可以爲臺’，非也。按，滎椽是良材，可爲椽，登飾有光榮，所以魏獻之，故趙因用之以爲檀臺。”頤煊案，《水經·濟水注》“京城北有壇山罡，《趙世家》‘成侯二十年，魏獻滎陽，因以爲壇臺罡也’”，當由所見本異。

桑　丘

“韓舉與齊、魏戰，死於桑丘”，《集解》駰案：“《地理志》云泰山有桑丘縣。”《正義》：“《括地志》云‘桑丘城在易州遂城縣界’，或云在泰山，非也。此時齊伐燕桑丘，三晋皆來救之，不得在泰山有桑丘縣。”頤煊案，《漢書·地理志》“泰山郡有乘丘縣”，師古曰：“《春秋》莊公十五年，公敗宋師於乘丘，是也。”《楚世家》“悼王二年，三晋來伐楚，至乘丘而還”，《年表》作“桑丘”。“桑”“乘”因字形相近而譌。

晋　陽

“惠文王十六年，廉頗將，攻齊昔陽，取之”，《正義》：“《括地志》云‘昔陽故城在并州樂平縣東’，《春秋釋地名》云‘昔陽，肥國所都也’。”《年表》同。頤煊案，“昔陽”當作“晋陽”，是“陽晋”之譌。《廉頗列傳》“趙惠文王十六年，廉頗爲趙將，伐齊，破之，取晋陽”，《索隱》：“陽晋，衛地，後屬齊，今趙取之。司馬彪《郡國志》曰‘今衛國陽晋城是也’。有本作‘晋陽’，非也。”是其證。

陰　晋

《魏世家》“文侯三十六年，秦侵我陰晋”，《集解》徐廣曰：“今之華陰。”《索隱》：“《年表》作‘齊侵陰晋’。”頤煊案，華陰與秦近，與齊遠，不得云“齊侵陰晋”，今本《年表》作“秦侵陰晋”。《後漢書·郡國志補注》引《史記》曰“魏文侯三十六年，齊侵陰晋”，與《索隱》本同。

城武都

“惠王五年，與韓會宅陽城”，《正義》：“《括地志》云‘宅陽故城，一名北宅，在鄭州滎陽縣東南十七里’。”頤煊案，“城”字當屬下“武堵”爲句。《年表》“惠王五年，與韓會宅陽，城武都”，“堵”即“都”字之訛。《韓世家》作“與魏惠王會宅陽”，亦無“城”字。

郪　丘

“安釐王十一年，秦拔我郪丘”，《集解》徐廣曰：“郪,① 一作廩丘，又作邢丘。”頤煊案，《年表》作“廩丘”，《秦本紀》作“邢丘”，以下文“秦固有懷、茅、邢丘”句證之，當作“邢丘”爲是。《正義》：“《括地志》云‘平

① 據文義及《史記集解》,“郪”下脱“丘”字。

皐故城，本邢丘邑，在懷州武德縣東南二十里。”

徐州有二

《田敬仲完世家》“田氏之徒追執簡公于徐州”，《索隱》：“徐州，齊邑，薛縣是也。”《正義》：“齊之西北界上地名，在勃海郡東平舒縣。”頤煊案，徐州有二。薛縣徐州，《左氏傳》作“舒”，《説文》作“郐”，《後漢書·郡國志》“魯國薛縣，六國時曰徐州是也”。下文“威王曰：吾吏有黔夫者，使守徐州，則燕人祭北門，趙人祭西門，徙而從者七千餘家”，即《正義》所説是。

魯莒安陽

“明年伐魯、葛及安陵”，《正義》：“《括地志》‘故魯城在許昌縣南四十里，本魯朝宿邑，長葛故城在許州長葛縣北十二里’。”頤煊案，《年表》作“伐魯、莒及安陽”，以下文連年取魯證之，當作“莒、安陽”。《項羽本紀》“行至安陽”，《索隱》：“《後魏書·地形志》‘己氏有安陽城’，今宋州楚丘西北四十里有安陽故城是也。”其地與魯、莒相近。

孔子生

《孔子世家》“魯襄公二十二年，而孔子生。孔子年七十三，以魯哀公十六年四月己丑卒”，《索隱》：“《公羊傳》‘襄公二十一年十有一月庚子，孔子生’，今以爲二十二年，蓋以周正十一月屬明年，故誤。”頤煊案，“二十二年”當作“二十一年”，若二十二年生，卒時當云孔子年七十二，不當云七十三。襄公二十一年當周靈王二十年，《隸釋·老子銘》“孔子以周靈王廿年生，到景王十年，年十有七”，亦從《公羊》説。

飾賈

“粥羔豚者弗飾賈。”頤煊案，《荀子·儒效》篇“仲尼將爲司寇，魯之鬻牛馬者不豫賈”，《循吏列傳》“子産爲相，市不豫賈”，《淮南·覽冥訓》“黄帝治天下，市不豫賈”，“豫賈”即飾賈也。

文無害

《蕭相國世家》“以文無害爲沛主吏掾”，《集解》駰案：“《漢書音義》曰‘文無害，有文無所枉害也。律有無害都吏，如今言公平吏’。”頤煊案，《漢書·張湯傳》“以湯爲無害，調爲茂陵尉”，《趙禹傳》“極知禹無害，然文深不可以居大府”，《論衡·謝短》篇“夫儒生能説一經，自謂通大道以驕文吏。文吏曉簿書，自謂文無害以戲儒生”。深通律文，而又無所枉害，因謂之“文無害”。

臨　濟

《曹相國世家》“攻定陶，取臨濟”，《正義》：“淄州高苑縣西北二里北，狄故城，安帝改曰臨濟。”頤煊案，臨濟與定陶相近，不得在高苑縣西北。《水經・濟水注》“平丘縣有臨濟亭，田儋死處也”，當即此，餘見下。

楚唯無彊

《留侯世家》“且夫楚唯無彊，六國立者復橈而從之”，《集解》駰案：“《漢書音義》曰‘唯當使楚無彊，彊則六國弱從之’。”頤煊案，“唯無”見《墨子》，“無”是語助之辭。“且夫楚爲無彊”，猶言今唯楚彊，若六國立者復撓亂而從之，則陛下不得而臣之矣。

草　具

《陳丞相世家》“更以惡草具進楚使”，《索隱》：“《戰國策》云‘食馮煖以草具’，如淳曰‘藁草麄惡之具也’。”頤煊案，《後漢書・馮衍傳》“饑者毛食”，李賢注：“毛，草也。”草具，謂菜食，與太牢之禮異矣。

牧民篇

《管仲列傳》“故曰知與之爲取，政之寶也”，《索隱》：

“老子曰‘將欲取之，必固與之’，是知此爲政之寶也。”頤煊案，此是《管子·牧民》篇文，《索隱》誤證。

蓬　累

《老子列傳》：“不得其時，則蓬累而行。”頤煊案，“蓬”謂蓬髮，“累”與“儽”同。《説文》：“儽，垂貌，一曰嬾解。”《老子·道經》“儽儽兮無所歸”，《孔子世家》“纍纍若喪家之狗”，其音義并同。

拂　悟

《韓非列傳》“大忠無所拂辭，悟言無所擊排”，《正義》：“拂悟，當爲咈忤，古字假借耳。”頤煊案，《韓非子·説難》篇作“大意無所拂忤，辭言無所繫靡”，《索隱》解上句謂“不拂悟於君”，下句謂“大忠説諫之詞”，義亦與《正義》本同。今本作“辭悟”，是後人誤乙。

佩猳豚

《仲尼弟子列傳》：“仲由，字子路，冠雄雞，佩猳豚，陵暴孔子。”頤煊案，《莊子·盜跖》篇“使子路去其危冠，解其長劍，而受教於子”，“佩猳豚”，謂取猳豚之皮以爲劍飾。

廢　居

“子貢好廢舉，與時轉貨貲”，《集解》駰案：“廢舉，謂停貯也。”頤煊案，《貨殖列傳》“子贛廢著，鬻財於曹、魯之間”，《集解》徐廣曰：“《子贛傳》云‘廢居’，著，猶居也。”此“廢舉”當作“廢居”。《越世家》“陶朱公廢居，候時轉物，逐什一之利”，《平準書》“廢居居邑”，《集解》徐廣曰：“廢居者，貯畜之名也。”

鈒　戟

《商君列傳》“持矛而操闟戟者”，《索隱》：“闟，亦作鈒，同所及反。”《正義》：“顧野王云‘鋋也’，《方言》云‘矛，吴、揚、淮南、楚、五湖之間謂之鋋’。”頤煊案，《玉篇》：“鈒，所及反，鋋也。”《正義》本當作“鈒戟”。

碣石在九門

《蘇秦列傳》“南有碣石、雁門之饒”，《索隱》：“《戰國策》‘碣石在常山九門縣’。”《尚書正義》引鄭注：“《戰國策》‘碣石在九門縣’，今驗九門無此山。”頤煊案，《山海經·北山經》“碣石之山，繩水出焉，而東流注于河”，山次在雁門、虖沲之間，當與九門相近。今《國策》無此文。

博　闗

“趙涉河、博闗”，《集解》徐廣曰：“齊威王六年，晋伐齊到博陵。東郡有博平縣。”頤煊案，“博闗”當作“博關”。《張儀列傳》“悉趙兵渡清河，指博關”，《正義》：“博關在博州，趙兵從貝州渡黄河，指博關。”

郇　陽

“北有陘塞、郇陽”，《索隱》：“郇陽地當在潁川、汝南之界。檢《地理志》及《太康地記》，北境并無郇邑。”頤煊案，[①]“郇陽”即“旬陽”，《漢書·地理志》屬漢中郡，其地有關，與楚北境相近。

什　谷

《張儀列傳》：“下兵三川，塞斜谷之口。”頤煊案，“斜谷”是“什谷”之訛。《水經·洛水注》：“洛汭，即什谷也，故張儀説秦曰‘下兵三川塞什谷之口’，謂此川也。”《後漢書·郡國志補注》引《史記》曰：“張儀下兵三川，塞什谷之口。”什，“尋”聲之轉，故《索隱》云“尋、什聲相近”，非“斜”字。

① “案”字原缺，據體例補。

懼然顧化

《孟軻列傳》“王公大人初見其術，懼然顧化”，《索隱》：“懼音劬。謂衍之術皆動人心，見者莫不懼然駐想，又内心留顧而已化之，欲從其術也。”頤煊案，“懼”與“瞿”同。“化”讀如《公羊傳》“化我”之化。“懼然顧化”，謂心驚其術，顧而過之也。

方　枘

“持方枘欲内圜鑿”，《索隱》：“方枘是筍也，圜鑿是孔也。謂工人斲木，以方筍而内之圓孔，不可入也。故《楚詞》云‘以方枘而納圓鑿者，吾知其齟齬而不入也’。”頤煊案，《説文》無“枘”字，依字義即是“箕”字。①《一切經音義》卷十一：“枘，乃困反，通俗文作‘枘’，再生也。又作‘嫩’，近字也。”筍、嫩音義皆相近。

信　陵

《信陵君列傳》“封公子爲信陵君”，《索隱》：“《地理志》無信陵，或曰是鄉邑名。”頤煊案，《水經·汳水注》：“汳水又東逕葛城北，故葛伯之國也。葛於六國屬魏，魏襄王

① “箕”，據上下文，疑是“筍”字之誤。

以封公子無忌，號信陵君，其地葛鄉即是城也。在寧陵縣西十里。”

故吴墟

《春申君列傳》“春申君因城故吴墟，以自爲都邑”，《正義》：“闔閭，今蘇州也，於城内小城西北别築城居之，今圮毁也。”頤煊案，《周本紀》正義：“太伯奔吴，所居城在蘇州北五十里，無錫縣界梅里村，其城及冢見存。”《漢書·地理志》：“會稽郡，無錫，春申君歲祠以牛。”春申君所城故吴墟，當是太伯所居之梅里，非闔閭所城之蘇州。

重　丘

《樂毅列傳》“是時齊滑王彊，南敗楚相唐眛於重丘”，《索隱》：“《地理志》重丘，縣名，屬平原郡。”《正義》：“在冀州城武縣。”頤煊案，平原郡，齊西北，與趙界，不得云“南”。《左氏·襄十七年傳》“衛孫蒯田於曹隧，飲馬於重丘”，杜預注：“重丘，曹邑。”此時當屬楚。

武　城

《李牧列傳》“秦破趙，殺將扈輒，於武遂城”，《索隱》：“劉氏云‘武遂本韓地，在趙西，恐非《地理志》河間武遂也’。”頤煊案，此當作“武城”，“遂”是衍字。《趙世家》

“幽繆王二年，秦攻武城，扈輒率師救之，軍敗，死焉”，《始皇本紀》“十三年，桓齮攻趙平陽，殺趙將扈輒。十四年，定平陽、武城”，皆無“遂”字。《後漢書·郡國志》“魏郡鄴有平陽城，有武城”，皆其證。

扰

《刺客列傳》“臣左手把其袖，右手揕其胸”，《集解》徐廣曰：“揕音張鴆切，一作抗。”《索隱》：“揕謂以劍刺其胸也。抗音苦浪反，言抗拒也，其義非。”頤煊案，“抗”當是“扰”字之訛，《説文》：“扰，深擊也，從手冘聲。”即“揕”字。

求當作來

《李斯列傳》：“求丕豹、公孫支於晋。”頤煊案，《文選·李斯上秦始皇書》“求”作“來”。《索隱》：“公孫支爲秦大夫，而云自晋以來，亦未見其所出。”《史記》亦當作“來”字。

并國二十

“此五子者不産於秦，而繆公用之，并國二十”，《索隱》：“《秦本紀》穆公用由余謀，伐戎王，益國二十，故云并國二十。或易爲‘十二’，誤也。”頤煊案，《文選》李善注引《秦本紀》作“益國十二”,《漢書·韓安國傳》“昔秦繆公都雍，攻取西戎，并國十四”,“四”亦與“二”字相近。

前　拒

《酈商列傳》“擊黥布，攻其前拒”,《集解》徐廣曰:“一作和。”駰謂:“拒，方陳，音矩。”《索隱》:“鄒氏引《左傳》有‘左拒右拒’。徐云:‘一作和。和，軍門也。’《漢書》作‘前垣’。”頤煊案,《周禮·大司馬》“以旌爲左右和之門”，鄭注:“軍門曰‘和’。”《韓非子·外儲説左上篇》:“李悝與秦人戰，謂左和曰：右和已上矣。又馳而至右和，曰：左和已上矣。”《水經·桓水注》引《尚書》鄭注:“和讀曰桓。”《漢書·酷吏傳集注》如淳曰:“陳、宋之俗言‘桓’，聲如‘和’。”以《漢書》“垣”字證之，當作“前和”。

渠

《陸賈列傳》“使我居中國，何渠不若漢”,《索隱》:“《漢書》作‘遽’字。小顏以爲‘有何迫促而不如漢也’。”頤煊案,《詩·庭燎》“夜未央”，鄭《箋》:“夜未央，猶言夜未渠央也。”《匡謬正俗》作“未遽央”。“遽”“渠”，古字通用。

棘　蒲

《靳歙列傳》“從攻安陽以東，至棘蒲”，齊氏召南曰：“按，棘蒲，地不可考。《左傳·哀公元年》‘師及齊師、衛師、鮮虞人伐晋，取棘蒲’，則是晋邑，而杜不言所在，是其地在趙、魏之間。”頤煊案，《趙世家》“敬侯六年，伐魏取棘蒲”，《正義》：“今趙州平棘縣，古棘蒲邑也。”

齊桓侯

《扁鵲列傳》“扁鵲過齊，齊桓侯客之”，《索隱》案：“傅玄曰‘是時齊無桓侯’。裴駰云‘謂是齊侯田和之子桓公午也’。蓋與趙簡子頗亦相當。”頤煊案，《漢書·高帝紀集注》韋昭曰：“魏桓侯時醫。”臣瓚曰：“魏無桓侯。”《韓非子·喻老》篇作“蔡桓侯”，《文選·七發》李善注引《韓子》又作“晋桓侯”，皆傳本不同。

成　安

《韓長孺列傳》“御史大夫韓安國者，梁城安人也”，《正義》：“《括地志》云‘城安故城在汝州梁縣東二十三里’。《地理志》云‘成安屬潁川郡，陳留郡又有成安縣’，未知孰是。”頤煊案，《梁孝王世家》“梁地北界泰山，西至高陽”，《集解》徐廣曰：“在陳留圉縣。”此“成安”當屬陳留。

甘泉居室

《衛將軍列傳》“青嘗從入至甘泉居室”，《正義》：“居室，署名，武帝改曰保宫。灌夫繫居室是也。”頤煊案，《漢書·百官公卿表》少府有“居室”，又有“甘泉居室”，武帝太初元年，更名“居室爲保宫”“甘泉居室爲昆臺”，二署不同。

平　津

《公孫弘列傳》“以弘爲丞相，封平津侯”，《集解》駰案：“《漢書》高成之平津鄉也。”頤煊案，《始皇本紀》“至平原津而病”，《正義》：“德州平原縣南六十里有張公故城，東有水津焉，後名張公渡，恐此平原郡古津也。《漢書》公孫弘平津侯，亦近此。”平津鄉當因平原津得名，平原津即《漢書·地理志》篤馬河。

馳歸成都

《司馬相如列傳》“相如乃與馳歸，家居徒四壁立”，錢氏大昕曰：“惟倪思《班馬異同》、南宋大字本《史記》‘馳歸’下有‘成都’二字。”頤煊案，《文選·左太沖詠史詩》李善注引《史記》有“成都”二字。曩在京師見南宋小字《史記》有《集解》《索隱》無《正義》本，亦有“成都”

二字。

劉　棄

《汲黯列傳》“善灌夫、鄭當時及宗正劉棄”，《集解》徐廣曰：“一云名‘棄疾’。”《索隱》：“《漢書》見名‘棄疾’。”頤煊案，《漢書·百官公卿表》作“宗正劉棄”。

鞠　䐝

《滑稽列傳》“帣韝鞠䐝”，《集解》徐廣曰：“鞠，曲也。䐝，音其紀反，又與‘跽’同，謂小跪也。”頤煊案，䐝即巹字，《禮記·昏義》“合巹而酳”，《釋文》：“巹，破匏爲杯也。”《説文》：“巹，謹身有所承也，從已、丞。”傳寫者訛作“䒼”。鞠䐝，謂曲身奉杯。

賓　正

《日者列傳》“比周賓正，以求尊譽”，《集解》徐廣曰：“客旅謂之賓，人求長官謂之正。”頤煊案，“賓正”即擯政，謂比周秉政之人。

穰當作穣

《貨殖列傳》：“太陰在卯，穰。至午，旱。至酉，穰。

至子，大旱。”頤煊案，“在卯”之“穰”當作“穅”，與“康”同，謂荒也。《越絶書》：“太陰三歲處金，則穰。三歲處水，則毀。三歲處木，則康。三歲處火，則旱。天下六歲一穰，六歲一康。”卯者，木也，太陰在木，宜“穅”，今作“穰”字，傳寫之訛。

卷十九

臨海洪頤煊

漢書真本

《梁書·劉之遴傳》："時鄱陽嗣王範得班固所上《漢書》真本，稱'永平十六年五月二十一日己酉，郎班固上'，今本無上書年月日字。"頤煊案，《後漢書·班固傳》："固自永平中始受詔，潛精積思二十餘年，至建初中乃成。"永平十六年，《漢書》尚未成，真本之謬可知矣。

漢書加前字

《金樓子·聚書篇》："又使孔昂寫得《前漢》《後漢》《史記》《三國志》《晋陽秋》《莊子》《老子》《肘後方》《離騷》等，合六百三十卷。"《漢書》加"前"字，已見於此。

漢書分卷

《隋書·經籍志》:"《漢書》一百一十五卷,太山太守應劭集解。"頤煊案,《叙傳》班固原目百卷,今本一百二十卷,蓋顔師古《集注》又分《高帝紀》《王子侯表》《百官公卿表》《律曆志》《食貨志》《郊祀志》《地理志》《司馬相如傳》《嚴安以下傳》《揚雄傳》《匈奴傳》《外戚傳》《叙傳》爲二卷,[①]《王莽傳》爲三卷,《五行志》爲五卷,視應劭本又多五卷。《梁書·陸倕傳》"嘗借人《漢書》,失《五行志》四卷",顔本作五卷。

漢書舊注

《風俗通·聲音》篇引《漢書》舊注云:"菰,吹鞭也。菰者,憮也,言其節憮威儀。"又引《漢書》注:"荻,角也,言其聲音荻荻,名自定也。"頤煊案,顔師古《集注·叙例》唯服虔與應劭同時,餘諸家皆在劭後。《隋書·經籍志》:"《漢書》一百一十五卷,太山太守應劭集解,劭又撰《集解音義》二十四卷。"劭以前注《漢書》者多矣。

---

① 按,漏《西域傳》。

漢書音義

《史記正義》云："《漢書音義》中有全無姓名者，裴氏注《史記》直云《漢書音義》，今有六卷，題曰孟康，或曰服虔。"頤煊案，《司馬相如列傳》集解駰案"《漢書音義》曰：瑕蛤、猛氏，皆獸名"，《文選》李善注引作"孟康"。《鄒陽列傳》"申徒狄自沈於河"，《集解》駰案"《漢書音義》曰：殷之末世人"，《文選注》引作"服虔"。

鄭氏注

《漢書集注》有鄭氏曰，晋灼《音義序》云"不知其名"，而臣瓚以爲鄭德。汴本《史記索隱》以爲鄭玄。頤煊案，《高帝紀》"沛公還軍亢父"，鄭氏曰："屬任城郡。"《郡國志》任城國不名爲郡。《王子侯表》"掷裴戴侯道"，鄭氏曰："掷裴，音即非。在肥鄉縣南五里。"肥鄉縣，黄初二年置，皆在鄭康成後。汴本《索隱》以鄭氏作鄭玄，誤。

胡　公

《漢書·文帝紀》應劭注引"胡公曰"，《元帝紀》如淳注引"胡公曰"，《百官公卿表》如淳注引"胡公曰"，《賈誼傳》蘇林注引"胡公《漢官》"。胡公即胡廣也，當時名位尊，故不著其名。顔師古《叙例》不載廣名氏爵里。

王　楙

《漢書·高帝紀》十二年，師古注引“臣瓚、王楙或云：公者比於上爵”。《景帝紀》中三年，臣瓚注引“王楙云：景帝薄后以此年死”。王楙是西晋以前人，《叙例》亦不載。

臣　瓚

《漢書音義》臣瓚，裴駰《史記集解》序云“莫知姓氏”，劉昭《續漢志補注》、劉孝標《類苑》、杜氏《通典》俱作“于瓚”，《史記索隱》、李善《文選注》俱作“傅瓚”，酈道元《水經注》又作“薛瓚”。顔氏《叙例》不載薛瓚之説。

漢書集注

顔師古《漢書集注》多掩他人之説以爲己説。頤煊案，①以《史記索隱》證之，②《張蒼傳》“柱下方書”，“師古曰”是“姚察説”；《淮南王安傳》“會有詔，即訊太子”，“師古曰”是“樂産説”；《郊祀志》“周始與秦國合而别，别五百載當復合”，“師古曰”是“顔游秦説”，如此類甚多。

① “案”字原缺，據體例及光緒本補。
② “記”字原缺，據光緒本補。

泗水監

《高帝紀》“秦泗水監平將兵圍豐”，師古曰：“泗川郡，‘川’字或爲‘水’，其實一也。”頤煊案，《夏侯嬰傳》“降泗水監平”，《樊噲傳》“擊泗水監，破泗水守薛西”，《曹參傳》“擊泗水守軍薛郭西”，《周勃傳》“因東定楚地泗水、東海郡”，《地理志》“沛郡，故秦泗水郡”。“川”字當作“水”。

高武侯鰓襄侯王陵

“高武侯鰓、襄侯王陵，降”，晋灼曰：“《功臣表》：戚鰓，安國侯王陵。”師古曰：“戚鰓初從即爲郎，以都尉守蘄城，非至丹水乃降也。此自一人耳，不知其姓。王陵亦非安國侯者。”頤煊案，《功臣表》臨轅堅侯戚鰓，不封高武。下文“高起、王陵對曰”，臣瓚曰：“《漢帝年紀》‘高帝時有信平侯臣陵、都武侯臣起’。魏相、邴吉奏事高帝時有將軍臣陵、臣起。”此兩王陵皆非安國侯，《功臣表》凡不載者，定次時或先薨，或除封也。

五諸侯

“漢王以故得劫五諸侯兵”，應劭曰：“雍、翟、塞、殷、韓也。”如淳曰：“塞、翟、魏、殷、河南也。”韋昭曰：“塞、翟、韓、殷、魏也。”師古曰：“謂常山、河南、韓、魏、殷也。”頤煊案，上文明言“悉發關中兵，收三河士，南浮江漢以下，願從諸侯王擊楚之殺義帝者”。關中，謂塞、翟；三河，謂魏、殷、河南；此所謂五諸侯也。雍時在廢丘被圍；張耳雖降，未得常山之地；韓本屬漢，不得云劫，皆不在數中，當以如淳之言爲正。

碭郡治彭城

“六年，以碭郡、薛郡、郯郡三十六縣立弟文信君交爲楚王。”《楚元王交傳》：“漢六年，立交爲楚王，王薛郡、東海、彭城三十六縣。”頤煊案，“東海”即“郯郡”治。《地理志》“梁國，故秦碭郡”，是時碭郡當移治彭城，故《紀》言“碭郡”，《傳》言“彭城”，明是其治所。

博陽郡

“以膠東、膠西、臨淄、濟北、博陽、城陽郡七十三縣立子肥爲齊王。”頤煊案，博陽郡不見於《地理志》。《異姓諸侯王表》“濟北王田安都博陽”，《史記·田儋列傳》“相横走博陽”，《漢書·田儋傳》作“横走博”，蘇林曰：“泰山博縣。”即博陽郡也。

太上皇后

“十年夏五月，太上皇后崩”，如淳曰：“《王陵傳》‘楚取太上皇、吕后爲質’，又項羽歸太公、吕后，不見歸媪也。又上五年追尊母媪爲昭靈夫人，高后時乃追尊爲昭靈后耳。《漢儀注》‘高帝母兵起時死小黄北，後於小黄作陵廟’，以此二者推之，不得有太上皇后崩也。”李奇曰：“高祖後母也。”頤煊案，《楚元王交傳》“交，字游，高祖同父少弟也”，言同父，明其異母，李奇之言未爲失之。

三尺劍

“吾以布衣提三尺取天下”，師古曰：“三尺，劍也。《韓安國傳》所云三尺亦同。而流俗書本或云‘提三尺劍’，‘劍’字後人所加耳。”頤煊案，《藝文類聚》卷二十一、《太平御覽》卷四百六十六引《漢書》俱作“提三尺劍”，《史記·韓長孺列傳》亦云“提三尺劍取天下者朕也”。

方　上

《惠帝紀》“視作斥上者，將軍四十金”，服虔曰：“斥上，壙上也。”頤煊案，《趙廣漢傳》“護作平陵方上”，孟康曰：“壙臧上也。”《田延年傳》“昭帝大行時，方上事暴起”，師古曰：“方上，謂壙中也。”“斥上”疑“方上”之訛，方、斥字形相近。《張湯傳》作“方中”。

都　吏

《文帝紀》“遣都吏循行”，如淳曰：“律説，都吏今督郵是也。”頤煊案，漢制，太守屬官凡外事循行、督捕盜賊，皆督郵主之，故稱都吏、都總也。内事考課、遷除，皆功曹主之，故稱主吏。《高帝紀》“蕭何爲主吏”，孟康曰：“主吏，功曹也。”

陳　武

“三年，以棘蒲侯柴武爲大將軍”，臣瓚曰：“《漢帝年紀》爲陳武，此云柴武，爲有二姓。”頤煊案，《史》《漢》兩表皆作“棘蒲侯陳武”。

中大夫令

“後六年，以中大夫令勉爲車騎將軍，屯飛狐”，師古曰：“中大夫，官名，其人姓令名勉耳。而徐廣以爲‘中大夫令’是官名，此説非也。據《百官表》，景帝初改衛尉爲中大夫令，文帝時無此官。”頤煊案，《史記·始皇本紀》“衛尉竭、内史肆、佐弋竭、中大夫令齊等二十人皆梟首”，中大夫令，本秦官，非始於景帝時。

漢初雜學

《武帝紀》：“建元元年，丞相綰奏：‘所舉賢良，或治申、商、韓非、蘇秦、張儀之言，亂國政，請皆罷。’奏可。”頤煊案，《陳平傳》“治黄帝、老子之術”，《田叔傳》“學黄老術於樂鉅公”，《張歐傳》“孝文時，以治刑名事太子”，《鼂錯傳》“學申、商刑名於軹張恢生所，與雒陽宋孟及劉帶同師”，《田蚡傳》“學盤盂諸書”，《韓安國傳》“受韓子雜説鄒田生所”，《主父偃傳》“學長短縱横術”，《張湯傳》“王朝，齊人，以術至右内史。邊通學短長”，此皆漢初雜學。《儒林傳》序：“孝文本好刑名之言。孝景不任儒，竇太后又好黄老術。及竇太后崩後，武安君田蚡爲丞相，黜黄老、刑名百家之言，延文學儒者以百數，而公孫弘以治《春秋》爲丞相封侯，天下學士靡然鄉風。”而雜學始廢。

閉城門大搜

“天漢元年秋，閉城門大搜”，李奇曰：“搜索巫蠱也。”“征和元年冬十一月，發三輔騎士大搜上林。閉長安城門索，十一日乃解。巫蠱起”，臣瓚曰：“搜謂索奸人也。”頤煊案，《五行志》：“征和元年夏，大旱，是歲發三輔騎士閉長安城門大搜，始治巫蠱。明年，衛皇后、太子敗。”是兩次大搜，即搜巫蠱。蓋巫蠱之禍始於天漢初，浸淫至征和二年秋始敗耳。

劉屈氂爲丞相

“征和二年春正月，丞相賀下獄死。夏四月，大風發屋折木。閏月，諸邑公主、陽石公主皆坐巫蠱死。”頤煊案，《劉屈氂傳》：“征和二年，制詔御史：‘故丞相賀獄已正於理，其以涿郡太守屈氂爲左丞相。’”《五行志》：“征和二年三月，涿郡太守劉屈氂爲丞相。後月，巫蠱事興。帝女諸邑公主、陽石公主、丞相公孫賀、子太僕敬聲、平陽侯曹宗等，皆下獄死。”是公孫賀以正月下獄，劉屈氂以三月爲丞相，至閏四月而巫蠱事興。《公卿表》“征和二年四月壬申，丞相賀下獄死。五月丁巳，涿郡太守劉屈氂爲左丞相”，與《紀》《傳》異。

故廷尉王平

《昭帝紀》“始元元年，遣故廷尉王平等五人持節行郡國”，師古曰：“前爲此官，今不居者，皆謂之故也。”頤煊案，《公卿表》“始元五年，軍正王平子心爲廷尉，四年坐縱道匿謀反者下獄棄市”，事見下元鳳三年，前此平未嘗爲廷尉，疑此《紀》誤。

京輔都尉治所

《宣帝紀》“本始元年，京輔都尉廣漢”，師古曰：“三輔郡皆有都尉，如諸郡。左輔都尉治高陵，右輔都尉治郿，京輔都尉治華陰。”頤煊案，《地理志》華陰下不載京輔都尉治所。

霍山去病孫

“地節四年，今大司馬博陸侯禹，與母宣成侯夫人顯及從昆弟冠陽侯雲、樂平侯山等謀爲大逆”，師古曰：“據《霍光傳》，雲、山皆去病孫，則於禹爲子行也，今此《紀》言從昆弟，蓋轉寫者脱‘子’字耳，當言‘從昆弟子’也。”頤煊案，《霍光傳》載此詔本作“及從昆弟子冠陽侯雲、樂平侯山”，《恩澤侯表》“樂平侯山以從祖祖父大將軍光功封。冠陽侯雲，山弟”，《外戚·孝宣霍皇后傳》“宣帝以光故，封去病孫山、山弟雲，皆爲列侯”，皆與《霍光傳》同。唯《魏相傳》《蕭望之傳》言“霍光兄子山”爲異。

粲而不殊

“元康三年，詔曰：骨肉之親，粲而不殊”，師古曰：“粲，明也。殊，絶也。當明於仁恩不離絶也。”頤煊案，“粲”與“粲”同，《左氏傳》“周公殺管叔而蔡蔡叔”，杜預注：“蔡，放也。”《説文》作粲，謂散放之。影宋鈔《北堂書鈔》卷四十六引如淳曰“粲或作散，殊或作誅”。《昌邑王傳》作“析而不殊”，“析”亦是“散”義。

李　彊

“四年，遣大中大夫彊等十二人循行天下。”頤煊案，《公卿表》："元康四年大中大夫李彊中君守少府。神爵三年，少府李彊爲大鴻臚。"李彊，杜陵人，素善揚雄，爲益州牧，欲得嚴君平者，見《王貢兩龔傳》序。少府李彊議見《蕭望之傳》。

中都官獄

"神爵元年，發三輔中都官徒弛刑"，師古曰："中都官，京師諸官府也。《漢儀注》'長安中都官獄三十六所'。"頤煊案，《魏相傳》："後遷河南太守，有告相賊殺不辜，事下有司。河南卒戍中都官者二三千人遮大將軍。"《丙吉傳》："望氣者言長安獄中有天子氣，於是上遣使者分條中都官詔獄繫者，亡輕重，一切皆殺之。内謁者令郭穰夜到郡邸獄，吉閉門拒使者不納，相守至天明。武帝亦寤，因赦天下郡邸獄繫者。"是中都官獄即郡邸獄也。

八歲立爲太子

《元帝紀》"年二歲，宣帝即位。八歲，立爲太子"，師古曰："宣帝即位之明年改元曰本始，本始凡四年，而改元曰地節，地節三年立皇太子。若即位年二歲，則立爲太子時年九歲矣。又宣帝以元平元年七月即位，而《外戚傳》云許后生元帝數月宣帝立爲帝，是則即位時太子未必二歲也。參校前後衆文，此《紀》進退爲錯。"頤煊案，《外戚傳》稱生數月宣帝立爲帝，是以元平即位之日爲始。此《紀》稱年二歲宣帝即位，是據逾年改元本始而言。元帝生於元平元年，《疏廣傳》："地節三年，立皇太子。廣爲少傅。在位五歲，皇太子年十二。"其年數正相合。

幸酒樂燕

《成帝紀》"其後幸酒，樂燕樂"，師古曰："今流俗本無下'樂'字。"頤煊案，晋灼曰："幸酒，好酒也。樂燕，沈燕也。"晋灼本無下'樂'字。

趙護爲執金吾

"鴻嘉四年冬，廣漢鄭躬等黨與寖廣，犯歷四縣，拜河東都尉趙護爲廣漢太守。旬月平，遷護爲執金吾。"頤煊案，《公卿表》廣漢太守趙護子夏爲執金吾在元延元年，《紀》兼後言之，非此年事。

翟方進薨日不同

"綏和二年二月壬子，丞相翟方進薨。"頤煊案，《天文志》"綏和二年春，熒惑守心，二月乙丑，丞相翟方進欲塞災異，自殺"，薨日《紀》《志》不同。

滿歲爲真

《平帝紀》"元始元年，詔吏在位二百石以上，一切滿秩如真”，如淳曰：“諸官吏初除，皆試守一歲乃爲真，食全奉。平帝即位，故賜真。”師古曰：“此説非也。時諸官有試守者，特加非常之恩，令如真耳，非凡除吏皆當試守也。”頤煊案，《趙廣漢傳》“守京兆尹，滿歲爲真”，《韓延壽傳》“入守左馮翊，滿歲稱職爲真”，《朱博傳》“以高第入守左馮翊，滿歲爲真”，《薛宣傳》“入守左馮翊，滿歲稱職爲真”，《張敞傳》“京兆典京師，長安中浩穰，於三輔尤爲劇。郡國二千石以高第入守，及爲真，久者不過二三年，近者數月一歲，輒毁傷失名，以罪過罷”，唯三輔必先試守滿歲，然後爲真。《敞傳》又云“守太原，太守滿歲爲真”，太原邊郡亦試守如三輔，其餘郡不聞試守。《蕭望之傳》：“中二千石試事歲滿，以狀聞。”此云一切滿秩如真，當是元、成以後所改制也。

太原郡

《異姓諸侯王表》：“元年十月，代王歇還王趙，歇以陳餘爲代王，號安成君。二年十月漢滅歇，十一月代屬漢爲太原郡。”頤煊案，《高帝紀》“三年冬十月，韓信、張耳東下井陘擊趙，斬陳餘，獲趙王歇，置常山、代郡”，而不及太原，是時，代并於太原，故孝文爲代王，都中都。中都，《地理志》太原縣也。《高帝紀》“二年九月，信等虜豹，定魏地，置河東、太原、上黨郡”，《表》言“屬漢爲河東、上黨郡”，又不及太原。《表》據當時所屬，《紀》據分、并後言之，故不同。

波漢之陽

《諸侯王表》“波漢之陽”，鄭氏曰：“波音陂澤之陂。”師古曰：“波漢之陽者，循漢水而往也，水北曰陽。”頤煊案，《書·禹貢》“滎波既豬”，《史記·夏本紀》作“滎播”，《廣雅·釋詁》：“播，抵也。”

左　官

“武有衡山、淮南之謀，作左官之律”，服虔曰：“仕於諸侯爲左官，絶不得使仕於諸侯也。”應劭曰：“人道尚右，舍天子而仕諸侯，故謂之左官也。”頤煊案，《兩龔傳》：“楚人也，以王國人不得宿衛。”《彭宣傳》“淮陽陽夏人也，遷廷尉，以王國人出爲太原太守”，李奇曰：“初，漢制：王國人不得在京師。”當即左官律。

六安真定

“六安，元狩二年七月壬子，恭王慶以康王少子立，三十八年薨。始元四年，夷王禄嗣，十四年薨。本始元年，繆王定嗣。”頤煊案，《傳》作“夷王禄嗣，十年薨”，始元四年下距本始元年止十年，《傳》是。“真定，建昭元年，安王雍嗣，十六年薨。陽朔三年，共王普嗣”，《傳》作“安王雍嗣，二十六年薨”，建昭元年下距陽朔二年，止十六年，《傳》非。

王子封邑

《王子侯表》，師古曰：“侯所食邑，皆書其郡縣於下，其有不書者，史失之也。”頤煊案，《序》云：“孝武以諸侯王畺土過制，於是制詔御史：‘諸侯王或欲推私恩分子弟邑者，令各條上，朕且臨定其號名。’”其食邑所屬郡縣有不與《地理志》同者，或當時所屬，或彼此互易，不必盡在國中。《淮南厲王傳》“皇帝初即位，易侯邑在淮南者”，晋灼曰：“侯邑在淮南者，更易以他郡封之，不欲使錯在王國。”即其證。

德哀侯

“德哀侯廣”，注云“泰山”。頤煊案，《史表》“德”，《索隱》：“《漢志》闕，《表》在濟南。”與今本不同。

陸　城

“陸城侯貞，中山靖王子。”頤煊案，《史表》作“陘城”，《索隱》：“《表》在涿郡，《志》屬中山。”《地理志》中山國無陘城，有陸成。《水經·滱水注》：“滱水又逕博陵縣故城南，即古陸城，武帝元朔二年封中山靖王子劉貞爲侯國者也。”《三國志·蜀先主傳》亦作“陸城”。

遴柬布章

《高惠高后文功臣表》“遴柬布章”，晋灼曰：“許慎云‘遴，難行也’。柬，古‘簡’字。簡，少也。言今難行封，則得繼絶者少，若然，此必布聞彰於天下也。”頤煊案，晋解甚迂。《法言·問明》篇“鷦明遴集”，“遴集”與“鱗集”同，言其多也。“遴柬布章”，謂多列簡牘，徒事空文，故下文云“非所以視化勸後也”。

曹　宗

“平陽懿侯曹參。元鼎二年侯宗嗣，征和二年，坐與中人姦，闌入宫掖門，入財贖完爲城旦。”頤煊案，《史表》作“征和二年，侯宗坐太子死，國除”，① 與此不同。《曹參傳》亦云“宗嗣，有罪完爲城旦”，唯《五行志》“征和二年，巫蠱事興，丞相公孫賀、子太僕敬聲、平陽侯曹宗等皆下獄死”，與《史表》合。宗坐死在免侯後，故《表》不載。

蕒　陽

“射陽侯劉纏”，師古曰：“即項伯也。‘射’字或作

---

① “征和二年，侯宗坐太子死，國除”是《史記·曹相國世家》文，非《史記·高祖功臣侯年表》文，《史記·高祖功臣侯年表》作“元鼎三年，今侯宗元年”。“《史表》”當改作“《史記·曹相國世家》”，下“《史表》”“《表》”亦當同改。

‘貰’者，後人改也。”頤煊案，《史記·高祖本紀》索隱：“臨淮有貰陽縣。《漢書·功臣表》‘貰陽侯劉纏’。”

逮御史大夫湯

“武彊嚴侯嚴不職。孝文後二年，侯青翟嗣，元鼎二年，坐爲丞相建御史大夫陽不直，自殺”，師古曰：“以獄建之意，而不直也。”頤煊案，《史表》作“坐爲丞相與長史朱買臣等逮御史大夫湯不直，國除”，《張湯傳》“使吏捕案湯左田信等”，又云“使吏八輩簿責湯”。“建”當是“逮”字之訛，“陽”當作“湯”。

連　將

“南安嚴侯宣虎，以重將破臧荼，侯”，師古曰：“重將者，主將領輜重也。重音直用反。一曰持重之將也，音直勇反。”頤煊案，《史表》作“以亞將破臧荼，侯”，《索隱》：“亞將，《漢表》作‘連將’。”亞、重字形相近，“連”又“重”字之訛。

慎　將

“厭次侯爰類，以慎將元年從起留”，師古曰：“以謹慎爲將也。”頤煊案，慎，縣名，《地理志》屬汝南郡。“陽都敬侯丁復，以越將從起薛”“曲成圉侯蟲達，以西城户將從起碭”“深澤齊侯趙將夕，以趙將降”“昌圉侯旅卿，以齊將從”，皆舉其地名。

南　宫

“宣平武侯張敖。高后二年侯偃爲魯王，孝文元年復爲侯。”頤煊案，《張耳傳》“孝文即位，復封故魯王偃爲南宫侯”，《表》當依前後文例，書“南宫”二字，而傳寫失之。

江　鄒

“江鄒。元鼎五年侯石嗣封，九年，太始四年，坐爲太常行幸離宫道橋苦惡，太僕敬聲繫以謁聞，赦免。”頤煊案，《公卿表》：“太始四年，江都侯靳石爲太常，四年坐爲謁問囚故大僕敬聲，亂尊卑，免。”《地理志》無江鄒，當是江都之訛。《史表》作“坐爲太常，行太僕事，治嗇夫可年，益縱年，國除”，又與兩《表》不同。

李　必

“戚圉侯季必”，師古曰：“《灌嬰傳》云‘李必’，今此表作‘季’，《表》《傳》不同，當有誤。”頤煊案，《水經·河水注》引作“李必”，《表》“曾孫信成，元狩五年，坐爲太常縱丞相侵神道，爲隸臣”，《公卿表》作“戚侯李信成”，此《表》作“季”，誤。

南　陵

《景武昭宣元成功臣表》:“商陵侯趙周。”頤煊案,《公卿表》:“孝武建元二年,南陵侯趙周爲太常。”《史表》“商陵”,《索隱》:“《漢表》在臨淮。”今《表》無此注。《王子侯表》“南陵侯慶”,注云:“臨淮。”則此《表》“商陵”當是“南陵”之訛。

襄　武

“襄城侯桀龍。”頤煊案,《史表》亦作“襄城侯”,《索隱》云:“《漢表》作襄武侯。《地理志》襄城在潁川,襄武在隴西。”然則此《表》當作“襄武”,注云“襄垣”,《地理志》屬上黨郡,《索隱》以隴西之“襄武”當之,亦非是。

衆　利

“衆利侯郝賢”,注云“姑莫”。頤煊案,《地理志》姑幕屬琅邪郡,《史表索隱》云:“《表》在陽城姑莫。”今《表》無“陽城”二字,不知小司馬何所據也。

乏　興

“成安侯韓延年,元封六年坐爲太常,行大行令事,留外國書一月乏興,入穀贖完爲城旦”,師古曰:“當有所興發,因其遲留，故闕之。”頤煊案，乏興者，乏軍興也。《趙廣漢傳》“尉史故劾賢爲騎士，屯霸上，不詣屯所，乏軍興”，《黄霸傳》“又發騎士詣北軍，馬不適士，劾乏軍興，連貶秩”。《司馬相如傳》“用軍興法誅其渠率”，《雋不疑傳》“暴勝之爲直指使者，以軍興誅不從命者”。“軍興”猶今言軍法從事，蓋律之重者。

騶　普

“騏侯騶幾。侯督嗣。”頤煊案，《公卿表》“孝成建始元年，騏侯騶普爲太常，數月薨”，“督”即“普”字之訛。鳌侯崇當以建始二年嗣，至陽朔二年薨，可以補《表》所不載。

平　津

《外戚恩澤侯表》：“平津獻侯公孫弘，以丞相詔所褒侯，元朔三年十一月乙丑封，六年薨。”頤煊案，《公卿表》“元朔三年，左内史公孫弘爲御史大夫。五年，公孫弘爲丞相。元狩二年三月戊寅，丞相弘薨”，《公孫弘傳》“凡爲丞相、御史六歲，年八十終丞相位”，與《公卿表》年數正合。弘爲丞相在元朔五年，不得云“三年封”，封後止四年，不得云“六年薨”，《表》并誤。

劉　颯

“陽城繆侯劉德。居攝元年，侯颯嗣，王莽敗，絶”，齊氏召南曰：“沈約《宋書·武紀》陽城釐侯慶忌生肅侯岑，岑生宗正平，是‘颯’乃‘岑’字之訛。”頤煊案，《楚元王傳》“德傳至孫慶忌，復爲太常，薨。子岑嗣，爲諸曹中郎將，列校尉，至太常。薨，傳子，至王莽敗，乃絶”，《表》“颯”上闕“岑嗣”一代。“平”或是“颯”弟也。

段　宏

《百官公卿表》：“孝武元朔五年，中尉殷客。”頤煊案，《汲黯傳》“濮陽段宏始事蓋侯信，信任宏，官亦再至九卿”，《淮南王安傳》“遣中尉宏即訊驗王”，“殷客”疑即“段宏”之訛。

王　充

“元鼎元年，蓋侯王信爲太常。”頤煊案，《恩澤侯表》“蓋侯王信，孝景中五年五月甲戌封，二十五年薨。元光三年，頃王充嗣”，《史記·三王世家》“元狩六年太常臣充”，次年即爲元鼎元年，此作“王信”，誤。

搜粟都尉

“天漢元年，大司農桑弘羊，四年貶爲搜粟都尉。”頤煊案，《食貨志》“桑弘羊爲治粟都尉，領大農，盡代僅斡天下鹽鐵”，與此《表》不同，疑此《表》誤。

李　种

“孝昭始元元年，司隸校尉雒陽李仲季主爲廷尉，四年坐誣罔下獄棄市。”頤煊案，《昭帝紀》作“李种”，師古曰：“种音沖。”《霍光傳》亦作“李种”。

廣陵太守

“孝宣神爵元年，廣陵太守陳萬年爲右扶風。”頤煊案，《諸侯王表》“廣陵厲王，元狩六年四月立，五鳳四年，坐，自殺”，[1] 神爵間廣陵尚爲國，萬年不得爲廣陵太守，疑此《表》誤。

博陽侯

“甘露三年，博陽侯丙顯爲太僕，一年爲建章衛尉。”頤煊案，《恩澤侯表》“博陽定侯丙吉，五鳳三年顯嗣，甘露元年坐酎宗廟騎至司馬門，不敬，奪爵一級爲關内侯”，此不當稱“博陽侯”。

① “坐，自殺”，《漢書·諸侯王表》作“坐祝詛上，自殺”，洪頤煊省文，文義不明。

左將軍

“孝元初元三年，衛尉許嘉爲右將軍，五年遷。”頤煊案，是年執金吾馮奉世爲右將軍，嘉當爲左將軍。《馮奉世傳》“永光二年，左將軍許嘉，右將軍奉世”，字尚未訛。

嚴彭祖

“五年，河南太守劉彭祖爲左馮翊，二年遷太子太傅。”頤煊案，《儒林·嚴彭祖傳》“彭祖爲宣帝博士，至河南、東郡太守，以高第入爲左馮翊，遷太子太傅”，“劉”當是“嚴”字之訛。

李延壽

“建昭二年，執金吾李延壽爲衛尉，五年遷。”頤煊案，建昭三年即云“七月戊辰，衛尉李延壽爲御史大夫，三年卒”，此不得“五年遷”，當是“二年”之訛。

劉慶忌

“孝成鴻嘉元年，千乘令劉慶忌爲宗正，六月坐平都公主殺子，貶爲遼東太守。”頤煊案，此與“竟寧元年，陽城侯劉慶忌寧君爲宗正”别是一人，以《恩澤侯表》知之。

敤　手

《古今人表》“敤手舜妹”，師古曰：“敤，音口果反，流俗書本作‘擊’字者，誤。”頤煊案，《説文》：“敤，從攴，果聲。舜女弟名敤首。”流俗書本誤合爲一，因作“擊”字。《列女傳·母儀》篇“舜之女弟繫”，“繫”又“擊”字之訛。《列子·楊朱》篇“舜耕於河陽，陶於雷澤，父母之所不愛，弟妹之所不親”，《列女傳》“瞽叟速舜飲酒，醉將斬之，舜之女弟繫憐之，與二嫂諧”。《表》象在下中，敤手在上下，與《列女傳》同。

奚　仲

“奚仲。”頤煊案，《説文》“車，輪輿之總名，夏后時奚仲所造”，《淮南·齊俗訓》“堯之治天下也，奚仲爲工”，鄭康成《六藝論》“黄帝佐官七人，奚仲造車作律管”。“奚仲”亦子孫之世其官者，《山海經·海内經》“番禺生奚仲，奚仲生吉光，是始以木爲車”，郭璞注：“《世本》奚仲作車，此言吉光，明其父共創作意，是以互稱之。”

老　子

“老子”，《表》在中上。頤煊案，張晏曰：“老子玄默，仲尼所師，而在第四。”《隸釋·老子銘》云：“班固以老子絶聖棄智，禮爲亂首，與仲尼道違，述《漢書·古今人表》，檢以法度，抑而下之，老子□與子西同科。”唐法琳《辨正論》卷五引《前漢書》“孔子爲上上流是聖，老子爲中上流是賢”，今本《漢書》有老子在上上者，是唐天寶元年所改。

卷二十

臨海洪頤煊

百六三七

《律曆志》："《易》九戹曰：初入元，百六，陽九；次三百七十四，陰九。"頤煊案，初入元，百六歲後遇陽九，即有九年之災，再三百七十四歲遇陰九，又有九年之災。《路温舒傳》"漢厄三七之間"，《谷永傳》"當陽數之標季，涉三七之節紀，遭无妄之卦運，直百六之災阸"，《王莽傳》"深惟漢氏三七之阸"，又云"陽九之阸既度，百六之會已過"。百六謂陽九，三七即陰九，言三七者，舉成數也。

采詩夜誦

《禮樂志》"乃立樂府，采詩夜誦"，師古曰："夜誦者，其言辭或秘不可宣露，故於夜中歌誦也。"頤煊案，下文以"正月上辛用事甘泉圜丘，使童男女俱歌昏祠至明"，故樂府肄習禮儀亦在夜間。

穀價貴賤

《食貨志》:“今一夫治田百畮，歲收畮一石半，爲粟百五十石，石三十。”頤煊案，此言其平率也。《宣帝紀》“元康四年，比年豐，穀石五錢”，《趙充國傳》“金城湟中，穀斛八錢”，此言其賤。《食貨志》“元帝即位，齊地饑，穀石三百餘，民多餓死”，《馮奉世傳》“是歲，時比不登，京師穀石二百餘，邊郡四百，關東五百，四方饑饉”，此言其貴。《高帝紀》“關中大饑，米斛萬錢，人相食”，《食貨志》“漢興，接秦之敝，諸侯并起，民失作業而大饑饉，凡米石五千，人相食，死者過半”，“王莽末年，雒陽以東，米石二千，饑死者什七八”，此又非常之變矣。

諸布諸嚴諸逐

《郊祀志》“諸布、諸嚴、諸逐之屬，百有餘廟”，師古曰:“諸布、諸嚴、諸逐，未聞其義，‘逐’字或作‘逑’。”頤煊案，《爾雅·釋天》:“祭星曰布。”《釋詁》:“逐，病也。”《史記·封禪書》作“逑”，亦謂祈求以去病也。“嚴”疑“襄”字之訛，《説文》“襄，從衣㲋聲”，與“嚴”形相近，“襄”即“禳”字之省。

雍　菅

“於杜、亳有五杜主之祠、壽星祠，而雍、菅廟祠亦有杜主”，韋昭曰：“亳音薄，湯所都也。”臣瓚曰：“濟陰薄縣是也。”李奇曰：“菅，茅也。”頤煊案，菅，縣名，《地理志》屬濟南郡。

星　傳

《五行志》劉向引《星傳》曰“魁者，貴人之牢”，又曰“孛星見北斗中，大臣、諸侯有受誅者”，又曰“彗星入北斗，有大戰。其流入北斗中，得名人。不入，失名人”，又曰“心，大星，天王也。其前星，太子也。後星，庶子也”。頤煊案，《天文志》引夏氏《日月傳》曰“日月食盡，主位也。不盡，臣位也”，《星傳》曰“日者，德也；月者，刑也”，此《星傳》疑亦夏氏所作。

悼考廟

“成帝建始元年正月乙丑，皇考廟災。初，宣帝爲昭帝後，而立父廟，於禮不正。”頤煊案，《成帝紀》“建始元年春正月乙丑，皇曾祖悼考廟災”，文穎曰：“宣帝父史皇孫廟”，此稱皇考廟，是沿宣帝時舊名，而史失改正。

酒脯祀鼠

“昭帝元鳳元年九月，燕有黄鼠銜其尾舞於宫端門中，往視之，舞如故。王使夫人以酒脯祀鼠，舞不休。”頤煊案，此事《志》凡兩見，一作“王使吏以酒脯祠鼠”，“夫人”疑即“吏”字之訛。

右内史

《地理志》“右扶風，武帝建元六年分爲右内史，太初元年更名主爵都尉爲右扶風”，師古曰：“主爵都尉，至太初元年更名右扶風，而治於内史右地，故此《志》追書建元六年分爲右内史，又云更名主爵都尉爲右扶風。”頤煊案，小顔説是也。《東方朔傳》“又詔中尉、左右内史表屬縣草田”，《汲黯傳》“召爲主爵都尉，公孫弘爲丞相，請徙黯爲右内史”，右内史者，京兆尹也，太初以前右扶風未嘗名右内史，觀《百官公卿表》可見。

河　上

“太原郡。廣武，河主、賈屋山在北”，頤煊案，《史記·范雎列傳》“昭王四十三年，秦攻韓汾陘，拔之，因城河上廣武”，《索隱》劉氏云“此河上蓋近河北之地”，《後漢書·馬成傳》“代杜茂繕治障塞，自西河至渭橋，河上至安邑”，此“河主”當是“河上”之訛。

慎陽

“汝南郡。慎陽”，師古曰：“慎字本作滇，音真，後誤爲慎。闞駰云：永平五年失印，更刻遂誤以‘水’爲‘心’。”頤煊案，《史記·功臣侯表索隱》“慎陽屬汝南”，如淳曰：“音慎。若闞駰合作‘順陽’，《續漢書》作‘滇陽’。”據此，闞駰謂“誤以水爲心”，是改“順陽”作“慎陽”，川、水形相近，“滇陽”又“慎陽”之訛字也。《後漢書·黄憲傳》“汝南慎陽人”，李賢注：“南陽有慎陽國，而流俗書此作‘順陽’者，誤。”即闞駰本。

安陵

“平原郡。安，侯國。”頤煊案，《水經·河水注》：“大河故瀆，又北逕修縣故城東，又北逕安陵縣西，本修之安陵鄉也。《地理風俗記》‘修縣東四十里有安陵鄉，故縣也’。”“安”下疑脱“陵”字。

建新

“千乘郡，莽曰建信。”頤煊案，《後漢書·崔駰傳》“以篆爲建新大尹”，《孔僖傳》“及篆仕王莽爲建新大尹”，李賢注：“莽改千乘國曰建信，又改曰建新。”《恩澤侯表》“陽新侯鄭業”，《哀帝紀》《杜鄴傳》作“陽信侯”。《王莽傳》：“是歲改十一公號，以‘新’爲‘心’，又改‘心’爲‘信’。”故《紀》《傳》多不同。

著

“濟南郡。著”，師古曰：“音竹庶反，又音直庶反。而韋昭誤以爲蓍龜之‘蓍’，乃音紀咨反，失之遠矣。”頤煊案，《魏書·地形志》“濟南郡。蓍，二漢、晋屬”，此即韋昭本。

魚澤障

“敦煌郡。效穀。”“本漁澤障也。[1] 桑欽説：孝武元封六年，濟南崔不意爲魚澤尉，教力田，以勤效得穀，因立爲縣名。”頤煊案，《孫寳傳》“尚書僕射唐林，左遷敦煌魚澤障候”，哀帝時，魚澤障尚置官。

魯屬徐州

“魯國屬豫州。”頤煊案，《後漢·郡國志》“魯國本屬徐州，光武改屬豫州”，然則西漢魯國不屬豫州，今本是後人改也。《吕氏春秋·有始覽》“泗上爲徐州魯也”，周、秦間，

---

① “本漁澤障也”前當有“師古曰”三字。

魯國亦當屬徐州。

江水祠

“廣陵國。江都，有江水祠。”頤煊案，《水經·淮水注》引應劭《地理風俗記》曰：“俗謂之伍相廟也。”《後漢書·張禹傳》“建初中拜揚州刺史，當過江，行郡中，土民皆以江有子胥之神，難於濟涉”，《論衡·書虚》篇“吴王夫差殺伍子胥，乃以鴟夷橐投之於江。今時會稽丹徒大江、錢唐浙江皆立子胥之廟”，此皆以江水祠爲子胥之神。

莽縣失注

《王莽傳》“其以益歲以南付新平，新平，故淮陽”，蘇林曰：“陳留圉縣，莽改曰益歲。”《志》淮陽國圉縣下不注“莽曰益歲”。又云“以陳留以西付祈隧。祈隧，故滎陽”，《志》滎陽下不注“莽曰祈隧”。《後漢書·馬援傳》“員時爲增山連率”，李賢注：“莽改上郡爲增山。”《志》亦不載。

食封不在本邑

《溝洫志》：“是時武安侯田蚡爲丞相，其奉邑食鄃。”頤煊案，《何武傳》“武封氾鄉侯，食邑千户。氾鄉在琅邪不其，哀帝初，更以犨之博望鄉爲氾鄉侯國”，《張湯傳》“封安世爲富平侯，子延壽嗣，侯國在陳留，别邑在魏郡，租歲八千餘萬”，《史丹傳》“封丹爲武陽侯，國東海郯之武彊聚，户千一百”，《師丹傳》“其以厚丘之中鄉户二千一百封丹爲義陽侯”，《王莽傳》“封莽爲新都侯，國南陽新野之都鄉，千五百户”，其食封皆不在本邑。

段　嘉

《藝文志》“《京氏段嘉》十二篇”，晋灼曰：“《儒林》不見。”師古曰：“嘉即京房所從受《易》者也，見《儒林傳》及劉向《别録》。”頤煊案，《儒林京房傳》：“房授東海殷嘉、河東姚平、河南乘弘，皆爲郎、博士。”段、殷字形相近。

馮　商

“《馮商所續太史公》七篇”，韋昭曰：“馮商受詔續《太史公》十餘篇，在班彪《别録》。商，字子高。”師古曰：“《七略》云：商，陽陵人，治《易》，事五鹿充宗，後事劉向，能屬文，後與孟柳俱待詔，頗序列傳，未卒，病死。”頤煊案，《張湯傳贊》“馮商稱張湯之先與留侯同祖”，如淳曰：“班固《目録》：馮商，長安人，成帝時以能屬書待詔金馬門，受詔續《太史公書》十餘篇。”《趙廣漢傳贊》“馮商傳王尊”，張晏曰：“劉向作《新序》，不道王尊。馮商續《史記》，爲作傳。”商書所見僅此。班彪《别録》、班固《目録》疑是一書。或疑“别録”是劉向《别録》之訛，非是。

周史六弢

“《周史六弢》六篇”，師古曰：“即今之《六韜》也。”頤煊案，《莊子·徐無鬼》篇“金版、六弢”，《釋文》引司馬崔云“金版、六弢，皆周書篇名”，是“周史”又可稱“周書”也。《史記·蘇秦列傳》“得周書陰符，伏而讀之”，影宋本《北堂書鈔》引《六韜》稱“周書”，或稱“周書陰符”，皆其證。

老萊子

“《老萊子》十六篇，楚人，與孔子同時。”頤煊案，老萊子見《大戴禮·衛將軍文子》篇。《史記·仲尼弟子列傳》序云“孔子之所嚴事，於周則老子，於楚則老萊子”，太史公以老萊子亦與孔子同時，故附見於《老子傳》中。《禮記·曾子問》引老聃云，當是適周問禮之老子。《莊子·天運》篇“孔子行年五十有一而不聞道，乃南之沛，見老聃”，沛地屬楚，疑是老萊子也。

五子胥

“雜家，《五子胥》八篇。兵技巧家，《五子胥》十篇、圖二卷。”① 頤煊案，《武帝紀》臣瓚曰：“《伍子胥書》有戈

---

① “二卷”，《漢書》作“一卷”，此當是“一卷”之誤。

船。”又曰：“《伍子胥書》有下瀨船。”此當在兵技巧家十篇中。《史記正義》引《七録》云“《越絶》十六卷，或云伍子胥撰”，《藝文志》無“《越絶》”，疑即雜家之《五子胥》八篇，後人并爲一。故《文選·七命》李善注引“《越絶書伍子胥》水戰兵法”一條，《太平御覽》卷三百一十五引“《越絶書伍子胥》水戰法”一條，引《五子胥書》，皆以“越絶”冠之，今本《越絶》無水戰法，又篇次錯亂，以末篇證之，《越絶》本八篇：太伯一、荆平二、吴三、計倪四、請糴五、九術六、兵法七、陳恒八，與雜家《五子胥》篇數正同。

書有細注

《藝文志》細注皆班固自注。《史通·補注》篇云：“趙岐之《三輔决録》，陳壽之《季漢輔臣》，周處之《陽羨土風》，常璩之《華陽士女》，文言美辭列於章句，委曲叙事存於細書。”《魏書·張淵觀象賦》注，《文選·月賦》李善注引作淵“自注”。

臨　濟

《項籍傳》“初，章邯既殺齊王田儋於臨菑”，師古曰：“《高紀》及《儋傳》并言於臨濟，此獨言臨菑，疑此誤也。”頤煊案，《田儋傳》：“狄人也。秦將章邯圍魏王咎於臨濟，急。魏王請救於齊，儋將兵救魏。章邯夜銜枚擊，大破齊、楚軍，殺儋於臨濟下。”《後漢·郡國志》：“陳留郡平丘有臨濟亭，田儋死此。”《史記正義》因安帝改狄爲臨濟，謂田儋即死於狄，① 非是。

項　它

“羽使兄子項它爲大將，龍且爲裨將，救齊，韓信破殺龍且”，師古曰：“《高紀》云項聲，此傳云項它，紀、傳不同，未知孰是。”頤煊案，項聲、項它是二人。《高帝紀》楚使項聲、龍且攻布，在三年冬十一月。此使項它、龍且救齊，在四年冬十月，非一時事。

遁　逃

《贊》“秦人開關延敵，九國之師遁巡而不敢進”，師古曰：“遁巡，謂疑懼而却退也，流俗書本‘巡’字誤作‘逃’，讀者因之而爲遁逃之義。潘岳《西征賦》云‘逃遁以奔竄’，斯亦誤矣。”頤煊案，《文選·過秦論》作“九國之師遁逃而不敢進”，《史記》作“逡巡遁逃而不敢進”，《西征賦》作“逃遁”，未爲誤也。

---

① 按，《史記正義》無“田儋即死於狄”之文，疑“史記正義”當作“劉昭補注”。

舍　人

《張耳傳》“有廝養卒謝其舍曰”，師古曰：“謝其舍，謂告其舍中人也，故下言‘舍中人皆笑’。今流俗書本於此‘舍’下輒加‘人’字，非也。”頤煊案，《史記索隱》所見《漢書》本作“舍人”。《曹參傳》“告舍人趣治行”，《韓信傳》“其舍人得罪信”。舍人亦小史之屬，此“舍”下義當有“人”字。

壁　人

“貫高等乃壁人柏人，要之置厠”，文穎曰：“置人厠壁中，以伺高祖。”《史記索隱》引張晏曰：“鑿壁空之，令人止中也。”頤煊案，壁者，軍壘之名。《項籍傳》“諸侯軍救鉅鹿者十餘壁，莫敢縱兵。及楚擊秦，諸侯皆從壁上觀”，《韓信傳》“候趙空壁逐利，即馳入趙壁”，皆是。“厠”與“次”同，謂伏兵於柏人，而别置次以待宿。

韓　説

《韓王信傳》“嫣弟説以校尉擊匈奴，封龍頟侯。後坐酎金失侯。復以待詔爲横海將軍，擊破東越，封按道侯”，師古曰：“《史記·年表》并《衛青傳》載韓説初封龍頟侯，後爲按道侯，皆與此《傳》同。而《漢書·功臣表》龍頟侯名

‘謏’，按道侯名‘説’，列爲二人，與此不同，疑《表》誤。”頤煊案，《表》“謏”即“説”字之訛，小顔不察，而反爲“謏”字作音，失其旨矣。

秦漢印小

《韓信傳》“至使人有功，當封爵，刻印刓，忍不能予”，蘇林曰：“刓音刓角之刓，刓與摶同。手弄角訛，不忍授也。”頤煊案，刓與玩同，謂玩弄不忍授。《酈食其傳》“爲人刻印，玩而不能授”，即其證。秦漢印小，故可玩弄於手。《周昌傳》“高祖持御史大夫印弄之”，《嚴助傳》“陛下以方寸之印，丈二之組，填撫方外”，《後漢書·徐璆傳》“送前所假汝南、東海二郡印綬。璆曰：昔蘇武不墜七尺之節，況此方寸印乎”，《皇甫規傳》“可不煩方寸之印”。應劭《漢官儀》曰：“孝武皇帝元狩四年，令通官印五分。”今世所得秦漢印，皆如此。

嘸　然

“諸將皆嘸然，陽應曰諾”，孟康曰：“嘸音撫，不精明也。”頤煊案，嘸與憮同，《三蒼》：“憮，怪愕之詞。”《後漢書·禰衡傳》“表憮然爲駭”，李賢注：“憮然，怪之也。”《論語·微子》“夫子憮然曰”，皇侃疏：“憮然，猶驚愕也。”

賜越將軍印

《彭越傳》:“齊王田榮叛項王，漢乃使人賜越將軍印，使下濟陰以擊楚。”頤煊案，《高帝紀》“時彭越在鉅野，衆萬人，無所屬。榮與越將軍印，因令反梁地，越擊殺濟北王安”，《項籍傳》“榮怒，自立爲齊王，予彭越將軍印，令反梁地。越乃擊殺濟北王田安，田榮遂并王三齊之地”，是與越將軍印者，齊王田榮，非漢也，“漢”字後人妄加。

削東海薛郡

《楚元王傳》:“王戊稍淫暴，二十年，爲薄太后服私奸，削東海、薛郡。”頤煊案，《吴王濞傳》“錯因言楚王戊往年爲薄太后服私奸服舍，請誅之，詔赦，削東海郡”，而不及薛，此時薛郡已省，故不言。

治淮南獄

“更生父德，武帝時治淮南獄”，錢氏大昕《考異》:“淮南王安以謀反誅，事在元狩元年。此傳言昭帝即位，德待詔丞相府，年三十餘。當淮南獄起之時，恐德尚未生，安得預治獄之列。”頤煊案，《淮南王傳》“丞相弘、廷尉湯等以聞，上使宗正以符節治王。未至，安自刑殺”，《公卿表》“元狩元年，宗正劉受”，受，沈猷侯歲子，更生之從祖父也。

平陽侯

《齊悼惠王傳》“會漢將欒布、平陽侯等兵至齊”，師古曰：“平陽侯曹襄。”頤煊案，《史記索隱》云“曹奇”。《功臣表》“平陽。孝文後四年簡侯奇嗣，七年薨。孝景四年夷侯時嗣。元狩六年共侯襄嗣”，孝景三年平陽侯當是曹奇，小顔誤。

徒跣免冠

《蕭何傳》：“何年老，素恭謹，徒跣入謝。”頤煊案，凡謝罪皆免冠，《黄霸傳》“尚書令受丞相對，霸免冠謝罪”，《霍光傳》“光入，免冠頓首謝”，《朱雲傳》“左將軍辛慶忌免冠解印綬，叩頭殿下”。其重者始徒跣，《匡衡傳》“衡免冠徒跣待罪”，《申屠嘉傳》“通至丞相府，免冠徒跣謝”，皆是。

東垣

《曹參傳》：“追至東垣，生獲魏王豹。”頤煊案，《地理志》河東郡垣縣，即東垣也。《史記·曹相國世家》作“追至武垣”，《正義》：“《地理志》武垣屬涿郡。”誤。《韓信傳》“從夏陽以木罌缶渡軍，襲安邑。魏王豹驚，引兵迎信，信遂虜豹”，與此《傳》不同。

講若畫一

“講若畫一”，文穎曰：“講或作較。”師古曰：“講，和也。畫一，言整齊也。”頤煊案，《文選·西都賦》李善注引作“較若畫一”，《史記·曹相國世家》作“顜若畫一”。《説文》：“斠，平斗斛也，從斗，冓聲。”講、顜，皆“斠”字之借，與“較”字通用。

圯　上

《張良傳》“良嘗閒從容步游下邳圯上”，服虔曰：“圯音頤，楚人謂橋曰圯。”應劭曰：“汜水之上也。”文穎曰：“沂水上橋也。”師古曰：“下邳之水，非汜水也，又非沂水。”頤煊案，《後漢·郡國志補注》：“戴延之《西征記》曰下邳‘有沂水，自城西西南注泗，别下迴城南，亦注泗。舊有橋，張良與黄石公會此橋’。”《水經·沂水注》：“沂水於下邳縣北西流，分爲二水。一水於城北西南入泗。一水逕城東，屈從縣南亦注泗，謂之小沂水。水上有橋，徐、泗間以爲圯，昔張子房遇黄石公於圯上，即此處也。”皆同文穎説。

諸將盡讙

《陳平傳》“是日拜平爲都尉，使參乘，典護軍，諸將盡讙”，師古曰：“讙囂而議也。”頤煊案，《史記·陳丞相世家索隱》:"《漢書》作皆怨。"今本作"盡讙",是後人據《史記》改。

蓨

《周勃傳》"文帝擇勃子賢者,皆推亞夫,乃封爲條侯",師古曰:"縣在渤海。《地理志》作蓨字,其音同耳。"頤煊案,《地理志》脩,師古曰:"音條。"屬信都國。《後漢·郡國志》修屬勃海郡。

蓋　侯

"亞夫果餓死。後上乃封王信爲蓋侯。"頤煊案,《景帝紀》後元年"條侯周亞夫下獄死",《恩澤侯表》"蓋侯王信,景帝中五年五月甲戌封",在亞夫未死前二年。

圉都尉

《樊噲傳》"後攻圉都尉、東郡守尉於城武",師古曰:"圉即陳留圉縣。"頤煊案,《史記·樊噲列傳》作"從攻圍東郡守尉於成武",《高帝紀》"沛公攻破東郡尉於成武",《周勃傳》"攻東郡尉於成武破之",《曹參傳》"其後從攻東郡尉軍,破之成武南",《灌嬰傳》"從擊破東郡尉於成武",皆不及"圉都尉"。此時無都尉之名,又當稱郡不稱縣。"圉"是"圍"字之訛,"都尉"涉下"郡尉"而衍。

柴將軍

"因擊韓信軍於參合，所將卒斬韓信。"頤煊案，《高帝紀》"十一年，將軍柴武斬韓王信於參合"，《韓王信傳》"十一年春，信復與胡騎入居參合。漢使柴將軍擊之，柴將軍屠參合，斬信"，是時柴將軍屬樊噲，所將卒即武也。

面雍樹馳

《夏侯嬰傳》"嬰常收載行，面雍樹馳"，服虔曰："高祖欲斬之，故嬰圍樹走，面向樹也。"應劭曰："古者立乘，因恐小兒墮墜，各置一面，雍持之樹立也。"蘇林曰："南方人謂抱小兒爲雍樹。面者，以面首向臨之也。"頤煊案，面，背也；雍，抱也；樹與豎同，謂反縛雍豎於背而馳也。

平　陽

《灌嬰傳》"下下邳、壽春。擊破楚騎平陽，遂降彭城"，師古曰："此平陽在東郡。"頤煊案，《地理志》東郡有陽平，而無平陽。泰山郡有東平陽，山陽郡有南平陽。此與下邳、彭城近，當是南平陽。

期　期

《周昌傳》"臣口不能言，然臣心期期知其不可，陛下欲廢太子，臣期期不奉詔”，師古曰：“以口吃故，每重言期期。”頤煊案，期，急言，讀與極同。《方言》“極，吃也”，下文“極知其左遷”，《趙禹傳》“極知禹無害”，《荀子·王霸》篇“目欲綦色，耳欲綦聲”，楊倞注：“綦，極也。”皆與“期”字義同。

高　陽

《酈食其傳》：“陳留高陽人也，爲里監門。”頤煊案，陳留此時未置郡，言陳留者，是舉其縣也，故下文云“夫陳留天下之衝，四通五達之郊也，臣知其令”。《梁孝王傳》“梁北至泰山，西至高陽”，是高陽初屬梁，後屬淮陽國，至後漢屬陳留郡。

魯元公主

《婁敬傳》：“吕后泣曰：妾唯以一太子、一女，奈何棄之匈奴。”頤煊案，《高帝紀》：“吕后生孝惠帝、魯元公主。”《張耳傳》：“五年，耳薨。子敖嗣，尚高祖長女魯元公主，爲王后。七年，高祖從平城過趙，趙王旦暮自上食，體甚卑，有子壻禮。”敬此言在七年後，是時魯元公主已尚張敖，敬安得爲此言？

短　衣

《叔孫通傳》："通儒服，漢王憎之，乃變其服，短衣楚製。"頤煊案，《蓋寬饒傳》"斷其禪衣，令短離地"，《朱博傳》"又敕功曹：官屬多褒衣大袑，不中節度，自今掾史衣皆令去地三寸"，《文帝紀》"所幸慎夫人衣不曳地"，《王莽傳》"母病，公卿列侯遣夫人問疾，莽妻迎之，衣不曳地"，是時男女禮服尚長，故短者特言之。

漢　儀

"徙通爲奉常，定宗廟儀法。及稍定漢諸儀法，皆通所論著也。"頤煊案，《禮樂志》："今叔孫通所撰禮儀，與律令同録，臧於理官。法家又復不傳。漢典寢而不著，民臣莫有言者。"《後漢書·曹褒傳》："章和元年正月，乃召褒詣嘉德門，令小黄門持班固所上叔孫通《漢儀》十二篇，敕褒曰：此制散略，多不合經，今宜依禮條正，使可施行。"王充《論衡·謝短》篇"高祖詔叔孫通制作《儀品》十六篇"，視班固所上增加四篇。

大夫但

《淮南王傳》"大夫但"，張晏曰："大夫，姓也，上云男子但，明其本姓大夫也。"如淳曰："但，大夫名也。"頤煊案，《功臣表》："德侯景建以長安大夫從莽通共殺如侯，得少傅石德，① 侯。"《劉屈氂傳》作"長安男子"。男子通稱大夫，未知其審。

輿地圖

"日夜與左吴等按輿地圖，部署兵所從入。"頤煊案，《嚴助傳》"以地圖察其山川要塞，相去不過寸數"，《匡衡傳》"初，衡封僮之安樂鄉。郡圖誤以閩佰爲平陵佰"，《後漢書·鄧禹傳》"光武舍城樓上，披輿地圖，指示禹曰：天下郡國如是，今始乃得其一子"，② 其圖當與今制相同，亦所在有之。

如周丘

《衡山王傳》"王日夜求壯士如周丘等"，師古曰："下邳人，吴王反時請得漢節，下下邳者。"頤煊案，小顔説非是。《吴王濞傳》："周丘者，下邳人。破城陽中尉軍。聞吴王敗走，即引兵歸下邳，未至，癰發背死。"此當别是一人，如姓，周丘名。

---

① "傅"，原誤作"傳"，據《漢書》改。

② 據《後漢書·鄧禹傳》，"子"當屬下句爲讀，洪頤煊誤引，當删。

中大夫

《直不疑傳》“稍遷至中大夫”，錢氏大昕《考異》：“《公卿表》景帝中六年中大夫令直不疑更爲衛尉，此《傳》脱‘令’字。”頤煊案，《史記·直不疑傳》作“文帝稱舉，稍遷至大中大夫”，《集解》引《漢書》亦作“大中大夫”，今本“中”上脱“大”字。不疑，文帝時爲大中大夫，景帝時爲中大夫令，非一時事。

張　歐

《張歐傳》：“至武帝元朔中，代韓安國爲御史大夫。”頤煊案，《公卿表》“建元六年大農令韓安國爲御史大夫，四年病免。元光四年九月，中尉張歐爲御史大夫”，“元朔”當是“元光”之譌。

睢陽太守

《梁平王傳》：“元朔中，睢陽人犴反，人辱其父，而與睢陽太守客俱出同車，犴反殺其仇車上，亡去。睢陽太守怒，以讓梁二千石。”頤煊案，睢陽，梁國都，終漢世未嘗置郡。《史記·梁孝王世家》作“淮陽太守”。元朔中，淮陽置郡。今《傳》兩言“睢陽太守”，皆當是“淮陽”之譌。

左内史

《鼂錯傳》："景帝即位，以錯爲内史。内史府居太上廟堧中，門東出不便，錯乃穿門南出，鑿廟堧垣。"頤煊案，《三輔黄圖》三輔治所"馮翊在故城内太上皇廟西南"，《地理志》"太初元年分左内史爲左馮翊"，是錯爲内史者，左内史也。《公卿表》"孝景元年中大夫鼂錯爲左内史，一年遷"。

王恬啓

《張釋之傳》："中尉條侯周亞夫與梁相山都侯王恬咸見釋之持議平，乃結爲親友。"頤煊案，《史記·張釋之列傳》作"山都侯王恬開"。《集解》："《漢書》作啓。啓者，景帝諱也，故或爲'開'。"今本"啓"作"咸"，屬下句讀，是後人所改。

袨　服

《鄒陽傳》"武力鼎士，袨服叢臺之下者，一旦成市"，師古曰："袨服，盛服也。"頤煊案，《淮南·齊俗訓》"尸祝袀袨"，高誘注："袨，黑齋衣也。"《左氏·僖五年傳》"均服振振"，服虔注："袀服，黑服也。"袀、袨同色，皆爲兵士之服。《梁丘賀傳》"宣子章夜玄服入廟，居郎間，執戟立廟門"，《文選·豪士賦序》李善注引《漢書》作"袨服"。

袨、玄字通用。

中庶子蒙

“故秦皇帝任中庶子蒙之言，以信荆軻，而匕首竊發”，師古曰：“蒙者，庶子名也。今流俗書本‘蒙’下輙加‘恬’字，非也。”頤煊案，《文選·鄒陽獄中上書》作“蒙嘉”，《史記》《國策》俱云荆軻因中庶子蒙嘉而見秦王，唯《燕丹子》作中庶子蒙，與小顔本同。

山邑丞

《路温舒傳》“舉孝廉爲山邑丞”，蘇林曰：“縣名，在常山。”晋灼曰：“《地理志》常山有石邑，無山邑。”師古曰：“山邑不知其處，今流俗書本云‘常山石邑丞’，後人妄加‘石’字耳。”頤煊案，蘇林本必有“石”字，故注云“在常山”，晋灼本已譌脱。

卷二十一

臨海洪頤煊

太后稱東宮

《田蚡傳》："趙綰請毋奏事東宫，竇太后大怒。"頤煊案，《夏侯勝傳》："霍光以爲群臣奏事東宫，太后省政，宜知經術。"《淳于長傳》："趣白東宫，莽求見太后。"《孝文竇皇后傳》："太后崩，遺詔：盡以東宫金錢財物賜長公主嫖。"《孝成許皇后傳》"皇后其孝東宫，毋闕朔望"，師古曰："東宫，太后所居。"漢制：天子居未央宫，太后居長樂宫，長樂在未央東，故太后稱東宫。

丞相蚡薨

《灌夫傳》："五年十月，悉論灌夫支屬。"頤煊案，《鄭當時傳》："爲右内史，以武安、魏其時議，貶秩爲詹事。"《公卿表》："建元四年，江都相鄭當時爲右内史，五年，貶爲詹事。"則武安、魏其事當在元光二年。上文"元光四年”，當是“二年”之訛。此“五年”當作“三年”。丞相蚡以四年春薨，與《武帝紀》《公卿表》《恩澤侯表》年月悉合。

抱　兒

《李廣傳》：“暫騰而上胡兒馬，因抱兒鞭馬南馳。”頤煊案，《史記·三代世表》“抱之山中”，《集解》：“抱音普茅反。”抱即抛字，《李將軍列傳》作“因推墮兒”，即抛字義。《枚乘傳》“譬猶抱薪而救火也”，抱義亦作抛。

白　檀

“乃召拜廣爲右北平太守”，又云“將軍其率師東轅，彌節白檀”，孟康曰：“白檀，縣名也，屬右北平。”頤煊案，《地理志》白檀屬漁陽郡，當是後所改屬。

民　母

《衛青傳》“民母之子，皆奴畜之”，服虔曰：“民母，嫡母也。”師古曰：“言鄭季正妻本在編户之間，以別於公主家也。今流俗書本云‘先母之子’。”頤煊案，《史記·衛青列傳》作“先母之子”，《集解》服虔曰：“先母，適妻也。”服虔本作“先母”。或作“民母”，皆注家依本書改之。《惠帝紀》“賜民爵，户一級”，《昭帝紀》“賜中二千石及天下民爵”。① 民母，有爵者之妻。

附　傳

《霍去病傳》：“其裨將及校尉侯者九人，爲特將者十五人。李廣、張騫、公孫賀、李蔡、曹襄、韓説、蘇建皆自有傳。”頤煊案，李蔡附見《李廣傳》，曹襄附見《曹參傳》，韓説附見《韓王信傳》。凡《漢書》有附見於各傳者，其姓名皆當推此例，特表而出之。

葴持若蓀

《司馬相如傳》“葴持若蓀”，師古曰：“持，當爲‘苻’字之誤耳。苻，鬼目也。今流俗本‘持’字或作‘橙’，非也。”頤煊案，《文選》李善注：“韋昭曰：持音懲。”此本爲“橙”字作音，後人改從“持”字。《史記·司馬相如列傳》亦作“橙”。郭璞曰：“橙，柚也。姚氏以爲此前後皆草，非‘橙’也。”小顏襲其説，因改其字。

望幸蓋

“設壇場望幸蓋號以況榮。”頤煊案，《史記·司馬相如

① 《漢書》“二千石”下有“以下”二字。

列傳》同,《索隱》云:“本或作‘望華蓋’。而孟康、服虔注本皆‘幸’下有‘華’字。摯虞《流别集》則唯云‘望幸’。後人見‘幸’下有‘蓋’字,又‘幸’字似‘華’,故因疑惑,遂定‘華’字,使誤也。”影宋《北堂書鈔》卷九十一引《漢書》作“望華蓋”,與《索隱》所見本同。

菑川薛

《公孫弘傳》“菑川薛人也”,《史記正義》:“菑川國都劇。薛屬魯國。薛與劇隔兖州及泰山,未詳。”頤煊案,此薛是鄉聚名,或暫時所置縣。如《陳平傳》陽武户牖鄉人,《酈食其傳》“陳留高陽人”,《路温舒傳》“鉅鹿東里人”,《東方朔傳》“平原厭次人”,《田叔傳》“趙陘城人”,《王式傳》“東平新桃人”,皆不見於《地理志》,《漢書》本有此例。

逡

“有功者上,無功者下,則群臣逡”,李奇曰:“言有次第也。”頤煊案,《詩·清廟》“駿奔走在廟”,《禮記·大傳》鄭注引作“逡”。《爾雅·釋詁》:“駿,速也。”謂賞罰明,則臣下趨事疾速而有功。

東閤

“於是起客館,開東閤,以延賢人”,師古曰:“閤者,小門也，東向開之，避當庭門而引賓客，以别於掾史官屬也。”頤煊案，《孫寶傳》“明府素著威名，今不敢取穉季，當且闔閣，勿有所問”，《王尊傳》“直符史詣閣下，從太守受其事”，《雋不疑傳》“不疑盛服至門上，謁吏白勝之，勝之開閣延請”。凡單言“閣”者，皆聽事之正門；言“東閣”者，所以别於正門。

乾没

《張湯傳》“始爲小吏，乾没，與長安富賈田甲、魚翁叔之屬交私”，服虔曰：“乾没，射成敗也。”如淳曰：“豫居物以待之，得利爲乾，失利爲没。”頤煊案，“乾没”即“幹末”二字之借，言所幹末務，即所謂逐什一之利也。《晋書·潘岳傳》“其母數誚讓之曰：爾當知足，而乾没不已乎”，《三國志·傅嘏傳》“豈敢傾根竭本，寄命洪流，以徼乾没乎”，皆其義。

挈令

“受而著讞法廷尉挈令”，韋昭曰：“在板挈也。”師古曰：“獄訟之要也，書於讞法挈令以爲後式也。”頤煊案，“挈”古通作“契”字。挈令，謂刻之於板，著以爲令。《溝洫志》“今内史稻田租挈重”，《説文》絊字注“樂浪挈令織”，皆是。

富　平

“封安世爲富平侯。子延壽既嗣。侯國在陳留，别邑在魏郡，租入歲千餘萬，數上書讓減户邑，乃徙封平原，并一國，户口如故，而租税減半。”頤煊案，《水經·漯水注》：“商河又東北逕富平縣故城北。闞駰曰：本車騎將軍張安世之封邑。”酈氏以爲非，引《陳留風俗傳》曰“‘陳留尉氏縣安陵鄉，故富平縣也’是乃安世所食矣”。《地理志》富平屬平原郡，陳留郡無富平縣，疑陳留郡本有富平縣，後移治平原，《漢志》據改後而言，故陳留郡下不書。

太官獻丞

“劾舉太官獻丞陳湯”，蘇林曰：“獻丞，主貢獻物也。”頤煊案，《陳湯傳》“西至長安求官，得太官獻食丞”，此《傳》“獻”下脱“食”字。

敬武公主

“臨尚敬武公主”，文穎曰：“成帝姊也。”臣瓚曰：“敬武公主是元帝姊也。”師古曰：“《薛宣傳》云‘主怒曰：嫂何以取妹殺之’，既謂元后爲嫂，是則元帝妹也。”頤煊案，敬武公主有二。《趙充國傳》：“孫欽尚敬武公主，主無子。”《薛宣傳》：“初宣後封爲侯時，妻死，而敬武公主寡居，上令宣尚焉。”以《恩澤侯表》考之，張臨以竟寧元年薨，趙欽以陽朔二年薨，薛宣後封爲侯在永始二年，此《傳》云：“臨薨，子放嗣，放以公主子開敏得幸。放爲天水屬國都尉，永始元延間，比年日蝕，故久不還。居歲餘，放歸，第視母公主疾。數月，主有瘳。”據此則趙欽所尚之敬武公主，非張臨所尚之敬武公主明甚。當是欽所尚者，後改尚宣，爲王莽所殺。

桑衛昆弟子

《杜周傳》：“周中廢，後爲執金吾，逐捕桑弘羊、衛皇后昆弟子刻深，上以爲盡力無私，遷爲御史大夫。”頤煊案，① 《公卿表》：“天漢二年，故廷尉杜周爲執金吾，一年遷。三年二月，執金吾杜周爲御史大夫，四年卒。”衛皇后之敗在征和二年，桑弘羊伏誅在元鳳元年，皆在周卒後。《武帝紀》“天漢元年秋，閉城門大搜。二年秋大搜”，臣瓚曰：“搜，謂索奸人也。”晋灼曰：“搜巫蠱也。”或其時桑、衛昆弟子有連其内者。

合陽侯

“合陽侯梁放舉欽”，齊氏召南曰：“漢代列侯具見於表，

① “案”,原缺,據光緒本補。

此合陽侯梁放，《功臣》《恩澤》二表不見，何也？師古亦無注。”頤煊案，《功臣表》“合陽愛侯梁喜，元康四年二月壬午封，四十一年薨。建始二年，侯放嗣”，即其人。

道 家

《司馬遷傳》：“乃論六家之要指。”頤煊案，下文陰陽、儒、墨、名、法、道德，謂之六家。道家兼言德，故《老子》稱《道德經》。

以母姓爲别

《戾太子傳》“納史良娣，産子男進，號曰史皇孫”，張晏曰：“皆以舅氏姓爲氏，以相别也。”頤煊案，臨江王，栗姬所生，因號栗太子；館陶公主，竇太后所生，因號竇太主，皆是。

衛 伉

“及皇后弟子長平侯衛伉皆坐誅。”頤煊案，《表》《傳》衛伉時已免侯，其坐巫蠱死事，《表》《傳》俱不載。牧丘侯石德爲太子少傅，坐巫蠱死事，《表》《傳》亦不載。

令狐茂

“壺關三老茂上書”，師古曰：“荀悦《漢紀》云令狐茂，班史不載其姓，不知於何得也。”頤煊案，《後漢書·張皓傳》李賢注云：“太子死後，壺關三老令狐茂上書訟太子冤，見《前書》。”疑《漢書》舊本有“令狐”姓，小顏所見本偶脱耳。今本荀悦《漢紀》無“令狐茂”三字。

燕屬縣

《燕剌王傳》：“後坐臧匿亡命，削良鄉、安次、文安三縣。”頤煊案，《地理志》良鄉屬涿郡，安次、文安屬勃海郡。又下文“使人祠葭水、台水”，晋灼曰：“葭水在廣平南和，台水在雁門。”當日燕王所封不止廣陽四縣。

太尉田蚡

《嚴助傳》：“建元三年，閩越舉兵圍東甌，東甌告急於漢。時武帝年未二十，以問太尉田蚡。”頤煊案，《武帝紀》“建元二年冬十月，太尉蚡免”，《田蚡傳》“蚡以侯家居，雖不任職，以王太后故，親幸數言事”，此其證矣。

衛將軍

《主父偃傳》“元光元年，乃西入關，見衛將軍”，師古曰：“衛青。”頤煊案，《衛青傳》：“子夫爲夫人，青爲大中大夫。元光六年，拜爲車騎將軍，擊匈奴。”是時青尚未爲將軍。

景駒舉郢

《嚴安傳》："景駒舉郢。" 頤煊案，《陳勝傳》："勝初立時，凌人秦嘉等皆特起，將兵圍東海守於郯。秦嘉等聞勝軍敗，乃立景駒爲楚王。""郢" 當是 "郯" 字之訛。

鼱　鼩

《東方朔傳》"譬猶鼱鼩之襲狗"，服虔曰："音縱劬。" 如淳曰："鼱鼩，小鼠也，音精劬。" 頤煊案，《爾雅·釋獸》"鼩鼠"，郭璞注："小鼱鼩也，亦名䶂鼩。" 此服音所本。

君　侯

《劉屈氂傳》"願君侯早請昌邑王爲太子"，如淳曰："《漢儀注》列侯爲丞相，稱君侯。" 師古曰："《楊惲傳》，丘常謂惲爲君侯，是則通呼列侯之尊稱耳，非必在於丞相也。" 頤煊案，《蓋寬饒傳》"許伯入第，寬饒卬視屋而嘆曰：君侯可不戒哉"，《馮野王傳》"綏和中，封王舅参爲宜鄉侯，以列侯奉朝請。丞相翟方進數譖君侯以王舅見廢"，此皆列侯通稱君侯之證。

故安昌侯

《朱雲傳》"至成帝時，丞相故安昌侯張禹"，劉攽曰：

"'故'字當在'丞相'上，禹時罷相，侯如故也。"頤煊案，《恩澤侯表》"安昌侯張禹，河平四年以丞相侯，至鴻嘉四年免相，以薛宣代之"，時未免相，亦未免侯。下文"上問誰也，對曰：安昌侯張禹"，此"故"字當是衍文。

九　九

《梅福傳》"臣聞齊桓之時有以九九見者"，師古曰："九九，算術，若今九章、五曹之輩。"頤煊案，《管子·輕重戊》篇"虙戲造六峜以迎陰陽，作九九之數以合天道"，魏劉徽《九章算術序》"昔在庖犧氏作九九之術，以合六爻之變"，《神仙傳》"古人貴九九之好，善鳴吠之技"，皆謂算術。

延　壽

《霍光傳》"執金吾臣延壽"，師古曰："李延壽。"頤煊案，《公卿表》"元鳳五年，沛國太守李壽爲執金吾。元平元年，執金吾延壽。"延壽與李壽當是二人。孝元初元三年，丞相司直南郡李延壽子惠爲執金吾，更非是。

京兆尹

"左馮翊臣廣明，右扶風臣德。"頤煊案，此奏三輔無京兆尹。《趙廣漢傳》："遷京輔都尉，守京兆尹。會昭帝崩，廣漢以與議定策，賜爵關内侯。"時趙廣漢以京輔都尉守京兆尹，兼官，故不書。

太夫人

《金日磾傳》："欽與族昆弟秺侯當俱封。當母南即莽母功顯君同産弟也，當上南大行爲太夫人。甄邯劾奏失禮不敬。"頤煊案，《文帝紀》如淳曰："列侯之妻稱夫人。列侯死，子復爲列侯，乃得稱太夫人。子不爲列侯，不得稱也。"當是賞弟建之孫，紹賞封，其父未爲列侯，不得稱太夫人，故甄邯以爲"失禮不敬"。

拜光禄大夫

《常惠傳》："昭帝時乃還，漢嘉其勤勞，拜爲光禄大夫。"頤煊案，《蘇武傳》："常惠、徐聖、趙終根皆拜爲中郎，賜帛各二百匹。"

許　伯

《疏廣傳》："太子外祖父特進平恩侯許伯。"頤煊案，《蓋寛饒傳》："平恩侯許伯入第。"《恩澤侯表》及《外戚許皇后傳》俱作平恩侯許廣漢，"伯"當是其字。

王　陽

《王吉傳》："字子陽。"頤煊案，下文"東家有樹，王陽婦去”“王陽在位，貢禹彈冠”“俗傳王陽能作黄金”，《龔遂傳》“唯遂與中尉王陽以數諫争得減死”，《王尊傳》“先是琅邪王陽爲益州刺史”，皆以字行。

冠石山

《眭弘傳》：“孝昭元鳳三年正月，泰山萊蕪山南匈匈有數千人聲，民視之，有大石自立。”頤煊案，《劉向傳》“孝昭帝時，冠石立於泰山”，晋灼曰：“《漢注》：冠石，山名。”《地理志》冠石山在泰山郡南武陽，不在萊蕪，與《眭弘傳》異。

張　孺

《李尋傳》“與張孺、鄭寬中同師”，齊氏召南曰：“孺字誤也。據《儒林傳》‘張山拊事小夏侯建，授同縣李尋、鄭寬中少君、山陽張無故子儒’，此文張孺即張無故，而舉其字當云‘張子儒’。傳寫之訛，遂合兩字爲‘孺’字耳。”頤煊案，王吉字子陽，稱王陽；張禹字子文，稱張文，《漢書》本有此例，孺、儒古字通用。

三輔稱官

《趙廣漢傳》：“還爲吾謝界上亭長，京兆不忘卿厚意。”頤煊案，《薛宣傳》“高陵令陽湛貪猾不遜，宣自牒湛曰：馮翊敬重令”，《朱博傳》“馮翊欲洒卿恥”，《蕭育傳》“扶風怒曰：君課第六，裁自脱”，《楊敞傳》“郎中丘常謂惲曰：聞君侯訟韓馮翊，當得活乎”。三輔皆稱官。

王　遵

《王尊傳》：“字子贛，涿郡高陽人也。”頤煊案，潘岳《西征賦》李善注、張景陽《雜詩》李善注引《漢書》皆作“王遵”，《公卿表》“守京輔都尉王遵爲京兆尹”，尊、遵古字通用。

非蕭何後

《蕭望之傳》“東海蘭陵人也”，師古曰：“近代譜諜妄相託附，乃云望之蕭何之後，追次昭穆，流俗學者共祖述焉。”頤煊案，《南齊書》本紀、《新唐書·宰相世系表》皆以望之爲蕭何六世孫。《潛夫論·志姓氏》篇：“相國蕭何封酇侯，本沛人，今長陵蕭，其後也。前將軍蕭望之，東海人，杜陵蕭，其後也。”二蕭不同，系此其明證。

同郡不同縣

“治《齊詩》，事同縣后倉且十年。”頤煊案，《后蒼傳》“東海郯人也”，同郡而不同縣。

張　譚

《匡衡傳》："至成帝初即位，衡乃與御史大夫甄譚共奏顯。"頤煊案，《王尊傳》："初，中書謁者令石顯貴幸，丞相匡衡、御史大夫張譚皆阿附畏事顯。元帝崩，成帝初即位，衡、譚乃奏顯舊惡。"《公卿表》："建昭三年，匡衡爲丞相。竟寧元年，張譚爲御史大夫。"此作"甄譚"，誤。

丞相衡免

"司隸校尉駿、少府忠行廷尉事，劾奏衡"，錢氏大昕《考異》："《公卿表》衡以建始三年十二月免相，而張忠爲少府在建始四年，不應有劾衡事。免相時，廷尉則何壽也。"頤煊案，《恩澤侯表》"樂安侯匡衡建始四年坐顓地盜土免"，《王商傳》"建始三年秋，京師民無故驚言大水至。明年，商代匡衡爲丞相"，衡免相當在建始四年，此是《公卿表》誤。

春秋嚴氏

《馬宮傳》："治《春秋》嚴氏。"頤煊案，《儒林傳》："顔安樂授淮陽泠豐次君，豐授馬宮，宮至大司徒，自有傳。"宮所治《春秋》是顔氏學。

舉　者

《薛宣傳》“欲遣吏考案，恐負舉者，恥辱儒士”，師古曰：“游本因薦舉得官，而身又是儒者，故云然。”頤煊案，游受罪，恐累及所舉之人，即今所謂罪坐舉主也。《陳湯傳》“富平侯張勃舉湯，司隸奏湯無循行，勃選舉故不以實，坐削二百户”，《何武傳》“坐舉方正所舉者召見槃辟雅拜，有司以爲詭衆虚僞，坐左遷楚内史”，皆其證。

遺我寶龜

《翟方進傳》“天降威，遺我寶龜，固知我國有呰災”，師古曰：“言天所以降威遺龜者，知國有災病。”頤煊案，以《尚書·大誥》證之，“遺我寶龜”四字當涉上文而衍。

濮陽無鹽

“惟信、義等始發自濮陽，結奸無鹽。”頤煊案，翟義爲東郡太守，舉兵并東平，立東平王雲子信爲天子。濮陽，東郡治。無鹽，東平治。皆西漢郡治在第一縣之證。

會稽東部都尉

《揚雄傳》“東南一尉”，孟康曰：“會稽東部都尉也。”頤煊案，《地理志》會稽郡錢塘，注“西部都尉治”；回浦，注“南部都尉治”，而無東部都尉。《越絶書》“漢文帝前九年，會稽并故鄣郡，太守治故鄣，都尉治山陰”“前十六年，太守治吴郡，都尉錢塘”，此西部都尉也。《三國志·虞翻傳》注：“元鼎五年立東部都尉，後徙章安，陽朔二年又徙治鄞。或有寇害，復徙句章。”《宋書·州郡志》：“臨海太守，本會稽東部都尉，前漢都尉治鄞，後漢分會稽爲吴郡，疑是都尉徙治章安。”此東部都尉也。《晋太康記》：“章安，本鄞縣南之回浦鄉。”《地理志》“南部”是“東部”之譌。

解嘲文

“惟寂寞，自投閣；爰清静，作符命”，師古曰：“以雄《解嘲》之言譏之。今流俗本云：惟寂惟寞，自投于閣；爰清爰静，作符命。”頤煊案，《解嘲文》“爰清爰静，游神之庭；惟寂惟寞，守德之宅”，《文選·謝靈運齋中讀書詩》李善注引《漢書》“惟寂惟寞，自投于閣”，皆與流俗本同。

毛莫如

《施讎傳》：“魯伯授太山毛莫如少路，莫如至常山太守。”頤煊案，《杜欽傳》“遣使者毛莫如先考驗，卒得其奸”，《李尋傳》“賀良等反道惑衆，皆下獄，光禄勳平當、光禄大夫毛莫如，與御史中丞、廷尉雜治”，即其人。

霍氏外孫

《梁丘賀傳》“是時霍氏外孫代郡太守任宣坐謀反，誅”，師古曰：“《霍光傳》云：任宣，霍氏之婿。此云外孫，誤也。”頤煊案，《霍光傳》“光薨，太中大夫任宣與侍御史五人持節護喪事”，又云“禹故長史任宣候問禹”，又云“太中大夫任宣爲代郡太守”，并不言霍氏之婿。光次婿任勝，宣或是勝子也。

梁丘臨

“臨代五鹿充宗爲少府。”頤煊案《公卿表》：“建昭元年，尚書令五鹿充宗爲少府，五年貶爲玄菟太守。竟寧元年，河南太守召信臣爲少府。”是代五鹿充宗爲少府者，召信臣，非梁丘臨。臨爲少府，《公卿表》不載。

丘　蓋

《王式傳》“疑者丘蓋不言”，蘇林曰：“丘蓋不言，不知之意也。”如淳曰：“齊俗以不知爲丘。”頤煊案，《文選·陳孔璋爲曹洪與魏文書》：“恐猶未信丘言。”《廣雅》：“丘，空也。”《法言·問神》篇：“《酒誥》之篇俄空焉。”蓋者，發語辭。空蓋不言，亦闕疑之意。

太守異秩

《循吏傳》序："孝宣以爲太守吏民之本，故二千石有治理效，輒以璽書勉厲，增秩賜金，或爵至關内侯。"頤煊案，《宣帝紀》："膠東相成治有異等，其秩成中二千石，賜爵關内侯。潁川太守黄霸以治行尤異，秩中二千石，賜爵關内侯。"《王尊傳》："遷東郡太守，制詔秩尊中二千石。"《孫寶傳》："拜爲廣漢太守，秩中二千石。"《西南夷傳》："陳立爲巴郡太守，秩中二千石，賜爵左庶長。"《京房傳》："元帝以房爲魏郡太守，秩八百石。"《黄霸傳》："有詔歸潁川太守官，以八百石居。"皆異秩也。

太守稱將

《嚴延年傳》"爲涿郡太守，遣掾蠡吾趙繡按高氏，得其死罪。繡見延年新將"，師古曰："新爲郡將也。謂郡守謂郡將者，以其兼領武事也。"頤煊案，《尹翁歸傳》："徵拜東海太守，廷尉于定國乃謂邑子曰：此賢將，汝不任事也。"皆謂太守爲將也。

荅　布

《貨殖傳》"荅布皮革千石"，孟康曰："荅布，白疊也。"師古曰："荅者，重厚之貌，而讀者妄爲榻音，非也。"頤煊案，《史記·貨殖列傳》作“榻布”，《齊民要術》卷七引《漢書》亦作“榻布千石”。

歸德侯

《陳遵傳》：“更始至長安，大臣薦遵爲大司馬護軍，與歸德侯劉颯俱使匈奴。”頤煊案，《恩澤侯表》：“陽城繆侯劉德，居攝元年，侯颯嗣，王莽敗絶。”此歸德侯，當是更始所封。《後漢書·南匈奴傳》“光武六年，始令歸德侯劉颯使匈奴”，與此不同。

東粤地遂虚

《閩粤王傳》：“於是天子曰：東粤陿多阻，閩粤悍，數反覆。詔軍吏皆將其民徙處江淮之間，東粤地遂虚。”頤煊案，《武帝紀》：“元封元年，詔曰：‘東越險阻反覆，爲後世患，遷其民於江淮間。’遂虚其地。”而不及閩粤。《傳》：“漢五年，復立無諸爲閩粤王，王閩中故地，都冶。”《朱買臣傳》：“故東越王居保泉山，今聞東越王更徙處南行，去泉山五百里。”《地理志》會稽郡有冶縣，而無泉山，此亦當曰僅虚東粤，而不及閩粤之證。

公主封邑名同

《孝文竇皇后傳》“女爲館陶長公主”，《東方朔傳》

“初，帝姑館陶公主號竇太主，堂邑侯陳午尚之”，此文帝女也。《于定國傳》“子永尚館陶公主施，施者，宣帝長女，成帝姑也”。《孝景王皇后傳》“皇后長女爲平陽公主”，《衛青傳》“平陽侯曹壽尚武帝姊陽信長公主，而平陽侯曹壽有惡疾，就國，上乃詔青尚平陽主”，如淳曰：“本陽信長公主爲平陽侯所尚，故稱平陽主。”此景帝女也。《中山衛姬傳》“長女又爲元帝倢伃，生平陽公主”，此元帝女也。《夏侯嬰傳》“曾孫頗尚平陽公主”，《表》在元鼎二年，又當是武帝之女。皆公主封邑名同。敬武公主有二，已見前。

后年十五

《孝昭上官皇后傳》：“皇后立十歲而昭帝崩，后年十四五云。”頤煊案，《昭帝紀》“始元四年春三月甲寅，立皇后上官氏”，此《傳》云“立爲皇后，年甫六歲”，昭帝崩時，后年十五，“四”字當衍。

下　妻

《王莽傳》“不知何一男子遮臣建車前，自稱漢氏劉子輿，成帝下妻子也”，師古曰：“下妻，猶言小妻。”頤煊案，小妻者，妾也，下妻非小妻。《後漢書·光武紀》：“建武七年，詔吏人遭饑亂，及爲青、徐賊所掠爲奴婢、下妻，欲去留者，恣聽之。十三年，詔益州民或依託爲下妻，欲去者，恣聽之。"《説文》:"嫣，一曰下妻也。"下妻非妾，《王昌傳》:"郎緣是詐稱真子輿，云：母故成帝謳者。"亦非妾屬。

漢書述

《叙傳》"其叙曰"，師古曰:"自'皇矣漢祖'以下諸叙，皆班固自論撰《漢書》意，此亦依放《史記》之叙目耳。後之學者不曉此爲《漢書》叙目，見有述字，因謂此文追述《漢書》之事，乃呼爲'《漢書述》'，失之遠矣。摯虞尚有此惑，其餘曷足怪乎!"頤煊案，《文選》李善注引皆作"《漢書述》"。

卷二十二

臨海洪頤煊

後漢書序例

《後漢書·光武帝紀》李賢注："《例》曰：多所誅殺曰屠。"又注："臣賢案，范曄《序例》云：帝紀略依《春秋》，惟孛彗、日食、地震書餘俱悉備於志。"《安帝紀》李注："《序例》曰：凡瑞應，自和帝以上，政事多美，近於有實，故書見於某處。自安帝以下，王道衰闕，容或虛飾，故書某處上言。"頤煊案，《後漢書·序例》今亡，《史記·高祖本紀》索隱引范曄云"得城曰拔"，《隋書·魏澹傳》范曄云："《春秋》者，文既總略，好失事形，今之擬作，所以爲短。紀傳者，史班之所變也，網羅一代，事義周悉，通之後學，此焉爲優，故繼而述之。"當亦《序例》之文。

范書十志

《宋書·謝儼傳》："范曄所撰十志，一皆託儼。搜撰垂畢，遇曄敗，悉蠟以覆車。宋文帝令丹陽尹徐湛之就儠尋，不得，一代以爲恨。”劉昭《注補志序》：“范曄《後漢》良史，誠跨衆氏。序或未周，志遂全闕。《序例》所論，備精與奪，及語八志，頗褒其美。又尋本書當作《禮樂志》，其《天文》《五行》《百官》《車服》，爲名則同。”頤煊案，《東平王蒼傳》“車服”作“輿服”。《南齊書·檀超傳》“《百官》依范曄，合《州郡》”，則范志《百官》當在《州郡》後也。

范漢音

《隋書·經籍志》：“蕭該《漢書音義》十二卷，《范漢音》三卷。”《光武帝紀》鄡字注、潞字注，《皇后紀》孋字注，《隗囂傳》鍉字注，《齊武王縯傳》淳字注、埶字注，引蕭該皆《范漢音》之文，或以此爲《漢書音義》，則誤矣。

劉昭志補注

《隋書·經籍志》：“《後漢書》一百二十五卷，范曄本，梁剡令劉昭注。”《梁書·劉昭傳》：“昭集《後漢》同異，以注范曄書，世稱博悉。”昭《注補志序》云：“乃借舊志，注以補之，分爲三十卷，以合范史。”是昭未嘗注司馬彪全書，唯取八志以合於范史，故《隋志》及《梁書》本傳唯言注范書，而不別出彪書之注。李賢注范書，大率本於昭，而八志全用昭注，故題昭名以别之。

蔡陽人

《光武帝紀》："南陽蔡陽人。"頤煊案，光武本蔡陽白水鄉人，前書《地理志》引《漢記》云："元朔五年，以零陵泠道之舂陵鄉封長沙王子買爲舂陵侯，至戴侯仁以舂陵鄉地形下濕，上書徙南陽，元帝許之。以蔡陽白水鄉徙仁爲舂陵侯。"光武生於哀帝建平元年，其時舂陵建國已久，不當云蔡陽人。

新市平林

"伯升於是招新市、平林兵"，李注："新市，縣，屬江夏郡，在今郢州富水縣東北。平林，地名，在今隨州隨縣東北。"頤煊案，《郡國志》南新市屬江夏郡，前書《地理志》江夏郡無新市縣，是時新市、平林皆當是鄉聚之名。

大肜渠帥

"又别號諸賊銅馬大肜"，李注："大肜，渠帥樊重。"頤煊案，《耿弇傳》"故大肜渠帥重異"，李注："重姓，異名。"此注"樊重"是"重異"之訛。

蒲　陽

"光武復與大戰於蒲陽"，李注："前書《音義》：'蒲陽山，蒲水所出。’在今定州北平縣西北。本或作‘滿陽’。”頤煊案，《鄧禹傳》《陳俊傳》《馬成傳》俱作“滿陽”。蒲、滿字形相近，滿字者誤也。

右北平

“建武元年，光武北擊尤來、大搶、五幡於元氏，追至右北平，連破之”，李注：“北平，縣，屬中山國。臣賢案：《東觀記》《續漢書》并無‘右’字，此加‘右’，誤也。”頤煊案，《耿弇傳》作“又追尤來、大槍、五幡於元氏，弇常將精騎爲軍鋒，輒破走之”，不言“北平”，此於“北平”上加“右”字，當涉《弇傳》下文“追賊至潞東，及平谷，再戰，遂窮追於右北平”句而譌。

順　水

“又戰於順水北”，李注：“酈元《水經注》云：‘徐水經北平縣故城北，光武追銅馬、五幡，破之於順水，即徐水之別名。’本或作‘慎’者，誤也。”頤煊案，《耿弇傳》《馬武傳》俱作“慎水”，慎、順，古字通用。

南平棘

“行到南平棘”，李注：“縣名，屬常山郡。”頤煊案，前書《地理志》《郡國志》常山郡平棘縣皆無“南”字，此當是王莽時所加，尋又除之。

七　郡

“五年交阯牧鄧讓率七郡太守遣使奉貢”，李注：“七郡謂：南海、蒼梧、鬱林、合浦、交阯、九真、日南，并屬交州。”頤煊案，《岑彭傳》：“初，彭與交阯牧鄧讓厚善，與讓書，陳國家威德，於是讓與江夏太守侯登、武陵太守王堂、長沙相韓福、桂陽太守張隆、零陵太守張翕、蒼梧太守杜穆、交趾太守錫光等相率遣使貢獻，悉封爲列侯。”注誤。

沈　水

“十一年，輔威將軍臧宫與公孫述將延岑戰於沈水”，李注：“《水經注》曰‘沈水出廣漢縣，下入涪水’，本或作‘沉水’及‘沅水’者，并非。”頤煊案，《臧宫傳》作沉水。

望元氣

《明帝紀》“永平二年，升靈臺，望元氣”，李注：“元氣，天氣也。王者承天心，理禮樂，通上下，四時之氣也，故望之焉。”頤煊案，“元氣”當是“雲氣”之訛。《祭祀志》“永平二年正月辛未，初祀五帝於明堂，卒事，遂升靈臺，以望雲物”，雲氣即雲物也。

夫　犂

《安帝紀》“元初二年八月，遼東鮮卑圍無慮縣”，李注：“屬遼東郡。”“九月，又攻夫犂營，殺縣令”，李注：“夫犂，縣名，屬遼東屬國。”《鮮卑傳》注同。頤煊案，《郡國志》遼東屬國無夫犂縣。無慮縣有二，一屬遼東郡，一屬遼東屬國，不應二縣同名，近在一郡。錢氏大昕《考異》謂遼東屬國“無慮”是“夫犂”之訛，庶或近之。

虔人羌

“延光元年秋七月，虔人羌反，攻穀羅城，度遼將軍耿夔討破之。”頤煊案，是歲末已書“虔人羌反，攻穀羅城，度遼將軍耿夔討破之”，此節重出。《西羌傳》“延光元年，是歲虔人種羌與上郡胡反，攻穀羅城，度遼將軍耿夔擊破之”，不云七月。此是史之駁文，未刊削者。

王　稠

《順帝紀》：“陽嘉二年三月，使匈奴中郎將王稠率左骨都侯等擊鮮卑，破之。”頤煊案，《鮮卑傳》作“匈奴中郎將趙稠”。

謝　暠

《桓帝紀》："建和元年，清河劉文反，殺國相謝暠，欲立清河王蒜。"頤煊案，《清河王傳》"文等遂劫清河相謝暠"，李注："《帝紀》'謝'作'射'，蓋《紀》《傳》不同。"今本《桓帝紀》作"謝暠"，是後人所改。

平原王碩

"二年，封帝弟顧爲平原王，奉孝崇皇祀。"頤煊案，《河間王開傳》"更封帝兄都鄉侯碩爲平原王"，《孝崇匽皇后紀》"以帝弟平原王石爲喪主"。"石"即"碩"字之省，"顧"字誤也。

荀　昱

《靈帝紀》："沛相荀翌。"頤煊案，"翌"當作"昱"。《黨錮傳》序作"沛相荀昱"，《荀淑傳》"淑兄子昱爲沛相"。《竇武傳》"前越嶲太守荀昱"，《昱傳》不載。

孟　郁

"熹平六年，太常河南孟郁爲太尉"，李注："郁字叔達。"頤煊案，《隸釋·孟郁修堯廟碑》："濟陰太守河南匽師孟府君，諱郁，字敬達。"《三國志·孟光傳》"河南洛陽人，漢太尉孟郁之族”，裴松之注：“《續漢書》：郁，中常侍孟賁之弟。”

益涼刺史

《獻帝紀》：“興平元年，前益州刺史种劭戰歿。”頤煊案，《董卓傳》作“涼州刺史”。《种劭傳》“遂左轉議郎，出爲益、涼二州刺史”，故《紀》《傳》不同。

稾

《光武郭皇后紀》“真定稾人也”，李注：“稾，縣名，故城在今恒州稾城縣西。”頤煊案，《銚期傳》“攻拔樂陽、稾、肥纍”，前書《地理志》稾城屬真定國，“城”字當是王莽時省。

泚　陽

《章德竇皇后紀》“父勳尚東海恭王彊女泚陽公主”，又云“尊母泚陽公主爲長公主”，《竇融傳》“勳尚東海恭王彊女泚陽公主”。頤煊案，《和帝紀》《東海恭王傳》《清河孝王傳》皆作“比陽公主”。前書《地理志》、《郡國志》南陽郡有比陽，而無泚陽。《桓帝鄧皇后紀》“康爲泚陽侯”，《鮑昱傳》“後爲泚陽長”，李注引《東觀記》亦作泚陽。《水經·泚水注》應劭曰：“泚水出泚陽縣。”則作“泚”字爲是。

偏將軍

《劉永傳》："四年秋，遣捕虜將軍馬武、騎都尉王霸，圍紆、建於垂惠。"頤煊案，《光武紀》《王梁傳》俱作"偏將軍王霸"。《王霸傳》："光武即位，拜爲偏將軍，并將臧宫、傅俊兵，而以宫俊爲騎都尉。四年秋，使霸與捕虜將軍馬武東討周建於垂惠。"《傳》以霸爲騎都尉，蓋涉宫俊而訛。

許　昌

《李憲傳》："潁川許昌人也。"頤煊案，《郡國志》潁川郡許縣，劉昭《補注》："獻帝徙都，改許昌。"此作許昌，誤。

彭　宏

《彭寵傳》："父宏，哀帝時爲漁陽太守，偉容貌，能飲飯，有威於邊。王莽居攝，誅不附己者，宏與何武、鮑宣并遇害。"頤煊案，前書《何武傳》："莽寖盛，爲宰衡，陰誅不附己者。元始三年，吕寬等事起，連引諸所欲誅上黨鮑宣、南陽彭偉、杜公子。"偉即宏也。

大司徒司直

《隗囂傳》："牛邯，字孺卿，大司空司直杜林、太中大夫馬援并薦之。”頤煊案，大司空是大司徒之訛。《杜林傳》：“後代王良爲大司徒司直。林薦同郡范逡、趙秉、申屠剛及隴西牛邯等，皆被擢用。”《百官志》司徒下置司直，建武十八年省，司空下無此官。

當塗高

《公孫述傳》：“帝乃與述書曰：圖讖言代漢者當塗高，君豈高之身邪？”頤煊案，《三國志·周群傳》：“父舒少學術於廣漢楊厚，人有問：春秋讖曰代漢者當塗高，此何謂也？舒曰：當塗高者，魏也。鄉黨學者私傳其語。”《文選·景福殿賦》李善注引《獻帝紀》又以爲故白馬令李雲之言。

臨邑侯

《北海靖王傳》：“封興子復爲臨邑侯，復子騊駼及從兄平望侯毅并有才學。”頤煊案，《胡廣傳》稱臨邑侯劉騊駼，騊駼嗣父爵，而本傳不言。

考侯仁

《城陽恭王傳》：“子戴侯熊渠嗣，熊渠卒，子考侯仁嗣。”頤煊案，前書《王子侯表》作孝侯仁嗣。

鄧　王

《順陽懷侯傳》："更始鄧王廖湛將赤眉十八萬攻嘉。"頤煊案，《王常傳》"更始西都長安，封爲鄧王"，《劉玄傳》"廷尉大將軍王常爲鄧王執金吾，廖湛爲穰王"，此作"鄧王廖湛"，誤。

當　鄉

《來歙傳》："以歙有平羌隴之功，故改汝南之當鄉縣爲征羌國焉。"頤煊案，前書《地理志》無當鄉縣，《郡國志》征羌亦不言"故當鄉"。《范滂傳》"汝南征羌人"，李注："謝承《書》曰：'汝南細陽人。'"疑當鄉縣東京初年割細陽所置，故承以滂爲細陽人。

邑　子

《馮異傳》："異因薦邑子銚期、叔壽、段建、左隆等。"頤煊案，異，潁川父城人；銚期，潁川郟人。同郡謂之邑子。故彭寵，南陽宛人；光武，蔡陽人，《耿弇傳》"漁陽太守彭寵，公之邑人"。

菟　肩

"異復進麥飯、兔肩。"頤煊案，《爾雅·釋草》"菥，菟葵”，郭璞注：“頗似葵而小，葉狀如藜，有毛。汋啖之，滑。”又“菺戎葵”，郭璞注：“今蜀葵也。似葵，華如木槿華。”兔肩，葵名，一本作“菟肩”。

韓鴻南陽人

《吴漢傳》“更始立，使使者韓鴻徇河北”，李注：“《續漢書》曰：雒陽人韓鴻爲謁者。”頤煊案，《彭寵傳》：“寵，南陽宛人也，與鄉人吴漢亡至漁陽。更始立，使謁者韓鴻持節徇北州。鴻至薊，以寵、漢并鄉閭故人，相見歡甚。”注“雒陽”當是“南陽”之訛。

太常將軍

《陳俊傳》：“以宗室劉嘉爲太常將軍，俊爲長史。”頤煊案，《順陽懷侯嘉傳》：“更始即位，以爲偏將軍，及攻破宛，遷大將軍。”《劉玄傳》：“更始乃先封宗室大將軍劉嘉爲漢中王。”嘉未嘗爲太常將軍，當是“大將軍”之訛。

巨洋水

《耿弇傳》“追至鉅昧水上”，李注：“鉅昧水，一名巨洋水。”頤煊案，《水經·巨洋水注》：“即《國語》所謂具水矣。袁宏謂之巨昧，王韶之以爲巨蔑，亦或曰朐彌，皆一水也。”“洋”當作“泋”，《玉篇》：“泋，亡爾切，亦瀰字。”①前書《地理志》引《邶詩》“河水泋泋”，即“河水瀰瀰”。後人誤作“洋”字。

昌　城

《劉植傳》：“鉅鹿昌城人也。”頤煊案，前書《地理志》昌成屬信都國。《邳肜傳》李注：“《東觀漢記》曰：王莽分鉅鹿郡爲和成郡，居下曲陽。”昌成之改屬鉅鹿，當在此時。“和成”，《光武紀》作“和戎”。

劉　喜

“王郎起，植與弟喜、從兄歆迎世祖，以植爲驍騎將軍，喜、歆偏將軍”，李注：“《東觀記》喜作嘉。”頤煊案，《岑彭傳》“偏將軍劉嘉等與彭并力討鄧奉”，“嘉”即“喜”也。

安　陽

《王梁傳》：“漁陽安陽人也。”頤煊案，前書《地理志》、《郡國志》漁陽郡無安陽，此當是“要陽”之譌。

① “瀰”，《玉篇》作“濔”，又據下文“河水濔濔”，當作“濔”。

王游翁

《馬援傳》“而納王游翁諂邪之説，自謂函谷以西舉足可定”，李注：“游翁，王元字也。”頤煊案，《隗囂傳》“元請以一丸泥爲大王東封函谷關。元字惠孟”，李注引《决録》：“平陵王惠孟。”此稱“游翁”，當是其别字。

郡國百六

“前披輿地圖，見天下郡國百有六所。”頤煊案，前書《地理志》凡郡國一百三，王莽時置西海郡，又分鉅鹿爲和成郡，餘一不知名。

扶　樂

“以扶樂侯劉隆爲副”，李注：“扶樂，縣名，屬九真郡。”頤煊案，兩《漢志》九真郡無扶樂縣，《郡國志》扶樂屬陳國。《劉隆傳》“明年復封爲扶樂鄉侯”，其時尚未置縣。《阜陵質王傳》“建武三十年，以汝南之長平、西華、新陽、扶樂四縣益淮陽國”，劉隆即於是年定封慎侯。

許　侯

“封防潁陽侯，光爲許陽侯。”頤煊案，《郡國志》無許陽縣，下文“其令許侯思僁田廬”，《和帝紀》“許侯馬光自殺”。“陽”是衍字。

朱　酺

“今益州刺史朱酺。”頤煊案，《西南夷傳》“永平中益州刺史梁國朱輔好立功名，慷慨有大略”，李注：“《東觀記》輔作酺。梁國寧陵人也。”

宣德侯

《卓茂傳》“今以茂爲太傅，封褒德侯”，李注：“《東觀記》《續漢書》皆作宣德侯。”頤煊案，《二十八將論》亦作“太傅宣德侯卓茂”。

趙　世

《趙熹傳》：“長子代給事黄門。及薨，子代嗣，官至越騎校尉。永元中，副行征西將軍劉尚征羌，坐事下獄。”頤煊案，《百官志補注》引《漢官儀》：“明帝欲復更太尉府，時公趙憙、憙子世爲侍中。”《和帝紀》：“永元九年，燒當羌寇隴西，越騎校尉趙世等討破之。”此作“代”，是唐人避諱所改。《來歷傳》《西羌傳》亦作“趙代”。

趙　典

《趙典傳》“再遷長樂少府、衛尉，公卿復表典篤學博聞，宜備國師，會病卒”，李注：“謝承《書》曰‘靈帝即位，典與竇武、王暢、陳蕃等謀共誅中常侍曹節、侯覽、趙忠等，皆下獄自殺’，不言病卒。”頤煊案，《黨錮傳》序：“李膺、荀昱、杜密、王暢、劉祐、魏朗、趙典、朱寓爲八俊。”三君八俊等三十五人，其名迹存者并載乎篇，唯趙典名見而已。是范史以“八俊”趙典與此蜀郡趙典别是一人，故所載不同。

兩州一郡

《馮衍傳》“君長據位兩州，加以一郡”，李注：“衍《集》，鮑永行將軍事，安集并州，擁兵屯太原，與太原李仲房同心并力。”頤煊案，注引衍《集》，義不明析。《鮑永傳》“行大將軍事，持節將兵，安集河東、并州、朔部”，朔部即朔方郡也，朔方别置刺史，不在十三州之列。《郭伋傳》“十一年，省朔方刺史，屬并州”，時尚未省，故與并部爲兩州。河東郡不屬并州，是謂一郡兩州。

平　陽

“陵飛廉而太息兮，登平陽而懷傷”，李注：“平陽，縣名，故城在今岐州岐山縣西南。”錢氏大昕《考異》：“按兩漢三輔無平陽縣。《史記·秦本紀》寧公徙居平陽，《正義》云：岐山縣有陽平鄉，鄉内有平陽聚。”頤煊案，前書《郊祀志》："雍大雨，壞平陽宫垣。"《三輔黄圖》秦有平陽宫，故與"飛廉觀"對言之，注誤。

劉　龔

《蘇竟傳》"初，延岑護軍鄧仲況，擁兵據南陽陰縣爲寇，而劉歆兄子龔爲其謀主"，李注："臣賢案，前書及《三輔决録》并云向曾孫，今言歆兄子，則不同也。"頤煊案，下文"龔字孟公，長安人，善論議，扶風馬援、班彪并器重之"，《意林》引桓譚《新論》"劉子政、子駿、子駿兄子伯玉，俱是通人"，未知是其人否？前書《王莽傳》有明德侯劉龔。

泰　誓

"是時月入于畢。畢爲天網，主網羅無道之君。故武王將伐紂，上祭於畢，求助天也。"頤煊案，《史記・周本紀》"九年武王上祭于畢，東觀兵至于盟津"，《集解》馬融曰："畢，文王墓地名也。"此以"畢"爲星名，當是《泰誓》今文家説。

周天星度

《郎顗傳》："熒惑以去年春分後十六日在婁五度，推步《三統》，熒惑今當在翼九度，今反在柳三度，則不及五十餘度。”頤煊案，《律曆志》翼九度至柳三度，相距四十五度，與《三統》星度不同。

閏月

“去年閏十月十七日己丑，夜有白氣，從西方天苑趨左足，入玉井，數日乃滅。”頤煊案，此陽嘉元年也。《順帝紀》“是年閏十二月”，下文李注“謂元年閏十二月己丑夜，有白氣入玉井”，是傳寫“十”下脱“二”字。

以博士徵

《襄楷傳》：“中平中，與荀爽、鄭玄俱以博士徵，不至。”頤煊案，袁宏《後漢紀》：“中平五年九月己未，詔曰：‘頃選舉失所，多非其人，儒法雜揉，學道寖微。處士荀爽、陳紀、韓融、李楷，耽道樂古，志行高潔，清貧隱約，爲衆所歸，其以爽等各補博士。’皆不至。”“李楷”疑即“襄楷”之訛。

上谷大尹

《郭伋傳》“王莽時爲上谷大尹”，李注：“王莽改太守爲大尹。”頤煊案，前書《地理志》“上谷郡，莽曰：朔調”，《耿弇傳》“父況爲朔調連率”。此稱“上谷”，誤。

舉大司空

“建武四年，出爲中山太守。明年，轉爲漁陽太守。九年，徵拜潁川太守。十一年，省朔方刺史屬并州，帝以盧芳據北土，乃調伋爲并州牧。是時，朝廷多舉伋可爲大司空，帝以并部尚有盧芳之儆，且匈奴未安，欲使久於其事，故不召。”頤煊案，《鄭興傳》“建武六年，徵爲太中大夫。明年三月晦，日食，興因上疏，云：今公卿大夫多舉漁陽太守郭伋可大司空者，而不以時定”，則公卿之舉伋爲大司空，當在九年以前，迄十一年而尚未定。

華　首

《樊宏傳》“故朝多皤皤之良，華首之老”，李注：“皤皤，白首貌也，《書》曰：皤皤多士。華首謂白首也。”頤煊案，經典凡言“華”者，皆謂黄色。“華首”，即《詩》所謂“黄耇”也。

博士舉狀

《朱浮傳》李注：“《漢官儀》博士舉狀曰：生事愛敬，喪没如禮。通《易》《尚書》《孝經》《論語》，兼綜載籍，窮微闡奥。隱居樂道，不求聞達。身無金痍痼疾，世六屬不與妖惡交通。① 王侯賞賜，行應四科，經任博士。下言某官某甲保舉。”頤煊案，《通典》卷二十七引《後漢督郵板狀文》俱同，唯“閫奥”下有“師事某官，經明受謝，見授門徒尚五十人以上，正席謝坐，三郡三人”二十六字。《張酺傳》“郡吏王青者，前郡守以青身有金夷，竟不能舉”，前書《薛宣傳》“博士申咸毁宣，宣子况賕客楊明，欲令創咸面目，使不居位”，此皆身有金痍，不得保舉之證。

南粤嶠道

《鄭弘傳》：“舊交址七郡，貢獻轉運，皆從東冶泛海而至，風波艱阻，沈溺相係。弘奏開零陵、桂陽嶠道，於是夷通，至今遂爲常路。”頤煊案，前書《武帝紀》：“元鼎五年，遣伏波將軍路博德出桂陽，下湟水。樓船將軍楊僕出豫章，下湞水。歸義越侯嚴爲戈船將軍，出零陵，下離水。咸會番禺。”零陵、桂陽嶠道，本舊時所有，弘特修通之耳。《閩粤王傳》“樓船將軍僕，上書請引兵擊東粤，令諸校留屯豫章、梅領待命”，此即出豫章下湞水之道。“湞水”，《南粤傳》作“横浦”。

陵鄉侯

《梁統傳》：“後出爲九江太守，定封陵鄉侯，卒於官，

① “世”，中華書局標點本《後漢書》據惠棟《後漢書補注》、《通典》卷二十七引《後漢督郵板狀》，改作“卅”，當是。

子松嗣。”頤煊案，《皇后紀》“皇女義王，建武十五年，封舞陽長公主適延陵鄉侯太僕梁松”，此《傳》“陵”上脱“延”字，《明帝紀》亦作“陵鄉侯梁松”。

齵齒笑

“齵齒笑。”頤煊案，“齵”當作“齺”。《説文》：“齺，齒不正也。”《考工記》鄭注：“人之牙齒參差，謂之齺。”《詩·竹竿》“巧笑之瑳”，瑳即齹字，《説文》“齹，齒參差”，即巧笑之貌。《風俗通》云“齵齒笑者，若齒痛不忻忻”，失其義矣。

武　始

《張純傳》“更封武始侯，食富平之半”，李注：“武始，縣，屬魏郡。富平，縣，屬平原郡。”頤煊案，前書《張安世傳》“放子純，建武中歷位至大司空，更封富平之别鄉爲武始侯”，注以魏郡之武始當之，非是。

鄭康成生日

《鄭玄傳》：“五年春，夢孔子告之曰：起，起，今年歲在辰，來年歲在巳。既寤，以讖合之，知命當終。其年六月卒，年七十四。”頤煊案，此建安五年也。《太平廣記》卷二百十五引《鄭玄别傳》“鄭康成以永建二年七月戊寅生”，永建二年丁卯，下距建安五年庚辰，正七十四年。《順帝紀》“永建二年七月甲戌朔，日有食之”，是鄭君以永建二年七月五日生。自余考定，撰《康成年譜》，海内始知有鄭君生日。阮雲臺尚書前撫浙，於西湖許鄭祠堂列祀典焉。

五經章句

《桓榮傳》：“初榮受朱普，學章句四十萬言，浮辭繁長，多過其實。及榮減爲二十三萬言，郁復删省，定成十二萬言。”頤煊案，《伏恭傳》“初，父黯章句繁多，恭乃省減浮辭，定爲二十萬言”，《張奐傳》“初，牟氏章句浮辭繁多，有四十五萬餘言，奐減爲九萬言”。諸儒章句，唯趙岐《孟子章指》傳於今，敷衍文義，其大指如今之鄉塾講章，蓋當時博士傳習，設科射策，利禄所在，士争趨之，通儒不之覽焉。

魯陽鄉

《丁鴻傳》“建初四年，徙封魯陽鄉侯”，李注：“《東觀記》曰：魯陽鄉在尋陽郡也。”頤煊案，前書《地理志》、《郡國志》尋陽屬廬江郡，并未别置郡，“郡”當是“縣”字之訛。下文“元和三年，徙封馬亭鄉侯”，馬亭在尋陽，見《郡國志補注》，其地與魯陽相近。

菑　丘

《劉般傳》："光武下詔，封般爲菑丘侯，奉孝王祀。後以國屬楚王，徙封杼秋侯。"頣煊案，前書《地理志》甾丘本屬楚國，未知此時改屬何郡。

卷二十三

臨海洪頤煊

廣平太守

《班彪傳》："父稚，哀帝時爲廣平太守。"頤煊案，前書《叙傳》："哀帝即位，出穉爲西河屬國都尉，遷廣平相。"《地理志》"廣平國，武帝征和二年置爲平干國，宣帝五鳳二年復故"，《諸侯王表》"平干，征和二年，頃王偃以敬肅王小子立，十一年薨。元鳳元年，繆王元嗣，二十四年，五鳳二年，坐殺謁者，會薨不得代"。則自平干廢後，廣平仍置爲郡。哀帝建平三年正月壬寅，王漢以夷王弟紹封廣平，稚先遷廣平太守，後隨國改爲相。《叙傳》據終後言之，故所載不同。

清詔使

《第五倫傳》"種字興先，永壽中以司徒掾清詔使冀州，廉察災害"，李注："《風俗通》曰'汝南周勃辟太尉清詔使荆州’，又此言以司徒清詔使冀州，蓋三公府有清詔員，以承詔使也。”頤煊案，《范滂傳》：“舉孝廉、光禄四行。時冀州饑荒，盜賊并起，以滂爲清詔使，案察之。”

堂　邑

《鍾離意傳》“遷堂邑令”，李注：“堂邑故城在今博州堂邑縣西北。”頤煊案，前書《地理志》堂邑屬臨淮郡，《郡國志》堂邑屬廣陵郡。《質帝紀》“廣陵賊張嬰等復反，攻殺堂邑長”，李注：“堂邑，縣，屬廣陵郡，今揚州六合縣也。”此注失之。

浚　遒

《宋均傳》“浚遒縣有唐、后二山，民共祠之”，李注：“浚遒縣，屬廬江郡，故城在今廬州慎縣南。”頤煊案，《郡國志》浚遒縣屬九江郡，劉昭《補注》：“《宋均傳》縣有唐、后二山是也。”注作屬廬江郡，誤。

宗　俱

“意，字伯志。孫俱，靈帝時爲司空。”頤煊案，《靈帝紀》“建寧四年，太常宗俱爲司空”，李注：“俱，字伯儷，南陽安衆人。”此亦“宋均”當作“宗均”之一證。

黄　老

《楚王英傳》："晚節更喜黄老，學爲浮屠齋戒祭祀。詔報曰：楚王誦黄老之微言，尚浮屠之祠。"① 頤煊案，《襄楷傳》："又聞宫中立黄老浮屠之祠，此道清净貴，尚無爲。"《皇甫嵩傳》："初鉅鹿張角奉事黄老道，畜養弟子，跪拜首過。"《劉焉傳》李注："《典略》曰：以老子五千文，使都習號。"《三國志·烏丸傳》裴松之注："《浮屠經》曰：浮屠所載，與中國老子經相出入。"佛經未入中土以前，學浮屠者，皆誦黄老之言。

東朝陽

《濟南安王傳》："建武三十年，以平原之祝阿、安德、朝陽、平昌、隰陰、重丘六縣益濟南國。"頤煊案，朝陽，前書《地理志》屬濟南，不知何時改屬平原，是東漢初年之制。下文"其後人上書告康，顯宗以親親故，但削祝阿、隰陰、東朝陽、安德、西平昌五縣"，"朝陽"上加"東"字，"平昌"上加"西"字，當即在顯宗時。

---

① "尚浮屠之祠"下原有"此道清净貴，尚無爲"八字，係誤將《後漢書·襄楷傳》之文闌入《楚王英傳》，故移至下文"又聞宫中立黄老浮屠之祠"後。

懷王忠

《東平憲王傳》:“子懷王忠嗣，立十一年，薨。”頤煊案，憲王以建初八年薨，懷王忠即以是年嗣，《章帝紀》“元和元年九月乙未，東平王忠薨”，忠立僅一年，“十”字衍。

參户亭

《任城孝王傳》“桓帝立河間孝王子恭爲參户亭侯”，李注:“杜預注《左傳》曰:今丹水縣有三户亭，故城在今鄧州内鄉縣西南。”頤煊案，前書《地理志》勃海郡有參户縣，《水經·濁漳水注》應劭曰“平舒縣西南五十里有參户亭，故縣也”，恭封當在此。

池陽鄉

《張酺傳》:“汝南細陽人，趙王張敖之後也。敖子壽封細陽之池陽鄉，後廢，因家焉。”頤煊案，前書《張耳傳》“宣平侯敖薨，乃封其前婦子二人，壽爲樂昌侯，侈爲信都侯”，《地理志》樂昌屬東郡，當是壽封樂昌侯食邑，在細陽之池陽鄉。

祋　諷

《陳寵傳》“尚書令祝諷”，李注:“祝或作祋。”又云

“順帝之爲太子廢也，諸名臣來歷、祝諷等守闕固争”。頤煊案，《來歷傳》作“光禄勳祋諷”，李注：“祋，丁外反。”《鄧騭傳》亦作“祋諷”。

筆　耕

《班超傳》“安能久事筆研間乎”，李注：“《續漢書》作‘久弄筆研乎’，《華嶠書》作‘久事筆耕乎’。”頤煊案，《文選·任彦昇爲蕭楊州作薦士表》“既筆耕爲養”，李善注：“《東觀漢記》班超嘆曰：安久筆耕乎？”耕或爲研。

西平八縣

《陳敬王傳》：“建初七年，乃徙羨爲西平王，分汝南八縣爲國。及帝崩，遺詔徙封爲陳王，食淮陽郡。”《和帝紀》：“章和二年三月丁酉，改淮陽爲陳國，西平并汝南郡。遺詔徙西平王羨爲陳王。”頤煊案，本《傳》下文“永元十一年，吏捕得久，繫長平獄。有司奏，鈞坐削西華、項、新陽三縣。十二年，復坐削圉、宜禄、扶溝三縣”，西平、長平、西華、項、新陽、宜禄六縣皆舊屬汝南郡，羨徙封陳，其八縣并入淮陽，未嘗并入汝南，疑《紀》誤。

修條同縣

《樂成靖王傳》“和帝立崇兄修侯巡爲樂成王，是爲鳌王"，李注："修縣及條縣皆屬勃海。'條'字或作'修'。"頤煊案，前書《地理志》脩屬信都國，師古曰："脩音條。"《郡國志》修屬勃海郡，注云"故屬信都"，而别無條縣。"修"即"條"也。

程夫人

《崔駰傳》："程夫人於旁應曰：崔公，冀州名士，豈肯買官。"頤煊案，《劉翊傳》"陽翟黄綱恃程夫人權力，求占山澤"，《蔡邕傳》"今者道路紛紛，復云有程夫人者"，①《陳球傳》"陽球小妻，程璜之女，璜用事宫中，所謂程夫人也"，皆是一人。《蔡邕傳》《陳球傳》作"程大人"，疑傳寫之訛。

袁奉高

《黄憲傳》："郭林宗少游汝南，先過袁閎，不宿而退。進往從憲，累日方還。或以問林宗，林宗曰：奉高之器，譬諸汎濫，雖清而易挹。"頤煊案，"袁閎"當作"袁閬"。閎字夏甫，閬字奉高，見《王龔傳》。

---

① "程夫人"，《後漢書·蔡邕傳》作"程大人"，下文洪頤煊亦云"《蔡邕傳》《陳球傳》作'程大人'，疑傳寫之訛"，是當作"程大人"。下"程夫人"，《後漢書·陳球傳》作"程大人"，亦當同改。

蕂　鄉

《楊震傳》"追前功，封蕂亭侯"，李注："《郡國志》桃林縣有蕂鄉。"頤煊案，《郡國志》弘農郡弘農有桃丘聚，故桃林，有務鄉。桃林非縣名，《劉玄傳》"與赤眉戰於蕂鄉"，李注："《續漢志》弘農有蕂鄉。"斯得之矣。

魏郡劉鮪

《清河孝王傳》："建和元年，甘陵人劉文與南郡妖賊劉鮪交通，訛言清河王當統天下，欲共立蒜。"頤煊案，《李固傳》"甘陵劉文、魏郡劉鮪，各謀立蒜爲天子"，甘陵、魏郡皆與清河相近，此作"南郡"，誤。《朱穆傳》作"嚴鮪"。

亳皇后

《李雲傳》："又立掖庭民女亳氏爲皇后。"頤煊案，《桓帝鄧皇后紀》"后少孤，隨母爲居，因冒姓梁氏。及懿獻后崩，梁冀誅，立后爲皇后，帝惡梁氏，改姓爲薄。四年，有司奏后本郎中鄧香之女，於是復爲鄧氏"，此在延熹三年，故稱"亳"也。《五行志》延熹四年五月，尚稱亳后，其復姓當在五月以後。《桓帝紀》"延熹二年八月壬午，立皇后鄧氏"，是史臣追書之。

孟　生

《虞詡傳》："中常侍孟生。"頤煊案，許沖《上説文表》"慎前以詔書校書東觀，教小黄門孟生、李喜等"，當即其人。

算罔論

《張衡傳》"著《靈憲》《算罔論》"，李注："《衡集》無《算罔論》，蓋網絡天地而算之，因名焉。"頤煊案，《九章算術》劉徽注引張衡《算》，謂"立方爲質，立圓爲渾"，又言"質六十四之面，渾二十五之面"，又云"方八之面，圓六之面"，疑皆《算罔論》之文。

皮　傅

"後人皮傅，無所容篡"，李注："揚雄《方言》曰：'秦晋言非其事，謂之皮傅。'謂不深得其情核，皮膚淺近，强相傅會也。後人不達皮膚之意，流俗本多作'頗傅'者，誤也。"頤煊案，"頗"，偏也，謂以偏辭相傅會，義亦得通。

更始建號

"又更始居位，人無異望。光武初爲其將，然後即真，宜以更始之號建於光武之初。"頤煊案，前書《律曆志》"更始帝著紀，以漢宗室滅王莽，即位二年。赤眉賊立宗室劉盆子，滅更始帝。自漢元年訖更始二年，凡二百三十歲”，更始稱帝，其説正與衡同。

校書郎中

《馬融傳》“拜爲校書郎中”，李注：“謝承及《續漢書》并云爲校書郎，又拜郎中也。”頤煊案，《鄧騭傳》“郎中馬融”，《龐參傳》“校書郎中馬融”，并不稱校書郎。

司徒橋玄

《蔡邕傳》：“建寧三年，辟司徒橋玄府。”頤煊案，“司徒”當作“司空”。《靈帝紀》：“建寧三年八月，大鴻臚喬玄爲司空。四年三月，司徒許訓免，司空橋玄爲司徒。”

程　璜

“叔父衛尉質又與將作大匠楊球有隙，球即中常侍程璜女夫也”，錢氏大昕《考異》：“楊當作陽。據《陳球傳》，則程璜即程大人，乃是女子。此《傳》云中常侍則是宦者，非婦人矣。”頤煊案，《陳球傳》用事宫中者是程璜之女，非璜也，《傳》於用事上衍一“璜”字，致有此錯，詳見上。

涅陽

《左雄傳》："南郡涅陽人也。"頤煊案，當作"南陽郡"。

荀諝

《荀淑傳》："爽字慈明，一名諝。"頤煊案，《三國志·虞翻傳》裴松之注："《翻别傳》：潁川荀諝號爲知《易》。"諝即爽也。

李翕

《皇甫規傳》："先是安定太守孫儁受取狼籍，屬國都尉李翕督軍，御史張稟多殺降羌。"頤煊案，《隸釋》有《武都太守李翕西狹頌》《析里橋郙閣頌》，翕字伯都，漢陽阿陽人。

寫

"有旋車完封，寫之權門"，李注："言覆軍之將，旋師之日，多載珍寶，封印完全，便入權門。"頤煊案，《説文》："寫，置物也。卸，舍車解馬也，從卩、止、午，讀如汝南人寫書之寫。"寫即卸字。

金鐻

《張奂傳》"又遺金鐻八枚"，李注："郭璞注《山海經》

云‘鐻音渠，金食器名’，未詳形制也。”頤煊案，《山海經·中山經》“魋武羅穿耳以鐻”，郭璞注：“鐻，金銀器之名。”李注“食”當是“銀”字之訛。《莊子·達生》篇“梓慶削木爲鐻”，《釋文》引司馬注：“鐻，樂器也，似夾鐘。”

孔融不見李固

《孔融傳》“年十歲，隨父詣京師，時河南尹李膺”，李注：“膺，潁川襄城人。《融家傳》曰‘聞漢中李公清節直亮，意慕之，遂造公門’。李固，漢中人，爲太尉，與此傳不同。”頤煊案，《獻帝紀》“建安十三年八月，曹操殺太中大夫孔融”，《傳》云時年五十六，融當生於永興元年。《桓帝紀》“建和元年十一月，前太尉李固下獄死”，時融尚未生。

甄子然

“融爲北海相，郡人甄子然、臨孝存知名早卒，融恨不及之，乃命配食縣社。”頤煊案，《第五種傳》：種坐徙朔方，門下掾孫斌乃謂其友人同縣閭子直及高密甄子然曰云云，於是斌格殺送吏，種匿於閭、甄氏。袁宏《後漢紀》有北海甄子然送張儉事，而范史《張儉傳》不載。

涼　州

《皇甫嵩傳》：“五年，梁州賊王國圍陳倉。”頤煊案，

《靈帝紀》："中平五年十一月，涼州賊王國圍陳倉，右將軍皇甫嵩救之。""梁"字誤。

种　拂

《陶謙傳》："太僕种拂舉爲方正。"頤煊案，《种拂傳》："纍遷光禄大夫。初平元年，代荀爽爲司空。明年，以地震策免，復爲太常。"《獻帝紀》："初平三年六月戊午，陷長安城，太常种拂戰歿。"拂未嘗爲太僕，當是"太常"之訛。

中軍校尉

《袁紹傳》"中平五年，初置西園八校尉，以紹爲佐軍校尉"，李注："樂資《山陽公載記》'袁紹爲中軍校尉'，此云'佐軍'，與彼文不同。"頤煊案，《何進傳》"虎賁中郎將袁紹爲中軍校尉"，《蓋勳傳》《五行志》俱作"佐軍校尉袁紹"。

紙

《蔡倫傳》："自古書契多編以竹簡，其用縑帛者謂之爲紙。縑貴而簡重，并不便於人。倫乃造意，用樹膚、麻頭及敝布、魚網以爲紙。元興元年，奏上之。"頤煊案，《賈逵傳》"建初三年，書奏，與簡、紙經傳各一通"，李注："竹簡及紙也。"《説文》："紙，絮也。"服虔《通俗文》"方絮曰紙"，皆尚是縑紙。

元初當作永初

“元初元年，鄧太后以倫久在宿衛，封爲龍亭侯。四年，帝以經傳之文多不正定，乃選通儒謁者劉珍及博士良史詣東觀，各讎校漢家法，令倫監典其事。”頤煊案，《劉珍傳》：“永初中，爲謁者僕射，鄧太后詔使與校書劉騊駼、馬融及五經博士，校定東觀五經、諸子傳記、百家藝術，整齊脱誤，是正文字。”《安帝紀》：“永初四年二月，詔謁者劉珍及五經博士，校定東觀五經、諸子傳記、百家藝術，整齊脱誤，是正文字。”此“元初”是“永初”之訛。

州　輔

《曹騰傳》：“桓帝得立，騰與長樂太僕州輔等七人，以定策功，皆封亭侯。”頤煊案，《隷釋・州輔碑》：“輔拜長樂太僕，以定册功，封葉吉成侯。”葉吉成者，南陽葉縣之吉成亭也。

楊仲桓

《楊倫傳》：“字仲理，陳留東昏人也。”頤煊案，《楊震傳》“震舉薦明經名士陳留楊倫等”，李注：“字仲桓。謝承《書》：‘薦楊仲桓等五人，各從家拜博士。’”與此“字仲理”不同。

光禄勳

《召馴傳》："章和二年，代任隗爲光禄勳。"頤煊案，《章帝紀》"章和元年，光禄勳任隗爲司空"，則馴之代隗，亦當在章和元年。

漢舊儀

《衛宏傳》："宏作《漢舊儀》四篇，以載西京雜事。"頤煊案，《南齊書·禮志》序："漢初，叔孫通制漢禮，而班固之志不載。及至東京，太尉胡廣撰《舊儀》，左中郎蔡邕造《獨斷》，應劭、蔡質咸綴識時事。"《檀超傳》："蔡邕稱先師胡廣説《漢舊儀》。"皆以《漢舊儀》爲胡廣作。《隋書·經籍志》："《漢舊儀》四卷，衛敬仲撰。"

宣　氏

《張玄傳》："諸生上言：玄兼説嚴氏、宣氏，不宜專爲顏氏博士。"頤煊案，《公羊家》無宣氏。前書《儒林傳》："貢禹授潁川堂谿惠，惠授泰山冥都。都與路又事顏安樂，故顏氏復有筦、冥之學。"宣氏疑冥氏之訛。

劉秋孫

《劉珍傳》"字秋孫，一名寶，南陽蔡陽人也。永初中，校定東觀五經、諸子傳記、百家藝術。永寧元年，遷侍中、越騎校尉。延光四年，拜宗正。明年，轉衛尉，卒官”，李注：“諸本時有作‘祕孫’者，其人名珍，與‘祕’義相扶。而作‘秋’者多也。”頤煊案，《百官志補注》引胡廣《小學漢官篇》注曰：“前安帝時，越騎校尉劉千秋校書東觀。好事者樊長孫與書云云，劉君甚然其言，與邑子通人郎中張平子參議未定，而劉君遷爲宗正、衛尉。”千秋，即珍之別字，則本作“秋孫”者是。

鍼　石

《趙壹傳》“鍼石運乎手爪”，李注：“古者以石爲鍼。”頤煊案，《説文》：“砭，以石刺病也。”《山海經》“高氏之山多針石”，郭璞注：“可以爲砭針。”《春秋左氏傳》“美疢不如惡石”，服虔注：“石，砭石也。”古法治病，灼石鍼以灸之，後世專用艾，而砭石之法亡矣。

司徒袁逢

“光和元年，舉郡上計到京師。是時，司徒袁逢受計。”頤煊案，《靈帝紀》：“光和元年二月癸丑，光禄勳陳國袁滂爲司徒。冬十月，屯騎校尉袁逢爲司空。二年三月，司徒袁滂免大鴻臚，劉郃爲司徒，京兆地震，司空袁逢罷。”元年受計者，非袁逢也。

王　惲

《譙玄傳》："平帝元始四年，選明達政事能班化風俗者八人，時并舉玄爲繡衣使者，持節與太僕任惲分行天下。"頤煊案，前書《平帝紀》作"太僕王惲"，《百官公卿表》亦作"王惲子敬"。

鋘　斧

《戴就傳》"又燒鋘斧，使就挾於肘腋"，李注："何承天《纂文》曰：'臿，今之鋘也。'張揖《字詁》曰：'臿，刃也。'鋘音華。《説文》《字林》《三蒼》并無'鋘'字。"頤煊案，"鋘"本從吴作"鋘"。《吴越春秋》"兩鋘殖宫牆者，農夫就成，田夫耕也"，又云"兩鋘殖宫牆者，越軍入吴國，伐宗廟，掘社稷也"。《一切經音義》卷十六"鋘，此《古文奇字》鏵。"《説文》作茉。

壽光侯

《解奴辜傳》"初章帝時有壽光侯者，能劾百鬼衆魅，令自縛見形"，李注："壽，姓也。"錢氏大昕《考異》："壽光，國名，光武封更始子鯉爲壽光侯。又北海王普初封壽光侯是也。此侯失其姓名，故舉其爵。"頤煊案，葛洪《神仙傳》

引此作“劉憑以軍功封壽光金鄉侯”,《范史》無其人。

篡　慕

《逸民傳》序“鴻飛冥冥，弋者何篡”，李注:“‘篡’字，諸本或作‘慕’。”頤煊案，今本《法言》作“篡”，宋衷曰:“篡，取也。”《文選》作“慕”，李善引宋衷注:“今‘篡’或爲‘慕’，誤也。”《魏齊州刺史高湛墓誌》“纂申穆之遺風”，纂即慕字。

嚴光一名遵

《嚴光傳》:“字子陵，一名遵，會稽餘姚人也。”頤煊案,《藝文類聚》卷一引《會稽典録》“嚴遵，字子陵”，卷五引《鍾離意別傳》“嚴遵，昔與光武俱爲諸生”。《開元占經》卷八十三引《後漢書》曰:“嚴遵，字子陵，會稽餘姚人，世祖爲諸生時與遵游學。”

貂　豽

《東夷傳》“夫餘國出名馬、赤玉、貂豽”，李注:“豽，似豹，無前足。”頤煊案,《爾雅·釋獸》“貀無前足”,《釋文》:“貀，本作豽。《字林》云‘獸無前足，似虎而黑’。”此貂、豽連稱，當言其皮可爲裘者，非豽獸。《説文》“貁，鼠屬，善旋，從豸穴聲”，篆文作𧳜，與“豽”字相類，因訛注誤證。

究不事人

《南蠻傳》"肅宗元和元年，日南徼外蠻夷究不事人邑豪獻生犀、白雉"，李注："究不事人，蠻夷別號也。"頤煊案，究，蠻夷附落名。不事人，謂不屬於人。《水經·葉榆水注》："馬援將兵討側詩，走入金溪究。《交州外域記》'交址郡界有扶嚴究'。"皆是。

斗曆改憲

《律曆志》："甲寅詔曰：《春秋保乾圖》曰'三百年斗曆改憲'。"頤煊案，《志》凡四引"三百年斗曆改憲"，皆《保乾圖》之文。《陳寵傳》："《春秋保乾圖》曰：'王者三百年一蠲法。'漢興以來三百二年，憲令稍增，科條無限。"《郎顗傳》："孔子曰：'漢三百載，計曆改憲。'自文武省刑，[①]適三百年。'"《楊厚傳》："陳漢三百五十年之厄，宜蠲法改憲之道。"改憲不專曆家。"斗"當是"計"字之訛。

禊

《禮儀志》"上已，官民皆絜於東流水上"，《補注》："謂

① "武"，據《郎顗傳》，當作"帝"。

之褉也。《風俗通》曰：‘《周禮》女巫掌歲時，以祓除疾病。’褉者，絜也。”頤煊案，《説文》無褉字。絜、契古字通用，俗加“示”旁作褉。

夏勤策文

《補注》：“丁孚《漢儀》有夏勤《策文》曰：‘維元初六年三月甲子，制詔以大鴻臚勤爲司徒。’”頤煊案，《安帝紀》“永初三年夏四月丙寅，大鴻臚九江夏勤爲司徒”，與此年月全異。

瑕丘丁氏

《祭祀志補注》：“馬第伯《封禪儀記》曰：二月九日到魯，十日魯遣宗室諸劉及孔氏、瑕丘丁氏上壽，受賜。”頤煊案，前書《外戚傳》：“定陶丁姬，《易》祖師丁將軍之玄孫，家在山陽瑕丘。”丁將軍即丁寬，梁人，其子孫在瑕丘。

清河王蒜

《天文志》：“蒜以惡人所劫，廢爲尉氏侯，又徙摙陽都鄉侯，薨，國絶。”頤煊案，《桓帝紀》《清河孝王傳》并云“蒜坐貶爲尉氏侯，徙桂陽，自殺”。

方　儲

《五行志補注》引方儲《對策》三條，頤煊案，《藝文類聚》卷八十八引《後漢》："方儲，字聖明，遭母憂，負土成墳，松柏數十株，鸞鳥棲其上，白兔游其下。"《太平御覽》卷三百四十五引謝承《後漢書》曰："丹陽方儲爲郎中，章帝使文郎居左，武郎居右，儲正住中，曰：'臣文武兼備，在所施用。'上嘉其才，以繁亂絲付儲，使理之，儲拔佩刀三斷之，對曰：'反經任勢，臨事宜然。'"頃見《歙縣志》有《方儲傳》，注云"出元秘書《李孝光集》"，疑是謝承《書》之文，今録於此：

方儲，字聖公，精孟氏《易》，通圖讖。建初四年，舉孝廉，又舉賢良方正，對策爲天下第一。五年春二月庚辰朔，日有食之，詔舉直言極諫之士。丹陽太守周歆以儲進，儲極言天降灾咎之由。上召見儲等，試解棼絲，衆莫能理。儲拔劍斷絲，對曰："反經任勢，臨事宜然。"上深偉之。除郎中，尋出爲句曲令。六年，遷阜陵令，遭母喪，奠土成墳，種松柏嘉木數十本，致鸞鶴白兔之瑞。元和初，轉洛陽令。和帝永元五年六月，將郊祭，以儲善天文，問之，勸帝毋往。其日天晴明，帝遂行，詔責其欺。儲曰："臣受書先師，推步萌兆，今咎時且至，願乘輿亟還。"使者去，儲嘆曰："爲人臣，恥蒙不忠名。"遂自殺。比駕還，雨雹大如雁子。鹵簿後乘士皆疾馳去。帝大驚，使召儲，儲已死。帝甚傷之，追太常尚書令、封黟侯，詔護其喪還葬。世皆言聖公仙去，於是民廟祀之。兄儕，南郡太守；儼，丹陽太守，剛果皆類儲。

郡國大水

“中平五年，郡國六大水出”，《補注》臣昭案：“袁山松《書》曰：‘山陽、梁、沛、彭城、下邳、東海、琅邪，則是七郡。”頤煊案，《靈帝紀》：“中平五年，郡國七大水。”

費　澤

《郡國志》“河南尹滎陽有費澤”，《補注》：“《左傳》宣十二年‘楚潘黨逐魏錡及滎’，杜預曰：‘縣東滎澤也。’”頤煊案，以《補注》證之，“費澤”當是“滎澤”之訛。《水經·濟水注》：“京相璠曰：滎澤在滎陽縣東南。”

廣　城

“新城有廣城聚”，《補注》：“有廣城菀。”頤煊案，《陳蕃傳》“車駕幸廣城校獵”，李注：“廣城，苑名，在今汝州梁縣西。”《馬融傳》作“廣成”。

蔡　城

“河内郡山陽邑，有蔡城”，《補注》：“蔡叔邑此，猶鄭管城之類乎?”頤煊案，《水經·沁水注》“丹水逕郲城西。司馬彪《郡國志》曰‘山陽有郲城’，京相璠曰‘河内山陽西北六十里有郲城’，《竹書紀年》曰‘梁惠王元年，趙成侯偃、韓懿侯若伐我葵’，即此城也。”與劉昭本異。

嚴　城

“京兆尹新豐，有嚴城。”頤煊案，《劉玄傳》“及赤眉立劉盆子，更始使王匡、陳牧、成丹、趙萌屯新豐，李松軍掫，以拒之”，李注：“掫音子侯反。《續漢志》曰‘新豐有鴻門亭’，掫城即此也。”“嚴”是“掫”字之訛。

固　始

“汝南郡固始，故寑也，光武中興，更名。有寑丘。”頤煊案，前書《地理志》寑屬汝南郡，固始屬淮陽國。光武以固始并入寑，又改寑爲固始，故《志》於“固始”下不言“故屬淮陽”。

沙　鹿

“魏郡元城墟，故沙鹿。”頤煊案，“墟”上有脱字，當作“有五鹿墟，故沙鹿”，前書《元后傳》“元城郭東有五鹿之虚，即沙鹿地也”，是其證。

饒　陽

“安平國饒陽，故名饒，屬涿。”頤煊案，前書《地理志》涿郡屬縣本名“饒陽”，《光武紀》“光武趣駕南轅，至饒陽”，東京初年亦不作“饒”，此“名饒”二字是衍文。《五行志》“解瀆亭屬饒陽河間縣也”，是順帝以後所改。

堂　陽

“東平國東平陸，有堂陽亭”，《補注》：“故縣，後省。”頤煊案，前書《地理志》堂陽屬鉅鹿郡，東京省，與此絶遠，注誤證。

東海郡

“東海郡”，錢氏大昕《考異》：“按，光武封子彊爲東海王，傳國最久，中間無改國爲郡之事，此‘郡’字當爲‘國’之訛。又按建武二年，封兄子興爲魯王，二十八年徙封北海，此後無封魯王者，而《志》稱國不稱郡，蓋自光武以魯國益封東海恭王，終東京之世，魯常爲東海國所屬，而魯國之名未改。”頤煊案，《東海恭王傳》：“帝以彊廢不以過，去就有禮，故優以大封。兼食魯郡，合二十九縣。初魯恭王好宫室，起靈光殿，甚壯麗，是時猶存，故詔彊都魯。”是彊封東海，而國都在魯，故終東京之世，魯稱國置相，而東海仍爲郡。錢氏之説非也。

攝　城

“樂安國蓼城”，《補注》：“杜預曰：縣東北有攝城。”頤煊案，《左氏·昭二十年傳》“聊攝以東”，杜預注：“聊攝，齊西界也。平原聊城縣東北有攝城。”蓼城非聊城，注誤證。

蓼　國

“南陽郡棘陽，有黄淳聚”，《補注》：“杜預曰：蓼國在東南。前《志》蓼國湖陽是。”頤煊案，“蓼”當作“廖”。前書《地理志》“湖陽，故廖國也”，師古曰：“廖音力救反。《左氏傳》作飂字，其音同耳。”蓼國在六安皋陶，後爲楚所滅，與此别。

東部候官

“會稽郡，東部侯國”，錢氏《考異》：“按，《宋書·州郡志》‘候官，《前漢》無。《後漢》曰東候官，屬會稽’，此東部侯國，當即東候官之訛。”頤煊案，《三國志·虞翻傳》：“翻追隨營護到東部候官，候官長閉城不受。”東部候官，會稽東部之候官城也。張掖屬國、上郡、龜兹屬國皆有候官城。後省稱爲東候官。

卭郵置

“蜀郡屬國，嚴道有邛僰九折坂者，卭刻置。”頤煊案，前書《淮南厲王傳》“有司奏請處蜀嚴道邛郵”，張晏曰：“嚴道，蜀郡縣也。卭郵，置名。”“卭刻置”當是“卭郵置”

之訛。

北新城

“涿郡北新城。”頤煊案，“孫程，涿郡新城人也”，李注：“《東觀記》曰：北新城人。”前書《地理志》北新成屬中山國，此不言故屬中山，亦脱文。

卷二十四

臨海洪頤煊

周易注疏

《周易兼義》九卷，題國子祭酒上護軍曲阜縣開國子臣孔穎達奉敕撰正義，第三行題王弼注，《繫辭》以下題韓康伯注。“上經乾傳”等字俱與大題相連。前有孔穎達《周易正義序》，并八《論》。末附陸德明《周易音義》一卷，王弼《周易略例》一卷。黑口本，每葉廿行，行廿字。

毛詩注疏

《附釋音毛詩注疏》二十卷，分共七十卷，題唐國子祭酒上護軍曲阜縣開國子孔穎達奉敕撰。前有孔穎達《毛詩正義序》。黑口本，每葉廿行，行廿字。

周禮注疏

《附釋音周禮注疏》四十二卷，題朝散大夫行太學博士弘文館學士臣賈公彦等奉敕撰，國子博士兼太子中允贈齊州刺史吴縣開國男臣陸德明釋文。前有賈公彦《周禮正義序》，又《序周禮廢興》一篇。黑口本，每葉廿行，行十七字。

禮記注疏

《附釋音禮記注疏》六十三卷，題國子祭酒上護軍曲阜縣開國子臣孔穎達等撰，國子博士兼太子中允贈齊州刺史吴縣開國男臣陸德明釋文。前有孔穎達《禮記正義序》。又《禮記正義》一篇，不題撰人名氏。黑口本，每葉廿行，行十七字。

左傳注疏

《附釋音春秋左傳注疏》六十卷，題孔穎達、陸德明，銜名與《禮記注疏》本同，唯“孔穎達等”字下有“奉敕”二字。前有孔穎達《春秋正義序》。黑口本，每葉廿行，行十七字。

公羊注疏

《監本附音春秋公羊注疏》二十八卷，前何休序。疏不在卷中，每卷某公俱與大題相連。天禄琳琅宋本卷首有景德二年六月中書門下牒，此本失之。黑口本，每葉廿行，行十七字。

穀梁注疏

《監本附音春秋穀梁注疏》二十卷，題范甯集解，楊士勛疏。每卷某公亦與大題相連。前有范甯序。黑口本，每葉廿行，行十七字。

孝經注疏

《孝經注疏》九卷，前有《孝經注疏序》，序前有小引，次題翰林侍講學士朝請大夫守國子祭酒上柱國賜紫金魚袋臣邢昺等奉敕校定注疏，成都府學主鄉貢傅注奉右撰。第一卷前亦有邢昺銜名。黑口本，每葉廿行，行十七字。

以上八種，皆南宋閩中所刊，即世所稱十行本也。間有明正德、嘉靖補刻葉，唯《孝經》殘缺最多，原葉幾無一二存矣。阮尚書南昌學宮刊本即從此本翻雕。

伊川周易

《伊川先生點校附音周易》二卷。前後無序跋。宋刊本，每葉廿四行，行廿二字。卷末有“今將伊川先生點校古本逐卦附入陸德明釋音，寫作大字刊行，刻畫精微，并無差誤，收書賢士，伏幸詳鑒”木長印。宋諱字俱闕筆。

書經集注

《書經集注》十卷，題蔡沈集注。前有嘉定己巳蔡沈序，末附書序。元刊，黑口，巾箱本，每葉十八行，行十七字。據晁氏《讀書志》、天禄琳琅藏本，蔡沈《書集傳》俱作六卷。此本改“集傳”作“集注”，“六卷”作“十卷”，當是坊間重刻本。

書　疑

《魯齋書疑》九卷，前有寶祐丁巳王柏自序。柏此書直取經文，或删或補，重爲編定，變亂妄作，久爲世所詬病。此本尚是宋刊，黑口本，每葉廿二行，行廿一字。

儀　禮

《儀禮》十七卷，前後無序跋。十七篇止載經文，無注。黑口本，每葉廿行，行廿字，補刻葉板心有“閩何校”三字，當亦南宋閩中所刊。末附《儀禮旁通圖》一卷。

春秋集解

《春秋經傳集解》三十卷，每卷首某公第幾俱與大題相連，次行題杜氏。前有杜預《春秋序》，附載陸德明《音義》。巾箱本，每葉廿行，行大字十八字。末卷尾有“淳熙柔兆涒灘中夏初吉，閩山阮仲猷種德堂刊”木長印。《宣·十二年傳》“屈蕩尸之”，惠定宇《補注》稱明人所見淳熙巾箱本作“户”字，即此本也。

左傳句讀直解

《音注全文春秋括例始末左傳句讀直解》七十卷，題梅溪林堯叟唐翁句解。宋刊黑口本，每葉廿二行，行廿四字。今世所行惟有王道焜《杜林合注》，此乃其原帙也。

春秋纂疏

《春秋胡氏傳纂疏》三十卷，題新安汪克寬學。前有引用諸儒姓氏、凡例、汪克寬自序、至正辛巳虞集序、至元四年汪澤民序。末有至正八年吴國英跋。元刊黑口本，每葉廿二行，行廿字。

論語叢説

《讀論語叢説》三卷，題東陽許謙。前有至正七年張樞序。元刊黑口本，每葉小字卅二行，行廿六字。

禮　書

《禮書》一百五十卷目録一卷，題左宣義郎太常博士臣陳祥道上進。前有進禮書表、禮書序、建中靖國元年禮部尚書牒。晁氏《讀志》題作“太常禮書”。又有象目五彩飾本，皆與此本不同。此本亦宋刊，每葉廿六行，行約廿一二字。

樂　書

《樂書》二百卷目録一卷，題迪功郎建昌軍南豐縣主簿林宇沖校勘。前有慶元庚申楊萬里《三山陳先生樂書序》，陳暘《進樂書序》，建中靖國元年牒，并議、詔敕一卷，慶元己未三山陳岐跋。後有林宇沖題識。此本與前《禮書》同時并刊，故行款、字數、摹印、紙色俱同，每葉廿六行，行約廿一二字。

六子全書

《纂圖互注六子》。《老子道德經》二卷，題河上公章句。《南華真經》十卷，題晋郭象子玄注。《沖虚至德真經》八卷，次行題列子、張湛處度注。《荀子》二十卷，題唐大理評事楊倞注。《揚子法言》十卷，題晋李軌、唐柳宗元注，次行題聖宋宋咸、吴祕、司馬光重添注。《中説》十卷，題阮逸注。前俱有圖，每條下有重言、重意、互注，俱用黑蓋子別之，不題撰人名氏。宋刊黑口巾箱本，每葉廿二行，行廿一字。

老子鬳齋口義

《老子鬳齋口義》二卷，題須溪劉辰翁點校。鬳齋爲宋林希逸號，希逸，紹定間進士，官中書舍人，《萬姓統譜》作“獻齋”，所著有《老》《莊》《列》口義，此特其一種耳。劉須溪評語羼入注中，俱用黑蓋子別之。宋刊黑口本，每葉廿二行，行十八字。

吕氏春秋

《吕氏春秋》二十六卷。前有遂昌鄭元祐序。後有“嘉興路儒學教授陳華至正□□吴興謝盛之刊”一行，即所謂元嘉禾學宫本也。目録後有《鏡湖遺老記》。每葉廿行，行廿字。

劉　子

《劉子》十卷，目録前題劉子新論，梁通事舍人劉勰撰，播州録事參軍袁孝政注。此書《唐志》作“梁劉勰撰”，陳氏《書録解題》、晁氏《讀書志》俱據袁孝政序文作“北齊劉晝撰”。此本無袁序，而題作劉勰，與《唐志》同。宋刊巾箱本，每葉廿二行，行十八字。

夢溪筆談

《夢溪筆談》二十六卷，題沈括存中。前有沈括自序。書中“國家”“詔書”等字，俱空一格。元刊黑口本，每葉廿四行，行十八字。

困學紀聞

《困學紀聞》二十卷，題浚儀王應麟伯厚。前有泰定二年袁桷序，至治二年牟應龍序，序後有“牟應龍印”“牟伯成父”“儒林世家”三木小方印。目録前有深寧叟識語，後有“伯厚甫”“深寧居士”二木小方印。元刊黑口本，每葉廿行，行十八字。

北堂書鈔

《北堂書鈔》一百六十卷，題秘書郎虞世南撰。此書今世所行，止有陳禹謨删改本。此舊影宋鈔本，字畫舛訛，幾於不可句讀。頃在廣東，又見一舊鈔本，其訛舛大略相同，唯《讀書敏求記》“聞嘉禾收藏家有原書，蒐訪十餘年而始得，繕寫精妙，翻閲之，心目朗然”，當勝於此兩本也。

初學記

《新刊初學記》三十卷，題光禄大夫行右散騎常侍集賢院學士副知院事開國公徐堅等奉敕撰。前有紹興四年福唐劉本序。元刊黑口本，每葉廿行，行廿字。

事類賦

《事類賦》三十卷，題宋博士渤海吴淑撰注。前有淑注事類賦狀，紹興丙寅邊惇德序。末卷後有邊惇德、陳綬、李端民三人校勘銜名。元刊黑口本，每葉廿二行，行廿字。

玉　海

《玉海》二百四卷，題浚儀王應麟伯厚甫。《玉海》本二百卷，末四卷爲《詞學指南》，前有胡助、阿殷圖、王介、李桓四序，至元三年浙東道宣慰使司刊刻《玉海》指揮後有也乞里不花等銜名。目録後有慶元路儒學刊造《玉海》書籍提調官銜名。其《詩考》等十三種，據至元六年厚孫跋語，亦同時并刊，唯不在目録之中。每葉廿行，行廿字，間有明正德二年、嘉靖庚戌至丁巳補葉。

韻府群玉

《新增説文韻府群玉》二十八卷，題晚學陰時夫勁弦編輯，新吴陰中夫復春編注。前有翰林滕賓序，至大庚戌江村姚雲序，吴興趙孟頫題字。元刊黑口本，每葉廿二行，行小字廿九字。

群書備數

《群書備數》十二卷，題臨江張九韶美和編。目録前有自序。書分十二門，略如《小學紺珠》，以備記誦之學。九韶，元時累舉不第，洪武間辟爲清江教諭。書中地名、官制俱至元止，是元時刻本也。黑口板，每葉廿行，行廿一字。

圖繪寶鑑

《圖繪寶鑑》五卷《補遺》一卷，題吴興夏文彦士良纂。前有至正乙巳夏文彦序。據汲古閣本，前尚有抱遺老人楊維禎序，此本失之。元刊黑口巾箱本，每葉廿二行，行廿字。

齊民要術

《齊民要術》十卷，題後魏高陽太守賈思勰撰。前有思勰自序。此書世有明胡震亨刻本，第三卷闕第二葉，此本亦闕，中多未刻字，校者俱注於當行之上。元刊本，每葉廿行，行大字十八字。

黄帝内經素問

《新刊補注釋文黄帝内經素問》十二卷，題啓玄子次注，林億、孫奇、高保衡等奉敕校正，孫兆重改誤。前有啓玄子王冰序。總目一卷，後題云：元本二十四卷，今并爲一十二卷刊行。末卷後有“至元已卯菖節古林書堂新刊”木長印。末附《素問入式論奥》三卷，《遺篇》一卷。黑口本，每葉廿三行，行廿三字。

傷寒論

《傷寒論注解》十卷，題仲景述，王叔和撰次，成無已注解。前有甲子洛陽嚴器之序，目録一卷、《圖解運氣》一卷。後有“孝□”木方印，“東山”鼎式木印，“大德甲辰歲孝永堂重刊”木長印。黑口本，每葉廿四行，行廿四字。

傷寒百問

《類證增注傷寒百問歌》四卷。卷一爲《傷寒解惑論》，前有乾道癸巳湯尹才序，《解惑論》即尹才所撰，末有淳熙壬寅韓玉跋。卷二以下爲《傷寒百問》，題建寧府通守錢聞禮撰，前有至大己酉武夷詹清子子敬序。此書爲曹仲立取湯、錢兩家書合刻，詹氏序而行之。元刊黑口巾箱本，每葉廿二行，行廿一字。

千金要方

《重刊孫真人備急千金要方》三十卷，題朝奉郎守太常少卿充秘閣校理判登聞檢院上護軍賜緋魚袋臣林億等校。前有目録一卷，綱目一卷,錢象先等校正序，經進後序。晁氏《讀書志》、陳振孫《書録解題》俱是此本。宋刊黑口本，每葉廿四行，行廿二字。

本草衍義

《本草衍義》二十卷，題通直郎添差充收買藥材所辨驗藥材寇宗奭編撰。前有政和六年十二月二十八日付寇宗奭劄。後題宣和元年月本宅鏤板印造，姪宣教郎知解州解縣丞寇約校勘。黑口本，每葉廿四行，行廿一字。

大觀本草

《經史證類大觀本草》三十一卷目録一卷，題唐慎微纂。前有大觀二年十月朔通仕郎行杭州仁和縣尉管勾學事艾晟序。即陳氏《書録解題》本也。卷二以下"大觀"改作"大全"。據艾序，又本名"經史證類備急本草"。宋刊黑口本，每葉廿四行，行廿字。

政和本草

《重修政和經史證類備用本草》三十卷，題成都唐慎微續證類，中衛大夫康州防禦使勾當龍德宫總轄修建明堂所醫藥提舉入内醫官編類聖濟經提舉大醫學臣曹孝忠奉敕校勘。每卷下有"己酉新增衍義"六字。前有政和六年曹孝忠序。别本有大定己酉麻革序及劉祁跋，此本失之。黑口大字本，每葉廿四行，行廿三字。

史載之方

《史載之方》二卷，據施彦清《北窗炙輠録》稱：史載之以紫苑治蔡元長大腸秘固，得名。載之，爲北宋末年人。影宋鈔本，每葉廿二行，行十七字。

集驗醫方

《類編朱氏集驗醫方》十五卷，題湘麓朱佐君輔集。前有咸淳元年朱景行序。分十五門，餘皆依類附之。宋刊黑口本，每葉廿二行，行廿二字。

蘭室秘藏

《新刊東垣先生蘭室秘藏》三卷，題東垣老人李杲撰。《四庫全書》本前有至元丙子羅天益序，此本無之。元刊黑口巾箱本，每葉廿行，行十七字。

婦人良方

《新編婦人良方補遺大全》二十四卷，前有卷首《辨識修製藥物法度》一卷，目録一卷，題臨川陳自明良甫編集，鼇峰熊宗立道軒補遺。又有嘉熙元年八月良日建康府明道書院醫諭臨川陳自明良父序。宋刊本，每葉廿四行，行廿二字。

太白陰經

《神機制敵太白陰經》十卷，題唐都虞候李筌撰。前有唐永泰四年李筌進書序，後有羅士良、張永和、朱永中、譚元吉、趙承信等銜名。舊影宋鈔本。四庫全書本止八卷，前缺《天無陰陽》《地無險阻》二卷，又失卷八《分野》《風角》《鳥情》，卷九《遁甲》，卷十《玄女式》等篇，此本猶全。

大象賦注

《張衡大象賦》一卷，題苗爲注。《困學紀聞》："《大象賦》，《唐志》謂黄冠子李播撰，李台集解。今本題楊炯撰，畢懷亮注。《館閣書目》題張衡撰，李淳風注。"皆與此本不同。此是孫之騄手鈔本，與《宋史·藝文志》同。喬令來《步天歌注》引張衡云，洪興祖《楚辭補注》引《天文大象賦》注，皆是此書。

會天曆

《大宋寶祐四年丙辰歲會天萬年具注曆》一卷。前有太史局剳子，後有寶祐三年十月靈臺郎鄧宗文、成永祥二人銜名。卷末又有荆執禮、楊旗、相師堯、譚玉、鄧宗文等五人銜名。影宋寫本。據周密《癸辛雜識》寶祐四年節氣，四月四日立夏，此曆在三日；八月八日白露，此曆在七日；九月九日寒露，此曆在十日；十二月十二日小寒，此曆在十一日，豈所據别曆，抑小説家傳聞訛邪？

金匱玉衡經

《黄帝金匱玉衡經》一卷。在《道藏》“薑”字號。影鈔本。前有序，皆作四字韻語。《金匱經》十條，《玉衡經》十條，皆論天乙六壬發用。據《吴越春秋》子胥曰：“竊觀《金匱》第八，今年七月辛亥平旦，大吉爲白虎而臨辛，功曹爲太常而臨亥，大吉得辛爲九醜。”與此《金匱》第八經同。范蠡曰：“事將有意，在《玉門》第一。今年十二月戊寅之日，時加卯而賊戊，功曹爲螣蛇而臨戊，謀事利在青龍。青龍在勝光而臨酉，死氣也，而尅寅。是時尅其日，用又助之。”與此《玉衡》第一經同。文種曰：“吾見王時，正犯《玉門》之第八也，辰尅其日，上賊於下，是謂亂醜，必害其良。”與此《玉衡》第八經同。足證《春秋吴越》時所用即是此書。玉衡，《序》作“玉房”，與“玉門”義近。

五變中黄經

《五變中黄經》一卷，不著撰人名氏。自“釋已身”至“釋應期”凡四十二章，焦竑《經籍志》六壬類有此書。舊影宋鈔本。四庫全書有二卷本，其篇次已變亂矣。

疑龍經

《疑龍經》一卷，題唐國師楊筠松撰。《疑龍》三篇，附《疑龍十問》、《衞龍》篇、《變星》篇。宋刊黑口本，每葉廿八行，行廿五字。

辨正論

《辨正論》八卷，題唐沙門釋法琳撰。前有東宫學士陳子良序。在《釋藏》"陪"字號。書共十二篇。晁氏《讀書志》云："宣和中以其斥老子語，焚毁其第二、第四、第五、第六、第八，凡五卷。序文亦有剪棄者。"此本八卷俱完，其中頗引古書。明初刊本，每葉十二行，行十七字。卷後有"聚寶門來賓樓姜家印行"木長印。

甄正論

《甄正論》三卷，題唐佛授記寺沙門玄嶷撰。在《釋藏》"輦"字號。此書託滯俗公子、甄正先生荅問，大旨屈老以伸佛，其文筆甚古雅。明初刊本，每葉十二行，行十七字。

集沙門不應拜俗等事

《集沙門不應拜俗等事》六卷，題弘福寺沙門釋彦悰纂録。前有太原王隱容序。在《釋藏》"冠"字號。書分三篇，所録多六朝、唐人之文。明初刊本，每葉十二行，行十七字。

神異經

《神異經》一卷，題漢東方朔撰，晋張華注。舊鈔本。《隋書·經籍志》有此書，《水經·河水注》引張華叙東方朔《神異經》，《左氏·文十八年正義》引服虔案《神異經》“檮杌狀似虎”一段，與今本不同。

漢武内傳

《漢武帝内傳》一卷《外傳》一卷，不題撰人姓名。在《道藏》“海”字號。舊影鈔本。《唐志》：《内傳》作二卷。俗本脱玄靈二曲、十二字篇目及朱雀窗一段，① 此本俱完。外傳，《隋》《唐志》不載。《後漢書·方術傳》李賢注引魯女生、封君達、東郭延年、王真事，皆作《漢武内傳》，此即《内傳》之下卷，由後人誤題作《外傳》耳。

---

① “十二字篇目”，據《漢武帝内傳》，當作“十二事篇目”。洪頤煊協助孫星衍編纂《平津館鑒藏書籍記》，亦有“《漢武帝内傳》一卷”條，曰：“俗本脱玄靈二典十二字及朱雀窗一段”，同樣與《漢武帝内傳》内容不符。按，《四庫全書總目》引錢曾《讀書敏求記》曰：“《漢武内傳》一卷，孱守居士空居閣校本。《廣記》删去玄靈二曲及十二事篇目，又脱朱鳥窗一段。對過，始知此本爲完書。”知此當源自錢曾《讀書敏求記》。是知《平津館鑒藏書籍記》之誤，《讀書叢録》後出，雖改“典”作“曲”，於“十二字”後補“篇目”二字，但未將“字”改正爲“事”。

史　記

《史記》一百三十卷，皆小題在上，大題在下。前有目録一卷、《三皇本紀》《史記正義論例》《謚法解》、張守節《史記正義序》、司馬貞《史記索隱序》。書中所載止有《集解》《索隱》，無《正義》也。宋刊黑口小字本，每葉廿八行，行廿五字。

資治通鑑

《資治通鑑》二百九十四卷，題朝散大夫右諫議大夫權御史中丞充理檢使上護軍賜紫金魚袋臣司馬光奉敕編集，後學天台胡三省音注，後卷光銜名隨官改换。前有元豐七年光《進書表》，元祐元年下杭州鏤板銜名，紹興二年下紹興府餘姚縣印造銜名，皆宋刊《資治通鑑》原帙。據黄溥《簡籍遺聞》，是書“元末刊於臨海，洪武初取其板藏南京國學”，即此本也。黑口本，每葉廿行，行廿字。

通鑑紀事本末

《通鑑紀事本末》四十二卷目録一卷，題建安袁樞編。前有淳熙元年楊萬里序。一本前又有寶祐丁巳趙與簒序，延祐六年陳良弼序，稱節齋患嚴陵本字小且訛，於是精加讎校，易爲大字刊版而家藏之。後節齋孫趙明安者，始出所藏板置之嘉禾學宫。此即宋刊大字本，每葉廿二行，行十九字。

戰國策

《戰國策》十卷，題縉雲鮑彪校注，東陽吴師道重校。前有《戰國策》劉向序，曾鞏序，紹興十七年鮑彪序，泰定二年吴師道序，至正十五年陳祖仁序。後有李文叔等題跋。末卷尾有“平江路儒學正徐昭文校勘”十一字。黑口本，每葉廿二行，行廿字。

吴越春秋

《吴越春秋》十卷，題後漢趙曄撰。前有徐天祐序，書中音注即天祐作。末卷後有“大德十年歲在丙午三月音注，越六月書成刊版，十二月畢工”。每葉十八行，行十七字。

名臣碑傳

《新刊名臣碑傳琬琰之集》上二十七卷中五十五卷下二十五卷，題眉州進士杜大珪編。前有紹熙甲寅序。《宋史·藝文志》、晁氏《讀書志》、陳氏《書録解題》俱無此書。宋刊本，每葉卅行，行廿五字。

范文正公遺迹

《范文正公遺迹》一册，不分卷數，亦不著撰人姓氏。

分山東、吴中、西夏、洛陽，公所至之處，各記其名勝、碑記、雜文，并冠以圖，字畫工整。元刊本。

高僧傳

《高僧傳》十四卷，題梁嘉祥寺沙門釋慧皎撰。在《釋藏》“輦”“驅”二字號。書分十例，每僧各爲之傳，始于漢永平十年，終于梁天監十八年，二百五十七人，又旁出附見者二百餘人。《三國志·吴書》孫皓以天紀四年三月降晋，此書《康僧會傳》作“四月”。《通鑑》宋文帝元嘉十年沮渠牧犍改元永和，此書《浮陀跋摩傳》作“承和”，皆足以資考證。明初刊本，每葉十二行，行十七字。

通　志

《通志》二百卷，前有總目一卷，總序一篇，題右迪功郎鄭樵。至治壬戌吴繹序，又疏一篇。後有至治二年九月印造福州路總管府所委提調官各銜名。劉壎《隱居通議》“近大德歲間，東宫有令下福州府刊《通志》，凡萬幾千板”，即此。大字本，每葉十八行，行廿一字。

方輿勝覽

《新編方輿勝覽》七十卷，題建安祝穆和父編。前有嘉熙己亥吕午序，祝穆自序。所載止南宋輿圖，分十八子目。

宋刊黑口本，每葉小字廿八行，行廿八字。

中吳紀聞

《中吳紀聞》六卷，題崑山龔明之。前有淳熙元年龔明之序，目録一卷。末有至正二十五年武寧盧熊記。卷六“石湖”下八條有目無書。元刊黑口本，每葉廿二行，行廿一字。

金陵新志

《金陵新志》十五卷。前有甲申四月江南諸道行御史臺都事索元岱序，鈔録修志文移，臺府提調官掾職名，修志本末。題前奉元路學古書院山長張鉉輯。末有督刊姓氏。此即元至正四年刊本，每葉十八行，行十八字。

茅山志

《茅山志》十五卷，題上清嗣宗師劉大彬造。自《誥副墨》至《金薤編》，凡十二篇。前有泰定甲子趙世延、泰定丁卯吳全節、天曆戊辰劉大彬序。末卷後有“金華道士錢唐西湖隱真庵開山何道士施梓”十八字。元刊黑口本，每葉廿六行，行廿三字。

赤城志

《赤城志》四十卷。前有嘉定癸未郡人陳耆卿序，末有嘉定十六年郡守齊碩跋。《四庫全書》據晁氏《讀書》稱：原本尚有十三圖，今已佚矣。此本尚存九圖，又後人附以萬曆丙申二圖。余搜訪十餘年，庚申歲始於武林書肆得之。宋刊黑口大字本，每葉廿行，行廿字。

文苑英華

《文苑英華》一千卷。前有纂修文苑英華事始，嘉泰四年周必大序。每卷後有登仕郎胡柯、鄉貢進士彭叔夏校正。末卷後有“新差充筠州臨江軍巡轄馬遞鋪王恭點對兼督工”一行。此從嘉泰刊本影鈔，大字本，每葉廿行，行廿字。惜中多闕卷，書賈往往割一卷爲兩卷，以充全數，前後倒亂，未爲全璧。然其佳處，迥非明隆慶刊本所可及也。

文苑英華辨證

《會通館印正文苑英華辨證》十卷。前有嘉泰四年彭叔夏序。宋本《文苑英華》每卷本附辨證，此則其單行本也。舊影宋鈔本。據周益公《文苑英華序》，始雕於嘉泰改元春，至四年秋訖工，此編序末題嘉泰四年冬十有二月已丑朔鄉貢進士廬陵彭叔夏謹識，則此編作於《英華》刊成之後，故異同詳略不復追改。

金石例

《蒼崖先生金石例》十卷，題鄱陽楊本編輯校正，目録前又題王思明重校正。前有至正五年楊本序，至正戊子王思明序。此書爲元潘昂霄所撰，蒼崖其號也。至正乙酉，楊本刻于饒州，戊子，王思明復梓之，此即思明所刊。黑口本，每葉廿行，行廿二字。

唐詩輯注

《唐詩始音輯注》一卷《正音輯注》六卷，《遺響輯注》七卷，題襄城楊士宏伯謙編次，新淦張震文亮輯注。前有至正四年楊士宏序，并凡例。目録後有“廣勤堂”鼎式木印，“建安葉氏鼎新綉梓”木長印。元刊黑口本，每葉廿行，行十八字。

蔡中郎文集

《蔡中郎文集》十卷《外傳》一卷，題漢左中郎將蔡邕伯喈撰。前有天聖癸亥歐静序。每葉題作單行大字，正文作雙行小字。目録後有“正德乙亥春三月錫山蘭雪堂華堅允剛活字銅板印行”廿二字。每葉十四行，行十三字。

曹子建集

《曹子建集》十卷，題魏陳思王曹植撰。前有吴郡徐伯虬序，不署年月，稱郭子萬程雅好是集，刊布以傳。萬程，閩清人，嘉靖己未進士，官刑部主事，見《明詩綜》。末有曹集疑字音釋二葉，即晁氏《讀書志》所見本。每葉十八行，行十七字。

嵇康集

《嵇中散集》十卷，每卷目録在前。前有嘉靖乙酉黄省曾序。《三國志·邴原傳》裴松之注："張貔，父邈，字叔遼，《自然好學論》在《嵇康集》。"今本亦有此篇。又詩六十六首，與王楙《野客叢書》本同，是從宋本翻雕，每葉廿二行，行廿字。

陶淵明集

《箋注陶淵明集》十卷。前有梁昭明太子序。《總論》一卷，題廬陵後學李公焕集録。詩文句下略有箋釋，間采東坡、山谷、趙泉山、韓子蒼、湯東澗、張縯、胡仔諸家之論，附於詩後。末有陽休之以下序記一卷。宋刊黑口巾箱本，每葉十八行，行十五字。

駱賓王集

《駱賓王文集》十卷。前有《唐書》本傳。明刻《駱集》有四卷、六卷、八卷之本，此本乃元時所刊，與晁氏《讀書志》、陳氏《書録解題》卷數相同。據《書録解題》，卷首有魯國郗雲卿序，而此本無之。每葉廿二行，行十八字。

李太白詩

《分類補注李太白詩》二十五卷，闕七卷，題舂陵楊齊賢子見集注，章貢蕭士斌粹可補注。前有至元辛卯蕭士斌序。目録後有“建安余氏勤有堂刊”八字篆書木長印，又有李陽冰以下序記一卷。元刊黑口本，每葉廿四行，行廿字。

杜工部詩

《集千家注分類杜工部詩》二十五卷，題東萊徐居仁編次，臨川黄鶴補注。前有杜工部傳、序、碑、銘一卷，後有“廣勤書堂新刊”六字木長印，《年譜》一卷，目録一卷。集注姓氏後有“三峯書舍”鐘式木印，“廣勤堂”三字鼎式木印。元刊黑口本，每葉廿四行，行廿字。

又

《集千家注批點杜工部詩集》二十卷，題須溪先生劉會孟評點。前有大德癸卯劉將孫序，序後有“須溪劉氏”“將孫”“尚友父”五木印，①《年譜》一卷，目録一卷。末卷已

① 按，孫星衍《平津館鑒藏書籍記》“五木印”下有小注“二印不可識”五字。

闕，後人鈔補。元刊黑口本，每葉廿二行，行廿三字。

陸宣公集

《唐陸宣公集》二十二卷目録一卷。前有權德輿翰苑集序、進奏議劄子一篇，陸宣公像、至大辛亥厲一鶚序。目録後有題識“至大辛亥秋教官厲心齋奏，總管王公子中命重新繡梓”云云。黑口本，每葉廿二行，行十九字。

韓昌黎集

《朱文公校昌黎先生文集》四十卷，題晦庵朱先生考異，留耕王先生音釋。目録一卷，題李漢編。集前有朱文公韓文考異序，寶慶三年王伯大序，校集凡例。末有題識，稱今本宅所刊係將南劍州官本爲據，并將音釋附正集云云。宋刊黑口本，每葉廿六行，行廿三字。

柳河東集

《增廣注釋音辯唐柳先生集》四十三卷《别集》二卷《外傳》二卷《附録》一卷，題南城先生童宗説注釋，新安先生張敦頤音辯，雲間先生潘緯音義。前有劉禹錫序，年譜。乾道三年陸之淵柳文音義序，即爲潘緯作也。宋刊黑口本，每葉廿六行，行廿三字。

蘇東坡詩

《增刊校正王狀元集注分類東坡先生詩》二十五卷，題宋禮部尚書端明殿學士兼侍讀學士贈太師謚文忠公蘇軾，廬陵須溪劉辰翁批點。前有東坡先生詩序，王十朋一篇，趙公夔一篇。集注姓氏題狀元王公十朋龜陵纂集。後有“廬陵□□□□書堂新刊”十字木長印。元刊黑口本，每葉廿四行，行廿一字。

趙子昂集

《松雪齋文集》十卷《外集》一卷《行狀謚文》一卷目録一卷。前有大德戊戌戴表元序。末有至元後己卯何貞立序，沈璜跋，稱松雪翁薨幾二十年，今從公子仲穆求假全集，再加校正，合爲一十二卷，亟鋟諸梓云云。元刊黑口本，每葉廿四行，行廿二字。

附　録

讀書叢録序[①]

夫讀書之士，攄其所得，著於録者，近代以來，兩浙爲盛。南雷茁其萌芽，西河暢其枝葉，曝書明其存亡，鮚埼知其流别。然綺靡不化，聲音尚乖，義訓失故，附會易集，依乎六經。非堂室之碩彦，搜乎四部，亦循涂之。先覺蓋披榛去穢，則事半功倍，從事於後，聞見日新，此臨海洪氏之書，因是而有作也。

余與洪君有相思之雅，頃會合海南，往返遂密，盡見所業，以聲音文字爲根柢，古人心思制作皆可推見。而《讀書叢録》一編，尤其菁華薈萃，條列明白者也。以今日遠於古，匪古無以證今，然習一方之語言，持鄉壁之論議，則九流有山川之隔，六藝在百世之上。今觀君爲讀書之法，悉究諧聲

① 按，底本無此序，道光四年重印時增加此序（見美國國會圖書館藏本）。又按，宋翔鳳《樸學齋文録》收録此序，文字略有改動。

之本，深明假借之用，紛綸斷闕，旁推交通，千古絶續，語於一堂。遂綜所言，録之以筆，神明其意，極乎無窮，誠能得其本原，自非陟其糟魄。今之賢哲，如嘉定錢君、高郵王君，兩家著書，皆不騖高遠，維求實是。君既耳聞其説，心折其言，悼擿埴之冥行，冀火傳於薪盡，則是録之成，益未可緩。余素結茲願，而氣質漸衰，精華欲竭，茫茫徒有浩嘆。以君之年，過余一紀，而修業不息，研求益鋭，此天之所以於君方厚，古人不墜，意在後來，若一世之知否，誠無與於斯焉。道光四年十月長洲宋翔鳳序。

宋景文公筆記

整理説明

《宋景文公筆記》三卷，宋祁撰。宋祁（998—1061），開封雍丘（今河南杞縣）人。天聖二年進士，“與兄庠同時舉進士，禮部奏祁第一，庠第三。章獻太后不欲以弟先兄，乃擢庠第一，而置祁第十，人呼曰‘二宋’，以大小别之”，纍遷右諫議大夫、群牧使、翰林學士承旨等職。去世後，“其子遵《治戒》不請謚。久之，學士承旨張方平言祁法應得謚，謚曰‘景文’”（《宋史·宋祁傳》）。《宋史》卷二百八十四有傳，馮夢龍《情史》、潘永因《宋稗類鈔》載宋祁逸事數則。

宋祁著述頗豐，《宋史·宋祁傳》：“修《唐書》十餘年，自守亳州，出入内外，嘗以稿自隨，爲列傳百五十卷，預修《籍田記》《集韻》，又撰《大樂圖》二卷，文集百卷。”《宋史·藝文志》著録宋祁著作五部：《大樂圖》一卷、《摘粹》一卷、《筆録》一卷、《宋祁集》一百五十卷、《宋景文公筆記》五卷。《郡齋讀書志》又有《宋景文雞跖集》二十卷，《遂初堂書目》又有《宋景文刀筆集》，《直齋書録解題》又有《三聖樂書》一卷。《四庫全書》又收録《益部方物略記》一卷。宋祁的詩詞後人也有編輯整理，舊題宋陳思編、元陳世隆補《兩宋名賢小集》有宋祁《西州猥稿》一卷，清人曹庭棟《宋百家詩存》輯《景文詩集》一卷，近人楊萬里編《校輯宋金元人詞》有《宋景文公長短句》一卷。至清，宋祁文集已無完本，現存《景文集》六十二卷係四庫館臣輯自《永樂大典》，先是武英殿以聚珍版印行，後又收入《四庫全書》，日本尚存《景文集》宋槧零本二十二卷以及殘本十卷，共三十二卷，日本人林衡編《佚存叢書》，將其收入。清人孫星華又從日本存三十二卷中輯得數百篇，編次爲二十二卷，作爲拾遺，附刻於福建、廣東兩地重刊武英殿聚珍版書《景文集》中。

《宋景文公筆記》，各書目著録題名、卷數略有差異。《遂初堂書目》作《宋景文筆記》；《直齋書録解題》作《宋景文筆記》一卷；《宋史・藝文志》作《宋景文公筆記》五卷并附《契丹官儀》《碧雲霞》；《郡齋讀書志》著録爲《景文筆録》三卷，曰“右皇朝宋祁撰。皆故事異聞嘉言奧論，可爲談助，不知何人所編，每章冠以公曰。景文乃祁謚也”；《文獻通考》著録爲《宋景文筆録》三卷，引《郡齋讀書志》，又引《中興藝文志》“《筆録》三卷，皇朝紹聖中，宋肇次其祖庠遺語，凡一百七十條”，馬端臨注曰“按二筆録卷數同，祁、庠又兄弟也，然則一書邪，二書邪？當考”。

《四庫全書總目》（按，《四庫全書總目》題名《筆記》，文淵閣《四庫全書》題名《宋景文筆記》）辨正曰："今考書中稱引莒公者不一，莒公即庠，則此録爲祁明矣。或肇所編又别一書，亦名'筆録'耳。"

《四庫全書總目》評價該書："其書上卷曰釋俗，中卷曰考訂。多正名物音訓，裨於小學者爲多，亦間及文章史事。下卷曰雜説，則欲自爲子書，造語奇雋，多似焦贛《易林》、譚峭《化書》，而終以庭戒、治戒、左志、右銘，未審爲平日預作，爲其後人附入也。"《宋景文公筆記》内容較雜，其條目基本按内容分類排列，但也有不少混雜之處，或是編輯成集之時便如此。上卷"釋俗"前半部分多爲名物制度的考辨，而後半部分則多談及詩賦文章。中卷"考古"，主要是宋祁對史事的考論，而又間及對詩賦文章的評價以及文字的考證。下卷"雜説"，前半部分多記生活中的常理，内容多以治國理政爲主，後半部分是庭戒諸兒、治戒、左志、右銘，則是關於囑托後事、教育子孫的内容。

《宋景文公筆記》雖然篇幅短小，但是考論精確，在宋代就受到了很多學者的重視，其文常常被徵引，例如程大昌《演繁露》、袁文《甕牖閑評》、王應麟《困學紀聞》、陳鵠《耆舊續聞》、吴曾《能改齋漫録》、吴仁傑《兩漢刊誤補遺》等書皆有徵引，本次整理，亦將各家徵引《宋景文公筆記》之文與傳本對校，文字差别較大者，則出校。《宋景文公筆記》卷下《治戒》，與吕祖謙編《宋文鑑》、四庫館臣從《永樂大典》中輯出的宋祁《景文集·治戒》有一些異文，本次整理也一并出校。諸學者於該書條目之評論，若有裨於本書的整理，則一并徵引，例如“顏之推説唐末文籍亡散”，王士禎《古夫于亭雜録》曰：“謂顏之推語則誤。之推，後魏黄門侍郎，而預知南唐宋初事耶？疑是傳寫之訛。”江少虞《事實類苑》卷六十一“字學”録《宋景文公筆記》文，無“顏之推説”四字。

《宋景文公筆記》所引前人著作，有與今傳本不同者，例如“莒公言《詩》有‘常棣之華’，逸詩有‘唐棣之華’，世人多誤以‘常棣’爲‘唐棣’”，按，“常棣之華”是《魯詩》，今本《毛詩》作“棠棣之華”。又如該書收録蕭該《漢書音義》十四條，《四庫全書總目》稱“蕭該《漢書音義》爲顏師古所未見者，亦賴此書存其略”，并不確切。南宋慶元間劉元起刻《漢書》載《漢書音義》若干條，已經包含此十四條，但是略有差異。國家圖書館藏景祐本《漢書》卷端手寫校語亦抄録《漢書音義》，相傳爲宋祁手筆，瞿鏞、張元濟定爲明代周迂叟抄録。筆者認爲瞿、張之説未爲確論，相較《漢書》劉元起刻本所録宋祁校語，《漢書》景祐本卷端手寫校語與《宋景文公筆記》更爲接近，當不是明代周迂叟從《漢書》劉元起本所録，《宋景文公筆記》所記《漢書音義》有助於景祐本手寫校語的考察。凡此种种，本次整理，將核對《宋景文公筆記》引文，若與今傳本有異，則在校勘記中予以指出。

《宋景文公筆記》有襲用前人之説，如"《春秋説》以人十四心爲德，《詩説》以二在天下爲酉，《漢書》以貨泉爲白水真人，《新論》以金昆爲銀，《國志》以天上有口爲吴，《晋書》以黄頭小人爲恭，《宋書》以召力爲劭"出自《顔氏家訓·書證》，在整理過程中，若發現此類問題，則在校記中予以指出，若有異文，則出校，以備讀者參考。

《宋景文公筆記》今傳本多爲叢書本，《百川學海》《學津討原》《湖北先正遺書》《叢書集成初編》《四庫全書》《反約篇》《榕園叢書》《唐宋叢書》《説郛》《學海類編》等叢書皆有收録。或題《宋景文公筆記》三卷，或題《宋景文筆記》三卷，或題《宋景文公筆記》一卷，而内容皆同。唯《學海類編》《叢書集成初編》將該書分爲兩書，一爲《宋景文筆記》二卷，是爲"釋俗""考古"二卷；一爲《宋景文雜説》一卷，則係"雜説"部分。

對校發現，各叢書本差别并不大，無法明確區分其版本系統。現存最早的版本當是南宋咸淳年間《百川學海》本，本次整理即以國家圖書館出版社《中華再造善本》影印南宋咸淳間《百川學海》本爲底本。《文淵閣四庫全書》本異文稍多，而據《四庫全書總目》，該本係兩淮鹽政采進本，或别出它源，亦未可知，本次整理將臺灣商務印書館影印《文淵閣四庫全書》本作爲一個校本。清嘉慶間張氏照曠閣《學津討原》本影響較大，《湖北先正遺書》本即影印該本，因而也將它作爲一種校本。清道光間晁氏木活字《學海類編》本則分爲《宋景文筆記》和《宋景文雜説》兩部分，比較特殊，因而本次整理將此二種視爲一種，也作爲一個校本。在校記中，若僅説某本作某，而不提及其他各本，則表示其他各本與底本同。

國家圖書館藏鮑廷博校明抄本《宋景文公筆記》三卷（見《子海珍本編》影印本），訛字較多，本次整理不予采用，但是酌情吸收了部分鮑廷博校語。

吴曾《能改齋漫録》所引《宋景文公筆記》有兩則爲今傳本所無，本次整理視爲佚文，附正文之後。此外，欒貴明先生《四庫輯本别集拾遺》（中華書局，1983 年）從《永樂大典》中輯有《宋景文公筆記》佚文三則，本次整理悉以過録。

卷　上

釋　俗

近世授觀察使者，不帶金魚袋。初，名臣錢若水拜觀察使，佩魚自若，人皆疑而問之，若水倦於酬辯，録唐故事一番在袖中，人問者，輒示之。

宦者、宫人言正月與上諱同音，故共易爲初月。王珪爲修起居注，頗熟其聞，因上言：“秦始皇帝名政，改正音政月爲端月，以正音政爲正音征，今乞廢正、征音，一字不用。”遂下兩制議，兩制共是其請，表去其字。曾公亮疑而問予，予曰：“不宜廢，且月外尚有射正，《詩》曰‘不出正兮’，不止正月矣。”曾寤，密語丞相府，罷之。

國朝有骨朵子，直衛士之親近者。予嘗修日曆，曾究其義。關中人謂腹大者爲“胍肞”，上孤下都，俗因謂杖頭大者亦爲“胍肞”，後訛爲“骨朵”，朵從平聲，然朵難得音，今爲軍額，固不可改矣。

予昔領門下省，會天子排正仗，吏供洞案者，設於前殿兩螭首間，案上設燎香爐，修注官夾案立。予詰吏：“何名洞？”吏辭不知。予思之，通朱漆爲案，故名曰洞耳。丞相公序謂：“然唐人鄭谷嘗用之。”

宣獻宋公著《鹵簿記》，至穛槊，不能得其始，遍問諸儒，無知者。予後十餘年方得其義，云：江左有瓟槊，以首大如瓟，故云。穛一作爆。

陶穀，本唐彦謙後，石晋時避帝諱，改曰陶，後納唐氏爲婿，亦可怪。

古人寫書盡用黄紙，故謂之黄卷。顔之推曰：“讀天下書未遍，不得妄下雌黄。”雌黄與紙色類，故用之以滅誤，今人用白紙，而好事者多用雌黄滅誤，殊不相類。道、佛二家寫書猶用黄紙，《齊民要術》有治雌黄法。或曰：“古人何須用黄紙？”曰：“蘗染之，可用辟蟫。”今臺家詔敕用黄，故私家避不敢用。

孫炎作反切，語本出於俚俗常言，尚數百種，故謂“就”爲“鯽溜”，凡人不慧者即曰“不鯽溜”。謂“團”曰“突欒”，謂“精”曰“鯽令”，謂“孔”曰“窟籠”，不可勝舉。而唐盧仝詩云“不鯽溜鈍漢”，國朝林逋詩云“團欒空遶百千回”，是不曉俚人反語，逋雖變“突”爲“團”，亦其謬也。

碑者，施於墓則下棺，施於廟則繫牲，古人因刻文其上，今佛寺揭大石鏤文，士大夫皆題曰碑銘，何耶？吾所未曉。

樂石有磬，今浮屠持銅鉢亦名磬，世人不識樂石，而儒者往往不曉磬折義，故不獨不識磬，又不能知鉢。

擣辛物作虀，南方喜之，所謂金虀玉膾者，古説虀臼曰受辛，是臼中受辛物擣之。

南方之人謂水皆曰江，北方之人謂水皆曰河，隨方言之便，而淮、濟之名不顯。司馬遷作《河渠書》，并四瀆言之。《子虛賦》曰“下屬江河”，事已相亂。後人宜不能分别言之也。

莒公言河陽出王鮪，即今黄魚也，形如豕，口與目俱在腹下。每春二月出於石穴，逆河而上，人乃取之，其腥不可近。官以爲鮓，獻御，其味甚美，然有毒，所謂“王鮪岫居”者。

蜀人謂老爲皤音波，取皤皤黄髮義。後有賊王小皤作亂，今國史乃作“小波”，非是。

蜀人見物驚異，輒曰：“噫嘻嚱。”李白作《蜀道難》，因用之。汾晋之間，尊者呼左右曰“咄”，左右必曰“喏”，而司空圖作《休休亭記》又用之。修書學士劉義叟爲予言：“《晋書》言‘咄嗟而辦’，① 非是，宜言‘咄喏而辦’。”然“咄嗟”，前世人文章中多用之，或自有義。

① “而”，《晋書·石崇傳》作“便”。

今造屋勢有曲折者，謂之庯峻，齊魏間以人有儀矩可喜者，謂之庯峭，蓋庯峻也。《集韻》曰："庯庩，屋不平也。"庯，奔模切，庩，同都切。

儒者讀書多隨俗呼，不從本音，或終身不悟者。凡讀廷音定皆作廷音亭，故廷中、廷争、柏者鬼之廷、游神之廷，皆作"庭"。假借之假音嫁皆作假音賈，朝請音才姓切皆作請屈請之請，爛脱音奪皆作脱，太守音狩作守，周身之防去聲爲防，廷尉評去聲爲評，中去聲興爲中興，若此甚衆。

莒公嘗言山東曰朝陽，山西曰夕陽，故《詩》曰"度其夕陽"，又曰"梧桐生矣，于彼朝陽"，指山之處耳。後人便用夕陽爲斜日，誤矣，予見劉琨詩"夕陽忽西流"，然古人亦誤用久矣夫。

余見今人爲學不及古人之有根本，每亦自愧，嘗讀祭式，其中有任器，字注曰"未詳"，且任器乃擔荷之具，雜見子史，何云未詳？

古今語無雅俗，惟世之罕道者似雅。如古以大爲大音如舟柂之柂，則言大雅、大夫、大閲、大舉類，不及今人言大徒帶反之雅。古以車音居爲車昌遮反，漢以來乃言車居，俗語則曰車昌遮反，則今語爲雅。

今公私文書以勑音賚爲敕，吏既書畫有體，不復能改。《春秋説》以人十四心爲德，《詩説》以二在天下爲酉，《漢書》以貨泉爲白水真人，《新論》以金昆爲銀，《國志》以天上有口爲吴，《晋書》以黄頭小人爲恭，《宋書》以召力爲劭。①

古無正字，多假借。② 以中爲仲，以説爲帨，以召爲邵，以間爲閑。後人以“亂”旁爲“舌”，“揖”下無“耳”，“黿”“鼉”從“龜”，“奪”“奮”從“雀”，③“席”中從“帶”，④“惡”上安“西”，“皷”外設“皮”，“鑿”頭生“毁”，“離”則配“禹”，“壑”乃施“谿”，⑤“巫”混“經”旁，“皐”分“澤”外，⑥“獵”化爲“獦”音葛，獸名，“業”左益“土”，⑦“靈”底著“器”，其何法哉？

余友楊備得古文《尚書》釋文，讀之大喜，於是書、訊、刺，字皆用古文，僚友不之識，指爲怪人。

余少爲學，本無師友，家苦貧無書，習作詩賦，未始有志立名於當世也，願計粟米養親紹家閥耳。年二十四而以文投故宰相夏公，公奇之，以爲必取甲科，吾亦不知果是歟。天聖甲子，從鄉貢試禮部，故龍圖學士劉公嘆所試辭賦，大

① “《春秋説》以人十四心爲德……《宋書》以召力爲劭”皆見於《顔氏家訓·書證》。

② 自“多假借”至“靈底著器”，見於《顔氏家訓·書證》。

③ “雀”，《顔氏家訓》作“雚”，注“音館”。

④ “從”，《顔氏家訓》作“加”。

⑤ “谿”，《顔氏家訓》作“豁”。

⑥ “外”，《顔氏家訓》作“片”。

⑦ “土”，王利器認爲當作“片”，詳見王利器《顔氏家訓集解》（增訂本），中華書局，1993年，第519頁。

稱之朝，以爲諸生冠。吾始重自淬礪，力於學，模寫有名士文章，諸儒頗稱以爲是。年過五十，被詔作《唐書》，精思十餘年，盡見前世諸著，乃悟文章之難也。雖悟於心，又求之古人，始得其崖略，因取視五十已前所爲文，赧然汗下，知未嘗得作者藩籬，而所效皆糟粕芻狗矣一作耳。夫文章，必自名一家，然後可以傳不朽。若體規畫圓，準方作矩，終爲人之臣僕。古人譏屋下作屋，信然。陸機曰："謝朝花於已披，啓夕秀於未振。"韓愈曰："惟陳言之務去。"此乃爲文之要。五經皆不同體，孔子没後，百家奮興，類不相沿，是前人皆得此旨。嗚呼，吾亦悟之晚矣，雖然，若天假吾年，猶冀老而成云。

莒公嘗言王沂公所試《有教無類》《有物混成賦》二篇，在生平論著絶出，有若神助云。楊億大年亦云："文章立名不必多,① 如王君二賦，一生衣之食之不能盡。"

李淑之文自高一代，然最愛劉禹錫文章，以爲唐稱"柳劉"，"劉"宜在"柳柳州"之上。淑所論著多似之,② 末年尤奥澀，人讀之，至有不能曉者。

柳州爲文，或取前人陳語用之，不及韓吏部卓然,③ 不

---

① 《四庫全書》本"文章"前有"自古"二字。
② "論著",《四庫全書》本作"著論"。"似",《四庫全書》本作"類"。
③ "卓然"下,《四庫全書》本有"不朽"二字。

丏於古而一出諸已,[1] 劉夢得巧於用事，故韓、柳不加品目焉。

晏相國今世之工爲詩者也，末年見編集者乃過萬篇，唐人已來所未有，然相國不自貴重其文，凡門下客及官屬解聲韻者悉與酬唱。

上即位天聖初元以來，搢紳間爲詩者益少，惟故丞相晏公殊、錢公惟演、翰林劉公筠數人而已。至丞相王公曙、參知政事宋公綬、翰林學士李公淑，文章外亦作詩，而不專也。其後石延年、蘇舜欽、梅堯臣皆自謂好爲詩，不能自名矣。

余於爲文似蘧瑗，瑗年五十知四十九年非，余年六十始知五十九年非，其庶幾至於道乎?[2] 天稟余才，纔及中人，中人之流，未能名一世，然自力於當時則綽綽矣。

每見舊所作文章，憎之，必欲燒棄。梅堯叟喜曰："公之文進矣，僕之爲詩亦然。"

文有屬對平側用事者，供公家一時宣讀施行，以便快然，久之不可施於史傳。余修《唐書》,[3] 未嘗得唐人一詔一令可載於傳者，唯捨對偶之文，近高古乃可著於篇。大抵史近古，對偶宜今，以對偶之文入史策，如粉黛飾壯士，笙匏佐鼙鼓，

---

① 《四庫全書》本"而"下有"語"字。

② "幾",《四庫全書》本、《學津討原》本作"纔"。《直齋書録解題》"宋景文集"、《能改齋漫録》"著述須待老"引《宋景文筆記》作"幾"。

③ "余",《四庫全書》本作"發"。

非所施云。

莒公常言宋宣獻公作《西太乙宫碑》，文之極摯者也。晏丞相嘗問曾明仲云：“劉禹錫詩有‘瀼西春水縠紋生’，‘生’字作何意?”明仲曰：“作生育之‘生’。”丞相曰：“非也，作生熟之‘生’，語乃健。”莊子曰：“生熟不盡於前。”王建詩曰：“自别城中禮數生。”

卷中

考古

莒公言左氏《國語》越大夫“舌庸”，今《春秋傳》作“后庸”，而《姓纂》舌氏引越大夫爲祖。

今人多誤以鮑照爲“昭”，李商隱有詩云“濃烹鮑照葵”，又金陵有人得地中石刻，作“鮑照”字。①

衛宏《漢儀注》曰：“太史公，武帝置，位在丞相上。天下計書，先上太史公，副上丞相，序事如古春秋。司馬遷死後，宣帝以其官爲令，行太史文書而已。”晋灼以宏言爲非是。顔師古曰：“司馬談爲太史令耳，遷尊之爲公。”予謂遷《與任安書》自言“僕之先人，文史星歷，近乎卜祝之間，固主上所戲弄，倡優畜之，流俗之所輕也”，若其位在丞相上，安得此言耶？《百官表》不著其官，信其非矣。

---

① 國家圖書館藏鮑廷博校明鈔本《宋景文公筆記》三卷，有鮑廷博批校。鮑廷博曰：以照爲昭，蓋避武后諱也，若“畫作屏風寄鮑昭”，竟以昭押韵矣。

古者"大夫"字便用疊畫寫之，以"夫"有"大"音故也。《莊子》、李斯《嶧山碑》如此。

古者牛唯服車，《書》曰"肇牽車牛"，《易》曰"服牛乘馬"。漢趙過始教人用牛耕，王弼傳《易》曰"牛，稼穡之資"，是不原漢始牛耕之意。①

今國學行王弼《易》，題曰"周易乾傳第一"，下云"王弼注"，且傳即注解，名下當祗云"王弼"乃允。

莒公言《詩》有"常棣之華"，② 逸詩有"唐棣之華"，世人多誤以"常棣"爲"唐棣"，於兄弟用之，因"唐"誤"常"，且"常棣"，棣也；"唐棣"，栘也，栘，開而反合者也，此兩物不相親。

鄭玄注《禮記》謂"樝，梨之臧者"，今樝與梨絶不類，恐玄所指非今樝也。

莒公言物理不可必，故聖人隨有無言之，以教一世。必於有，則不可常見，如彭祖七百歲、黄帝升天、秦穆趙簡之帝所也。若必於無，則又忽然而有也，如魏明帝時有火浣布刊去文帝所論是已。

《易》家有蜀才，《史記》有臣瓚。顔之推曰："范長生

① 鮑廷博曰：《左傳》"牽牛以蹊人之田"，冉伯牛名耕。牛耕非自漢始也。
② "常"，《四庫全書》本作"棠"，以下同。"常棣之華"是《魯詩》。

自稱蜀才，則蜀人也。”臣瓚者，于瓚也。①

唐玄宗始以隸楷易《尚書》古文，今儒者不識古文自唐開元始。予見蘇頲撰《朝覲壇頌》，有“乩虞氏”字，館閣校讐官輒點“乩”字側，云“疑”，不知‘乩’即‘稽’字。②

顏之推説唐末文籍亡散，③故諸儒不知字學，江南惟徐鉉、徐鍇，中朝郭恕先，此三人信其博也。鍇爲《説文系傳》，恕先作《汗簡》《佩觿》。時蜀有林氏作《小説》，然狹於徐、郭，太宗朝句中正亦頗留意。予頃請刻篆楷二體九經於國學，予友高敏之笑之。

李陽冰深於篆隸，而名作冰，音凝，故參政王公堯臣但

---

① 《漢書》劉元起本所録宋祁校語，認爲臣瓚疑是傳瓚，與此異。宋祁校語曰：景祐余靖校本云“臣瓚不知何姓”，案裴駰《史記序》云莫知姓氏，韋稜《續訓》又言未詳，而劉孝標《類苑》以爲于瓚，酈元注《水經》以爲薛瓚。姚察《訓纂》云案《庾翼集》，于瓚爲翼主簿，兵曹參軍，後爲建威將軍。晋《中興書》云，翼病卒，而大將于瓚等作亂，翼長史江彪誅之，于瓚乃是翼將，不載有注解《漢書》。然瓚所采衆家音義，自服虔、孟康以外，并因晋亂湮滅，不傳江左，而《高紀》中瓚案《茂陵書》，《文紀》中案《漢禄秩令》，此二書亦復亡失，不得過江，明此瓚是晋中朝人，未喪亂之前，故得具其先輩音義及《茂陵書》《漢令》等耳。蔡謨之江左，以瓚二十四卷散入《漢書》，今之注也。若謂爲于瓚，乃是東晋人，年代前後，了不相會，此瓚非于，足可知矣。又案《穆天子傳》目録云，祕書校書郎中傳瓚，校古文《穆天子傳》，已記《穆天子傳》者，汲縣人不准盜發古冢所得書，今《漢書音義》臣瓚所案，多引《汲書》以駁衆家訓義，此瓚疑是傳瓚，瓚時職典校書，故稱臣也。

② 江少虞《事實類苑》卷六十一“字學”引《宋景文公筆記》作：“唐玄宗改《尚書》古文作今字，學者始不識古文。予見秘閣學士校書有‘乩’（音稽）字，以墨點其處，曰‘疑’。”

③ 王士禎《古夫于亭雜録》卷二：“謂顏之推語則誤。之推，後魏黄門侍郎，而預知南唐宋初事耶？疑是傳寫之訛。”按，江少虞《事實類苑》卷六十一“字學”録《宋景文公筆記》文，無“顏之推説”四字，“顏之推説”四字當衍。

讀“陽凝”，予曰“陽凝”無義，唯“陽冰”有不治之語。

周大臣王朴，名“朴”，平豆反，而自謂“樸”。案《説文》“朴”無“樸”音，俗以“朴”爲“樸”耳。

後魏北齊時，里俗作僞字最多，如巧言爲“辯”，文子爲“學”之比。《隋》有《柳䛒傳》，又“䛒”之訛以“玐”易“巧”矣。予見佛書，以言“辯”字多作“䛒”，世人不復辨詰。

學者不讀《説文》，余以爲非是。古者有六書，安得不習？《春秋》止戈爲武、反正爲乏、亥二首六身，韓子八厶爲公，子夏辨三豕度河，仲尼登太山見七十二家字皆不同。聖賢尚爾，何必爲固陋哉！

唐吕温作《由鹿賦》，曰：“由此鹿以致他鹿，故曰由鹿。”予案《説文》曰：“率鳥者繫生鳥以來之，名䍃。”䍃音由，吕得其意，而不知《説文》有此“䍃”字也。

焉，本鳥名；能，獸名；爲，猴名；乙，燕名；借鳳爲朋黨字朋本音鳳，學者多不知，不讀《説文》之過也。

《漢書·李廣傳》“數奇”，注切爲“所角反”，故學者皆曰“數音朔奇”。孫宣公奭，當世大儒，亦從曰“數朔”。後予得江南本，乃“所具反”，由是復觀顔注，乃顔破“朔”從“所具反”云，世人不知覺。

《漢書·黄霸傳》云：“京兆尹張敞舍鶡雀飛集丞相府，

霸以爲神爵，議欲以聞。”顔師古曰：“此鶡音介，字當作鴧，此通用耳。鴧雀大而青，出羌中，非武賁所載鶡也。”今官本“介”字誤作“芬”，“鴧”字作“鳻”。“鳻”亦音芬，鳻是鳥聚貌，非鳥名也，予見徐鍇本亦如此改定。[①]

予曾見蕭該《漢書音義》若干篇，時有異議，然本書十二篇，今無全本，[②] 顔監集諸家《漢書》注，獨遺此不收，疑顔當時不見此書云，今略記於後。

《儒林傳·施讎傳》云：“魯伯授太山毛莫如少路。”師古曰：“姓毛，名莫如，字少路。”該案：《風俗通·姓氏篇》：混屯，太昊之良佐。漢有屯莫如，爲常山太守。又有毛姓，云毛伯，文王子也，見《左傳》。漢有毛樗之，爲壽張令。案：此莫如姓非“毛”，乃應作“屯”，字音徒本反。今人相承呼爲“毛”，忽聞爲“屯”，驚怪者多。但“毛”“屯”相類，容是傳寫誤耳。應劭解《漢書》，世人皆用，何爲《風俗通》而不信？

《趙子傳》：“蔡誼授同郡食我子公。”師古無注。該案：

---

① 劉元起本《漢書》宋祁校語，“予見徐鍇本亦如此改定”後有“許慎《説文》：鴧音古拜反，鳥，似鶡而色青，出羌中。與師古所引合，徐改爲允。鳻是鳥聚貌，非鳥名”語。按，袁文《甕牖閑評》曰：“此説良有理，以余觀之，恐非官本之誤，何以知其然？蓋《玉篇》云：鶡音何葛切，鳥，似雉而大，青色有毛，角鬬死而止。又云：鳻音扶云切，鳻雀似鶡。《玉篇》蓋唐人作，以是推之，則自唐以來，已自作鳻矣，初非官本之誤也。”

② “全”，《四庫全書》本作“其”。

《風俗通》：食我，韓公子也，見《戰國策》。漢有食子公，爲博士，食音嗣。

《顔安樂傳》："疏廣授琅琊筦路。"師古曰："筦亦管字也。"路爲御史中丞。該案："艸下完"音丸，又音官，今《漢書》本却作"艸下完"。《風俗通·姓氏篇》有管、莞二姓，云莞蘇，楚大夫，見《吕氏春秋》。漢有莞路，爲御史中丞，即此是也。又有管姓，云管夷吾，齊桓佐也，見《論語》。漢有管虢，爲西河太守。今莞路是"艸下完"，非"竹下完"及"竹下官"。由來讀者多惑，檢《風俗通》乃知。

《瑕丘江公傳》："丁姓授楚申章昌曼君爲博士，至長沙太傅。"李奇曰："姓申章，名昌，字曼君。"該案：《風俗通·姓氏篇》云，由余，秦相也，見《史記》。漢有由章，至長沙太傅。①

《揚雄傳》："名曰畔牢愁。"李奇曰："畔，離。牢，聊也。與君想離愁而無聊也。"② 該案："牢"字旁著"水"，晋直作"牢"，韋昭曰"浶，騷也"，鄭氏"愁音曹"。又"恐鷤鴂之先鳴"，③ 師古："鷤音大系反，鴂音桂。"該案：蘇

① 劉元起本《漢書·瑕丘江公傳》宋祁注引蕭該《漢書音義》曰："晋灼作由章。《風俗通·姓氏篇》云，由余，秦相也，見《史記》。漢有由章，至長沙太傅。宜從由章。"

② "想"，《四庫全書》本、《漢書·揚雄傳》作"相"。

③ "先"，《漢書·揚雄傳》作"將"。

林："鸝鴹音殄絹。"[①] 又"挾獝狂",[②] 該曰：獝狂，無頭鬼，見《字林》。

"招摇泰壹",[③] 顏以張晏注："招摇、泰壹，皆神名。"該曰：如淳作"皋楔"。皋，積柴於頭，置牲玉於其上，舉而燒之，故曰"皋摇"。

"儲胥弩阹"，該引《三蒼》，因山谷爲牛馬圈，謂之阹。《黄圖》云："弩阹在上林苑外。""灑沈菑呀壑瀆",[④] 該案：灑沈菑而呀壑瀆兮，"呀"或作"呵"，"呵"，叱問四瀆也。"啾啾蹌蹌入西園切神光",[⑤] 顏曰："啾啾蹌蹌，騰驤貌。"該説："啾"舊亦作"愁"，韋昭音裁臯反，今書或作口旁。"秋"，該引《埤倉》"啾，衆聲也"，又引《楚辭》"鳴玉鸞之啾啾"爲據云。"稽顙樹頷，扶服蛾伏"，如淳曰："叩頭時頂下向則樹向上也。"該案：韋本作"梨顙樹頷"，"梨顙"，顙擫地，樹頷，頷觸地也。今作"稽顙"，傳寫誤耳。又《玄》有"《首》《衝》《錯》《測》《攡》《瑩》《數》《文》《捝》《圖》《告》十一篇"，該案：衝作衡，云八十一

---

① "蘇林：'鸝鴹音殄絹。'"景祐本《漢書·揚雄傳》頁眉批校所存蕭該《音義》同，劉元起本無此文，但注末另有"韋昭：鸝鴹，趣農鳥也"文。

② "挾"，《漢書·揚雄傳》作"扶"。

③ "摇"，《漢書·揚雄傳》作"繇"。

④ "呀壑"，《漢書·揚雄傳》作"於豁"。

⑤ "啾啾"，《漢書·揚雄傳》作"秋秋"，劉元起本《漢書》引宋祁曰："'秋秋'，淳化本作'啾啾'，《刊誤》據《禮樂志》龍秋游改'啾'爲'秋'。"

家相對之弟如輻輳之衛。又案：《别録》：《告》下有《玄問》一篇，合十二篇，今脱一篇，疑今人不見《太玄》及《别録》，不知其謬。[①]“譔爲十三卷”,[②] 顔曰：“譔與撰同。”該案：《字林》“譔，專教也，音詮”，惟《禮記》音撰。尚有一卷未尋得。

予最愛李令伯《表》曰：“盡節於陛下之日長，報劉之日短也。”此言之要也。

古文“卯”本“柳”字，後借爲辰卯之“卯”。“北”本“别”字，後借爲西北之“北”。虞翻笑鄭玄不識古文：以“卯”爲“昧”，訓“北”曰“北猶别也”。[③]

古人語自有椎拙不可掩者。《樂府》曰：“何以銷憂，惟

---

① 按，劉元起本《漢書》將蕭該《漢書音義》與宋祁校語摻雜在一起，二者文字相差許多，此將劉元起本校語一并附録，以供參考：

蕭該《音義》曰：玄衡，云八十一家相對若輻輪之衝也。今《漢書》或誤作衡者，非也。

攡，今《漢書》及韋昭、晋灼《音義》并作攡字，今字書無手傍離字，今人讀《漢書》相承以攡字音力支反，案劉向《别録》，揚雄經目有《玄首》《玄衝》《玄錯》《玄測》《玄舒》，不作“攡”字，然《字林》云：攡，舒也，攡音刃支反。《太玄經》曰：玄者，幽攡萬物而不見其形。宋忠曰：攡者，張也，與晋灼同。

掜，服虔音兒，晋灼曰：掜，擬也。《字林》五弟反。《莊子》曰：終日握之而手不掜。司馬彪曰：但抱而握之，手不捉也。《太玄經》曰：别一以掜于左手之小指。

又今人不見《太玄經》及《别録》，以《玄衝》《玄攡》下有《玄瑩》《玄數》《玄文》《玄掜》《玄圖》《玄告》《玄問》，合十二篇，今《漢書》祇有《首》《衝》《錯》《測》《攡》《瑩》《數》《文》《掜》《圖》《告》十一篇，皆以解剥《玄問》一篇，故云十一，該取未詳，是故述之。

② “譔爲十三卷”，《漢書·揚雄傳》“譔”下有“以”字。

③ 此文出自《三國志·虞翻傳》裴松之注。

有杜康。”劉越石曰：“何其不夢周。”又曰：“夫子悲獲麟，西狩泣孔丘。”雖有意緒，辭亦鈍樸矣，又不及沈約云“黄憲牛醫之子，叔度名動京師”云。

古人名黑臀、黑肩、牛蝨、犬子，今不以爲雅。“迎貓爲食田鼠”，讀《禮》者不曰貓音茅，而曰貓音苗，避俗也。莊子曰“道在屎溺”，今爲鄙語。《漢書》“驢非驢，馬非馬，龜茲王乃騾也”，如此語粗甚，可削去也。

宣獻宋公嘗謂左丘明工言人事，莊周工言天道，二子之上無有文矣，雖聖人復興，蔑以加云。予謂老子《道德篇》爲玄言之祖，屈宋《離騷》爲辭賦之祖，司馬遷《史記》爲紀傳之祖，後人爲之，如至方不能加矩，至圓不能過規矣。

柳子厚《正符》《晋説》雖模寫前人體裁，然自出新意，可謂文矣。劉夢得著《天論》三篇，理雖未極，其辭至矣。韓退之《送窮文》《進學解》《毛穎傳》《原道》等諸篇，皆古人意思未到，可以名家矣。

王弼注《易》直發胸臆，不如鄭玄等師承有來也。或曰：何以得立爲一家？予曰：“弼棄《易》象互體，專附《小象》，衍成其文，是以諸儒不能訾退之。今講《易》者已讀弼注，訖至《小象》，則更無可敷演矣。”劉齊善言《易》，説曰：“六十四卦，本之《乾》《坤》，及諸卦中皆有《乾》《坤》象意。孔子叙《乾》爲玉爲金，《坤》爲牛爲輿之類，本釋他卦所引，非徒言也。弼不可云‘得意忘象，得象忘言’。”

老子曰：“無物之象。”古語亦有想象，韓非子曰“人希見生象，得死象圖之”，又“案其圖以想其生也，故人所以意想者，皆謂之象”，然説亦怪矣。

《司馬相如贊》曰：“《春秋》推見至隱，《易》本隱之以顯。《大雅》言王公大人德逮黎庶，《小雅》推小己之得失其流及上，① 所言雖殊，其合德一也。”此語最佳。

太史公曰：“趙勝翩翩濁世之佳公子也。”見自振澤纔爲亂世之士，治世則罪人矣。

《春秋》者，天下之正法也。孔子有王天下之才而不得位，故見其志於《春秋》。是以引天下之譽褒之，賢者不敢私；引天下之議貶之，奸人不敢亂。故漢人以《春秋》決獄，所以法仲尼也。

曾子年七十文學始就，乃能著書。孔子曰：“參也魯。”蓋少時止以孝顯，未如晚節之該洽也。

賈誼善言治，晁錯善言兵，董仲舒善推天人，司馬遷叙事，相如、揚雄文章，劉向父子博洽至矣。

韓退之稱孟軻醇乎醇者也，至荀況、揚雄曰大醇而小疵。予以爲未之盡。孟之學也雖醇，於用緩。荀之學也雖疵，於用切。揚則立言可矣，不近於用。

① “推”,《史記》《漢書》均作“譏”。

賈誼善言治，健而快，過董仲舒一等。仲舒優軟不迫切，純儒也。

莒公言：歐陽永叔推重《歸去來》，以爲江左高文。丞相以爲知言。

或詆漢高祖非張良、陳平不能得天下。曰：不然。良、平非高祖不能用。夫智高於良、平，乃能聽其謀。至項羽不知用范增，則敗矣。高祖之量之謀，兼韓信、彭越者八九，故三分關東地，與之而不疑。當是時，玩信等如股掌上一土丸爾。

高祖知吕后與戚夫人有隙，方病時，去吕后若斷一巨拇，然終不殺者，以惠帝不能制陳平、周勃、蕭何、曹參等，故委戚氏不顧，爲天下計，俾后佐之。惠帝六年，[①] 后八年，是時天下已定，奸人不能摇亂，文帝以一乘車自代來即位，則高祖料之熟矣。

世稱文帝漢盛德主也，然在朝之儒賈誼一人而已，所任宰相盡高祖時猥將庸人。亦不深討禮樂典章，於時《詩》《書》皆伏而未出。然而天下太和，兵革不興，南越順德，諸侯軌道，匈奴雖數盜邊，亦不敢深入。由是言之，治天下者在質而已，不必尚文，故曰：質近實，文近名，文弊則民

① "惠帝六年"，漢高祖十二年五月丙寅，孝惠帝即皇帝位，惠帝七年秋八月戊寅崩，惠帝在位七年有餘，"六年"當爲"七年"。

許興矣。

曹操忌孔融、崔琰，殺之，操之宇爲弗裕矣。孫權引殺融爲比，而斥虞翻，誅張温，權之量又下矣。待賢少忌，唯劉備爲綽綽云。

荀彧之於曹操，本許以天下，及議者欲加九錫，彧未之許。非不之許，欲出諸己耳。操不悟，遽殺之。然則天奪其爽以誅彧，寧不信乎？

孫權用吴，諸葛亮用蜀，終不能得中國一尋一常地。卒之并吴、蜀者，晋也。

能以身爲國興亡者，蜀諸葛、晋謝安、秦王猛是也。

霍光學伊尹，才不周用，故宣帝立。王莽學周公，奸足以自文，故平帝篡。

《詩》曰："蕭蕭馬鳴，悠悠旆旌。"見整而静也，顔之推愛之。"楊柳依依，雨雪霏霏"，寫物態慰人情也，謝玄愛之。"遠猷辰告"，[1] 謝安以爲佳語。

左太沖詩曰："振衣千仞岡，濯足萬里流。"使飄飄有世表意，不減嵇康"目送飛鴻"語。

---

① "遠猷辰告"，《韓詩》。《毛詩》作"遠猶辰告"。陳橋縱《韓詩遺説考》："'遠猷'，《毛詩》作'遠猶'。'猷'與'猶'同。《書盤·庚》'女分猷念以相從'，漢石經作'猶'。《毛詩·小星》'實命不猶'，《陟岵》'猶來無棄'，《爾雅·釋言》注并引作'猷'。又《常武》'王猶允塞'，《韓詩外傳》作'王猷允塞'，是'猶''猷'字同之驗。段氏玉裁《説文解字注》云'今字分謀猷字，犬在右。語助字，犬在左。經典絶無此例'。"

柳子厚云：“嘻笑之怒甚於裂眦，長歌之音過於慟哭。”劉夢得云：“駭機一發，浮謗如川。”信文之險語。韓退之云：“婦順夫旨，子嚴父詔。”又云：“耕於寬閑之野，釣於寂寞之濱。”又云：“持被入直三省，丁寧顧婢子，語刺刺不得休。”此等皆新語也。

莊周曰：“送君者皆自涯而反，君自茲遠。”每讀至此，令人蕭寥有遺世之意。

經曰：“孝莫大於嚴父，嚴父莫大於配天，則周公其人也。昔者，周公郊祀后稷以配天，宗祀文王於明堂以配上帝。”釋曰：古者祭天於郊，以其蕩蕩然，蒼蒼然，無乎不覆，無乎不見，故以至敬事之。郊也者，不屋者也，達自然之氣也。掃地而祭，器尚陶匏，不敢以人之所愛奉之，尊之也，遠而敬之也。人莫不本乎祖，祖一而已，尊無二上，故曰率義而上至於祖。祖尊而不親，是所以配天也。周推后稷配天，盡矣至矣，不可以加矣。周公之攝政，仁乎其父，欲配之郊，則抗乎祖，欲遂無配，則已有仁父之心，不能見之天下，不見之天下，非仁也，於是乎名天以上帝而配之。上帝也者，近人理者也。人於萬物乃一物，假令天若有知，然宰制生育，未必圓顱、方趾、耳鼻、食息如人者也。今名之帝，以人事天，引天以自近，親之也。人之親者莫若父，故以文王配上帝。不可以郊，故内之明堂。明堂，王者最尊處也。仁乎其父，故親于天。天有帝名，則祭之明堂，親與敬兼之矣。孔子所以美周公，能以是心達於天下，而不失乎至禮。禮者，緣人情者也。或曰：經前曰天，後曰上帝，奈何？曰：天、上帝，一耳，不通言則若兩物然，故郊曰昊天，明堂曰昊天上帝，天人之分明也。明祖不可以在明堂，文王不可以配郊矣。

夔曰：“蕭韶九成，鳳凰來儀。擊石拊石，百獸率舞。”敢問何謂也？對曰：以爲虞氏之德，上奉天，下法地，中得人。萬物字茂，寒而寒，暑而暑，殺之不暴，貸之不私，挈天下納於仁壽。若奠器在壚，以其成功次之歌詩，轟然寫金石，入匏竹，無所加其德可矣。鳳未始來也，獸未始感也，且樂作之朝，作之廟，作之郊乎？朝有宫室之嚴，廟有垣壖之護，郊有營衛之禁，則獸何自而至焉？自山林來，則必淩突淮河。戢戢林林，躨跜躑躅，然連頓足掉首，騰踏盤完，何其怪也？群瞽在廷，百工鴈行，而獸參其間，吾以爲怪而不祥。曰：然則孔子何爲不删而著之？曰：樂主成功，不得不盛推吾誼，侈吾言以肆之。有如“祖考來格”，又將見顓頊、堯、瞽叟闖然於堂上耶？

子路問於孔子曰：“治國何如？”孔子曰：“尊賢而賤不肖。”子路曰：“范中行氏尊賢而賤不肖矣，其亡何也？”曰：“中行氏尊賢而不能用，賤不肖而不能去。賢者知其不己用而怨之，不肖者知其賤己而讎之。賢者怨，不肖者讎，中行氏欲不亡，得乎？”孔子可謂知言矣。昔者郭公如是而國爲墟，中行氏既知之矣，而不能改，又及於滅。

蜀關羽善待卒伍而驕士大夫，張飛愛重君子而不恤小人，二者特所偏耳，身皆死於人手，是不可忽也。燕，小國也，其地於天下若靨之著面。然而昭王，賢王也，得郭隗尊事之，故鄒衍、樂毅以齊、趙至，蘇子、屈景以周、楚至。於是舉兵而攻齊，棲閔於莒，鼠伏而不敢出，悉返燕地。計其衆不與齊醜，然而能申意至此者，由得士也。故曰：無常安之家，無常治之民，得賢則安昌，失賢則危亡。自古迄今，未有不然者也。明鑒所以照景，前事所以知今。夫知惡往古之所以危亡，而不務矯蹟於其所以安昌，未有以異夫却走而求及前人也。①

余謂佛，西方之達人也，其言汪茫漫誕，貫生死鬼神，無有濱涯，合萬物之妄以爲一真，真立而妄隨，又去真掊妄，以無修無證爲極。若曰無修乃修也，無證乃證也，雖修而未嘗修，雖證而未嘗證，故舉天下衆生皆入無餘涅槃而滅度之者，如是無量，實無衆生得滅度者。又曰如來説即非衆生，是名衆生，于以脱滯縛、泯有無，自放於太空無垠之所。雖然，法待言而立，不得無言；迷待法而悟，不得無法，故惟釋迦、文殊剟言之瘢，刮法之痕矣。自文殊而下，已自執所見，所見差駁，纖垢淫夷，故維摩詰以一嘿對之，乃皆悟入。

① 此文當出自《説苑·尊賢》，略異。

佛與中國老聃、莊周、列禦寇之言相出入，大抵至於道者，無今古華戎，若符槷然。

堯之四凶，今之奸臣能之。周之十亂，今之賢臣能之。古與今交相勝耳。

堯舜之世，比屋可封，非盡可封也，可封之人多也。桀紂之世，比屋可誅，非盡可誅也，可誅之人多也。成、康刑措四十年不用，非也，以爲二王能用法不濫殺可矣。

《春秋》許夷狄者不一而足，見中國之尊，且見略於外也。

蜀人謂梔師爲“長年三老”，杜甫用之。詩人不以事害意，古者用事簡而當，亦不以字害句，故音韻清濁隨宜改易。“劉在薪中”入張韻，“留宴汾陰西”入先韻，直取意順則已。至唐人以律格自拘，不復敢用，惟白居易用其音於語中，如“照地麒”用佶音，“麒袍雪擺胡”用鶻音，“朥衫紅欄干，三百六十橋”用諶音等，往往有之。晏丞相殊嘗許之曰：“詩人乘語俊，當如此用字。”

《春秋》：“霸之濟不在此舉也。”① 古人以“濟不”作兩字用，謂濟與不濟也。今人用“不”爲歟、耶之比，“不”一音孚鳩反。

漢陳平封曲逆侯，蕭何爲酇侯，霍去病爲驃姚將軍。今

① “霸之濟不在此舉也”，今本《春秋左氏傳》作“霸之濟否在此會也”。

學者讀曲逆爲去遇，酇作䣜，驃爲漂遥，不作本音，何耶？

古人自有文語卓然可愛者。穀梁子曰：“輕千乘之國則可矣，蹈道則未也。”故柳宗元以爲潔。“三軍之士，粲然皆笑”，① 粲，明也，知萬衆皆啓齒，齒既白，以粲義包之。“仲尼居”，《三蒼》作尼，《説文》作凥。

亙從二間舟再名亙字，隸改舟爲曰，何法盛以再一爲舟航字。②

① “三軍之士，粲然皆笑”，今本《春秋穀梁傳》作“軍人粲然皆笑”。

② 《顏氏家訓·書證》：“彌亙字從二間舟，《詩》云‘亙之秬秠’是也。今之隸書，轉舟爲日，而何法盛《中興書》乃以舟在二間爲舟航字，謬也。”王利器《顏氏家訓集解》認爲《宋景文公筆記》“即本此文，而字有訛舛，當據此訂正”。

卷　下

雜　説

君得其健，强陰戢戰；臣執其旨，百度乃凝。欲正四方，先定中央，中央，君也。

天不待規而圓，地不待矩而方。天尊地卑，其道有常。君，天道也；臣，地道也。

天用其圓，地用其方，圓道主於生，方道主於成。天，君德也；地，臣職也。君操無爲以臨臣之有爲，萬物自歸。上逸於制，下勞於事，百度乃治。無爲者，非謂塞吾耳不聽也，蔽吾目不視也，閟吾言不出也，謂審於有爲之内，不爲於有爲之外也。何謂内？曰：官不職，責之相；士不練，責之將；財匱，責司農；獄不正，責廷尉，是爲内。何謂外？曰：歲有常賦而又賦焉，是曰贕；人有常役而又役焉，是曰横；力不勝加，如負則跌；材已窮加，如任則敗，是爲外。振其領，群毛整；提其綱，萬目張，綱歟領歟，君所執歟。

君有常道，臣有定守。賞當功，罰當罪，與之惟我德，奪之惟我懼，君道也。奉法循令，竭己力以獻功於上，臣道也。故臣有所憎，能以得君之罰以去之，是謂作威；有所愛，能以得君之賞以貴之，是謂作福。法雖明，意得輕重之，謂之玩法；令可遵，情得出入之，謂之侮令。君喪道，臣失守，故曰害于而家，凶于而國。

能無卜而知吉凶乎？曰：以甚治攻甚亂，濟所以安，除甚患。能無祭而福乎？曰：不奪民時，而順物宜。能無膠漆而合乎？曰：不以遠近内外與之同欲，一推吾心納兆人之腹。能不賞而使人勸乎？曰：先賞有功。能無罰而使人畏乎？曰：先罰有罪。弛惡不戮，奸笑於腹，當封吝寵，勞臣諱勇。奴耕於原，婢執其爨，丈人以安。

植表挺挺，下無曲影。善聲之唱，應無醜響。

不可得者，上不以求；不可止者，上不以禁；不可行者，上不以令。故曰：求愈多，得愈寡；禁愈急，止愈少；令愈繁，行愈慢。上求而不得，謂之失威；求不可得而得，謂之暴。禁而不止，謂之慢；禁不可止而止，謂之虐。令而不行，謂之淩上；令不可行而行，謂之亂。故聖人慎舉錯，[①] 去三不可則善矣。

賤而不可不因者，衆也；剛而不可不用者，兵也；慘而

① “慎”，原缺末筆，避宋孝宗趙昚諱，“慎”是“昚”的今字，今補足筆畫，下同。

不可不行者，法也；小而不可不防者，盜也；勞而不可不勸者，農也；穴恐當作宂而不可不嗇者，[①]財也。曰：因衆奈何？曰：人之情，莫不惡勞而我逸之，莫不欲富而我與之，莫不憚危而我安之，莫不畏死而我生之。民已逸，則可與共勞；已富，則可與共乏；已安，則可與同憂；已生，則可與濟難。夫民，國之基也。五仞之牆所以不毀，基厚也；所以毀，基薄也。故曰一無曰字：百足不僵則附者衆，流水不窮則來者遠。民之瘠，無肥國；下之悦，有豫一作裕君。

食者，人仰以生也。適則飽，過則病，甚病者死。法者，國仰以安也，順則治，逆則亂，甚亂者滅。商家之法一，而湯以王，桀以放。周家之法一，而文、武以興，幽、厲以亡。然則食無心於生死，[②]在人之適過；法無必於治亂，在君之順逆。

古之人淳，今之人詐，奈何？不然，人無淳詐，在治亂而已。今日之治，三皇是也；唐五代之亡，桀紂是也。難曰：古巢居，今宫室；古茹毛，今饔熟，奈何？曰：是直事有工拙耳，創始者難，踵成者易功，[③]百物皆是，夫何足疑云。

東南，天地之奥藏，寬柔而卑。西北，天地之勁方，雄

---

① “穴”，《宋景文雜説》作“用”，無“恐當作宂”四字。

② “心”，《學津討原》本、《宋景文雜説》作“必”，據文義及下文“法無必於治亂”，當作“必”。

③ 《四庫全書》本、《宋景文雜説》無“功”字。

尊而嚴，故帝王之興常在。西北，乾道也；東南，坤道也。東南奈何？曰：其土薄而水淺，其生物滋，其財富，其爲人剽而不重，靡食而偷生，士懦脆而少剛，笮之則服。西北奈何？曰：其土高而水寒，其生物寡，其財确，其爲人毅而近愚,① 食淡而勤生,② 士沉厚而少慧，屈之不撓。

小人之情易見也，其錚錚似辨，其悻悻似直，攻人之私似公，觸大臣撼大事似強，多所建請似才，數讓小官辭小禄似高，陰引其朋似薦賢，攻其朋之細過似不黨。故君人者権以真僞，則錚錚者敗；討其忠邪，則悻悻者露；語人之私隱而無驗，則公者詐；察大臣之可仗而不宜退，則強者譎；聽而不可施行，則才非是；權以要官厚禄覥然而謝，則高者猥；所憎者去，所同者進，則非賢；時時取黨人之細過暴揚於外，如甘辛相反而和，水火不同性而濟。上疑主心，下欺輿人，而君子已見其肺肝，然施施自以爲莫我得也。

夫生民晨作夜寢，早起晡食，寒絮暑絺，常忽而不爲之節，何哉？然則攝生不可不知也。冬許晚絮，春許徐褫，早許飽，夕許慊，行立坐偃皆不得久，此甚易行。毋以吾胃熟生物、暖冷物，勿以吾氣贊喜怒。且憂、樂、喜、怒，人所未嘗無也，多憂傷神，多思傷志，過樂喪守，喜極氣散，怒

---

① 《宋景文雜説》無"近"字。

② 《宋景文雜説》"食"上有"所"字。

極氣惱而不下，若使吾心爲郵候，憂、樂、喜、怒至而不久舍，毋令少宿則善矣。若有留，彼其以我爲囊橐矣一作敟。①

掩其耳而聽，藐藐由洪洪然；掩其目而視，了了由眊眊然。惡來掩紂之耳，武王翶師於孟津之濱；宰嚭掩夫差之目，勾踐嗤笑於會稽之陬一作隒。②

歌者不曼其聲則少和，舞者不長其袂則寡態，左顧者不能右眄，勢不兼也。

櫛之於髪，不去亂不能治髻；法之於人，不誅有罪不能完善人。此謂損之而益。

古語曰："斛滿人概之，人滿神概之。"聖人其善概敟？大奢概以中，溢欲概以道，寢慢概以威，由是治身，由是化人。

樹果得實，樹棘得刺，樹德得和，樹威得怨。嗚呼，爲國者審所樹而已。

倉庚鳴春，蟋蟀唫夏，蜩螃喝秋，螘子戰陰，有命之者，氣自動耳。

鑑向日而火至，方諸向月而水至，物有自然而感者，無遠近之間。

佞色不能悦堯目，忠言不能入桀耳。色非不美，堯識之；

---

① 《四庫全書》本、《宋景文雜説》無"一作敟"三字。

② 《學津討原》本、《宋景文雜説》無"一作隒"三字。

言非不至，桀厭之。

愚不可詐者，民也；賤不可勝者，衆也。撫之爲吾之力，毒之爲吾之賊。

重兵在邊，京師乃單。拂軀以尾，尾不可大，掉之不能，反爲軀害。臂大於指，屈伸可使，指大不使，其臂乃廢。剛四肢者，骨也；剛大厦者，棟也；剛天下者，兵也。

莫仁於雨露而靡草夏枯，莫嚴於霜雪而松柏冬青。作法者君，守法者臣，役法者民。臣弄其法，主威且劫，政在大臣。人走私門，私門可炙，君户將闃。

父慈於箠，家有敗子；將礪於鈇，士乃忘軀。

珠丸之珍，雀不祈彈也；金鼎之貴，魚不求烹也。

闌金在途，無不掇也；吐珠在澤，無不拾也。

梟不憑夜，弗能自怪；政必先罅，奸人投詐。

父否母然，子無適從；政産二門，下乃告勤。

君與臣不同而昌，君與臣同而亡。

謀不厭衆，決之在一；決不能專，朝有争言。

金鼓既震，卒騰於陣；爵賜已明，士勇于廷。

重輕不同，衡獻其公；曲直相欺，繩黜其私。

造父亡轡，馬顛於跬；庸人厲策，馬爲盡力。

去山弗棲，虎喪其威；爪牙弗具，失所爲虎。

知賢不進，朝有刓印；知不肖不退，挈明入昧。

我與之生，故能爲吾死；我與之樂，故能爲吾憂。

晪於場者雞至，嗟於牢者豕集，惠於國者天下來。

足食足衣，禮往從之；近寒與饑，恥則去之。

贗賈亂廛，窳農敗田，讒夫撓邦，害馬污群。

忠與邪并，黨衆者勝，主乃失柄。

不大其幹而衆其枝，幹乃速披。

言等出於口，在賢者爲正，在不肖爲佞。

櫛所以去亂髮，浴所以濯膚垢。

工圃者飽於茹，善邦者羨於食。

規外求圓，無圓矣；法外索平，無平矣。

真贗不同物，治亂不同日。

救亂之世不語儒，求治之世不語戰。

水淵則回，道衍則聖。

聖賢授受，功不贊漏。

拙製傷錦，迂政損國。

任賢而二，五堯不治。

含糊不斷，上産其亂。

謀道作舍，三年弗架。

鼎大魚小，糜於數攪。

入林失斧，不能得楚。

主不謹户，盜者夜舞。

樹枝太繁，必摇其根。

苦口之藥，疾者甘之；拂耳之言，明君愛之。

我憎之能得罰於君，我愛之能得賞於君。政在於臣，黨與成群，君則孤而無民。

種禾不耰而懟，其秋與食爲仇。

兩上不得相事，兩下不得相使。

庭戒諸兒

教之持世者，三家而已：儒家本孔氏，道家本老氏，佛家本浮屠氏。吾世爲儒，今華吾體者衣冠也，榮吾私者官禄也，謹吾履者禮法也，睿吾識者詩書也，入以事親，出以事君，生以養，死以葬，莫非儒也。由終日戴天不知天之高，終日蹠地不知地之重，故天下蚩蚩，終無謝生於其本者，德大而不可見也。道家所尚清浄柔弱，聞齒以剛而缺，不聞舌以柔而折，以有爲爲末，無爲爲本，故爲者敗之，執者失之。賊莫大於德有心，心有眼，吾有大患爲吾有身，生生者不生，化化者不化，然其清浄可以治人，柔弱可以治身，若等服而行之，不害爲儒也。佛家自遠方流入中國，其言荒茫奓大，多所譬諭，合群迷爲真，指生死爲妄，以太虚爲體。其法曰：欲言則差，欲心則謬，如一漚生，一漚滅，還入於海，漚自妄見，海無生滅。無有也，亦無無有，亦無無無，淡然無所得，而止止亦不止也。

治　戒

吾歿後,[①] 稱家之有亡以治喪。[②] 斂用濯浣之鶴氅、[③] 紗表帽、[④] 綫履。三日棺，三月葬，慎無爲陰陽拘忌。[⑤] 棺用雜木，漆其四會，三塗即止，使數十年足以腊吾骸、[⑥] 朽衣巾而已。吾之君然朗朗有識者,[⑦] 還於造物，放之太虚；可腐敗者，合於黄壚，下付無窮。吾尚何患？掘冢三丈,[⑧] 小爲冢室，劣取容棺及明器。左置明水，水二盎,[⑨] 酒二缸，右置米麵二奩，朝服一稱，私服一稱，鞾履自副。[⑩] 左刻吾誌，右刻吾銘,[⑪] 即掩壙，惟簡惟儉,[⑫] 無以金銅雜物置冢中。吾學不名家，文章僅及中人，不足垂後。爲吏在良，二千石下可著數人,[⑬] 故無功於國，無惠於人，不可以請謚有司,[⑭] 不

---

① 《文淵閣四庫全書》本《景文集·治戒》(以下簡稱《景文集》)、《文淵閣四庫全書》本《宋文鑑·治戒》(以下簡稱《宋文鑑》)無"後"字。

② "治喪",《景文集》作"葬"。

③ 《景文集》《宋文鑑》"鶴氅"下有"裘"字。

④ "表",《景文集》《宋文鑑》無"表"字。

⑤ "慎",《景文集》《宋文鑑》作"謹"。

⑥ "腊",《宋文鑑》同,《景文集》作"厝",當誤。

⑦ "君然朗朗",《景文集》《宋文鑑》作"君然蒿然皦皦"。

⑧ 《景文集》《宋文鑑》"三丈"上有"深"字。

⑨ "水水",《景文集》《宋文鑑》僅有一"水"字。

⑩ "鞾",《四庫全書》本作"華"。

⑪ 《景文集》有注,曰:"案,祁《神道碑》則云'右誌左銘'。"

⑫ "惟簡惟儉",《宋文鑑》作"惟簡儉"。

⑬ "著",《景文集》《宋文鑑》作"容"。

⑭ 《景文集》《宋文鑑》"有司"前有"於"字。

可受賵贈,[①] 又不宜求巨公作誌及碑。冢上樹五株柏,[②] 墳高三尺，石翁仲獸不得用,[③] 蓋自摽置者，非千載永安計爾。不得作道佛二家齋醮，此吾生平所志,[④] 若等不可違命作之，違命作之，是死吾也，是以吾爲遂無知也。喪之詣塋,[⑤] 以繪布纏棺，四翣引，勿得作方相俑人，陳列衣服器用，累吾之儉。吾生平語言無過人者，慎無妄編綴作集。[⑥]

左　誌

祁之爲名，宋之爲氏。學也則儒，亦顯其仕。行年六十有四，孤操完履。三封之南，葬從先子。

右　銘

生非吾生，死非吾死，吾亦妄吾，要明吾理。

吾侍上講勸凡十七年。上頗記吾面目、姓名，然身後不得妄丐恩澤,[⑦] 爲無厭事。若等兄弟十四人，惟二孺兒未經

① “賵贈”,《景文集》《宋文鑑》作“贈典”。
② “樹”,《景文集》《宋文鑑》作“植”。
③ 《景文集》《宋文鑑》“獸”上有“他”字。
④ “生平”,《景文集》作“平生”。
⑤ “喪之詣塋”,《景文集》《宋文鑑》作“喪之日”。
⑥ “慎”,《景文集》《宋文鑑》作“謹”。《景文集》《宋文鑑》“慎無妄編綴作集”後有“使後世嗤詆吾也”。
⑦ 《景文集》《宋文鑑》无“妄”字。

任子,[①] 此以諉莒國公。莒公在，若等不爲孤矣。[②] 孔子稱天下有至德要道謂之孝，故自作經一篇，以教後人，必到於善，謂曰至莫不切於事，謂曰要舉一孝，百行罔不該焉。故吾以此教若等，凡孝於親，則悌於長，友於少，慈於幼，出於事君則爲忠，於朋友則爲信，於事爲無不敬，無不敬則庶乎成人矣。[③] 若等兄弟十四人，雖有異母者，但古人謂四海之内皆兄弟,[④] 況同父均氣乎?《詩》稱“死喪之威，兄弟孔懷”，不可不念也。兄弟之不懷，求合他人，他人渠肯信哉?[⑤] 縱陽合之，彼應背憎也。[⑥] 若等視吾事莒公,[⑦] 莒公友吾云何?可以爲法矣。大抵人不可以無學，至於章奏箋記,[⑧] 隨宜爲之，天分自有所稟，不可强也。要得數百卷書在胸中，則不爲人所輕誚矣。

---

① “未經任子”,《景文集》《宋文鑑》作“未仕”。
② “不爲孤”,《景文集》《宋文鑑》作“爲不孤”。
③ “孔子稱天下”至“無不敬則庶乎成人矣”,《景文集》《宋文鑑》無。
④ “但”,《景文集》《宋文鑑》無。《景文集》《宋文鑑》“兄弟”上有“爲”字。
⑤ 《景文集》《宋文鑑》無“他”字。
⑥ “背憎”,《景文集》《宋文鑑》作“笑且憎”。
⑦ 《景文集》《宋文鑑》“莒公”後有“云何”。
⑧ “章奏”,《景文集》《宋文鑑》作“奏議”。

右筆記三卷，以數本參訂，粗少舛午。景文公議論考據精切如此，然前輩猶有一二可疑，如“骨菜”字，蓋“檛”字，古作“菜”，嘗飾以骨，故曰“骨菜”，後世吏文略去“艹”，又“菜”“朶”二聲相近，故訛爲“朶”耳。鮑照因武曌而改爲昭，非誤用也。冉耕字伯牛，而古犂字亦從牛，則牛耕不始於漢矣。栘者，今郁李也，非開而反合者也。酈道元《水經注》云薛瓚注《漢書》，則謂“臣瓚”爲“于瓚”者，非也。《集韻》一書，乃景文公與諸公撰定者，去聲既出“朴”字，蒲候切，入聲又出“朴”字，① 匹角切，與“樸”同，今謂“朴”無樸音，何耶？“卯”乃古“卿”字，又音蠻，今謂“卯”本“柳”字，又何耶？衎既加點勘，又以所聞於前輩者，識其後。寶慶二年四月初吉上虞李衎謹書。

---

① “撰定者，去聲既出‘朴’字，蒲候切，入聲，又”，《四庫全書》本無此十五字。

佚　文

李斯書傳國寶，小篆入神。(《永樂大典》卷二千九百四十九“神”字韻，頁十六上引“宋祁筆録”。影印本第三十七册。)

惟陽后土廟有花，色正白，本曰玉蕊。王禹偁愛賞之，更稱曰“瓊花”。按許慎《説文》云:“瓊，赤玉也。”王不領其義，非白花名也。(《永樂大典》卷一萬一千七十七“蘂”字韻，頁六上引“宋景文公筆記”。影印本第一百十册。)

凡諸侯述職之禮，其在周典，則其邑以具湯沐。(《永樂大典》卷一萬九千六百三十六“沐”字韻，頁二上引“宋景文公筆録”。影印本第一百七十六册。)①

吴郡有鶴料符，未詳其義，王洙、李淑最爲博識，亦各未喻。(吴曾《能改齋漫録》卷六“鶴料符”條引《宋景文

① 以上三則佚文及出處,係過録欒貴明先生《四庫輯本別集拾遺》(中華書局,1983年)。

筆記》。）

蜀中有蓮，大如雀殼，葉舒如錢，榦亦有絲，其萼盛開則向日，朝則指東，亭午則迴南，夕則西指，隨日所至，蜀人名曰“朝日蓮”。（吴曾《能改齋漫録》卷十五“朝日蓮”條引《宋景文公筆記》。）